U0960037

微观经济学习题集

徐　磊　王莉姗　主编

天津大学出版社
TIANJIN UNIVERSITY PRESS

内容提要

本书以“马克思主义理论研究和建设工程重点教材”《西方经济学(上册)》(第2版)的知识脉络为主线,以新商科相关专业要求为依据,对应应用型高校学生经济理论能力要求,按照知识思维导图、典型例题解析、随堂同步自测、课程思政案例等板块来编排,配有答案和五套期末模拟题,旨在培养学生的经济直觉,使学生逐渐形成“经济自然主义者”的思考方式,培养学生的兴趣,将学生从理论“填鸭”的传统方式中解放出来,使学生愿意学以致用,追求经世济民的理想。

本书可以作为普通高等学校微观经济学的配套教材,也可供经济类专业的考研学生总结复习使用。

图书在版编目(CIP)数据

微观经济学习题集 / 徐磊, 王莉姗主编. -- 天津 : 天津大学出版社, 2024.1

ISBN 978-7-5618-7671-8

Ⅰ. ①微… Ⅱ. ①徐… ②王… Ⅲ. ①微观经济学－高等学校－习题集 Ⅳ. ①F016-44

中国国家版本馆CIP数据核字(2024)第022715号

出版发行	天津大学出版社
地　　址	天津市卫津路92号天津大学内(邮编:300072)
电　　话	发行部:022-27403647
网　　址	www.tjupress.com.cn
印　　刷	天津泰宇印务有限公司
经　　销	全国各地新华书店
开　　本	889mm×1194mm　1/16
印　　张	18.25
字　　数	600千
版　　次	2024年1月第1版
印　　次	2024年1月第1次
定　　价	46.20元

凡购本书,如有缺页、倒页、脱页等质量问题,烦请与我社发行部门联系调换

版权所有　侵权必究

本书编写人员

主　编　徐　磊　王莉姗

副主编　黄文君　王高亮　李兴蓉

李　果　白　慧　靳　华

前　言

本书是与“马克思主义理论研究和建设工程重点教材”（以下简称“马工程”）《西方经济学（上册）》（第2版）配套的辅导书。全书立足于应用型本科院校的要求，结合社会发展情况，将当前的新形势、新背景融入习题中，并通过习题分析揭示微观行为主体内在的经济学原理。

本书以“马工程”《西方经济学（上册）》（第2版）的知识脉络为主线，以新商科相关专业要求为依据，对应应用型高校学生经济理论能力要求，提供相应难度的习题，通过不同类型的练习题对每部分知识重点、难点进行不同角度的训练。本书按章编写，紧扣教材、循序渐进，囊括微观经济学的基本概念、基本理论和基本分析方法，每章按照知识思维导图、典型例题解析、随堂同步自测、课程思政案例的架构编写，最后配有答案和五套期末模拟题。全书突出各个章节、各个知识点、各个模型之间的联系，旨在细化和巩固学生学习微观经济学的知识重点，有针对性地攻克微观经济学知识难点，致力于培养学生的经济直觉，使学生逐渐形成“经济自然主义者”的思考方式，能较好地运用生活语言、经济语言和数学语言，尤其是生活语言和经济语言，培养学生的兴趣，将学生从理论“填鸭”的传统方式中解放出来，使学生愿意学以致用，追求经世济民的理想。

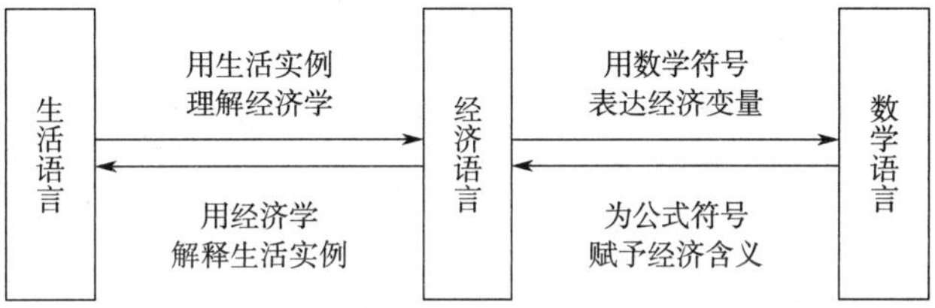

本书是重庆工商大学派斯学院重庆市级“新商科课程思政虚拟教研室项目”、重庆市“‘微观经济学’课程思政示范项目”的研究实践成果，也是教育部产学合作协同育人项目“‘互联网+’背景下新商科实验实践体系的构建与基地建设”（项目编号：201801069075）、重庆市教育科学“十三五”规划课题“‘互联网+’背景下产教深度融合的新商科人才培养模式构建与路径选择”（项目编号：2018-GX-401）、重庆市教委新文科教改重点课题“信息技术诱因下立足现代智能服务的金融学专业改造升级探索与实践”（项目编号：212152）的研究成果。

全书由徐磊、王莉姗共同调研本科院校新商科相关专业本科学生“西方经济学”理论知识的掌握要求及现实掌握情况后，根据“马工程”《西方经济学（上册）》（第2版）的知识逻辑确定编写思路和编写大纲，由徐磊、王莉姗担任主编，由黄文君、王高亮、李兴蓉、李果、白慧、靳华担任副主编。具体分工为：王莉姗、白慧编写第一章，徐磊、李兴蓉编写第二章，王莉姗、李果、靳华编写第三章，李果、靳华编写第四章，李兴蓉、白慧编写第五章，王高亮、黄文君、徐磊编写第六章，黄文君、王高亮编写第七章，徐磊、黄文君编写第八章，答案及期末模拟题由全体成员共同统稿和整理，附录“微观经济学”一流课程（课程思政）案例示例由徐磊、王莉姗、黄文君编写。全书由徐磊、王莉姗复校。

本习题集可以作为高校本科生、自考学生等学习“微观经济学”的配套教材，是他们自学、自测、巩固提高、加深理解基本理论和基本知识的良师益友。书中借鉴了许多专家学者的成果，在此一并表示感谢。由于时间仓促，本书还有不够完善的地方，恳请专家和同行批评指正，以便我们今后进一步修订和完善！

编者

2023年10月

目　　录

第一章　需求、供给和均衡价格

一、知识思维导图

- 需求、供给和均衡价格
  - 需求
    - 需求的概念
    - 需求规律
    - 影响需求量的其他因素
    - 需求量的变动和需求的变动
    - 从单个消费者的需求到市场需求
  - 供给
    - 供给的概念
    - 供给规律
    - 影响供给量的其他因素
    - 供给量的变动和供给的变动
    - 从单个消费者的供给到市场供给
  - 市场均衡
    - 均衡的含义
    - 均衡价格和均衡数量
    - 市场均衡的变动
    - 经济模型的结构
    - 一个动态经济模型
  - 弹性
    - 弹性的概念
    - 需求的价格弹性
    - 其他需求弹性
    - 供给弹性
  - 供求分析的应用实例
    - 支持价格和限制价格
    - 税收效应分析
    - 弹性和收入

二、典型例题解析

1. 名词解释

(1)需求量。

【答案】在某一特定时期内,对应于某种商品的一个给定的价格,消费者愿意并且能够购买的该商品的数量,被称为这一价格下的需求量,简称为需求量。

(2)需求规律。

【答案】一般而言,某种商品的价格越高,消费者愿意并且能够购买的该商品的数量就越少;反之,价格越低,消费者愿意并且能够购买的该商品的数量就越多。需求的这一特征被称为需求规律。它表明,在其他条件不变的情况下,需求量与价格之间呈反方向变动关系。

(3)供给量。

【答案】在某一特定时期内,对应于某种商品的一个给定的价格,生产者愿意并且能够提供的该商品的数量,被称为该价格下的供给量。

（4）供给规律。

【答案】一般而言，在其他条件不变的情况下，某种商品的价格越高，生产者对该商品的供给量就越大；反之，商品的价格越低，供给量就越小。这一特征在经济学中被称为供给规律。

（5）供求规律。

【答案】在其他条件不变的前提下，需求变动分别引起均衡价格和均衡数量同方向变动；供给变动引起均衡价格反方向变动，引起均衡数量同方向变动。

（6）吉芬商品。

【答案】吉芬商品指需求量与价格呈同向变动的特殊商品。

（7）均衡。

【答案】均衡是指经济系统中的某一特定经济单位、经济变量或市场等，在一系列经济力量的相互制约下所达到的一种相对静止并保持不变的状态。

（8）需求价格弹性。

【答案】需求价格弹性一般也简称为需求弹性，表示在一个特定时期内，一种商品需求量相对变动相应于该商品价格相对变动的反应程度，在特定环境中也简称为价格弹性。其弹性系数，等于需求量变动的百分率与价格变动的百分率之比。

（9）需求收入弹性。

【答案】需求收入弹性简称为收入弹性，表示在一定时期内，某种商品消费者需求量的相对变动相应于消费者收入相对变动的反应程度。

（10）经济模型。

【答案】经济模型（特别是数学模型）常常被用来表示经济理论所研究的经济现象之间的依存关系及其结构。

（11）支持价格。

【答案】支持价格又称最低限价，指政府为了支持某一产品的生产而对该产品的价格规定的一个高于均衡价格的最低价格。

2. 单选题

（1）需求曲线反映的是（　　）。

A. 需求与价格的关系　　B. 需求与收入的关系

C. 需求量与价格的关系　　D. 需求量与收入的关系

【答案】C

【解析】消费者对某种商品的需求可以用需求曲线表示，它是在坐标平面中描绘出来的一条曲线，通常用 D 标注。其中，纵坐标代表商品价格，横坐标代表消费者对该商品的需求量。在其他条件不变的情况下，需求曲线反映了消费者的需求量与商品价格之间的对应关系。因此选项 C 正确。

（2）需求量的变动是指（　　）。

A. 需求曲线的移动　　B. 同一条需求曲线上点的移动

C. 由于收入的变化引起的需求变动　　D. 消费者偏好改变引起的需求变动

【答案】B

【解析】通常把价格变动引起的消费者愿意并且能够购买的商品的数量的变动称为需求量的变动。而把其他因素（收入或消费者偏好等非价格因素）变动引起的消费者在每一个可能价格水平下所对应的需求量的变动称为需求的变动。在收入及其他条件不变的情况下，价格变动引起的需求量的变动表现为同一条需求曲线上点的移动。而价格以外的其他因素的变动引起的需求变动表现为需求曲线的移动。

（3）下列哪种情况不会引起白酒市场的需求曲线向右上方移动？（　　）。

A. 消费者收入增加
B. 啤酒价格上升
C. 政府颁布禁酒令
D. 对饮酒危害的关注度减少

【答案】C

【解析】价格以外的其他因素的变动引起的需求变动表现为需求曲线的移动。需求曲线向右上方移动，表示有其他非价格因素引起消费者的需求增加。选项A、B、D中，消费者收入增加、啤酒价格上升（替代品价格上升）、对饮酒危害的关注度减少都会使消费者对白酒的需求增加，导致白酒的市场需求曲线向右上方移动。只有选项C，政府颁布禁酒令会使消费者需求减少，导致需求曲线向左下方移动。因此，在这种情况下，不会引起白酒市场需求曲线向右上方移动。

（4）供给曲线向右上方倾斜，那么当一种商品价格（　　），其供给量（　　）。

A. 上升；减少　　B. 上升；增加　　C. 下降；不变　　D. 下降；增加

【答案】B

【解析】一般而言，在其他条件不变的情况下，某种商品的价格越高，生产者对该商品的供给量就越大；反之，商品的价格越低，供给量就越小。这一特征在经济学中被称为供给规律。供给规律表明，供给量与价格之间呈同方向变动的关系。因此，当一种商品价格上升，其供给量增加。因此，选项B正确。

（5）市场供给曲线是（　　）。

A. 独立于个体企业供给曲线的
B. 由每种可能价格下的个体企业供给曲线垂直相加得到的
C. 由每种可能价格下的个体企业供给曲线水平相加得到的
D. 由每种可能数量下的个体企业供给曲线水平相加得到的

【答案】C

【解析】在每一个可能的价格水平下，生产同一种商品的所有生产者的供给量之和构成市场供给量。市场供给量与商品价格之间的对应关系即为市场供给。通过单个生产者的供给曲线沿数量轴横向加总，可得到该商品的市场供给曲线，即市场供给曲线是由每种可能价格下的个体企业供给曲线水平相加得到的。因此，选项C正确。

（6）当供求力量自由发挥作用时，小麦丰收的效果在市场上表现为（　　）。

A. 小麦价格下降
B. 小麦价格上升
C. 小麦贸易量减少
D. 政府对小麦实施价格限制

【答案】A

【解析】小麦丰收的时候，市场上谷物的供给会增加，在其他条件不变时，会导致市场均衡价格下降，均衡数量增加，所以，选项A正确。因而此时的谷物贸易量会增加而不是减少，此时，政府为了维持农民的收益，会规定小麦的最低价格。

（7）在任何高于市场均衡价格的价格水平下（　　）。

A. 价格会持续上升
B. 供给量小于需求量
C. 生产者不能卖出想卖的全部商品
D. 消费者不能买到想要的全部商品

【答案】C

【解析】当商品价格刚好处于市场均衡价格水平时，供给量和需求量相等，达到均衡。在任何高于市场均衡价格的价格水平下，供给量大于需求量，产生了超额供给，这时生产者不能卖出想卖的全部商品，因而生产者会降价，直到价格等于市场均衡价格。因此，选项C正确。

（8）当牛奶的需求和供给同步减少后，均衡价格将（　　）。

A. 下降　　B. 上升　　C. 不变　　D. 不确定

【答案】D

【解析】根据供求变动对市场均衡影响的供求规律可知，当牛奶的需求和供给同步减少后，会造成均衡数量减少，但均衡价格的变动方向不确定。因此，选项 D 正确。

（9）若汽油价格上升 20%，其需求量下降 10%，则该商品需求价格弹性系数为（　　）。

A. 2　　B. –2　　C. 1/2　　D. –1/2

【答案】C

【解析】需求的价格弹性系数 = 需求量变动的百分比 / 价格变动百分比。它衡量了价格每变动一个百分点引起的需求量变动的百分比，以 Q 表示一种商品的需求量，P 表示该商品的价格，E_P 表示该商品需求的价格弹性系数，则 $E_P=-(\Delta Q/Q)/(\Delta P/P)$。将题中信息带入定义式中，可求得 $E_P=-(\Delta Q/Q)/(\Delta P/P)=-(-0.1)/0.2=0.5$。因此，选项 C 正确。

（10）一般来说，（　　）的需求价格弹性系数较小。

A. 奢侈品　　B. 生活必需品

C. 替代品越多的商品　　D. 用途越广泛的商品

【答案】B

【解析】在生活中，一种商品越重要，其需求的价格弹性系数就越小；相反，商品越无关紧要，其需求的价格弹性系数就越大。因此，生活必需品的需求弹性小，奢侈品的需求弹性大。相对于价格变动，生活必需品的需求量变动不敏感，即一般来说，生活必需品的需求价格弹性系数较小，选项 B 正确。

（11）假如 A 商品价格下降会导致 B 商品需求曲线向右移动，可以得知 A、B 商品是（　　）。

A. 互补品　　B. 替代品

C. 可能是互补品，可能是替代品　　D. 没有关系

【答案】A

【解析】A 商品价格下降，根据需求规律，会导致消费者增加对 A 商品的需求量，而这种情况下导致 B 商品需求曲线向右移动，即对 B 商品的需求增加，即消费者对 B 商品的需求随着其对 A 商品需求的增加而同步增加，表明 A、B 商品之间存在互补关系，即 A、B 商品是互补品。因此，选项 A 正确。

（12）假如对一种商品的需求量随着消费者收入的增加而减少，那这种商品属于（　　）。

A. 互补品　　B. 替代品　　C. 低档品　　D. 正常品

【答案】C

【解析】如果商品是正常品，则随着消费者收入水平的提高，其对该商品的需求量相应也会增加。如果商品为低档品，它的需求量随消费者收入的增加而减少。因此，假如对一种商品的需求量随着消费者收入的增加而减少，那么这种商品属于低档品。因此，选项 C 正确。

（13）限制价格（　　）均衡价格，将会导致商品（　　）。

A. 高于；过剩　　B. 低于；过剩　　C. 高于；短缺　　D. 低于；短缺

【答案】D

【解析】限制价格是政府为了防止某种商品的市场定价过高而规定的低于市场均衡价格的价格。由于限制价格低于市场均衡价格，所以这时的需求量大于供给量，市场出现超额需求，将会导致商品短缺。因此，选项 D 正确。

（14）政府按销售量向生产者征税，如果政府希望税收负担更多由消费者承担，应该具备的条件是（　　）。

A. 需求和供给都缺乏弹性　　B. 需求和供给都富有弹性

C. 需求缺乏弹性，供给富有弹性　　D. 需求富有弹性，供给缺乏弹性

【答案】C

【解析】征收等量的税收，需求越缺乏弹性，消费者负担的比例就越大，需求越富有弹性，生产者负担的比例就越大；在需求相同的条件下，供给越缺乏弹性，消费者分摊的税负相对越小，生产者分摊的部分相对越大，供给越富有弹性，消费者分摊的部分相对越大。因此，选项 C 正确。

（15）按照蛛网原理，发散型蛛网要满足的条件是（　　）。

A. 需求曲线的斜率大于供给曲线的斜率　　B. 需求曲线的斜率小于供给曲线的斜率

C. 需求曲线的斜率等于供给曲线的斜率　　D. 以上都不正确

【答案】A

【解析】在发散型蛛网模型中，供给曲线斜率的绝对值小于需求曲线斜率的绝对值。当市场由于受到外力的干扰偏离原有的均衡状态以后，实际价格和实际产量上下波动的幅度会越来越大，偏离均衡点越来越远。因此，选项 A 正确。

3. 多选题

（1）关于决定需求的基本因素，下列表述正确的是（　　）。

A. 价格和需求呈反方向变动

B. 价格是影响需求的最重要的因素

C. 如果预期价格下降，消费者将会提前购买

D. 替代商品中，一种商品价格上升，另一种商品需求量减少

【答案】AB

【解析】需求规律表明，价格和需求量呈反向变动，A 正确；消费者对一种商品的需求量取决于多种因素，其中价格是影响需求量的最重要的因素，B 正确；如果预期价格下降，消费者会延迟购买，而不是提前购买，C 错误；一种商品价格上升，消费者对该商品的需求量减少，转而购买其他替代品，因此对替代品的需求量增加，D 错误。

（2）影响供给的因素有很多，其中主要的有（　　）。

A. 政府政策　　B. 生产目标　　C. 生产技术　　D. 消费者偏好

【答案】ABC

【解析】影响供给的因素除了商品本身的价格外，还包括生产者的目标、生产技术水平、生产成本、生产者可生产的其他相关商品的价格、生产者对未来的预期以及政府的政策等。因此，选项 A、B、C 正确。消费者偏好是影响消费者需求的因素之一，选项 D 错误。

（3）下列选项中互为替代品的是（　　）。

A. 镜框和镜片　　B. 电脑和鼠标　　C. 石油和煤炭　　D. 公共交通工具和私家车

【答案】CD

【解析】如果两种商品在满足消费者同一类型的需求时具有相同或相近的功效，那么就称这两种商品是替代品。若是替代品，一种商品价格的上升会引起另一种商品需求的增加。如果两种商品相互补充，共同满足消费者同一类型的需求，则称这两种商品是互补品。选项中，镜框和镜片、电脑和鼠标是互补品，而石油和煤炭是替代品，公共交通工具和私家车也是替代品。因此，选项 A、B 错误，选项 C、D 正确。

（4）影响商品需求的价格弹性的因素有（　　）。

A. 该商品的重要程度　　B. 该商品的可替代程度

C. 消费者调整时间的长短　　D. 该商品的消费支出占总支出的比重

【答案】ABCD

【解析】影响商品的需求价格弹性的因素包括：商品的重要程度、商品的可替代程度、商品的消费支出在总支出中所占的比重、消费者调整时间的长短、商品用途的广泛性等。因此，选项 A、B、C、D 正确。

（5）下列属于限制价格的是（　　）。

A. 出口补贴　　B. 控制石油价格

C. 食盐价格限制　　D. 规定小麦收购最低价格

【答案】BC

【解析】限制价格又称最高限价，是指政府为了防止某种商品的市场定价过高而规定的低于市场均衡价格的价格。限制价格会导致市场出现超额需求，可能会产生黑市交易。选项中，控制石油价格、食盐价格限制都属于限制价格，因此选项 B、C 正确。

(6)政府支持价格可能会导致(　　)。

A. 超额需求　　B. 超额供给　　C. 黑市交易　　D. 产品积压

【答案】BD

【解析】支持价格又称最低限价，是指政府为了支持某一产品的生产而对该产品的价格规定的一个高于市场均衡价格的最低价格。支持价格会导致市场出现超额供给、产品积压。因此选项 B、D 正确。

4. 判断题

(1)供给是指企业在一定时期内，在各种可能的价格水平下愿意提供的商品的数量。(　　)

【答案】错误

供给是指企业在一定时期内，在各种可能的价格水平下愿意并能够提供的商品的数量。因此，题干说法错误。

(2)汽车价格下降会导致汽车的需求曲线向左移动。(　　)

【答案】错误

【解析】汽车价格下降本质上是商品本身价格的变化，属于需求量的变动，因此，在图形中表现为同一条需求曲线上的点向右下方移动。只有非商品价格的其他因素发生变化时，才是需求的变动，才会产生汽车需求曲线的移动。因此，题干说法错误。

(3)政府对生产者减税，将使商品的供给曲线向右移动，从而导致均衡价格提高，均衡产量下降。(　　)

【答案】错误

【解析】政府对生产者减税，将使商品的供给曲线向右移动，供给增加，会导致均衡价格下降，均衡产量增加。因此，题干说法错误。

(4)在供给不变时，需求的变动会引起均衡价格和均衡数量同方向变动。(　　)

【答案】正确

【解析】在供给不变的条件下，需求增加，则均衡价格提高，均衡数量增加；反之，需求减少，则均衡价格下降，均衡数量减少。即供给不变时，需求的变动会引起均衡价格和均衡数量同方向变动。因此，题干说法正确。

(5)如果消费者对平板电脑的需求减少而生产平板电脑的成本增加，可以预测平板电脑的均衡数量会减少，而均衡价格可能上升也可能下降。(　　)

【答案】正确

【解析】对平板电脑需求减少，使需求曲线向左下方移动；生产成本增加，使供给减少，供给曲线向左上方移动。在需求减少的条件下，供给减少，则均衡数量减少，但均衡价格的变动方向不确定，即均衡价格可能上升也可能下降。因此，题干说法正确。

(6)需求价格弹性为负，除了说明需求与价格呈反方向变动外，在经济学上没有其他意义。(　　)

【答案】错误

【解析】由于需求规律的作用，价格和需求量是呈相反方向变化的，价格下跌，需求量增加；价格上升，需求量减少。因此，需求量和价格的相对变化量符号相反，所以需求价格弹性系数总是负数，采用其绝对值表示。除此之外，需求价格弹性还表示需求量对价格变动的反应程度。因此，题干说法错误。

(7)需求价格弹性越小的商品，其需求曲线的斜率就越大。(　　)

【答案】错误

【解析】在同一条需求曲线上，需求价格弹性系数不仅取决于需求曲线的斜率，而且与需求曲线上的特定点有关系，即使在倾斜程度都相同的线性需求曲线上，需求的价格弹性也不相同。并不是需求价格弹性越小的商品，其需求曲线的斜率就越大。因此，题干说法错误。

（8）交叉价格弹性等于 –1.5，说明两种商品的关系是互补品。（　　）

【答案】正确

【解析】交叉价格弹性是指在一种商品价格的变动所引起的另一种相关商品的需求量的变动。交叉价格弹性为负，说明一种商品价格下降，引起另一种相关商品需求量增加，两种商品为互补关系。因此，题干说法正确。

（9）一般来说，农产品的需求是缺乏弹性的，这意味着当农产品价格上涨时，农民的收入是减少的。（　　）

【答案】错误

【解析】需求缺乏弹性，表明农产品价格上涨 1%，需求量下降小于 1%，总收入是增加的。因此，题干说法错误。

（10）假如红薯是一种低档品，当消费者收入增加时，红薯的需求量会下降。（　　）

【答案】正确

【解析】有一些商品，它们的需求量随消费者收入的增加而减少，这类商品就被称为低档品。低档品的收入价格弹性为负值，消费者收入增加时，其需求量反而下降。因此，题干说法正确。

（11）某生产企业的供给曲线是垂直的，那么当市场价格上升时，其商品供给量也会增加。（　　）

【答案】错误

【解析】供给曲线是一条垂直的直线，表明无论商品的价格有多高，生产者都提供既定数量的商品。在这种情况下，当市场价格上升时，其商品供给量不会发生变化。因此，题干说法错误。

（12）如果需求曲线比供给曲线更陡峭，征收单位销售税的结果是使生产者负担更大比例的税收。（　　）

【答案】错误

【解析】征收等量的销售税，需求越缺乏弹性，消费者负担的比例就越大，需求越富有弹性，生产者负担的比例就越大；在需求相同的条件下，供给越缺乏弹性，消费者分摊的税负越小，生产者分摊的部分越大，供给越富有弹性，消费者分摊的部分就越大。因此，题干说法错误。

5. 简答题

（1）下列哪些情况使得猪肉的需求曲线移动？并请指出移动方向。

①饲养生猪的成本增加，导致猪肉价格上升；

②人们更喜欢吃牛肉了；

③人们收入水平上升；

④国家出台养猪补贴政策，使猪肉供给增加。

【答案要点】

①猪肉价格上升，需求曲线不移动，只是既定的需求曲线上的点向左上方移动。

②消费者的偏好会影响消费者对商品的需求量，人们更喜欢吃牛肉了，对猪肉的需求量会减少，需求曲线向左移。

③人们收入水平上升了，对猪肉的需求量增加，需求曲线向右移动。

④猪肉供给增加不会影响猪肉的需求量，需求曲线不会移动。

（2）商品需求量的变动与需求的变动有何异同？

【答案要点】

第一，引起这两种变动的原因不同。需求量变动是由商品本身价格的变动引起的，需求变动则由商品本身价格以外的其他因素引起。第二,在图形上的表示方法不同。需求量的变动表现为同一条需求曲线上的移动,即需求曲线上的点沿曲线移动;需求的变动表现为整个需求曲线的移动。

(3)试画图说明需求的价格点弹性的五种类型,并说明理由。

【答案要点】

根据需求价格点弹性的大小可以将需求区分为五种类型,在倾斜程度相同的线性需求曲线上,需求的价格弹性也不相同。如图 1-1 所示,即为需求的价格点弹性的五种类型。

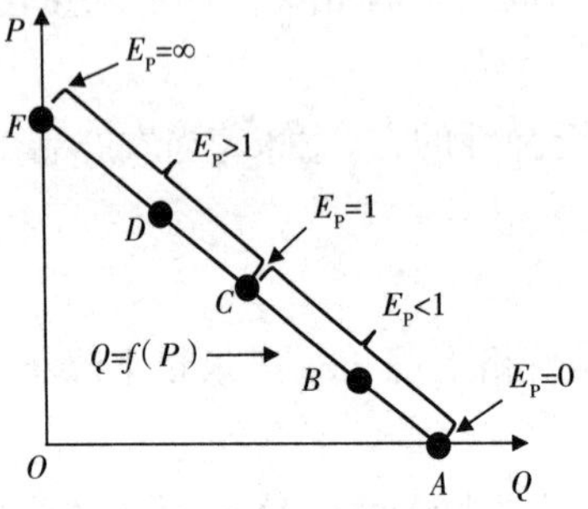

图 1-1 需求价格点弹性的五种类型

由图 1-1 可知,根据需求的价格点弹性的几何意义,该线性需求曲线 AF 上任意一点,如 B 点的弹性可表示为 $E_P = AB/BF$。其中,C 点为需求曲线 AF 的中点,则需求的价格点弹性的五种类型为:

①在 F 点,需求价格点弹性值 $E_P = \infty$,即需求具有完全弹性;

②在此线性需求曲线 C 点以上、F 点以下区域上任意一点,如 D 点,因为 $AD > DF$,该点的需求价格点弹性值 $E_P = AD/DF > 1$,即需求富有弹性;

③在此线性需求曲线的中点 C 点,因为 $CF = AC$,有 $E_P = AC/CF = 1$,即需求具有单位弹性;

④在此线性需求曲线 C 点以下、A 点以上区域上任意一点,如 B 点,因为 $AB < BF$,$0 < E_P = AB/BF < 1$,即需求缺乏弹性;

⑤在 A 点,需求价格点弹性值 $E_P = 0$,即需求完全无弹性。

(4)市场均衡价格和均衡数量是如何形成的?

【答案要点】

在市场上,由于供给和需求力量的相互作用,市场价格趋向于均衡价格。如果市场价格高于均衡价格,则市场上出现超额供给,超额供给使市场价格趋于下降,随着市场价格下降,市场需求量增加而供给量减少,直至供给量和需求量相等,市场价格等于均衡价格。反之,如果市场价格低于均衡价格,则市场上出现超额需求,超额需求使市场价格趋于上升直至等于均衡价格,此时需求量和供给量相等。

(5)为什么政府不宜经常实行价格管制?

【答案要点】

政府价格管制将导致管制价格与市场价格不一致,具有自发的不良后果。价格管制是非效率的,比如政府实行最高价,会引发商品短缺,这促使人们冒险进入黑市,还会使得厂家粗制滥造,变相涨价,更严重的会导致消费萎缩。所以政府不宜经常实行价格管制。

(6)什么是蛛网模型?

【答案要点】

蛛网模型是一个动态模型,考查的是价格波动对下一个周期产量的影响,以及由此而产生的均衡的变动。蛛网模型通常用来分析市场经济中某些产品的价格与产量之间的关系,这些产品具有下述特点,即本期产量决定本期价格,而本期价格决定下期产量。根据需求曲线和供给曲线的陡峭程度,蛛网模型有封闭型蛛网模型、收敛型蛛网模型、发散型蛛网模型三种。

(7)什么是需求收入弹性?写出正常品和低档品的需求收入弹性的范围。

【答案要点】

需求收入弹性简称为收入弹性，表示在一定时期内，某种商品消费者需求量的相对变动相应于消费者收入相对变动的反应程度，用 E_m 表示。需求的收入弹性系数 = 需求量变动的百分比 / 收入变动的百分比。对正常品而言，需求收入弹性的范围在 $(0,\infty)$，即 $E_m > 0$，表明随着消费者收入增加，其对该商品的需求量增加。对低档品而言，需求收入弹性的范围在 $(-\infty,0)$，$E_m < 0$，则表明随着消费者收入的增加，其对该商品的需求量没有随着收入的增加而增加，反而减少了。

（8）什么是需求的交叉价格弹性？写出替代品和互补品需求的交叉价格弹性的范围。

【答案要点】

需求的交叉价格弹性简称为需求的交叉弹性，表示在一定时期内，相应于相关的另外一种商品价格的相对变动，一种商品需求量相对变动的敏感程度，即一种商品价格的变动所引起的另一种相关商品的需求量的变动，用 E_c 表示。需求的交叉价格弹性 = 需求量变动的百分比 / 相关商品价格变动的百分比。如果交叉价格弹性系数大于零，即 $E_c > 0$，表明两种商品之间存在替代关系。因此，替代品的需求的交叉价格弹性的范围为（0，∞）。如果交叉价格弹性系数小于零，即 $E_c < 0$，则表明两种商品之间存在互补关系。互补品需求的交叉价格弹性的范围为（−∞，0）。

（9）简述影响一种商品的需求价格弹性的大小的因素。

【答案要点】

一种商品的需求价格弹性简称为需求弹性，表示在一个特定的时期内，一种商品需求量相对变动相应于该商品价格相对变动的反应程度，用 E_P 表示。需求的价格弹性系数 = 需求量变动的百分比 / 价格变动的百分比。影响一种商品的需求价格弹性系数的因素有多种，具体包括：商品的重要程度、商品的可替代程度、商品的消费支出在总支出中所占的比重、消费者调整时间的长短、商品用途的广泛性等。

具体影响情况如下。①一般来说，一种商品越重要，价格提高之后，消费者越不愿意调整对该商品的需求量，因而其需求价格弹性系数就越小；相反，商品越无关紧要，需求价格弹性系数就越大。②一种商品的替代品越多，相近程度越高，越容易被替代，该商品的需求弹性系数就越大。③一种商品在消费支出中所占比重越小，该商品的需求价格弹性就越小；相反，商品在消费支出中所占的比重越大，该商品的需求价格弹性就越大。④消费者调整时间越短，需求价格弹性就越小；相反，调整时间越长，需求价格弹性就越大。

6. 计算题

（1）假设某商品的需求函数为 $Q^d = 50 - 4P$，供给函数为 $Q^s = 30 + P$，求：

①市场均衡价格 P_E 和均衡数量 Q_E；

②当价格上涨 2 元时，供给量会如何变化？

【答案要点】

①联立需求函数 $Q^d = 50 - 4P$ 和供给函数 $Q^s = 30 + P$，

计算可得均衡价格与均衡数量为：

$$P_E = 4;\ Q_E = 34$$

②根据 $Q^s = 30 + P$，当价格上涨 2 元时，供给量增加 2 个单位。

（2）已知需求函数 $Q^d = 300 - 60P$，求：

①价格 2 元和 4 元之间的需求的价格弧弹性；

② $P = 2$ 元时的需求的价格点弹性。

【答案要点】

①当商品价格 P_1 为 2 元时，根据需求函数可得需求量 Q_1 为：

$$Q_1 = 300 - 60 \times 2 = 180$$

当商品价格 P_2 为 4 元时，根据需求函数可得需求量 Q_2 为：

$Q_2=300-60\times 4=60$

此时，令：

$P=(P_2+P_1)/2, Q=(Q_2+Q_1)/2$

再代入弧弹性的计算公式，有：

$$\text{弧}E_P=-[(Q_2-Q_1)/(Q_2+Q_1)]/[(P_2-P_1)/(P_2+P_1)]$$
$$=-[(60-180)/(60+180)]/[(4-2)/(4+2)]$$
$$=3/2$$

②当商品价格 $P=2$ 元时，根据需求的价格点弹性公式，可得：

$$\text{点}E_P=-\mathrm{d}Q/\mathrm{d}P\cdot P/Q$$
$$=-(-60)\cdot 2/180$$
$$=2/3$$

（3）已知某商品的需求函数为 $Q^d=16-2P$，供给函数为 $Q^s=-5+P$，求：

①市场均衡价格 P_E 和均衡数量 Q_E；

②均衡点上的需求价格弹性和供给价格弹性；

③假如政府对每单位商品征收1元的定量销售税，生产者和消费者谁承担的税负比例更大？

【答案要点】

①联立需求函数 $Q^d=16-2P$ 和供给函数 $Q^s=-5+P$，

计算可得均衡价格与均衡数量为：

$P_E=7$; $Q_E=2$

②均衡点上的需求价格弹性为：

$$E_P=-\mathrm{d}Q/\mathrm{d}P\cdot P/Q=-(-2)\cdot 7/2=7$$

均衡点上的供给价格弹性为：

$$E_S=\mathrm{d}Q^s/\mathrm{d}P\cdot P/Q^s=1\cdot 7/2=3.5$$

③对既定的税收而言，需求越富有弹性，生产者负担的比重越大；供给越富有弹性，消费者负担的比重就越大。对比通过计算得到的需求价格弹性和供给价格弹性的大小可知，需求价格弹性大于供给价格弹性，因此1元的税收中生产者承担的比例更大。

（4）已知某商品的需求价格弹性系数为0.15，现价格为1.2元，试问该商品的价格上涨多少元才能使其消费量减少10%？

【答案要点】

由题意可知，该商品的需求价格弹性系数为：$E_P=0.15$，价格为：$P=1.2$，该商品的消费量减少10%则意味着：$\Delta Q/Q=-0.1$

将已知数据代入弹性系数的一般公式：$E_P=-(\Delta Q/Q)/(\Delta P/P)$

即 $0.15=-(-0.1)/(\Delta P/1.2)$

计算可得 $\Delta P=0.8$（元）

故该商品的价格上涨0.8元才能使其消费量减少10%。

（5）已知某种商品价格由8元下降为6元时，需求量由20单位增加为30单位。

①用中点法计算这种商品的需求价格弹性。

②请说明它属于哪一种需求价格弹性。

【答案要点】

①由题意可知，$P_1=8, P_2=6, Q_1=20, Q_2=30$。将上述数据代入需求价格弧弹性公式，有：

$$E_P=-\frac{\Delta Q/Q}{\Delta P/P}=-\frac{Q_2-Q_1}{Q_2+Q_1}\Big/\frac{P_2-P_1}{P_2+P_1}=1.4$$

故用中点法可以计算出该商品的需求价格弹性值为 1.4。

②由于需求价格弹性值为 1.4，大于 1，故其属于高弹性需求，需求量的变动率大于价格的变动率。

7. 分析题

（1）2020 年 6 月起，南方很多地方陆续遭遇洪水侵袭，导致很多地方农作物被淹，洪水淹没了部分水稻田、麦地、玉米地以及菜园。假设农产品的市场需求相对缺乏弹性，利用供需曲线说明洪水带来的影响，并对遭受灾害之后的农民收入做出预测。

【答案要点】

当农产品市场需求缺乏弹性时，其需求曲线会比较陡峭。由于农产品市场需求是缺乏弹性的，因此，相对于农产品价格的变动，其需求量的变动是不敏感的。如图 1-2 所示，当发生洪水后，南方的农作物的市场供给会减少，在图形中体现为供给曲线整体向左上方移动。此时的市场均衡状态发生了改变，均衡点会从 E_1 移动到 E_2，相应地，农产品市场均衡价格会从 P_1 上涨到 P_2，市场交易量则会从 Q_1 减少到 Q_2，结果是农产品价格大幅上涨，但需求量减少的幅度却较小。

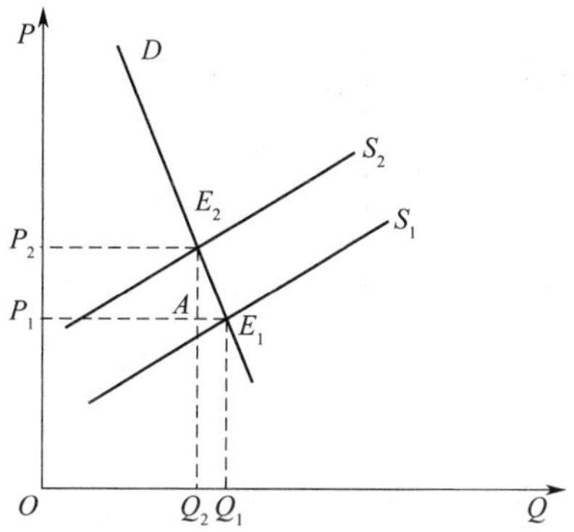

图 1-2 洪水对农产品市场的影响

因此，当农产品市场需求缺乏弹性时，洪水灾害导致农产品价格上升的幅度大于由此带来的市场供给量减少的幅度。因此，对于农民而言，面对需求缺乏弹性的农产品数量的小幅减少，洪水灾害的影响将导致农产品价格大幅上涨，最终将增加农民收入。

（2）试用弹性原理分析包邮的邮费承担问题。

【答案要点】

商家可以通过提高商品价格来转嫁邮费，而消费者和商家邮费承担的多少则取决于供给曲线和需求曲线的形状，即消费者需求弹性和生产者供给弹性的相对大小。当消费者的需求缺乏弹性而生产者的供给富有弹性时，此时包邮的邮费更多的是由消费者承担的；反之，当消费者的需求富有弹性而生产者的供给缺乏弹性时，则包邮的邮费更多的是由生产者承担的，这种情况下，消费者只承担小部分邮费。

（3）由于情人节临近，大部分鲜花的价格出现了不同程度的上涨。以销量最好的玫瑰花为例，每扎 20 枝的玫瑰零售价从 15 元涨至 18 元到 20 元，每扎 20 枝的康乃馨零售价从 12 元涨至 15 元。去年情人节前两天，一束玫瑰花的价格往往在三四十元。受全国雪灾的影响，大量的鲜花运不出省，因此今年花价较往年便宜了一半。试用供需理论分析今年鲜花市场价格的变化。

【答案要点】

正常情况下，情人节的来临会使玫瑰花的市场需求增加，需求曲线会整体向右上方移动。根据供求变化规律，在其他条件不变的情况下，仅需求增加会导致均衡价格上涨，同时，均衡数量也会上涨。而由于受到全国雪灾的影响，本省大量鲜花运不出省，只能在省内销售，这会造成省内玫瑰花市场的供给增加。而鲜花销售商会急于将积压的商品脱手，从而降低商品的价格，最终使市场价格趋于下降。且本省鲜花市场供给的上升幅度远大于本省市场需求正常上升的幅度，最终造成今年鲜花均衡价格减半的局面。这说明市场均衡价格是由市场需求和市场供给的变动共同决定的。

（4）试用供求模型分析以下问题。

①为什么高校周围住房的租赁价格一直比较坚挺？

②如果要让房租降下来，你有什么建议？

【答案要点】

①租房价格的确定取决于两个方面的因素：租房的供给和需求。在供给方面，由于房源不能任意扩张，所以供给可以看成是不变的，如图 1-3 所示。因此，租房价格的变化主要取决于需求方面的变化。租房价格这几年一直坚挺，主要是租房的需求一直没有下降的缘故。而且，随着高校扩招，学生人数会增加，加上学生生活水平提升，在经济上可以实现在外面租房以获得更大的个人空间的学生的比例上升等，都会带来租房总需求的上升。而如果总需求上升，总供给保持不变的话，租房价格就会有上升的趋势（从 P_0 上升至 P_1）。

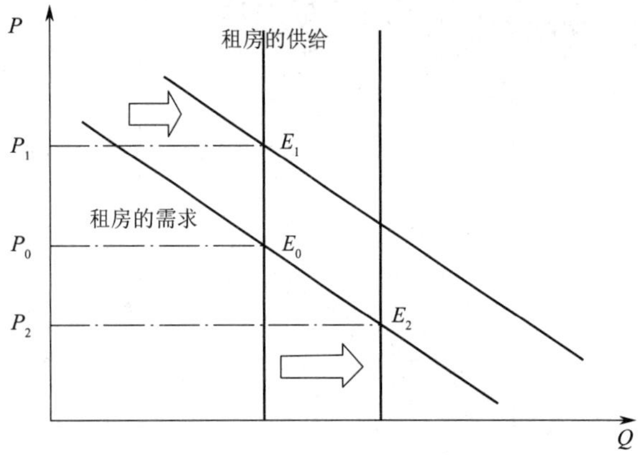

图 1-3　租房的供求对租房价格的影响

②要让房租下降无外乎两种途径：一是降低对周围住房的需求；二是提高房屋供给。需求方面，校内宿舍是租房的替代品，扩建校内宿舍，提高宿舍条件可以使在外租房的意愿下降（从 P_1 降回 P_0 甚至降至更低）。供给方面，可以增加房源（从 P_0 降至 P_2）。

（5）分析价格管制政策的原因及其影响。

【答案要点】

原因：当自由竞争价格机制所产生的社会的、经济的和政治的严重后果超过了由某种商品短缺或过剩所导致的经济问题带来的后果时，政府一定会实施价格管制政策。由于农产品价格的波动性和农民的特殊利益，最低限价经常被用于农产品的价格上，有时也被用于要素的价格上，如最低工资法。而实施最高限价的目的主要是保护消费者利益。

影响：最高限价下的供不应求会导致市场上消费者排队抢购和黑市交易盛行。在这种情况下，政府往往又不得不采取配给的方法来分配产品。此外，生产者也可能粗制滥造，降低产品质量，形成变相涨价。农产品的支持价格是一些西方国家所普遍采取的政策，最低限价会导致供给量大于需求量，出现过剩问题。在实行这一政策时，政府通常会收购市场上过剩的农产品。

三、随堂同步自测

1. 名词解释

（1）需求。

(2)供给。

(3)均衡价格和均衡数量。

(4)弹性。

(5)需求交叉价格弹性。

(6)供给价格弹性。

(7)限制价格。

(8)需求的变动与需求量的变动。

(9)供给量的变化和供给的变化。

(10)吉芬商品。

2. 单选题

(1)下列(　　)情况能构成消费者对商品的需求。
A. 小王想买一双鞋,但钱没带够
B. 小张正在攒钱买车
C. 煎饼 4 元一个,李先生准备用自己的钱买 3 个
D. 以上都不表示需求
(2)某产品的需求函数为 $2Q^d+16P=360$,当价格上涨 1 元时,需求量(　　)。
A. 增加 16　　B. 减少 8　　C. 减少 16　　D. 增加 8
(3)需求规律能正确解释(　　)现象。
A. 天气干旱导致小麦销售量减少　　B. 汽车价格下降导致汽车需求量增加
C. 手机价格上涨使手机质量提高　　D. 汽油价格下降导致汽车生产量增加
(4)在其他条件不变时,鸡蛋价格下降,会导致鸡蛋(　　)。
A. 需求量增加　　B. 需求量减少　　C. 需求减少　　D. 需求增加
(5)一种商品的价格上涨,该种商品的生产者通常会(　　)。
A. 提高质量　　B. 减少生产　　C. 增加生产　　D. 不采取任何行动

(6)某商品的需求函数为 $5Q^d+2P=70$,供给函数为 $3Q^s-P=20$,均衡价格和均衡产量为(　　)。

A. 15;10　　B. 10;15　　C. 15;15　　D. 10;10

(7)某商品将价格从10元提高到12元,需求量从150单位减少到130单位,则商家的收益将(　　)。

A. 增加　　B. 减少　　C. 不变　　D. 不确定

(8)如果A商品价格下降,导致B商品需求曲线向右移动,则(　　)。

A. A商品和B商品是互补品　　B. A商品和B商品是替代品

C. A商品是高档品,B商品是低档品　　D. A商品是低档品,B商品是高档品

(9)人们对电视机的需求量减少,原因可能是(　　)。

A. 人们不喜欢看电视了　　B. 电视机价格上涨

C. 手机价格下降　　D. 人们收入水平下降

(10)(　　)商品适用"薄利多销"策略。

A. 生活必需品　　B. 大宗农产品

C. 需求价格弹性为1的商品　　D. 需求价格弹性大于1的商品

(11)猪肉价格上涨,是由于(　　)。

A. 生猪养殖享受政策优惠　　B. 饲料价格下降

C. 生猪供给减少　　D. 对猪肉的需求减少

(12)民航机票经常打折,说明飞行需求(　　)。

A. 缺乏弹性　　B. 富有弹性　　C. 单位弹性　　D. 不确定

(13)(　　)的供给曲线是近似水平的。

A. 海鲜产品　　B. 冰箱　　C. 书本　　D. 房屋

(14)调查发现,最近市场上鸡蛋的供给减少,可能的原因是(　　)。

A. 养殖技术提高　　B. 生产者预期未来鸡蛋价格会下降

C. 禽流感被治愈　　D. 养殖成本减少

(15)羽毛球和羽毛球拍是互补品,当羽毛球拍的价格上升,将会导致(　　)。

A. 羽毛球的需求减少　　B. 羽毛球的需求量减少

C. 羽毛球的需求增加　　D. 羽毛球的需求量增加

3. 多选题

(1)下列能导致新能源汽车的供给曲线向右移动的是(　　)。

A. 新能源汽车价格下降　　B. 新能源汽车的生产技术提高

C. 燃油汽车的价格提高　　D. 新能源汽车的生产成本降低

(2)下列哪种情况会引起商品的均衡价格提高(　　)。

A. 供给不变,需求增加　　B. 供给增加,需求减少

C. 供给增加,需求不变　　D. 供给减少,需求增加

(3)下列商品之间的交叉价格弹性值大于0的有(　　)。

A. 镜框;镜片　　B. 花卷;馒头　　C. 咖啡;剃须刀　　D. 公交车;地铁

(4)下列关于需求价格弹性的说法正确的有(　　)。

A. 生活必需品的需求弹性较大　　B. 奢侈品的需求弹性较小

C. 商品替代品越多,需求弹性越大　　D. 商品越重要,需求弹性越小

(5)影响商品供给弹性的因素有(　　)。

A. 生产者调整供给的时间　　B. 消费者调整需求的时间

C. 现有生产能力的利用程度　　D. 生产者使用的生产技术类型

（6）下列属于支持价格的例子的是（　　）。

A. 各地政府规定最低工资　　B. 农产品价格保护

C. 租金控制　　D. 春运火车票的价格控制

（7）政府采取限制价格可能会出现（　　）。

A. 黑市交易　　B. 超额供给　　C. 超额需求　　D. 生产过剩

（8）下列因素中，影响供给价格弹性的有（　　）

A. 投入品的替代性大小和相似程度　　B. 时间

C. 预期　　D. 生产周期和自然条件

E. 偏好

（9）政府对啤酒征税，企业的成本增加，啤酒的价格上涨，消费者将会为之多支付钱，一般来说，消费者的税收负担（　　）。

A. 与需求弹性成正比　　B. 与需求弹性成反比　　C. 与供给弹性成正比　　D. 与供给弹性成反比

（10）在一般情况下，供给曲线（　　）。

A. 向右上方倾斜　　B. 向右下方倾斜　　C. 斜率为正　　D. 斜率为负

（11）下列几组商品的交叉价格弹性为正向（大于0）的有（　　）。

A. 汽油和汽车　　B. 面粉和大米　　C. 苹果和自行车　　D. 猪肉和牛肉

（12）影响一种商品供给量的因素有（　　）。

A. 商品本身的价格　　B. 相关商品的价格　　C. 生产成本　　D. 消费者的收入水平

4. 判断题

（1）线性需求曲线上每点的斜率相同，弹性也相同。（　　）

（2）商品的价格是影响其需求的唯一因素。（　　）

（3）某商品的需求曲线是垂直的，说明该商品的需求量受价格的影响非常小。（　　）

（4）吉芬商品的需求曲线是向右上方倾斜的。（　　）

（5）一般来说，商品的价格越低，供给量越多。（　　）

（6）当汽车的价格上升时，汽油的需求量将上升。（　　）

（7）商品的均衡价格随着供给增加和需求减少而下降。（　　）

（8）当商品需求价格富有弹性时，降价可以使利润增加。（　　）

（9）由于收入变化引起的需求量变化表现为在同一条需求曲线上的移动。（　　）

（10）土豆属于正常品，当消费者收入增加时，对土豆的需求量将增加。（　　）

（11）当政府向烟草公司征收销售税时，由于香烟需求缺乏弹性而供给弹性却较大，所以销售税更多由消费者负担。

（　　）

（12）向右下方倾斜的线性需求曲线中点处需求价格弹性为1。（　　）

（13）价格上涨会导致需求曲线向左移动。（　　）

（14）价格弹性大于1表示需求对价格的敏感度较低。（　　）

（15）若需求曲线右移的同时，供给曲线也右移，则市场价格必定上升，均衡数量必定增加。（　　）

5. 简答题

（1）典型的需求曲线为什么向右下方倾斜？

(2)下列事件会对市场上土豆的供给曲线产生怎样的影响？请说明原因。

①天气干旱导致土豆减产；

②种植土豆的化肥成本增加；

③土豆的市场价格下降；

④政府实施优惠政策鼓励土豆种植。

(3)“菜贱伤农”说明了什么经济学原理？

(4)影响商品需求的主要因素有哪些？

(5)需求价格弹性与企业销售收入之间的关系如何？

(6)为什么政府要对农产品实行价格保护政策？

(7)简述均衡价格的形成过程，并分析它对于制定价格政策的现实意义。

(8)粮食价格提高对猪肉的供给曲线有何影响？猪肉价格提高对猪肉销售量和猪肉供给曲线是否会产生影响？

(9)运用边际效用递减规律和消费者均衡理论说明丰富多彩的假期生活对于愉快的假期的重要性。

(10)你对早餐的牛奶的需求是如何决定的？列出影响牛奶需求的诸因素，并运用这些因素讨论需求量与需求变动之间的联系与区别。

(11)“需求曲线越陡，价格弹性就越小；需求曲线越平缓，价格弹性就越高。”这句话对吗？试举例加以说明。

(12)在供给富有弹性和缺乏弹性的情况下，需求的增加对市场均衡价格会产生什么影响？

(13)降价是市场上常见的促销方式。但为什么餐饮业会降价促销，而中小学教科书不会采用降价促销的方式呢？用需求弹性理论解释这种现象。

(14)需求量变动与需求变动有何区别？

(15)说明支持价格和限制价格的含义及经济影响。

6. 计算题

(1)某商品的需求函数 $Q^d=400-P$，供给函数 $Q^s=100+P$，求市场均衡价格和均衡数量。

(2)某商品的需求函数是 $Q^d=140-5P$，分别求 $P=10$ 和 $P=20$ 的需求价格点弹性。

(3)设A商品的需求函数为$P = 200 - 4Q$,其供求均衡时的均衡价格为100元,供给曲线的斜率为需求曲线斜率的3/4,求该商品的供给函数。再设政府对商品规定的支持价格为112元,求短期的市场过剩数量。

(4)假如一种商品价格上升5%,另一种商品的需求量减少10%,那么两种商品的需求交叉价格弹性为多少?并请说明这两种商品的关系。

(5)假如某种商品的需求函数为$Q = 210 - 2P$,求总收益函数和边际收益函数,并计算在什么价格水平下,商品的需求价格弹性值等于1?

(6)A公司和B公司是机床行业的两个竞争者,这两家公司的主要产品X和Y的需求函数分别为:$P_X = 1000 - 5Q_X$,$P_Y = 1600 - 4Q_Y$,目前两家公司现在的销售量分别为100单位X和250单位Y。

①求X和Y产品当前的价格弹性;

②假定Y产品降价后,使Q_Y增加到300单位,同时导致X的销售量Q_X下降到75单位,试问A公司的产品X的交叉价格弹性是多少?

③假定B公司的目标是谋求销售收入最大化,你认为它降价在经济上是否合理?

7. 分析题

(1)结合实例,分析哪些商品适合"薄利多销"策略?

（2）为做好第 19 届中国—东盟博览会、中国—东盟商务与投资峰会的接待服务工作，防止东博会和峰会期间南宁市宾馆客房价格显著上涨，根据相关法规，经广西壮族自治区人民政府同意，决定在东博会和峰会期间对南宁市区内的所有宾馆标准客房价格采取临时干预措施，三星级宾馆标准客房价格不得高于 305 元 / 天·间，四星级宾馆标准客房价格不得高于 480 元 / 天·间，五星级宾馆标准客房价格不得高于 660 元 / 天·间。

根据以上资料分析政府实行最高限价对宾馆市场产生的影响。

（3）某国预计对含糖饮料征收每升 5 元的消费税，用于糖尿病治疗项目。试分析政府征收消费税后，税收最终更多由生产者承担还是消费者承担？

四、课程思政案例

（1）供给侧结构性改革与需求侧管理（以下简称供给侧与需求侧）是习近平新时代中国特色社会主义经济思想的重要内容和原创性贡献。把握好二者之间的关系，是理解以人民为中心的发展思想、新发展理念、高质量发展、构建新发展格局等系列新理论的重要基础，是推进经济发展、做好经济工作的关键所在。

供给与需求的关系，是市场经济的基本关系。只要存在商品生产和商品交换的地方，就存在供给与需求的关系。因此，无论是马克思主义经典作家，还是西方经济学者，都十分重视对供给与需求及其关系的研究。习近平总书记在充分继承马克思关于生产与需要思想精髓和合理吸收西方经济学中供给与需求理论有益成分的基础上，创造性地提出了“供给侧”和“需求侧”这对新范畴，认为“供给和需求是市场经济内在关系的两个基本方面，是既对立又统一的辩证关系，二者你离不开我、我离不开你，相互依存、互为条件”，“供给侧和需求侧是管理和调控宏观经济的两个基本手段”（引自 2016 年 05 月 10 日《人民日报》）。

2020 年 12 月，中共中央政治局召开会议，分析研究 2021 年经济工作，明确提出，要扭住供给侧结构性改革，同时注重需求侧改革，打通堵点，补齐短板，贯通生产、分配、流通、消费各环节，形成需求牵引供给、供给创造需求的更高水平动态平衡，提升国民经济体系整体效能。这进一步发展了需求侧管理的内涵，不再只讲它“重在解决总量性问题，注重短期调控”了，而是讲需求侧管理既要注重总量，也要注重“结构性、制度性、政策性”，最大限度降低制度性交易成本；强调传统消费不能废弃，而是要升级和加强；强调投资需求同样重要，但要优化投资结构，保证重点项目和优势产业优先获得投资。

（资料来源：2022 年 04 月 12 日《经济日报》）

根据所学知识，结合我国国情，用供求均衡理论分析供给侧结构性改革和需求侧改革在我国经济发展中的作用。

(2)1967年，一场大暴雪使得芝加哥市区的交通瘫痪，外面的生活必需品难以进入，当时还是大学生的詹姆斯的住所附近有两家杂货店，一家杂货店慈悲为怀，坚持大雪天店内商品不涨价，因此其店中的商品很快被抢购一空。但因为如此低的价格难以使其以高价向外界继续采购新的商品，因此这家店很快就关门了。另外一家杂货店则将所有商品的价格暂时提高到原来的两倍，同时这家杂货店的老板出高价请当地的孩子乘雪橇从外地运进当地市民需要的各种商品。涨价的杂货店因为能够支付较高的雇佣雪橇拉货的成本，在暴雪天气中保证了对居民的基本供应，同时较高的价格也促使居民根据新的价格状况调整自己的需求，将自己采购的物品控制在自己能够承担的、确实也是必需的范围内。

请根据上述案例，回答下列问题。

①该案例揭示了哪些市场经济的基本原理?

②供需变动是如何影响均衡价格的?

(3)1990年美国国会通过法令对高档消费品(豪华汽车、游艇等)征收消费税，目的是通过这种税实现“劫富济贫”。但其结果是，“富人”所纳税额并没有增加多少，而生产这些高档消费品的工人却深受其害。于是，不得不在1993年取消这种对高档消费品征收的消费税。

问:政府为什么会取消这种税?

(4)2020年新型冠状病毒肺炎疫情(以下简称“新冠肺炎疫情”)大规模暴发后，口罩的价格创历史新高，市面上所有口罩被一扫而空。后来“抢菜”“团购接龙”等网络热词也成为大家茶余饭后的讨论热点，超市的货架也被一扫而空。人们对于“囤货”有了新的认识。

请根据以上内容分析:

①应该如何看待哄抬物价现象?

②商家到底应不应该涨价?

③疫情背景下，政府是否要管控口罩的价格?

第二章　消费者选择

一、知识思维导图

- 消费者选择
  - 效用理论概述
    - 欲望和效用
    - 总效用和边际效用递减
    - 效用最大化
    - 消费者的需求曲线
    - 消费者剩余
  - 无差异曲线
    - 偏好和选择
    - 无差异曲线及其特点
    - 边际替代率
  - 预算约束线
    - 预算约束线的含义
    - 预算约束线的变动
  - 消费者均衡
    - 消费者均衡的决定
    - 收入变动对消费者均衡的影响
    - 价格变动对消费者均衡的影响
  - 价格变动的替代效应和收入效应
    - 替代效应和收入效应的含义
    - 正常品的替代效应和收入效应
    - 低档品的替代效应和收入效应
    - 吉芬商品的替代效应和收入效应
    - 消费者需求曲线的形状
  - 不确定性和风险
    - 不确定性和风险事件的描述
    - 消费者对风险方案的偏好
    - 消费者对待风险的态度
    - 风险条件下的决策：保险市场的例子

二、典型例题解析

1. 名词解释

(1)总效用。

【答案】总效用是指一定时期内，消费者从消费商品或服务中获得的效用满足总量，即从既定数量的消费中获得的总满足程度，记为 TU。

(2)边际效用。

【答案】边际效用是指在一定时期内，消费者从增加一单位商品或服务的消费中所得到的效用增加量，是每增加一单位商品消费所增加的效用(即增加的满足程度)，记为 MU。

(3)边际效用递减规律。

【答案】边际效用递减规律是指在一定时期内，随着消费者不断增加某种商品或服务的消费量，在其他商品或服务消费量不变的条件下，消费者从每增加一单位该商品或服务的消费中所获得的效用增加量是递减的。

(4)消费者均衡。

【答案】如果其他条件不变,消费者在既定收入约束条件下实现了最大化效用满足,并保持这种状况不变,那么此时就称消费者处于均衡状态,简称为消费者均衡。

(5)消费者剩余。

【答案】消费者为得到一定数量的某种商品愿意支付的数额与实际必须支付的数额之间的差被称为消费者剩余。消费者剩余有时也被定义为消费者从消费商品中获得的总效用与总的市场价值之间的差额,即消费商品的净效用。

(6)无差异曲线。

【答案】无差异曲线是指在既定偏好条件下,由可以给消费者带来相同满足程度的两个商品的不同数量组合描绘出来的曲线。在一条无差异曲线上,两种商品的数量组合各不相同,但消费者对它们的偏好相同,或者说它们给消费者带来的效用满足程度相同。

(7)边际替代率递减规律。

【答案】商品的边际替代率递减规律是指在保持效用水平不变的条件下,随着一种商品消费数量的增加,消费者增加一单位该商品的消费而愿意放弃的另外一种商品的消费数量逐渐减少,即随着一种商品数量的增加,它对另外一种商品的边际替代率递减。

(8)预算约束线。

【答案】消费者的预算约束线简称为约束线,它表示在收入和商品价格既定的条件下,消费者用全部收入所能购买到的各种商品的不同数量的组合。

(9)恩格尔定律。

【答案】恩格尔定律是指家庭的食物支出在总支出中所占的比重随家庭收入的增加而减少。恩格尔定律意味着,随着家庭收入的增加,食物支出的增长速度不及收入的增长速度快,因而食物支出关于收入的弹性系数小于1。

(10)价格 - 消费扩展线。

【答案】价格 - 消费扩展线简称价格扩展线。它表示,在消费者收入和其他商品价格保持不变的条件下,随着一种商品价格的变动,消费者均衡点变动的轨迹。

2. 单选题

(1)根据消费者均衡理论,边际替代率递减意味着(　　)。

A. 无差异曲线的斜率为正　　B. 无差异曲线的斜率为负

C. 约束线斜率小于零　　D. 无差异曲线凸向原点

【答案】D

【解析】从几何意义上讲,商品的边际替代率表示无差异曲线的斜率的绝对值是递减的,进而决定了无差异曲线是凸向原点的。因此,选项D正确。

(2)当消费达到饱和点时,总效用曲线呈(　　)状。

A. 向右上方倾斜　　B. 向右下方倾斜　　C. 水平　　D. 向左上方弯曲

【答案】C

【解析】当消费达到饱和点,即总效用达到最大的时候,此时的边际效用为零。可知,在此点上,总效用曲线处于最高点,呈水平状。因此,选项C正确。

(3)关于基数效用论,下列说法不正确的是(　　)。

A. 基数效用论中效用可以以确定的数值表达出来

B. 基数效用论中效用可以加总

C. 基数效用论和序数效用论使用的分析工具完全相同

D. 基数效用论主要采取边际效用分析方法

【答案】C

【解析】基数效用论使用的分析工具是边际效用递减规律；序数效用论使用的分析工具是无差异曲线。因此，选项 C 正确。

（4）下列说法正确的是（　　）。

A. 消费者均衡点一定要在约束线的边界上

B. 消费者均衡点可以在约束线的边界上，也可以在约束线的内部，视无差异曲线的具体形状而定

C. 消费者均衡点应该在约束线的内部，因为保留一部分货币也可以带来效用

D. 只有在商品完全替代时，消费者均衡点才可能位于角点上

【答案】A

【解析】A 项，当偏好满足局部非饱和性的假设时，消费者均衡点一定位于约束线上；BC 两项，无论是哪种类型的无差异曲线，均衡点都在约束线的边界上；D 项，在拟线性偏好中，当收入很少，无法购买两种商品中的其中一种时，消费者均衡也位于角点上，此时，两种商品并不存在完全替代关系。因此，选项 A 正确。

（5）设对某一消费者而言，有 $MU_X / P_X < MU_Y / P_Y$，为使他得到的效用满足最大，他（　　）。

A. 在商品 X、Y 的价格不变时，增加商品 X 的购买量，减少商品 Y 的购买量

B. 在商品 X、Y 的价格不变时，增加商品 Y 的购买量，减少商品 X 的购买量

C. 在商品 X 的价格降低时，才有可能增加商品 X 的购买量

D. 在商品 Y 的价格降低时，才有可能增加商品 Y 的购买量

【答案】B

【解析】如果消费者的均衡条件为：$MU_X / P_X < MU_Y / P_Y$，则该消费者并未获得最大效用，因为最后一单位货币花在商品 X 上所获得的边际效用小于花在 Y 上获得的边际效用，根据边际效用递减规律，说明购买商品 X 的数量过多，应减少对商品 X 的消费，增加对商品 Y 的消费，从而增大总效用。因此，选项 B 正确。

（6）垂直于横轴的无差异曲线意味着（　　）。

A. 当消费者增加横轴上商品的消费时，他的满足程度不会增加

B. 当消费者增加纵轴上商品的消费时，他的满足程度不会增加

C. 当两种商品的消费量都增加时，消费者的满足程度会增加

D. 以上说法都不正确

【答案】B

【解析】无差异曲线垂直于横轴，表明消费者的效用仅由横轴商品的消费量决定。因此，当消费者增加纵轴上商品的消费量时，消费者的满足程度不会增加。因此，选项 B 正确。

（7）某工人在工资率为每小时 2 元的时候每周挣 60 元，每小时 4 元的时候每周挣 100 元，由此可以断定（　　）。

A. 收入效应和替代效应相等　　B. 替代效应起着主要作用

C. 没有收入效应和替代效应　　D. 收入效应起着主要作用

【答案】D

【解析】工资上涨前每周工作 30 小时，工资上涨后每周工作 25 小时，工作时间下降，可知工资上涨的收入效应大于替代效应，所以收入效应起主要作用。因此，选项 D 正确。

（8）边际替代率 MRS_{XY} 递减，边际效用 MU_X 和 MU_Y 必定（　　）。

A. 递增　　B. 递减

C. MU_X 递减，MU_Y 递增　　D. MU_X 递增，MU_Y 递减

【答案】C

【解析】边际替代率表示一种商品替代另一种商品的比率。所谓边际替代率递减，即消费者得到的一种商品增加，同时放弃的另一种商品的数量减少。可知，对于商品 X 来说，边际效用在递减；对于商品 Y 来说，边际效用在递增。因此，选项 C 正确。

(9)恩格尔曲线是从(   )导出的。

A. 价格 - 消费扩展线　　B. 收入 - 消费扩展线

C. 需求曲线　　D. 预算约束线

【答案】B

【解析】恩格尔曲线表示消费者在每一收入水平上对某种商品的需求量。恩格尔曲线可以由消费者收入扩展线得到，即经过简单的转化，消费者的收入 - 消费扩展线给出的收入变动与商品消费数量变动的轨迹可以由某种商品的消费数量随着收入变动而变动的轨迹描绘出来，从而得到该商品的恩格尔曲线。因此，选项 B 正确。

(10)如果有 A 和 B 两个消费者，对于消费者 A 来说，以商品 X 替代商品 Y 的边际替代率为 5；对于消费者 B 来说，以商品 X 替代商品 Y 的边际替代率为 3，假如 A 和 B 之间最终进行了交换，那么 X 和 Y 两种商品之间的交换比率可能为(   )。

A. 1 单位 X 和 3 单位 Y 相交换　　B. 1 单位 X 和 5 单位 Y 相交换

C. X 和 Y 之间的交换比率介于 1/3 与 1/5 之间　　D. 无法确定

【答案】C

【解析】交换达到均衡时，边际替代率必须相等，因此商品 X 和商品 Y 之间的交换比率必定介于 1/3 与 1/5 之间。因此，选项 C 正确。

(11)若某消费者消费了两单位某物品之后，得知边际效用为零，则此时(   )。

A. 消费者获得了最大平均效用　　B. 消费者获得的总效用最大

C. 消费者获得的总效用最小　　D. 消费者所获得的总效用为负

【答案】B

【解析】当边际效用为正数时，总效用是增加的；当边际效用为零时，总效用达到最大；当边际效用为负数时，总效用减少。因此，选项 B 正确。

(12)某人消费猕猴桃和火龙果，且处于消费者均衡状态，已知最后一个猕猴桃的边际效用为 50，最后一个火龙果的边际效用为 25，如果每个猕猴桃的价格为 3 元，则每个火龙果的价格是(   )。

A.0.5 元　　B.1 元　　C.1.5 元　　D.2 元

【答案】C

【解析】消费者均衡条件：$MRS_{XY}=P_X/P_Y$。它表示：在一定的预算约束下，为了得到最大的满足程度，消费者应当选择这样一个商品数量组合，使得两种商品的边际替代率等于这两种商品的价格之比。猕猴桃与火龙果的边际效用之比为 2∶1，如果猕猴桃的价格为 3 元，那么火龙果的价格就应该是 1.5 元。因此，选项 C 正确。

(13)如果一个买者对一辆新车的支付意愿是 30 000 美元，而她实际以 28 000 美元买到了这辆车，她的消费者剩余是(   )。

A. 0 美元　　B. 2 000 美元　　C. 28 000 美元　　D. 30 000 美元

E. 58 000 美元

【答案】B

【解析】消费者剩余是指消费者为得到一定数量的某种商品愿意支付的数额与实际必须支付的数额之间的差。30 000 – 28 000=2 000 美元，因此，选项 B 正确。

(14)假设可以购买三个相同的艺术品。买者 1 愿意为一个艺术品支付 50 元，买者 2 愿意为一个艺术品支付 45 美元，买者 3 愿意为一个艺术品支付 40 美元。如果艺术品价格是 45 元，将卖出多少？这个市场上的消费者剩余值是多少？(　　)。

A. 将卖出一个艺术品，消费者剩余为 50 元　　B. 将卖出一个艺术品，消费者剩余为 5 元

C. 将卖出两个艺术品，消费者剩余为 5 元　　D. 将卖出三个艺术品，消费者剩余为 0 元

E. 将卖出三个艺术品，消费者剩余为 135 元

【答案】C

【解析】买者 3 只愿意支付 40 元钱，所以他不愿意买价格 45 元的艺术品。而通过消费者剩余概念，即消费者剩余是指消费者为得到一定数量的某种商品愿意支付的数额与实际必须支付的数额之间的差，可以得出最后的消费者剩余为 5 美元。因此，选项 C 正确。

(15)某低档品价格下降而其他情况不变时，(　　)。

A. 替代效应和收入效应都增大，从而导致该商品的需求量增大

B. 替代效应和收入效应都减小，从而导致该商品的需求量减小

C. 替代效应增大，收入效应减小，但导致该商品的需求量增加

D. 替代效应增大，收入效应减小，但导致该商品的需求量减少

【答案】D

【解析】对于低档品而言，其替代效应与价格呈反方向变动，收入效应与价格呈同方向变动，且收入效应是小于替代效应的，所以低档品需求量下降。因此，选项 D 正确。

(16)边际替代率的变化会使(　　)发生变化。

A. 消费品的价格比率　　B. 边际效用之比

C. 消费者的偏好　　D. 消费者的收入水平

【答案】B

【解析】边际替代率表示一种商品替代另一种商品的比率。所谓边际替代率递减，即消费者得到的一种商品增加，同时放弃的另一种商品的数量减少。边际效用是指物品的消费量每增加一个单位所增加的总效用的量，边际效用具有递减的规律。所以边际替代率变化会引起边际效用之比变化。因此，选项 B 正确。

3. 多选题

(1)当消费者达到均衡状态时，以下说法中正确的有(　　)。

A. 消费者购买每种商品的最后一单位货币的边际效用均相等

B. 消费者购买两种商品时，边际替代率等于两种商品的价格之比

C. 消费者购买某商品所获得的边际效用等于他所放弃的货币的边际效用

D. 某种商品的边际效用同该商品价格之比等于单位货币的边际效用

【答案】ABCD

【解析】消费者达到均衡状态时，消费者购买每种商品的最后一单位货币的边际效用均相等，边际替代率等于两种商品的价格之比，购买某商品所获得的边际效用等于他所放弃的货币的边际效用，某种商品的边际效用同该商品价格之比等于单位货币的边际效用。因此，选项 A、B、C、D 均正确。

(2)若市场上物品价格出现普遍下降，那么在收入保持不变的情况下，人们对于正常品、低档品的需求量会出现(　　)。

A. 正常品的需求量下降　　B. 正常品的需求量上升

C. 低档品的需求量下降　　D. 低档品的需求量上升

【答案】BC

【解析】当市场上物品价格下降时人们的实际收入增加，使正常品的购买量增加，这称为收入效应。低档品是需求量与收入呈反方向变化的商品。对于低档品来说，收入效应与价格呈同方向变动，替代效应与价格呈反方向变动，所以低档品需求量下降。因此，选项 B、C 正确。

(3)预算约束线向右上方平行移动的原因是(　　)。

A. 消费者获得的预算增加了　　B. 商品 X 和 Y 的价格以同样的比率下降

C. 商品 Y 的价格下降了　　D. 商品 X 的价格下降了

【答案】AB

【解析】商品的价格不变,消费者获得的预算增加了,即消费者的收入增加,预算约束线向右上方平行移动,选项 A 正确。商品 X 和 Y 的价格以同样的比率下降,也会使得预算约束线平行向右移动,选项 B 正确。而收入不变时,两种商品中只有其中一种商品的价格发生改变,预算约束线会发生改变,但这种情况下,预算约束线发生的不是平行移动,而是旋转移动,故选项 C、D 都不满足题意。综上,选项 A、B 正确。

(4)消费者处于均衡状态时(　　)。

A. 消费者实现了效用最大化

B. 消费者可以通过改变商品组合而使效用增加

C. 消费者在既定收入和商品价格下得到了最大满足

D. 消费者不能通过改变商品组合而使效用增加

【答案】ACD

【解析】消费者处于均衡状态时,实现了效用最大化;在此状态下,消费者在既定收入和商品价格下得到了最大满足;此时,消费者是不能通过改变商品组合而使效用增加的。因此,选项 B 错误,选项 A、C、D 正确。

(5)下列说法错误的是(　　)。

A. 消费者均衡点一定要在约束线的边界上

B. 消费者均衡点可以在约束线的边界上,也可以在约束线的内部,视无差异曲线的具体形状而定

C. 消费者均衡点应该在约束线的内部,因为保留一部分货币也可以带来效用

D. 只有在商品完全替代时,消费者均衡点才可能位于角点上

【答案】BCD

【解析】A 项,当偏好满足局部非饱和性的假设时,消费者均衡点一定位于约束线上; B、C 两项,无论是何种类型的无差异曲线,均衡点都在约束线的边界上; D 项,在拟线性偏好中,当收入很少,无法购买两种商品中的其中一种时,消费者均衡也位于角点上,此时,两种商品并不存在完全替代关系。综上所述,只有选项 A 说法正确,但不符合题目答案所选要求。因此,选项 B、C、D 正确。

(6)关于基数效用论,下列说法正确的是(　　)。

A. 基数效用论中效用可以以确定的数值表达出来

B. 基数效用论中效用可以加总

C. 基数效用论和序数效用论使用的分析工具完全相同

D. 基数效用论主要采取边际效用分析方法

【答案】ABD

【解析】基数效用论中效用可以以确定的数值表达出来,因此是可以加总求和的。基数效用论主要采取边际效用分析方法。而基数效用论和序数效用论使用的分析工具并不是完全相同的,基数效用论使用的分析工具是边际效用递减规律;而序数效用论使用的分析工具则是无差异曲线。因此,选项 C 错误,选项 A、B、D 正确。

(7)通常情况下,无差异曲线具有下面的特征(　　)。

A. 向右下方倾斜　　B. 凸向原点　　C. 是一条直线　　D. 任意两条都不相交

【答案】ABD

【解析】通常情况下,无差异曲线具有以下特征:无差异曲线有无数条;任意两条无差异曲线不相交;无差异曲线向右下方倾斜;无差异曲线凸向原点;无差异曲线不是一条直线。因此,选项 C 错误,选项 A、B、D

正确。

（8）关于替代效应、收入效应和总效应与价格的变动关系，下列说法中正确的有（　　）。

A. 对于正常品而言，其替代效应与价格呈反方向变动，收入效应也与价格呈反方向变动，从而总效应必定与价格呈反方向变动

B. 对于低档品而言，其替代效应与价格呈反方向变动，收入效应与价格呈同方向变动，且收入效应大于替代效应，从而总效应与价格呈同方向变动

C. 对于吉芬商品而言，其替代效应与价格呈反方向变动，收入效应与价格呈同方向变动，且收入效应大于替代效应，从而总效应与价格呈同方向变动

D. 正常品和低档品的区别不在于价格变动的替代效应，所以对于所有商品而言，替代效应与价格都呈反方向变动关系

【答案】ACD

【解析】一种商品价格变动的总效应是可以分解为替代效应和收入效应的。对于正常品而言，其替代效应与价格呈反方向变动，收入效应也与价格呈反方向变动，在它们的共同作用下，总效应必定与价格呈反方向变动。因此，选项 A 正确。对于低档品而言，其替代效应与价格呈反方向变动，收入效应与价格呈同方向变动，且收入效应是小于替代效应的，所以，总效应与价格呈反方向变动。因此，选项 B 错误。对于吉芬商品而言，其替代效应与价格呈反方向变动，收入效应与价格呈同方向变动，且收入效应大于替代效应，从而总效应与价格呈同方向变动。因此，选项 C 正确。正常品和低档品的区别不在于价格变动的替代效应，所以对于所有商品而言，替代效应与价格都呈反方向变动关系。因此，选项 D 正确。综上，选项 A、C、D 正确。

4. 判断题

（1）需求曲线上的每个点都意味着消费者的均衡条件得到了满足。（　　）

【答案】正确

【解析】商品需求曲线是从价格 - 消费扩展线推导出来的，因为价格 - 消费扩展线表示的是由商品价格变化所引起的消费者均衡点变动的轨迹，因此商品需求曲线上的每个点都意味着消费者均衡。因此，题干说法正确。

（2）如果以需求量作为纵轴，则生活必需品的恩格尔曲线的斜率随需求量的增加而递减。（　　）

【答案】正确

【解析】恩格尔定律表明，随着收入的增加，生活必需品的消费量也增加，但增加的比例小于收入增加的比例，所以恩格尔曲线的斜率随着消费量的增加而递减。因此，题干说法正确。

（3）对于正常品 X 而言，当价格发生变化时，其替代效应大于收入效应。（　　）

【答案】正确

【解析】对于正常品，替代效应与价格变化呈反方向变动，收入效应与价格变化也呈反方向变动，并且替代效应大于收入效应。因此，题干说法正确。

（4）低档品不一定违背需求规律。（　　）

【答案】正确

【解析】低档品的特征是价格下降时，替代效应为正，收入效应为负，总效应正负不定。如果商品为一般低档品，即收入效应的绝对值小于替代效应，则总效应为正，即商品价格下降，商品需求量上升，因此没有违背需求规律。因此，题干说法正确。

（5）低档品一定是吉芬商品，但吉芬商品不一定是低档品。（　　）

【答案】错误

【解析】低档品是指收入效应与价格呈同方向变动，替代效应与价格呈反方向变动，总效应与价格呈反方向变动的商品；吉芬商品是收入效应与价格呈同方向变动，替代效应与价格呈反方向变动，但是总效应与

价格呈同方向变动的商品。吉芬商品的收入效应的绝对值大于替代效应。因此，吉芬商品一定是低档品，但低档品不一定是吉芬商品。因此，题干说法错误。

（6）黑白电视机是低档品，因而在其他条件既定时，黑白电视机的降价并不能带来需求量的增加。（　　）

【答案】错误

【解析】如果低档品为一般低档物品，则收入效应的绝对值小于替代效应，总效应与价格呈反方向变动；如果低档品为吉芬商品，则收入效应的绝对值大于替代效应，总效应与价格呈同方向变动。黑白电视机为一般低档品，需求曲线仍为一条向右下方倾斜的曲线，降价将使需求量增加。因此，题干说法错误。

（7）吉芬商品是一种低档品，但低档品未必是吉芬商品。（　　）

【答案】正确

【解析】某商品价格变化对该商品需求量的影响是依照替代效应和收入效应的大小和方向而定的。假设该商品是正常品，替代效应和收入效应变动方向相同；假设是非吉芬商品的低档品，替代效应与收入效应变动方向相反，但替代效应大于收入效应；假设是吉芬商品，替代效应和收入效应变动方向相反，但替代效应小于收入效应。因此，题干说法正确。

（8）消费者的效用极大化要求预算约束线与无差异曲线相交。（　　）

【答案】错误

【解析】消费者的效用极大化要求预算约束线与无差异曲线相切。预算约束线与无差异曲线相交的情况下会出现两个交点，此时，位于两个交点之间的任何一点所实现的效用都会比原效用高。只有预算约束线与无差异曲线相切才可能使得消费者获得最大满足。因此，题干说法错误。

（9）对所有人来讲，钱的边际效用是不可能递减的。（　　）

【答案】错误

【解析】货币的边际效用一样存在递减规律。不同商品的边际效用递减速度可能会不同。特别是货币作为一种特殊商品，其边际效用虽然服从边际递减规律，但递减速度一般较慢。因此，在理论分析和应用中，为了简单起见，常把货币的边际效用视为一个常数。因此，题干说法错误。

（10）作为消费者的合理选择，哪一种商品的边际效用最大哪一种商品就应被选择。（　　）

【答案】错误

【解析】作为消费者的合理选择，并不是哪一种商品的边际效用最大哪一种商品就应被选择，而是应该选择其消费最后一单位货币能给他带来最大边际效用的那种商品。因此，题干说法错误。

5. 简答题

（1）试用替代效应和收入效应解释“吉芬”之谜。

【答案要点】

“吉芬”之谜指商品的价格与需求量的变动违反了需求规律，即价格越低卖得越少，价格提高反而卖得越多，商品需求量与其价格成正比。这类需求量与价格呈同方向变动的特殊商品被称为吉芬商品。

替代效应是由商品的价格变动引起商品相对价格的变动，进而由商品的相对价格变动所引起的商品需求量的变动。收入效应是由商品的价格变动引起实际收入水平的变动，进而由实际收入水平变动所引起的商品需求量的变动。

吉芬商品是一种特殊的低档品，其替代效应与价格呈反方向变动，收入效应与价格呈同方向变动，但是其收入效应的作用大于替代效应的作用，从而总效应与价格呈同方向变动，这样使得吉芬商品的需求曲线向右上方倾斜，即需求量与价格呈同方向变动。

（2）作图说明序数效用论是如何说明消费者均衡的。

【答案要点】

序数效用论利用无差异曲线和预算约束线来分析消费者均衡。其分析指出：只有在无差异曲线和预算约束线的切点上，才能使消费者实现自身效用最大化，只有在这个切点上才能使消费者在收入 M 和两种商品X、Y的价格 P_X 和 P_Y 既定的情况下，实现消费者均衡。分析过程如图 2-1 所示。

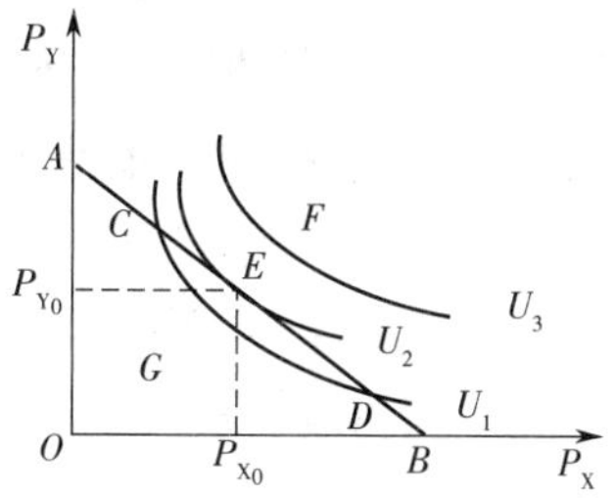

图 2-1　消费者均衡

图 2-1 中，若消费者的收入 M 和两种商品 X、Y 的价格 P_X 和 P_Y 是既定的，可以得到既定的预算约束线 AB 。同时引入无差异曲线 U_1、U_2、U_3，不同的无差异曲线代表不同的效用水平。无差异曲线与既定的预算约束线 AB 的典型的位置关系要么是相离的，要么是相切的，要么是相交的。假定有无差异曲线 U_2 与预算约束线 AB 相切于 E 点，则 E 点是消费者均衡点。这是因为，在无差异曲线 U_3 上的各种商品组合（如 F 组合）的效用水平虽然大于无差异曲线 U_2 的效用水平，但它在预算约束线 AB 以外，表示消费者在既定的收入条件下是无法实现这样的商品组合的消费的。又如无差异曲线 U_1 上的 C 商品组合和 D 商品组合是消费者在既定收入下能够实现的，但其效用水平小于 U_2 的效用水平，它们不能使消费者在既定条件下实现自身效用的最大化。而预算约束线以内的商品组合如 G 组合意味着消费者的收入没有花完，也是不符合条件的。所以只有 E 商品组合点才是最优的商品组合，是消费者均衡点。

在消费者均衡点 E 上，消费者花费其全部收入用于购买此时的商品数量组合，由此所产生的效用是最大的。此时，预算约束线与无差异曲线的斜率相等，因此有 $MRS_{XY} = P_X/P_Y$，即此为消费者均衡条件。它表示：在既定的预算约束下，为了得到最大的满足程度，消费者应当选择这样一个商品数量组合，使得两种商品的边际替代率等于这两种商品的价格之比。

（3）简要分析边际替代率递减的缘故。

【答案要点】

商品的边际替代率递减规律是指消费者在维持效用水平不变的前提下，随着一种商品的消费数量的持续增加，消费者为取得每一单位的这种商品所需要舍弃的另一种商品的消费数量是递减的，即边际替代率是递减的。发生这种现象的缘故在于：当一种商品的数量慢慢增加时，增加一单位这种商品对消费者的重要程度或能给他带来的满足程度也越来越低，而他为了多取得一单位的这种商品而甘心舍弃的另一种商品的数量就会越来越少。

（4）消费者剩余是如何形成的？

【答案要点】

消费者剩余是指消费者为得到一定数量的某种商品愿意支付的数额与实际必须支付的数额之间的差。一般而言，消费者剩余是由以下两种因素造成的：一方面，由于存在着边际效用递减规律，随着消费者购买某种商品的数量的增多，他甘心支付的价钱越来越低；另一方面，在市场上老是存在着一种现实的价钱。而消费者实际支付的市场价钱一样反映了他对所拥有的最后一单位商品的边际效用的估价。因此，除他所购买的最后一单位商品之外，消费者从以前购买的所有商品的消费中获得的满足程度都超过他为之付出的代价。换句话说，他先前购买的每一单位商品给他带来的边际效用都高于他从最后一单位商品中获得的边际效用，超出的部分则是消费者剩余。

（5）简述消费者剩余的含义与产生原因，并作图表示。

【答案要点】

消费者剩余，又称消费者的净收益，指的是指消费者消费一定数量的某种商品愿意支付的最高价格与这些商品的实际市场价格之间的差额。消费者剩余是一种主观感受。消费者所愿意付出的代价是一个受多种因素影响的概念，它是消费者内心认同的一种主观感受。消费者剩余的大小反映了消费者在消费某种商品时所感受到的"物超所值""物有所值""物所不值"的不同的价值判断。消费者剩余可以用等式表示成：消费者剩余 = 消费者愿意支付的最高价格 – 消费者的实际支付价格。

产生原因：消费者剩余理论认为，对任何一种商品，对于消费者来讲，都有一个愿意支付的价格，而根据经济学原理，某种商品的价格是由供求共同决定的，因此，会出现由于供求以及市场等方面的原因导致的消费者实际支付的价格与消费者愿意支付的价格不吻合，从而使消费者心理上的满足感发生变化。

消费者总剩余可以用需求曲线（D）下方、市场价格线上方和价格轴围成的三角形的面积来表示，如图 2-2 所示

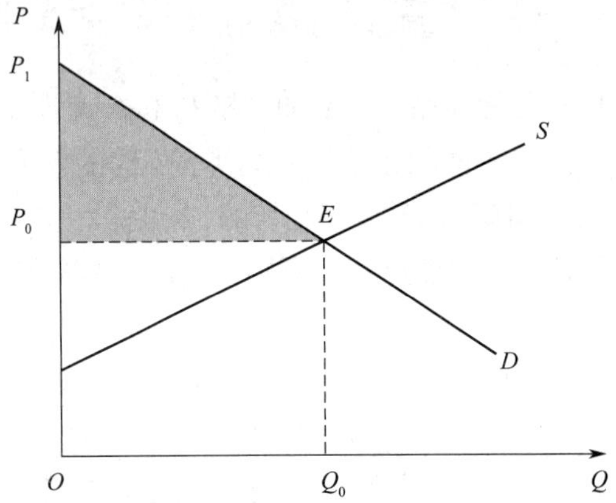

图 2-2 消费者剩余

（6）正常品的需求曲线为什么向右下方倾斜?

【答案要点】

在消费者收入和其他商品价格不变的条件下，正常品的价格变动对消费者的需求量产生的影响称为价格变动的总效应。而价格变动的总效应可以分解为替代效应和收入效应两个方面。

①从替代效应来看，正常品价格下降使得对该商品的需求量增加，反之，正常品的价格上升使得对该商品的需求量减少。因此，正常品价格变动对其本身需求所产生的替代效应使得需求量与价格呈反方向变动。

②从收入效应来看，正常品价格下降使得消费者的实际收入增加，而伴随着收入增加，消费者对正常品的最优消费数量也增加。因此，作为正常品的价格下降对该商品需求所产生的收入效应一定使得该商品的需求量增加，反之，正常品的价格上升使得对该商品的需求量减少。因此，正常品价格变动对其本身需求所产生的收入效应使得需求量与价格呈反方向变动。

③无论从替代效应还是从收入效应上看，正常品价格的下降都会使得对它的需求量增加，即正常品价格变动对其本身需求所产生的总效应使得需求量与价格呈反方向变动。

故正常品的需求曲线是向右下方倾斜的。

（7）利用价格变动的替代效应和收入效应，比较说明吉芬商品和一般低档品的异同。

【答案要点】

一种商品价格变动的替代效应是指一种商品价格变动引起商品的相对价格发生变动，从而导致的消费者对商品需求量做出的调整；一种商品价格变动的收入效应是指由于一种商品价格变动引起的消费者实际收入变动，从而导致消费者对商品需求量做出的调整。

吉芬商品价格变动的替代效应为正，收入效应为负（更大），并且收入效应大于替代效应，使得需求量随价格上升而上升。低档品是随着消费者收入的增加而减少对该种商品的需求量的商品。低档品的替代效应与价格呈反方向变动，收入效应与价格呈同方向变动，而且，在大多数场合，收入效应的作用小于替代效应的作用。

因此，吉芬商品和一般低档品的异同如下。①相同之处：替代效应和收入效应的作用方向相反，这两者相互抵消。②不同之处：吉芬商品的收入效应大于替代效应，相应的需求曲线呈现出向右上方倾斜的特殊形式，因此吉芬商品是低档品中的特殊情况。而一般低档品的收入效应小于替代效应，相应的需求曲线呈现出向右下方倾斜的形式。

6. 计算题

（1）已知一件衬衫的价格为80元，一份肯德基快餐的价格为20元，在某消费者关于这两种商品的效用最大化的均衡点上，一份肯德基快餐对衬衫的边际替代率是多少？

【答案要点】

用 X 表示肯德基快餐的份数；将肯德基快餐看成第1种商品，P_1 表示一份肯德基快餐的价格；将衬衫看成第2种商品，Y 表示衬衫的件数；P_2 表示一件衬衫的价格；MRS_{12} 表示在维持效用水平不变的前提下，消费者增加一份肯德基快餐消费时所需要放弃的衬衫的消费数量。已知：

$$P_1 = 20\ ,\ P_2 = 80$$

那么，在该消费者实现关于这两种商品的效用最大化时，在均衡点上满足边际替代率等于价格比，

$$MRS_{12} = -\frac{\Delta Y}{\Delta X} = \frac{P_1}{P_2} = \frac{20}{80} = \frac{1}{4}$$

它表明，在效用最大化的均衡点上，该消费者关于一份肯德基快餐对衬衫的边际替代率 MRS_{12} 为1/4，即0.25。

（2）假设某消费者的均衡如图2-3所示。其中，横轴 OX_1 和纵轴 OX_2 分别表示商品1和商品2的数量，线段 AB 为消费者的预算约束线，曲线 U 为消费者的无差异曲线，切点 E 为达到效用最大化的均衡点。已知商品1的价格 $P_1 = 2$ 元。要求如下：

①求消费者的收入；

②求商品2的价格 P_2；

③写出预算约束线方程；

④求该预算约束线的斜率；

⑤求 E 点的边际替代率 MRS_{12} 的值。

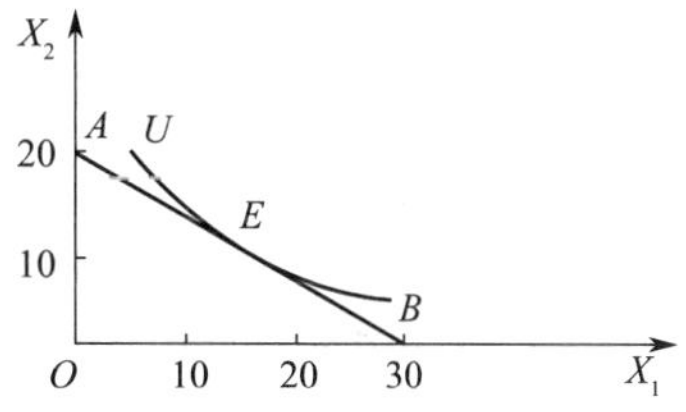

图 2-3　某消费者的均衡

【答案要点】

①横轴的截距表示消费者的收入全部用于购买商品1时的数量为 $X_1 = 30$ 单位，且由题目信息已知 $P_1 = 2$ 元，所以，消费者的收入为：

$$M = P_1X_1 = 2\times 30 = 60\text{元}$$

即消费者的收入为60元。

②图中纵轴的截距表示消费者的收入全部用于购买商品2时的数量为 $X_2 = 20$ 单位，且由①已知收入 $M = 60$ 元，所以，商品2的价格为：

$$P_2 = M / X_2 = 60/20 = 3\text{元}$$

即商品2的价格 P_2 为3元。

③由于预算约束线方程的一般形式为：

$$P_1X_1 + P_2X_2 = M$$

将 $P_1 = 2$ 和 $P_2 = 3$ 代入上式方程中，则可以得到具体的预算约束线方程表达式：

$$2X_1 + 3X_2 = 60$$

④将③中的预算约束线方程进一步整理为：

$$X_2 = -\frac{2}{3}X_1 + 20$$

此时，可以得到预算约束线的斜率为 $-2/3$。

⑤在消费者效用最大化的均衡点 E 上，满足消费者均衡条件：

$$MRS_{12} = -\frac{\Delta X_2}{\Delta X_1} = \frac{P_1}{P_2}$$

即无差异曲线斜率的绝对值即 MRS_{12} 等于预算约束线斜率的绝对值 P_1 / P_2。因此，E 点的边际替代率 MRS_{12} 的值为 2/3。

(3)已知某消费者每年用于商品 1 和商品 2 的收入为 540 元，两商品的价格分别为 $P_1 = 20$ 元和 $P_2 = 30$ 元，设该消费者每年购买商品 1 的数量为 X_1，购买商品 2 的数量为 X_2，该消费者的效用函数为 $U = 3X_1X_2^2$，该消费者每年购买这两种商品的数量各应是多少？每年从中获得的总效用是多少？

【答案要点】

由题已知，该消费者的收入为 $M = 540$元，商品 1 的价格 $P_1 = 20$ 元，商品 2 的价格 $P_2 = 30$ 元，且该消费者的效用函数为 $U = 3X_1X_2^2$。则商品 1 和商品 2 的边际效用分别为：

$$MU_1 = U'(X_1) = \frac{\partial U}{\partial X_1} = 3X_2^2$$

$$MU_2 = U'(X_2) = \frac{\partial U}{\partial X_2} = 6X_1X_2$$

把已知的条件和 MU_1、MU_2 值代入消费者均衡条件中：

$$\begin{cases} \dfrac{MU_1}{P_1} = \dfrac{MU_2}{P_2} \\ P_1X_1 + P_2X_2 = M \end{cases}$$

可以得到相应方程组：

$$\begin{cases} \dfrac{3X_2^2}{20} = \dfrac{6X_1X_2}{30} \\ 20X_1 + 30X_2 = 540 \end{cases}$$

解此方程组可得消费者每年购买商品 1 和商品 2 各自的数量：

$$X_1 = 9, X_2 = 12$$

再将 X_1 和 X_2 的值代入消费者的效用函数中去，计算得到总效用：

$$U = 3X_1X_2^2 = 3 \times 9 \times 12^2 = 3\ 888$$

因此，该消费者每年购买商品 1 的数量应是 9 单位，购买商品 2 的数量应是 12 单位；该消费者每年从中获得 3 888 单位总效用。

(4)已知某消费者每年用于商品 X 和商品 Y 的收入 M 为 540 元，两种商品的价格 P_X、P_Y 分别为 20 元和 30 元，消费者每年购买两种商品的数量分别为 X、Y，该消费者的效用函数为 $U=XY^2$，则 X、Y 各应是多少？每年从中获得的总效用是多少？

【答案要点】

由题目信息可知，该消费者的收入 $M = 540$，商品 X 的价格 $P_X = 20$，商品 Y 的价格 $P_Y = 30$，且该消费者的效用函数为 $U = XY^2$。

消费者均衡条件为：

$MU_X / MU_Y = P_X / P_Y$

$20X + 30Y = 540$

由消费者的效用函数 U= XY^2，可知商品 X 和商品 Y 的边际效用分别为：

$MU_X = Y^2$

$MU_Y = 2XY$

代入均衡条件中，则有：

$Y^2 / 2XY = 20/30$

可得 X 与 Y 之间的一个函数关系：

$Y = 4X / 3$

再将上式代入预算约束线方程中，有：

$20X + 30 \times 4X / 3 = 540$

计算得：

$X = 9$

再将其代入 X 与 Y 的函数关系式中，可得：

$Y = 12$

根据该消费者的效用函数 $U = XY^2$，代入得总效用值：

$U = 1\ 296$

因此，该消费者每年购买这两种商品的数量应该为 $X = 9, Y = 12$；每年从中获得的总效用 $U = 1\ 296$。

7. 分析题

（1）一个消费者愿意用 1 千克牛排换 3 千克汉堡包。目前他每月购买的牛排和汉堡包的重量相等，而牛排的价格是汉堡包的 2 倍，那么他是应该增加牛排的购买、减少汉堡包的购买，还是增加汉堡包的购买、减少牛排的购买？

【答案要点】

设牛排的购买量为 X，汉堡包的购买量为 Y，牛排的价格为 P_X，汉堡包的价格为 P_Y，则有：

$P_X / P_Y = 2$

$MRS_{XY} = -\Delta Y / \Delta X = 3$

显然，此时并不满足以下消费者均衡条件：

$MU_X / MU_Y = MRS_{XY} = P_X / P_Y$

即商品的边际替代率不等于两种商品的价格之比。

在这种情况之下，消费者可以通过调整消费商品的数量组合以获取更高的效用。因为购买牛排给消费者带来的效用增量是大于购买汉堡包给消费者带来的效用增量的，所以，此时消费者应增加 X 的购买，即增加牛排的购买，减少汉堡包的购买，以降低 MU_X，提高 MU_Y。

（2）假设消费者均认为商品 A 和商品 B 是完全替代品，其价格分别为 P_A 和 P_B。

①假设商品 A 的供给曲线向上倾斜，如果政府仅仅对商品 A 进行征税，税收将会由谁承担？市场将会怎样变化？

②假设商品 A 的供给曲线向上倾斜的同时具有垂直的需求曲线，如果政府对其征税，谁是最后的纳税者？

【答案要点】

完全替代品是指两种物品间的替代比例是固定不变的情况，相应的无差异曲线为一条斜率不变的直线。完全替代品的需求函数主要考虑价格因素，在两种商品可以完全替代的情况下，消费者肯定会选择价格相对较低的那一种商品进行消费。

①如果政府只对商品 A 征税，那么商品 A 的价格会上升，从理论上说税负由商品 A 的消费者和生产者

共同承担。但由于商品A和商品B是完全替代品，当商品A的价格上升至高于商品B的价格时，消费者必定会减少对商品A的购买，转而去购买商品B。对于商品B来说，由于消费需求的突然增加将会导致商品B的价格有一定程度的升高，且均衡产量增多。因此，最终对于商品A的消费者来说，商品A的价格最终会与商品B的价格相同，即商品B的价格有一定程度的升高。此时，税负由商品A的生产者和消费者，以及商品B的消费者共同承担。商品A的均衡消费数量减少，商品B的均衡消费数量增加。

②由于商品A具有垂直的需求曲线，所以商品A的需求量是给定的，不受商品A的价格变动的影响。当政府对商品A征税导致商品A的价格提高时，商品A的需求是不变的，但商品A的供给减少了。由于商品A的生产者得到的商品价格并没有变化，所以征税对商品A的生产者并没有影响。而商品A价格的提高，在需求不变时，会使得消费者只能以更高的价格去购买同样数量的商品A，此时商品A的消费者承担了全部的税负。由于商品A的需求不变，所以商品B的需求也不变，商品B的价格也不变，因此供给也没有变化。所以，综上所述，如果商品A具有向上倾斜的供给曲线和垂直的需求曲线，税负将由商品A的消费者全部承担。

(3)为什么期货交易不但有发现价格的功能，还有转移风险的作用?

【答案要点】

期货的价格发现功能是指期货市场通过供求关系的作用和参与者的交易行为，不断形成和调整未来交割价格的过程。期货价格可以作为将来某一时间现货价格变动的晴雨表。由于期货交易价格反映当前交易者对该商品价格未来走势的预期，将未来价格在现在就予以确认，等于向市场提供了未来价格如何决定的信息，故其有发现价格的功能。

期货交易同时也具有转移风险的作用。风险转移是指参与期货交易的一方以套期保值为目的，另一方以投机为目的，将风险从套期保值者手中向投机者手中进行转移。例如，企业需要大量的棉花，为了控制成本，它就可以根据各方面的消息和市场的情况，在一个合适的价位买进棉花期货。这样，它把棉花成本锁定了，即使几个月之后棉花的价格上涨了，它也能按原来的价格购进这批棉花。

三、随堂同步自测

1. 名词解释

(1)效用最大化原则。

(2)基数效用论。

(3)序数效用论。

(4)消费者偏好。

(5)收入-消费扩展线。

（6）恩格尔曲线。

（7）替代效应。

（8）收入效应。

（9）补偿的预算约束线。

（10）不确定性。

（11）边际替代率。

2. 单选题

（1）若某消费者消费了两单位某物品之后，得知边际效用为零，则此时（　　）。
A. 消费者获得了最大平均效用
B. 消费者获得的总效用最大
C. 消费者获得的总效用最小
D. 消费者获得的总效用为负
（2）总效用曲线达到顶点时，（　　）。
A. 边际效用曲线达到最大点
B. 边际效用为零
C. 边际效用为正
D. 边际效用为负
（3）同一条无差异曲线上的不同点表示（　　）。
A. 效用水平不同，但所消费的两种商品的组合比例相同
B. 效用水平不同，两种商品的组合比例也不相同
C. 效用水平相同，但所消费的两种商品的组合比例不同
D. 效用水平相同，两种商品的组合比例也相同
（4）某消费者获得更多的某种商品时，（　　）。
A. 消费者获得的总效用递增
B. 消费者获得的总效用递减
C. 消费者获得的边际效用递增
D. 消费者获得的边际效用递减
（5）消费者的无差异曲线具有以下特点（　　）。
A. 位于右上方的无差异曲线具有较高的效用水平
B. 密集性（无数条）
C. 任意两条无差异曲线都不相交
D. 以上都对
（6）在同一条无差异曲线上（　　）。
A. 消费商品 X 获得的总效用等于消费商品 Y 获得的总效用
B. 消费商品 X 获得的边际效用等于消费商品 Y 获得的边际效用
C. 曲线上任意两点对应的消费品组合所能带来的边际效用相等

D. 曲线上任意两点对应的消费品组合所能带来的总效用相等

(7)如果商品 X 对商品 Y 的边际替代率 MRS_{XY} 小于 X 和 Y 的价格之比 P_X / P_Y，则(　　)

A. 该消费者获得了最大效用　　B. 该消费者应该增加 X 的消费，减少 Y 的消费

C. 该消费者应该增加 Y 的消费，减少 X 的消费　　D. 该消费者要想获得最大效用，需要借钱

(8)已知某消费者的预算约束线(见图 2-4，X 代表商品 1 的消费量，Y 代表商品 2 的消费量)，则可以推断(　　)。

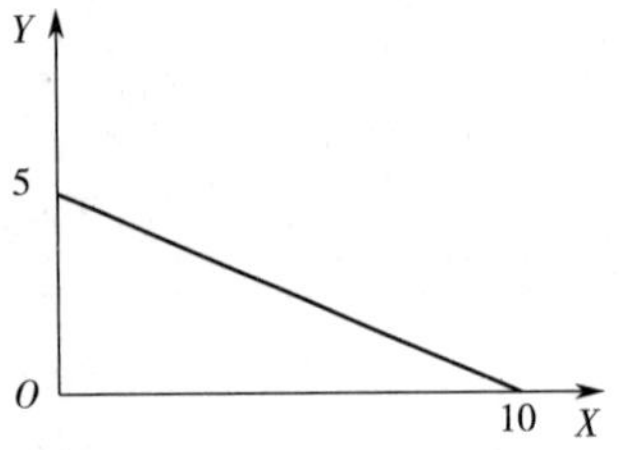

图 2-4　某消费者的预算约束线

A. 商品 1 的价格是商品 2 的价格的 2 倍　　B. 商品 1 的价格是商品 2 的价格的 1/2

C. 商品 1 的消费量是商品 2 的消费量的 2 倍　　D. 购买商品 1 的支出是购买商品 2 的支出的 2 倍

(9)已知一元钱的边际效用为 3 个单位，一支钢笔的边际效用为 36 个单位，则消费者愿意花(　　)购买这支钢笔。

A.12 元　　B.36 元　　C.3 元　　D.108 元

(10)当消费者对商品 X 的消费达到饱和点时，则边际效用 MU_X 为(　　)。

A. 正值　　B. 负值　　C. 零　　D. 不确定

(11)对于正常品来说，(　　)。

A. 替代效应与价格呈反方向变动　　B. 替代效应与价格呈正方向变动

C. 收入效应与数量呈反方向变动　　D. 收入效应与数量呈正方向变动

(12)消费者消费更多某种商品时，则(　　)。

A. 消费者获得的总效用递增　　B. 消费者获得的边际效用递增

C. 消费者获得的边际效用递减　　D. 无法确定消费者应该怎么办

(13)对消费者来说，同一个坐标平面上有无数条无差异曲线，是因为(　　)。

A. 人的欲望是无限的　　B. 消费者的人数是无限的

C. 商品的数量是无限的　　D. 消费者各个时期的收入是不同的

(14)人们常说"多多益善"，从经济学角度来说，是指随着消费的商品数量增多，(　　)。

A. 总效用递增　　B. 边际效用递增　　C. 总效用递减　　D. 边际效用递减

(15)某种商品价格的变化对该商品的需求量将产生影响，主要为替代效应和收入效应，其中，(　　)。

A. 替代效应总是正的，收入效应可正可负　　B. 替代效应总是负的，收入效应可正可负

C. 收入效应总是正的，替代效应可正可负　　D. 收入效应总是负的，替代效应可正可负

3. 多选题

(1)无差异曲线的特点有(　　)。

A. 无差异曲线通常向右下方倾斜，并且凸向原点

B. 无差异曲线通常向右上方倾斜，并且凸向原点

C. 离原点越远的无差异曲线所代表的效用水平越低

D. 任意两条无差异曲线不会相交

(2)消费者均衡点有着显著特征，以下表述正确的有(　　)。

A. 均衡点上，预算约束线与无差异曲线的斜率相等

B. 均衡点既在预算约束线上又在无差异曲线上

C. 均衡点一定位于预算约束线上

D. 均衡点由预算约束线与一条无差异曲线的切点所决定

(3)关于消费者均衡,下列说法正确的有(　　)。

A. 当消费者处于达到均衡状态时,消费者实现效用最大

B. 消费者购买两种商品时,边际替代率等于这两种商品的价格之比

C. 消费者购买某种商品所获得的边际效用等于他所放弃的货币的边际效用

D. 某种商品的边际效用同该商品的价格之比等于单位货币的边际效用

(4)基数效用论的基本假设条件有(　　)。

A. 效用是可以衡量的　B. MU 递减　C. MRS_{XY} 递减　D. 货币边际效用不变

(5)在同一条无差异曲线上,若增加 1 个单位 X 商品的购买,需要减少 2 个单位的 Y 商品的消费,则有(　　)。

A. $MRS_{XY}=2$　B. $MRS_{XY}=1/2$　C. $MU_X/MU_Y=2$　D. $MU_X/MU_Y=1/2$

(6)序数效用论对消费者偏好的假设包括(　　)。

A. 边际效用递减　B. 货币边际效用不变　C. 传递性　D. 不饱和性

(7)一个消费者宣称,其早饭每吃一个包子要喝一杯牛奶,如果给他的包子个数多于牛奶的杯数,他将不吃多余的包子,如果给他的牛奶的杯数多于包子的个数,他将同样处理。那么(　　)。

A. 他关于这两种商品的无差异曲线是一条直线　B. 他的偏好没有破坏传递性的假设

C. 他的无差异曲线是直角的　D. 以上各项均不正确

(8)关于需求曲线,正确的是(　　)。

A. 价格 - 消费扩展线对应两种商品的需求曲线

B. 需求曲线上的每个点都是效用最大化的点

C. 价格与需求量的反比例关系是由替代效应造成的

D. 无论序数效用论还是基数效用论都可推导出需求曲线

(9)以下关于边际效用的说法正确的是(　　)。

A. 边际效用不可能为负值

B. 边际效用与总效用呈同方向变动

C. 对于通常情况来讲,消费者消费商品服从边际效用递减规律

D. 在边际效用大于等于零时,边际效用与总效用呈反方向变动

(10)无差异曲线有向右下方倾斜的形状,关于这一特点说法不正确的是(　　)。

A. 无差异曲线向右下方倾斜意味着,用横轴表示的 X 物品的效用更大

B. 无差异曲线向右下方倾斜说明其斜率为正值

C. 无差异曲线向右下方倾斜意味着,随着一种商品数量的增加,减少另一种商品的数量,消费者也可以获得与原来相同的效用水平

D. 无差异曲线向右下方倾斜意味着,减少一个单位的 Y 物品必然增加同等量的 X 物品

(11)当无差异曲线的形状发生了变化,并不意味着(　　)发生了变化。

A. 消费者的收入　B. 消费者的偏好　C. 商品的价格　D. 购买的商品数量

(12)下列哪种情况发生,原有预算约束线会发生变动(　　)。

A. 商品价格不变,消费者收入变化

B. 商品价格同比例同方向变化,消费者收入不变

C. 消费者收入不变,一种商品价格变化,另一种不变

D. 消费者收入和两种商品的价格都同比例同方向变化

(13)替代效应与价格的关系为反方向变化的商品类别有(　　)。

A. 正常品　　B. 低档品　　C. 吉芬商品　　D. 以上都对

(14)预算约束线的斜率不取决于(　　)。

A. 商品的价格　　B. 消费者偏好　　C. 无差异曲线的走势　　D. 消费者的支付能力

(15)当消费者的真实收入上升时,他将(　　)。

A. 购买更少的低档品　　B. 增加消费

C. 移到更高的无差异曲线上　　D. 减少消费

4. 判断题

(1)序数效用论的分析方法是无差异曲线法。(　　)

(2)基数效用论的分析方法是边际效用分析法。(　　)

(3)正常品的替代效应和收入效应都与价格变动方向相反。(　　)

(4)无差异曲线凹向原点。(　　)

(5)在预算约束线上的任何一点,所有收入全部支出了。(　　)

(6)同一杯水具有相同的效用。(　　)

(7)无差异曲线表示不同的消费者消费两种商品的不同数量组合所取得的效用是相同的。(　　)

(8)若边际效用递减,那么总效用下降。(　　)

(9)消费者剩余是消费者的主观感受。(　　)

(10)收入 - 消费扩展线是由于消费者收入的转变引发效用极大化转变的轨迹。(　　)

(11)不确定性是指消费者在不完全信息的情况下,无法预知结果。(　　)

(12)因为需求规律成立,所以消费者消费商品的边际效用递减。(　　)

(13)低档品的边际效用为负值。(　　)

(14)消费品价格变化时,联结消费者均衡点的线称为价格 - 消费扩展线。(　　)

(15)在消费者均衡点以上的无差异曲线的斜率大于预算约束线的斜率。(　　)

5. 简答题

(1)简述基数效用论和序数效用论的区别。

(2)无差异曲线的特点是什么?

(3)钻石用处极小却价格昂贵,生命必不可少的水却非常便宜,请用边际效用的概念加以解释。

（4）当收入和价格发生变化时，无差异曲线是否会发生改变和移动？请说明理由。

（5）什么是补偿的预算约束线？

（6）如果你有一辆需要四个轮子才能开动的车子，已经有了三个轮子，那么当你有第四个轮子时，这第四个轮子的边际效用似乎超过第三个轮子的边际效用，这是不是违反了边际效用递减规律？

（7）对消费者实行补助有两种方法：一种是发给消费者一定数量的实物补助，另一种是发给消费者一笔现金补助，这笔现金的金额等于按实物补助折算的货币量。试用无差异曲线分析法，说明哪一种补助方法能给消费者带来更大的效用。

（8）论述基数效用论对需求曲线的推导。

（9）简要说明总效用和边际效用之间的关系。

（10）什么是消费者均衡？效用的基数和序数假设所得出的均衡条件有什么联系和区别？

（11）何为吉芬商品？其需求曲线形状如何？试利用收入效应和替代效应加以说明。

(12)以保险市场为例,说明消费者在不确定条件下是如何进行选择的。

6. 计算题

(1)假定某消费者的效用函数为 $U = q^{0.5} + 3M$,其中,q 为某商品的消费量,M 为收入。求:

①该消费者的需求函数;

②该消费者的反需求函数;

③当该商品价格 $p = 1/12$, $q = 4$ 时的消费者剩余。

(2)已知某消费者关于 X、Y 两种商品的效用函数为 $U=\sqrt{XY}$,其中 X、Y 分别为对商品 X、Y 的消费量。

①求该效用函数关于 X、Y 两种商品的边际替代率的表达式。

②在总效用水平为 6 的无差异曲线上,若 $X = 3$,求相应的边际替代率。

③在总效用水平为 6 的无差异曲线上,若 $X = 4$,求相应的边际替代率。

(3)某人每月收入为 120 元,全部花费于 X 和 Y 两种商品,他的效用函数是 $U = XY$,其中 X、Y 分别为对商品 X、Y 的消费量,商品 X 的价格是 2 元,商品 Y 的价格是 3 元,求:

①为使获得的效用最大,他购买的商品 X 和商品 Y 各为多少?

②货币的边际效用和他获得的总效用各为多少?

③假如商品 X 的价格提高 44%,商品 Y 的价格不变,为使他保持原有的效用水平,收入必须增加多少?

(4)在某个炎热的夏天,小张口干舌燥,下面是他对每瓶水的评价。

第一瓶评价:7 元。

第二瓶评价:5 元。

第三瓶评价:3 元。

第四瓶评价:1 元。

①如果每瓶水的价格是 4 元,他会买多少瓶水?他从他的购买中得到了多少消费者剩余?

②如果每瓶水的价格下降到 2 元,需求量如何变动?他的消费者剩余如何变动?

7. 分析题

(1)有人说,气候不好对农民不利,因为农业要歉收。但有人说,气候不好对农民有利,因为农业歉收以后农作物要涨价,收入会增加。对这两种论点你有何评价?(假设:天气不会影响人们对农作物的需求;农作物为需求缺乏弹性的产品)

(2)如果考虑到提高生产者的收入,那么对农产品和电视机、录像机一类高级消费品应采取提价还是降价的办法?为什么?

(3)“经济学家认为,降低价格一定会使供给量下降是一条规律。可是这个规律也有例外。例如:1990 年十位数字的计算器每台卖 150 元,到 1995 年只卖 50 元,然而销售量却增加了 3 倍。可见,降低价格不一定会使供给量下降。”这个说法是否正确,为什么?

(4)分别用图分析正常品、低档品和吉芬商品的替代效应和收入效应,并进一步说明这三类商品的需求曲线的特征。

(5)我国许多大城市,由于水源不足,自来水供应紧张,请根据边际效用递减原理,设计一种方案供政府来缓解这种状况或解决这个问题。并请回答这种措施:

①对消费者剩余有何影响?

②对生产资源的配置有何有利或不利的效应?

③对于城市居民的收入分配有何影响?是否有什么补救的办法?

四、课程思政案例

（1）后疫情时代，新消费新业态崛起，线上线下消费场景加速融合，昭示着消费市场面临进一步升级换代。民众消费模式、消费习惯、消费品类均在持续发生变化，比如消费者更依赖线上平台了，性价比高的产品热销等。

新一代消费者更舍得花钱进行自我提升，会接受品酒、烘焙、茶艺、插花、摄影、咖啡制作等体验性消费，开始追捧滑雪、登山、潜水、冲浪等较有挑战性且能释放压力的户外运动形式，不迷恋大牌但崇尚品牌价值观，注重个人体验和愉悦感。抖音电商发布的《2021 抖音电商国货发展年度报告》显示，其平台上国货占有率高达 89%，国货品牌销量同比增长 667%。服饰鞋包、美妆、食品饮料、个护与家清等行业国货销量增长迅速，分别上涨 411%、696%、547%、912%。因此，在直播电商助力下，国潮消费仍是不可阻挡的消费潮流。民族文化开始崛起，国潮、国风产品受到年轻人的青睐，比如故宫和敦煌莫高窟的文创产品。

问题：请结合本章知识对后疫情时代消费者偏好发生改变的现象进行分析。

（2）美国是世界上经济最为发达的国家，人均消费商品数量居世界第一，人均垃圾量也没有一个国家能与之相比。美国的垃圾不但包括各种废弃物，也包括各种用旧了的家具、地毯、鞋子、炊具，乃至电视机和冰箱。美国是一个提供消费的社会，它的生产力巨大，产品积压常常成为其主要的经济问题。如果每个人将自己生产出来的产品（更精确地讲，是生产出来的价值）全部消费掉，经济则能正常运转。如果生产旺盛，消费不足，或者说，居民由于富裕而增加了储蓄，产品就会积压。所以对于美国来说，医治经济萧条的主要措施是鼓励消费。在美国旧物有以下几条出路：或举办“后院拍卖”，或捐赠给教堂，或捐赠给旧货商店，或当垃圾扔掉。旧物在美国很不值钱，你可以在后院拍卖中买到 1 美元一个的电熨斗，在教堂拍卖中买到 10 美元一套的百科全书（20 本）和 5 美元一套的西装。相反，旧物在中国就值钱多了。在大城市，经常看到有人在收购各种旧的生活用品，然后运到贫穷、偏僻的农村地区以几倍的价格卖出。

问题：试用边际效用解释这一现象。

（3）美国总统罗斯福连任三届后，曾有记者问他有何感想，总统一言不发，只是拿出一块面包让记者吃，这位记者不明白总统的用意，又不便问，只好吃了。接着总统拿出第二块，记者还是勉强吃了。紧接着总统拿出第三块，记者为了不撑破肚皮，赶紧婉言谢绝。这时，罗斯福总统微微一笑：“现在你知道我连任三届总统的滋味了吧。”

这个故事揭示了经济学中的一个重要的原理，是什么呢？

第三章　企业的生产和成本

一、知识思维导图

- 企业的生产和成本
  - 企业
    - 企业类型 —— 法定形式
      - 个人独资企业
      - 合伙制企业
      - 公司
    - 企业生产经营目标：利润最大化
    - 企业其他目标
      - 短期销售收入最大化
      - 企业长期规模增长最大化
  - 生产函数
    - 生产和生产函数
      - 生产要素
        - 劳动
        - 资本
        - 土地
        - 企业家才能
      - 生产函数　$Q=f(L,K,N,E,\cdots)=f(L,K)$
    - 短期和长期
      - 短期　至少有一种生产要素数量不变　$Q=f(L,\bar{K})$
      - 长期　可调整全部生产要素数量　$Q=f(L,K)$
    - 生产函数举例
      - 固定比例生产函数
      - 柯布-道格拉斯生产函数　$Q=AL^{\alpha}K^{\beta}$
  - 短期生产函数
    - 总产量、平均产量和边际产量
    - 总产量曲线、平均产量曲线和边际产量曲线
    - 总产量曲线、平均产量曲线和边际产量曲线之间的关系
    - 边际报酬递减规律
    - 短期生产的三个阶段
  - 长期生产函数
    - 等产量线
    - 边际技术替代率
    - 等成本线
    - 生产要素最优组合、生产扩展曲线
  - 短期成本函数
    - 成本
      - 私人成本和社会成本、显性成本和隐性成本、会计成本和经济成本
      - 经济利润、会计利润
    - 短期成本分类
      - *TC*/*FC*/*VC*（总成本/固定成本/可变成本）
      - *AC*/*AFC*/*AVC*（平均成本/平均固定成本/平均可变成本）
      - *MC*（边际成本）
    - 短期成本曲线及其相关关系
  - 长期成本函数
    - 长期成本 —— *LTC*/*LAC*/*LMC*（长期总成本/长期平均成本/长期边际成本）
    - 长期总成本曲线、长期平均成本曲线、长期边际成本曲线
    - 规模经济和长期平均成本曲线的形状

二、典型例题解析

1. 名词解释

(1)企业。

【答案要点】企业又称厂商,是指以营利为目的,从事生产或经营活动,向社会提供商品或服务,并能自主做出经营决策的经济组织。

(2)企业生产。

【答案要点】企业生产指把投入要素转变为市场需求的产出(产品或劳务)的过程。

(3)生产要素。

【答案要点】把生产过程中的投入称为生产要素,生产要素一般可以划分为劳动、资本、土地和企业家才能。

(4)生产函数。

【答案要点】生产函数指在一定时期和一定的技术水平条件下,各种生产要素投入量的组合与所能产出的最大产量之间的对应关系。

(5)边际报酬递减。

【答案要点】边际报酬递减指在其他要素投入量不变的条件下,随着劳动投入量的不断增加,总产量通常会逐渐增加,但增加的速度却并非保持不变,甚至有可能逐渐降低。

(6)总产量。

【答案要点】总产量指与一定量的某种可变要素(劳动)的投入相对应的最大产量,记成 TP_L。

(7)平均产量。

【答案要点】平均产量指总产量与所使用的可变要素(劳动)的投入量之比,记成 AP_L。

(8)边际产量。

【答案要点】边际产量指每增加一单位可变要素(劳动)投入量所带来的总产量的增量,记成 MP_L。

(9)边际技术替代率。

【答案要点】边际技术替代率指在产出水平保持不变的条件下,增加一单位一种生产要素的投入量可以代替的另外一种生产要素的投入量,用 $MRTS_{1,2}$ 表示。

(10)短期和长期。

【答案要点】短期指生产者来不及调整全部生产要素的数量,至少有一种生产要素的数量固定不变的一段时期。长期指生产者可以调整全部生产要素数量的时期。

(11)等成本线。

【答案要点】在生产要素价格既定的条件下,企业花费相同的成本可以购买到的两种生产要素的不同数量组合,可以在劳动和资本构成的坐标平面中表示为等成本线。

(12)成本。

【答案要点】成本指企业生产一定数量的产品所使用的生产要素的费用,又称生产成本。

(13)机会成本。

【答案要点】机会成本指某项资源用于一种特定用途而不得不放弃掉的其他机会所带来的成本,通常由这项资源在其他用途中所能得到的最高收入加以衡量。

(14)正常利润。

【答案要点】企业在竞争的长期环境中所能获得的利润称为正常利润,它被视为机会成本的一部分。

(15)显性成本。

【答案要点】显性成本为企业为生产一定数量的产品而购买生产要素所花费的实际支出。

（16）规模经济。

【答案要点】在企业扩大生产的过程中，如果产量扩大一倍，而生产成本的增加小于一倍，则称企业的生产存在规模经济。

2. 单选题

（1）在其他条件不变的情况下，如果连续增加劳动投入，在总产量达到最大值时，劳动的边际产量（　　）。

A. 大于零　　B. 小于零　　C. 等于零　　D. 等于平均产量

【答案】C

【解析】此题考查总产量曲线。达到一定状态后，生产要素投入的边际产量递减，但只要边际产量大于零，每增加一单位的要素投入，都会导致总产量增加，当边际产量为零时，总产量达到最大，之后再增加要素投入，将会导致总产量减少。

（2）假设只有一种生产要素投入可变、其他生产要素投入不变，关于边际产量和平均产量关系的说法，正确的是（　　）。

A. 只要边际产量大于平均产量，平均产量就是递增的

B. 只要边际产量等于平均产量，平均产量就是递增的

C. 只要边际产量小于平均产量，平均产量就是递增的

D. 只要边际产量大于平均产量，平均产量就是递减的

【答案】A

【解析】边际产量曲线与平均产量曲线相交于一点，此时边际产量等于平均产量，平均产量达到最大值。在相交点左侧边际产量大于平均产量，平均产量就是递增的，过了相交点后，平均产量递减。

（3）关于总成本曲线变动规律的说法，正确的是（　　）。

A. 总成本曲线从原点开始，随产量的增加而逐步上升

B. 总成本曲线不随产量的变动而变动

C. 总成本曲线从纵轴一个截点即产量为零时总成本等于固定成本的那一点开始，随产量的增加而逐步上升

D. 总成本曲线与总可变成本曲线变化规律不一致

【答案】C

【解析】短期成本曲线中总成本、总固定成本和总可变成本曲线的位置关系为：①总固定成本曲线是一条与横轴平行的直线；②总可变成本曲线从原点出发，之后随产量增加而上升；③总成本曲线是从纵轴一个截点即产量为零时总成本等于固定成本的那一点开始，随产量的增加而逐步上升；④总可变成本曲线和总成本曲线的变化规律是一致的。

（4）已知某企业的总成本函数是：$TC(Q)=50+20Q+10Q^2$，从中可以看出该企业的可变成本曲线是（　　）。

A. 二次方的　　B. 单调递减的　　C. U 形的　　D. 线性的

【答案】A

【解析】本题考查成本函数的应用。

（5）以下不属于经济学中的生产要素的是（　　）。

A. 货币　　B. 资本　　C. 土地　　D. 企业家才能

【答案】A

【解析】此题考查生产及相关概念。生产要素一般被划分为劳动、资本、土地、企业家才能。

（6）以下关于经济利润的说法，错误的是（　　）。

A. 企业的经济利润是企业的总收益和总成本的差额

B. 经济利润也可以是超额利润

C. 经济利润中包括正常利润

D. 与经济利润相对的是正常利润

【答案】C

【解析】本题考查成本和利润的含义。经济利润 = 总收益 – 总成本 = 总收益 –（显性成本 + 隐性成本），正常利润属于隐性成本，由此可知经济利润不包含正常利润。

（7）机会成本指的是一种生产要素被用于生产某产品时所放弃的使用该生产要素在其他生产用途中所得到的（　　）。

A. 最高收入　　B. 最低收入　　C. 平均收入　　D. 边际收入

【答案】A

【解析】本题考查成本的含义。机会成本指的是一种生产要素被用于生产某产品时所放弃的使用该生产要素在其他生产用途中所得到的最高收入。

（8）企业对自己所提供的企业家才能的报酬支付通常是（　　）。

A. 经济利润　　B. 超额利润　　C. 总利润　　D. 正常利润

【答案】D

【解析】本题考查成本和利润的含义。经济利润 = 总收益 – 总成本 = 总收益 –（显性成本 + 隐性成本），正常利润是企业对自己所提供的企业家才能的报酬支付。

（9）假设某人在 2022 年 11 月辞去月薪为 5 000 元的工作，并取出自己的存款 20 000 元（月息为 2%），开办了一家独资企业，在不考虑其他因素的情况下，该人开办企业每月的机会成本是（　　）。

A. 5 000　　B. 400　　C. 5 400　　D. 25 000

【答案】C

【解析】本题考查机会成本的含义。机会成本指的是一种生产要素被用于生产某产品时所放弃的使用该生产要素在其他生产用途中所得到的最高收入。该人开办企业的每月机会成本是每月的工资和利息收入，即 5 000+20 000 × 2%=5 400。

（10）短期成本函数中，以下哪项属于企业生产的固定成本（　　）。

A. 原材料　　B. 生产工人工资　　C. 管理人员工资　　D. 燃料费用

【答案】C

【解析】本题考查成本的含义。企业生产的固定成本包括厂房和设备的折旧以及管理人员的工资费用等。

（11）以下哪项关于短期总固定成本曲线的论述是正确的（　　）?

A. 平行于横轴　　B. 平行于纵轴　　C. 向右上方倾斜　　D. 向右下方倾斜

【答案】A

【解析】本题考查短期总固定成本曲线的形状。企业生产所需的短期固定成本不随产量变化而变动，短期总固定成本曲线平行于横轴。

（12）假设某生产企业，在其产量为 3 个单位时，其平均成本为 10 万元；当产量为 4 个单位时，其平均成本为 9 万元，则该企业的边际成本是（　　）元。

A. 0　　B. 1　　C. 9　　D. 6

【答案】D

【解析】本题考查企业边际成本与平均成本的计算。平均成本是指总成本除以产量，即每单位产量所需的成本。平均成本等于总成本除以产量，则总成本 TC= 平均成本 × 产量 =$AC \times Q$，$TC(3)=3 \times 10=30$；$TC(4)=4 \times 9=36$。边际成本是指生产或经营过程中，增加一单位产量所需的额外成本。边际成本等于总成本（TC）的变化量（ΔTC）除以对应的产量上的变化量（ΔQ）：即：$MC(Q)=\Delta TC(Q)/\Delta Q=(4\times 9-3\times 10)/(4-3)=6$。

3. **多选题**

(1)关于边际报酬递减规律,下面(　　)是正确的。

A. 是短期生产行为的规律总结

B. 既适用于短期生产,也适用于长期生产

C. 生产过程中所有生产要素的数量都可以灵活调整

D. 生产过程中存在固定数量的生产要素

E. 只适用于短期生产行为

【答案】AD

【解析】此题考查边际报酬递减规律。即在技术水平和其他要素投入量不变的条件下,连续等量地增加一种生产要素的投入量,当该生产要素投入量小于某一特定值时,增加该要素投入量带来的边际报酬是递增的;当这种可变要素投入量连续增加并超过这一特定值时,增加该要素投入量所带来的边际报酬是递减的。

(2)关于规模经济,下面(　　)是正确的。

A. 边际报酬递减规律是产生规模经济的主要原因

B. 规模经济描述了企业短期生产行为的规律

C. 规模经济描述了企业长期生产行为的规律

D. 劳动分工、生产专业化是产生规模经济的主要原因

E. 规模经济适用于描述所有企业的生产行为

【答案】CD

【解析】此题考查规模经济的相关内容。规模经济指在一定的产量范围内,随着产量的增加,平均成本不断降低的事实。规模经济的产生是由于在一定的产量范围内,固定成本可以认为变化不大,那么新增的产品就可以分担更多的固定成本,从而使总成本下降。

(3)以下关于经济学中成本的说法,正确的是(　　)。

A. 生产成本可分为显性成本和隐性成本两部分

B. 隐性成本实际是一种机会成本

C 正常利润不应当作为隐性成本的一小部分计入成本

D. 成本是企业在生产经营过程中所支付的物质费用

E. 不论从长期看还是从短期看,成本均可分为固定成本和可变成本

【答案】AB

【解析】生产成本可以分为显性成本和隐性成本。隐性成本是企业自己拥有并使用的资源的成本,实际上是一种机会成本。正常利润是作为隐性成本的一部分计入成本的,所以选项 C 错误。成本是企业在生产经营过程中所支付的物质费用和人工费用,所以选项 D 不正确。短期成本可分为固定成本和可变成本,长期成本中一切成本都是可变的,所以选项 E 错误。

(4)下列项目中,从短期来看,属于企业可变成本的有(　　)。

A. 原材料费用　　B. 燃料和动力费用　　C. 厂房和设备折旧　　D. 生产工人的工资

E. 管理人员的工资

【答案】ABD

【解析】短期总成本 = 固定成本 + 可变成本。固定成本是指在短期内不随产量变动而变动的那部分成本,如厂房设备的折旧,以及管理人员的工资费用。可变成本是随产量变动而变动的那部分成本,如原材料费用、燃料和动力费用以及生产工人的工资费用。选项 C、E 属于固定成本。需要注意的是工资一定要区分是生产工人的还是管理人员的。

(5)以下关于固定成本的说法,正确的是(　　)。

A. 总固定成本不变　　B. 总固定成本随产量的增加而增加

C. 总固定成本随产量的增加而下降　　　D. 平均固定成本随产量的增加而下降

E. 平均固定成本不变

【答案】AD

【解析】本题考查的是对固定成本的理解。平均固定成本 = 总固定成本 / 总产量。总固定成本不随产量变化而变动。但是平均固定成本则会随着产出的增加而下降,因为相同的总固定成本被更多的产出量分摊。

4. 判断题

(1)当技术水平发生变化时,生产函数不会发生变化。（　　）

【答案】错误

【解析】任何生产函数都是以一定时期内的生产技术水平为前提的,当技术水平发生变化时,生产函数也会发生变化。

(2)研究企业短期行为的前提条件是各种要素的投入数量都是可变的。（　　）

【答案】错误

【解析】当各种投入要素都可变时,一般是研究企业的长期生产行为。

(3)微观经济学研究中一般假设各生产要素在生产过程中是不可替代的。（　　）

【答案】错误

【解析】微观经济学研究中一般假设生产要素在生产过程中是可以相互替代的。

(4)隐性成本实际上属于机会成本。（　　）

【答案】正确

【解析】隐性成本是企业自己拥有并使用的资源的成本,属于机会成本。

(5)企业的经济利润包括正常利润。（　　）

【答案】错误

【解析】正常利润是企业生产成本的一部分,属于隐性成本。经济利润是总收益减去总成本(显性成本加隐性成本)。

(6)平均固定成本曲线是平行于横轴的一条直线。（　　）

【答案】错误

【解析】总固定成本曲线平行于横轴,平均固定成本曲线随产量增加呈现向右下方倾斜的趋势。

(7)平均总成本曲线随产量增加,呈现先下降后上升的趋势。（　　）

【答案】正确。

【解析】考查平均总成本曲线的变动。

(8)边际成本曲线呈现 U 形是边际报酬递减规律的作用。（　　）

【答案】正确

【解析】考查边际成本曲线的变动原因。

(9)会计利润大于正常利润,企业亏损。（　　）

【答案】错误

【解析】会计利润大于正常利润,企业获得超额利润。

(10)边际成本曲线永远在平均成本曲线的上方。（　　）

【答案】错误

【解析】边际成本曲线会与平均成本曲线相交于平均成本曲线的最低点处。

5. 简答题

(1)隐性成本指的是什么?

【答案要点】

隐性成本指的是企业自己所拥有的且被用于自身生产过程中的那些生产要素的总价格。隐性成本是不需要企业支出货币的投入成本。

(2)什么是沉没成本?

【答案要点】

沉没成本指的是已经支付而且无法回收的成本。即使企业退出生产也无法使沉没成本消失,所以沉没成本不应该影响企业的未来生产决策。

(3)干中学指的是什么?

【答案要点】

干中学指工人、技术人员和管理者,从经验中获得技能和知识,因而降低了长期生产成本,也被称为学习效应。

(4)等成本线指的是什么?

【答案要点】

等成本线指在既定成本和生产要素价格下,生产者可购买到两种生产要素的各种不同数量组合的轨迹。在等成本线上的任何一点,用既定全部成本刚好能购买到要素组合。

(5)机会成本是什么意思?

【答案要点】

机会成本是指企业为从事某项经营活动而放弃的另一项经营活动应取得的收益,或利用一定资源获得某种收入时所放弃的另一种收入。另一项经营活动应取得的收益或另一种收入即为正在从事的经营活动的机会成本。例如某农民只会养猪和养鸡,那么养牛就不会是某农民的机会。

(6)什么是规模报酬?

【答案要点】

规模报酬是指在其他条件不变的情况下,企业内部各种生产要素按相同比例变化时所带来的产量变化。规模报酬分析的是企业的生产规模变化与所引起的产量变化之间的关系。企业只有在长期范围内才能变动全部生产要素,进而变动生产规模,因此企业的规模报酬分析属于长期生产理论问题。

(7)简述企业利润。

【答案要点】

经济利润:企业的经济利润指企业的总收益和总成本之间的差额,可以用公式表示为经济利润 = 收益 - 经济成本。

正常利润:正常利润是指企业对自己所提供的企业家才能的报酬支付。从机会成本的角度看,正常利润属于成本,并且属于隐性成本。当企业的经济利润为零时,仍然能得到全部的正常利润。

正常利润是成本的一个组成部分,是支付给企业家资本投资的报酬。经济利润是总收入和总成本之间的差额。要注意的是,总成本包括机会成本。企业家利润(正常利润)通常是正数,但经济利润则既可以是正数,也可以是负数(损失)。因为计算经济利润时,扣除的经济成本当中包含了机会成本,所以在完全竞争市场的情况下,当边际成本等于边际收入时,企业就能实现利润最大化或者是损失最小化。

(8)根据企业长期平均成本曲线的移动,简述外在经济和外在不经济。

【答案要点】

企业的外在经济和外在不经济会使得长期平均成本曲线的位置发生变化:企业的外在经济会使企业长期平均成本曲线向下移动,企业的外在不经济会使企业长期平均成本曲线向上移动。

外在经济和外在不经济:企业外在经济是由于企业的生产活动所依赖的外界环境得到改善而产生的。相反,如果企业的生产活动所依赖的外界环境恶化了,则是企业的外在不经济。外在经济产生的主要原因:整个行业生产规模扩大后,个别企业可以从中获得诸多便利,如获得低价优质的原料,吸纳优秀人才,利用便捷的交通运输设施，提高信息交流的效率等，从而增加产量和降低成本。

6. 计算题

（1）假设某企业的短期成本函数是 $TC(Q)=Q^3-5Q^2+15Q+66$。

①指出该短期成本函数中的可变成本部分和不变成本部分。

②写出下列相应的函数：$TVC(Q)$、$AC(Q)$、$AVC(Q)$、$AFC(Q)$和$MC(Q)$。

【答案要点】

①可变成本部分为：Q^3-5Q^2+15Q，不变成本部分为：66。

② $TVC(Q)=Q^3-5Q^2+15Q; AC(Q)=Q^2-5Q+15+66/Q; AVC(Q)=Q^2-5Q+15$； $AFC(Q)=66/Q$；$MC(Q)=3Q^2-10Q+15$。

（2）假定某企业短期生产的边际成本函数为 $MC(Q)=3Q^2-8Q+100$，且已知当产量 Q=10 时的总成本 TC=2 400，求相应的 TC 函数、AC 函数和 AVC 函数。

【答案要点】

$TC(Q)=Q^3-4Q^2+100Q+b$，则 $TC(Q=10)=Q^3-4Q^2+100Q+b=2\ 400$，解得 $b=800$。

故 $TC(Q)=Q^3-4Q^2+100Q+800$，$AC(Q)=Q^2-4Q+100+800/Q$，$AVC(Q)=Q^2-4Q+100$。

（3）假定某企业的需求函数为 $Q=100-P$，平均成本函数为 $AC(Q)=120/Q+2$。

①求该企业实现利润最大化时的产量、价格以及利润量。

②如果政府对每单位产品征税 8 元，那么该企业实现利润最大化时的产量、价格以及利润量又是多少？

【答案要点】

①企业实现利润最大化的条件是：$MR(Q)=MC(Q)$（边际收益 = 边际成本）。根据已知条件，求得总收益 $TR(Q)=P\times Q=(100-Q)Q=100Q-Q^2$，于是 $MR(Q)=100-2Q$。$TC(Q)=AC\times Q=120+2Q$，故 $MC=2$。那么，可得 $100-2Q=2$

解得 Q=49。带入需求函数得 P=51。利润量为 $TR-TC=100Q-Q^2-(120+2Q)=2\ 281$

②当政府对每单位产品征税 8 元时，企业成本将增加 8 元，平均成本函数将变为 $AC=120/Q+10$，总成本函数 $TC(Q)=AC\times Q=120+10Q$，边际成本 $MC=10$。在 $MR(Q)=MC(Q)$ 条件下，$100-2Q=10$，解得 Q=45，P=55，利润量为 $TR-TC=100Q-Q^2-(120+10Q)=1\ 905$。

（4）企业甲每年耗用钢材 100 吨，用的是库存材料，购买价格是 1 000 元 / 吨。企业乙每年也耗用钢材 100 吨，用的是现购材料，市价为 1 200 元 / 吨。请分析企业甲和企业乙的会计成本和机会成本。

【答案要点】

企业甲：会计成本 =1 000 × 100=100 000 元；机会成本 =1 200 × 100=120 000 元

企业乙：会计成本 =1 200 × 100=120 000 元；机会成本 =1 200 × 100=120 000 元

（5）假设某企业的短期生产函数为 $Q=35L+8L^2-L^3$（L 代表生产要素的投入量）。求：

①该企业的平均产量函数和边际产量函数；

②如果企业使用的生产要素的数量为 $L=6$，是否处于短期生产的合理区间？为什么？

【答案要点】

①平均产量函数：$AP(L)=TP(L)/L=Q/L=35+8L-L^2$

边际产量函数：$MP(L)=35+16L-3L^2$

②首先需要确定生产要素 L 投入量的合理区间。

在生产要素 L 投入量的合理区间的左端，有 $AP=MP$，于是，有 $35+8L-L^2=35+16L-3L^2$。解得 L=0 和 L=4。L=0 不合理，舍去，故取 L=4。

在生产要素 L 投入量的合理区间的右端，有 MP=0，于是，有 $35+16L-3L^2=0$。$(5+3L)(7-L)=0$，解得

$L=-5/3$ 和 $L=7$。$L=-5/3$ 不合理，舍去，故取 $L=7$。

由此可得，生产要素 L 投入量的合理区间为 [4, 7]。因此，企业对生产要素 L 的使用量为 6 是处于短期生产的合理区间的。

7. 分析题

（1）已知柯布 - 道格拉斯生产函数为 $Q=AL^{\alpha}K^{\beta}$，请结合规模报酬的相关理解，讨论该生产函数的规模报酬情况。

【答案要点】

规模报酬指的是在其他条件不变的情况下，企业内部各种生产要素按相同比例变化时所带来的产量变化。规模报酬分析的是企业的生产规模变化与所引起的产量变化之间的关系。企业只有在长期范围内才能变动全部生产要素，进而变动生产规模，因此企业的规模报酬分析属于长期生产理论问题。

① $\alpha+\beta>1$，规模报酬递增，表明按照现有技术，用扩大生产规模来增加产出是有利的。

② $\alpha+\beta<1$，规模报酬递减，表明按照现有技术，用扩大生产规模来增加产出是得不偿失的。

③ $\alpha+\beta=1$，规模报酬不变，表明生产效率并不会随着生产规模的扩大而提高，只有提高技术水平，才会提高经济效益。

（2）请结合成本理论，分析什么是机会成本，并举例说明。

【答案要点】

机会成本是指某项资源用于一种特定用途而不得不放弃掉的其他选择机会所带来的收入，通常用生产者在其他用途中所得到的最高收入来衡量。例如：开一次班会，直接成本是设施租用费用、布置费用、差旅费用、服务人员工资等；机会成本是因开会而耽误的工作效益乘以这个工作成功的可能性；时间成本是参会人数、会议时长（包括准备时间、开会时间和理解时间）与小时薪水的乘积。

（3）试论述总产量、平均产量、边际产量三者之间的变动关系。

【答案要点】

总产量（TP）指短期内在技术水平既定条件下，利用一定数量的可变要素（如劳动 L）所生产产品的全部产量。

平均产量（AP）是指平均每一单位可变要素（如劳动 L）所分摊的总产量。

边际产量（MP）是指增加一单位可变要素（如劳动 L）的投入所导致的总产量的增加量。三者之间的关系如图 3-1 所示。

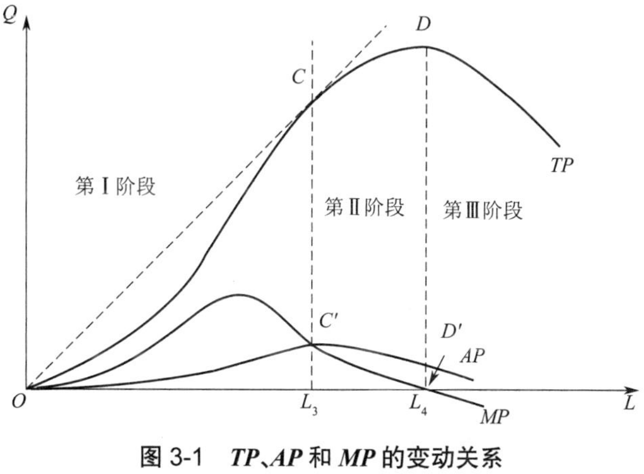

图 3-1　TP、AP 和 MP 的变动关系

① MP 和 TP 的关系：只要边际产量是正的，总产量增加；只要边际产量是负的，总产量减少；边际产量为 0，总产量最大。

② MP 和 AP 的关系：$MP > AP$，AP 上升；$MP < AP$，AP 下降；$MP = AP$，AP 曲线达到极大值。

③ TP 和 AP 的关系：连接坐标原点和 TP 曲线上任何一点的连线的斜率，均可以表示为相应的平均产量值。

（4）请思考机会成本和会计成本有哪些区别。

【答案要点】

机会成本是指企业为从事某项经营活动而放弃的另一项经营活动应取得的收益，或利用一定资源获得某种收入时所放弃的另一种收入。另一项经营活动应取得的收益或另一种收入即为正在从事的经营活动的机会成本。机会成本不是通常意义上的成本，因为它不是一种支出或费用，而是在做出选择时失去的收益。这种收益不是实际发生的，而是潜在的。

机会成本 = 收入净现值 − 支出净现值

会计成本是会计记录在公司账册上的客观的和有形的支出，包括生产、销售过程中发生的原料、动力、工资、租金、广告、利息等支出。

机会成本与会计成本的区别包括以下几点。

第一，成本性质不同。机会成本属于隐性成本，一般来说隐性成本不能直接从账面上反映出来，因而难以精确计量；但是会计成本是显性成本，它可以用货币计量，是可以在会计账目上反映出来的。

第二，两者计量方式不同。机会成本可能等于会计成本，也可能不等于会计成本。在完全竞争的条件下，机会成本等于会计成本；在商品（或生产要素）供应不足、实行配给的条件下，机会成本高于会计成本；在商品积压或要素闲置的条件下，机会成本低于会计成本，甚至为零。但是会计成本有五种计量方式，即历史成本、重置成本、可变现净值、现值以及公允价值。通常情况下采用历史成本计量会计成本，即是指实际支付的货币成本。

第三，两者成本来源不同。机会成本是指企业为从事某项经营活动而放弃的另一项经营活动应取得的收益，或利用一定资源获得某种收入时所放弃的另一种收入。另一项经营活动应取得的收益或另一种收入即为正在从事的经营活动的机会成本。而会计成本是指企业在经营过程中所实际发生的一切成本，包括工资、利息、土地与房屋的租金、原材料费用、折旧等。

三、随堂同步自测

1. 名词解释

（1）等产量曲线。

（2）边际技术替代率递减。

（3）生产扩展曲线。

（4）会计成本。

（5）隐性成本。

（6）经济成本。

（7）固定成本。

（8）可变成本。

（9）规模不经济。

（10）规模报酬递增。

（11）规模报酬递减。

（12）规模报酬不变。

（13）短期生产函数。

（14）长期生产函数。

（15）外在经济和外在不经济。

2. **单选题**

（1）企业存在的根本原因在于（　　）。

A. 信息的不完全性　　B. 交易成本的节约　　C. 市场失灵　　D. 道德风险

（2）当平均产量达到最大值时，下列说法正确的是（　　）。

A. 平均产量大于边际产量　　B. 平均产量等于边际产量

C. 总产量达到最大值　　D. 边际产量达到最大值

（3）从成本角度看，企业使用自有的资金应计算利息，这种利息属于（　　）。

A. 固定成本　　B. 显性成本　　C. 隐性成本　　D. 会计成本

(4)当某企业的产量为2个单位时,其平均成本为1 000元;当产量为3个单位时,其平均成本为700元,则该企业的边际成本是( )元。

A. 0　B. 150　C. 100　D. 300

(5)( )是生产成本的一部分,应作为隐成本的一部分计入成本。

A. 超额利润　B. 正常利润　C. 会计利润　D. 净利润

(6)企业对自己所提供的企业家才能的报酬支付通常是( )。

A. 经济利润　B. 超额利润

C. 企业的总收益和总成本的差额　D. 正常利润

(7)长期成本函数与短期成本函数的区别在于( )。

A. 企业性质不同　B. 生产要素的数量不同

C. 成本是否可以加总　D. 是否有固定成本和可变成本之分

(8)下列各项目中属于企业固定成本的是( )。

A. 原材料费用　B. 生产工人的工资　C. 管理人员的工资　D. 燃料和动力费用

(9)短期成本曲线中平行于横轴的一条直线是( )。

A. 总可变成本曲线　B. 平均可变成本曲线　C. 总成本曲线　D. 总固定成本曲线

(10)当平均总成本曲线达到最低点时,以下说法正确的是( )。

A. 边际成本 = 平均可变成本　B. 边际成本 = 平均总成本

C. 边际成本 = 平均固定成本　D. 平均可变成本 = 平均固定成本

(11)小王用两个小时开一家柠檬水摊位。他花了10元买原料,并卖了价值60元的柠檬水。在这同样的两个小时中他本可以帮邻居剪草坪而赚到40元。小王的会计利润是( ),经济利润是( )。

A. 50元,10元　B. 90元,50元　C. 10元,50元　D. 50元,90元

(12)边际报酬递减解释了为什么随着企业产量增加,( )。

A. 生产函数曲线和总成本曲线变得陡峭

B. 生产函数曲线和总成本曲线变得平坦

C. 生产函数曲线变得陡峭,而总成本曲线变得平坦

D. 生产函数曲线变得平坦,而总成本曲线变得陡峭

(13)一个企业以总成本5 000元生产1 000单位产品。如果将产量增加到1 001单位,总成本增加到5 008元。这些信息告诉了你关于这个企业的( )?

A. 边际成本是5元,平均可变成本是8元　B. 边际成本是8元,平均可变成本是5元

C. 边际成本是5元,平均总成本是8元　D. 边际成本是8元,平均总成本是5元

(14)一个企业生产20单位产品,平均总成本是25元,边际成本是15元。如果将产量增加到21单位,以下( )一定会发生?

A. 边际成本会减少　B. 边际成本会增加　C. 平均总成本会减少　D. 平均总成本会增加

(15)政府每年对所有糕点店征收1 000元许可证费,这会导致( )移动?

A. 平均总成本和边际成本曲线　B. 平均总成本和平均固定成本曲线

C. 平均可变成本和边际成本曲线　D. 平均可变成本和平均固定成本曲线

(16)如果更高的产量水平使工人在特定工作中更专业化,企业就会表现出规模( )和平均总成本( )。

A. 经济,下降　B. 不经济,下降　C. 经济,上升　D. 不经济,上升

(17)当某企业的产量为3个单位时,其总成本、总固定成本分别是2 100元和1 200元,则该企业的平均可变成本是( )元。

A. 1 100　B. 300　C. 400　D. 700

(18)企业使用自有的资金应计算利息,从成本角度看,这种利息属于( )。

A. 固定成本　B. 会计成本　C. 隐性成本　D. 显性成本

(19)决定短期成本变动的主要因素是(　　)。

A. 消费者偏好　B. 商品的用途

C. 劳动、资本等生产要素的价格　D. 时间

(20)在其他投入保持不变的条件下,由于新增一单位的投入而多生产出来的产量或产出称为(　　)。

A. 平均产量　B. 边际产量　C. 总产量　D. 最大产量

(21)假设只有一种生产要素投入可变,其他生产要素投入不可变,关于总产量和边际产量的关系说法正确的是(　　)。

A. 总产量递增时,边际产量也递增　B. 总产量递减时,边际产量不一定递减

C. 总产量达到最大值时,边际产量也为最大值　D. 总产量递减时,边际产量为负值

(22)经济利润的计算方法为(　　)。

A. 用总收益减去显性成本和隐性成本　B. 用总收益减去隐性成本

C. 用正常利润减去隐性成本　D. 用总收益减去显性成本

(23)收益递减法是指(　　)。

A. 企业长期生产的平均产出递减　B. 企业短期生产的边际产出递减

C. 企业短期生产的平均产出递减　D. 企业长期生产的边际产出递减

(24)企业生产实现利润最大化的条件是(　　)。

A. 平均成本等于平均收益　B. 总成本大于总收益

C. 边际成本等于边际收益　D. 总成本等于总收益

(25)假设企业都是追求利润最大化的,那么某企业以最小成本生产出既定的产量时,(　　)。

A. 总收益为零　B. 一定可以获得最大利润

C. 可以获得最大收益　D. 无法确定是否获得最大利润

(26)假设一个短期的生产函数表现为先递增上升,然后递减上升,最后下降,则在该函数的第一阶段(　　)。

A. 总产出上升,平均产出上升,边际产出上升

B. 总产出上升,平均产出上升,边际产出先上升后下降

C. 总产出上升,平均产出先上升后下降,边际产出先上升后下降

D. 总产出上升,平均产出先上升后下降,边际产出上升

(27)当边际产出达到最大时,(　　)。

A 边际产出大于平均产出　B 边际产出等于平均产出

C 边际产出小于平均产出　D 边际产出与平均产出的大小不确定

(28)在短期中存在,而在长期中不存在的成本是(　　)。

A. 不变成本　B. 平均成本　C. 机会成本　D. 隐含成本

(29)假若一条等产量线凸向原点,则意味着(　　)。

A. 劳动的边际产出递减　B. 资本的边际产出递减

C. 边际技术替代率递减　D. A 和 B

(30)假若服装业的成本和劳动的价格同时上升,那么其等成本线将会(　　)。

A. 向外平移和向内旋转　B. 向外平移和向外旋转

C. 向内平移和向内旋转　D. 向内平移和向外旋转

3. **多选题**

(1)我国企业的主要形式包括(　　)。

A. 个人独资企业　B. 私人企业　C. 合伙制企业　D. 公司制企业
E. 集体制企业
(2)生产要素一般分为(　　)。
A. 劳动　B. 资本　C. 土地　D. 企业家才能
E. 现金
(3)以下关于成本和利润的说法,正确的有(　　)。
A. 企业所有的显性成本和隐性成本共同构成总成本
B. 隐性成本实际上是一种机会成本
C. 企业所追求的最大利润,是最大的经济利润
D. 企业所追求的最大利润,是最大的正常利润
E. 经济利润包括正常利润
(4)下列关于总产量曲线、边际产量曲线、平均产量曲线的说法,正确的有(　　)。
A 边际产量为零时,总产量最大
B. 平均产量曲线和边际产量曲线相交时,总产量达到最大
C. 平均产量上升时,边际产量增加
D. 边际产量曲线和平均产量曲线相交时,平均产量达到最大
E. 边际产量曲线是先增加,然后递减,直至出现负值
(5)下列关于成本曲线的说法,正确的有(　　)。
A. 平均总成本曲线先下降后上升　B. 平均可变成本曲线的变动慢于边际成本曲线
C. 边际成本曲线先下降后上升　D. 总固定成本随产量的增加而逐渐减少
E. 平均固定成本曲线先下降后上升
(6)以下说法正确的是(　　)。
A. 经济利润大于会计利润　B. 经济利润等于会计利润
C. 经济利润小于会计利润　D. 经济成本大于会计成本
E. 经济成本小于会计成本
(7)长期平均成本曲线与短期平均成本曲线的关系是(　　)。
A. 长期平均成本曲线是短期平均成本曲线的包络曲线
B. 在长期平均成本曲线的下降阶段, 长期平均成本曲线相切于所有相应的短期平均成本曲线最低点的左侧
C. 在长期平均成本曲线的下降阶段, 长期平均成本曲线相切于所有相应的短期平均成本曲线最低点
D. 在长期平均成本曲线的最低点, 长期平均成本曲线相切于相应的短期平均成本曲线最低点
(8)以下说法中正确的是(　　)。
A. $MC>AC$ 时, AC 下降　B. MC 小于 AC 时, AC 下降
C. $MC=AC$ 时, AC 达到最低点　D. $MC=AC$ 时, AC 达到最高点
(9)以下说法正确的是(　　)。
A. 边际技术替代率可以表示为两要素的边际产量之比
B. 边际技术替代率可以表示为两要素的边际成本之比
C. 等产量线的斜率的绝对值等于两种要素之间的边际技术替代率
D. 等成本线的斜率的绝对值等于两种要素之间的边际技术替代率
(10)生产函数的形式包括(　　)。
A. 固定替代比例的生产函数　B. 固定投入比例的生产函数
C. 固定要素价格的生产函数　D. 柯布 - 道格拉斯生产函数

4. 判断题

(1)生产理论中关于长期和短期的划分是以时间长短作为划分标准的。 (　　)

(2)随着科学技术的不断进步,边际产量递减规律将不再发生作用。 (　　)

(3)经济成本等于会计成本和隐性成本之和。 (　　)

(4)可变成本函数是 $TVC(Q)=10+Q+7Q^2$,这表明边际成本曲线是二次方函数。 (　　)

(5)设备折旧费属于企业生产的可变成本。 (　　)

(6)企业所有的显性成本和隐性成本共同构成了企业的总成本。 (　　)

(7)成本下降时,利润一定是上升的。 (　　)

(8)企业追求的最大利润指的是最大的经济利润。 (　　)

(9)企业的短期总成本包括企业生产的边际成本。 (　　)

(10)平均固定成本随着产量的增加保持不变。 (　　)

(11)可变投入是指价格和数量都可以发生变化的投入。 (　　)

(12)只有当边际产量下降时,总产量才会下降。 (　　)

(13)可变投入收益递减说明要增加相同数量的产出,可变投入应以递减比例增加。 (　　)

(14)等产量线与等成本线相交,说明要保持原有的产出水平不变,应当减少成本开支。 (　　)

(15)为实现一定产量的成本最低的原则是要使每一种投入的边际产量彼此相等。 (　　)

(16)如果各种投入增加的比例是 10%,产量增加的比例是 8%,说明这是可变投入收益递减。 (　　)

(17)如果企业实现了以最低成本产出一定产量,说明该企业一定实现了最大利润。 (　　)

(18)边际产量是指增加一单位产量所需增加的投入的数量。 (　　)

(19)如果可变投入出现收益递减说明总产量一定是下降的。 (　　)

(20)生产函数与投入的价格变化没有直接的关系。 (　　)

(21)由于边际收益递减规律的作用,边际产量总是会小于平均产量。 (　　)

(22)边际产量曲线总是与平均产量曲线的极大值点相交。 (　　)

(23)只要总产量是下降的,那么边际产量必然是负数。 (　　)

(24)生产函数是表示企业在一定时期内可能达到的最大产量。 (　　)

(25)如果规模收益递减,说明可变投入收益也一定递减。 (　　)

(26)在同一条等产量线上的任何一点的投入的组合只能实现一种产出水平。 (　　)

(27)如果边际技术替代率是常数,说明投入的替代比例是不变的。 (　　)

(28)只要边际产量上升,平均产量也一定上升。 (　　)

(29)如果总产量达到了极大值,那么边际产量曲线就会与平均产量曲线相交。 (　　)

(30)经济学中的长期与短期的划分的标准是时间。 (　　)

(31)在长期中所有成本都是可变成本。 (　　)

(32)如果"鱼和熊掌不能兼得",那么,选择了鱼,它的机会成本就是熊掌。 (　　)

(33)因为厂房的折旧是按月提取的,不生产就不计入成本,所以,折旧是一种可变成本。 (　　)

(34)边际成本大于平均成本,平均成本有可能上升,也有可能下降。 (　　)

(35)可变投入收益递减,反映在平均总成本上也是递增成本。 (　　)

(36)生产 1 000 个单位的平均成本是 20 元, 1 001~1 010 单位的平均成本是 21 元,那么, 0~1 010 单位的平均成本有可能比 20 元大,也有可能比 20 元小。 (　　)

(37)边际成本可能理解为全部成本或全部可变成本的斜率。 (　　)

(38)企业应当选择单位生产成本最低的规模进行生产。 (　　)

(39)当企业产量增加会使平均成本下降,这是因为不变成本分摊的缘故。 (　　)

(40)只要产出数量持续上升,平均不变成本就会持续下降。 (　　)

5. 简答题

(1)短期生产和长期生产的区别。

(2)简述边际报酬递减规律的内容。

(3)简述边际技术替代率递减规律的内容。

(4)简述产生边际技术替代率递减规律的决定因素。

(5)简述等产量线的特点。

(6)简述企业生产要素。

(7)简述企业的生产成本。

(8)如何准确区分生产的短期和长期这两个基本概念?

(9)区分边际报酬递增、不变和递减的情况与规模报酬递增、不变和递减的情况。

6. 计算题

（1）完成表 3-1，并回答问题。

表 3-1　可变要素相关数据

可变要素的数量	可变要素的总产量	可变要素的平均产量	可变要素的边际产量
1		2	
2			10
3	24		
4		12	
5	60		
6			6
7	70		
8			0
9	63		

①将表 3-1 填写完整。

②简述该生产函数是否表现出边际报酬递减，并说明是从第几单位的可变要素投入开始的。

（2）已知某企业的短期生产的总成本函数为 $TC(Q)=10Q^3-7Q^2+10Q+5$。请分析该厂商短期生产的平均成本函数、边际成本函数、总可变成本函数、总不变成本函数、平均可变成本函数和平均不变成本函数。

（3）假定某企业短期生产的边际成本函数为 $MC(Q)=0.6Q^2-10Q+10$，且已知当产量 Q=10 时的总成本 TC=100。请计算该企业的短期总成本函数、平均成本函数和平均可变成本函数。

（4）已知某企业使用 L（劳动）和 K（资本）两种要素生产一种产品，其固定替代比例的生产函数为 $Q=4L+3K$，要求：

①画出等产量线；

②边际技术替代率是多少？

③讨论其规模报酬情况；

④令 $P_L=5, P_K=3$。求成本 C=90 时 K、L 的值以及最大产量。

⑤令 $P_L = 3, P_K = 3$。求成本 C=90 时 K、L 的值以及最大产量。

⑥令 $P_L = 4, P_K = 3$。求成本 C=90 时 K、L 的值以及最大产量。

⑦比较④、⑤和⑥，可以得到什么结论？

（5）已知生产函数 $Q = f(L,K) = 2KL - 0.5L^2 - 0.5K^2$，假定企业目前处于短期生产，且 K=10，求：

①在短期生产中该企业关于劳动的总产量 TP_L 的函数、劳动的平均产量 AP_L 的函数和劳动的边际产量 MP_L 的函数；

②当总产量 TP_L、劳动平均产量 AP_L 和劳动边际产量 MP_L 各自达到极大值时的企业劳动的投入量。

③什么时候 $AP_L = MP_L$？它的值又是多少？

（6）假定某企业的短期成本函数是 $TC(Q) = Q^3 - 10Q^2 + 17Q + 66$，求：

①该成本函数中的可变成本部分和固定成本部分；

②下列函数：$TVC(Q)$、$AC(Q)$、$AVC(Q)$、$AFC(Q)$、$MC(Q)$。

7. 分析题

（1）试论述短期生产的三个阶段及企业决策。

（2）试论述生产扩展线。

（3）如图 3-2 所示，企业生产的短期平均成本曲线（AC）与长期平均成本曲线（LAC）都呈现出 U 形特征，试分析导致这种现象的原因，并分析其变化的原因。

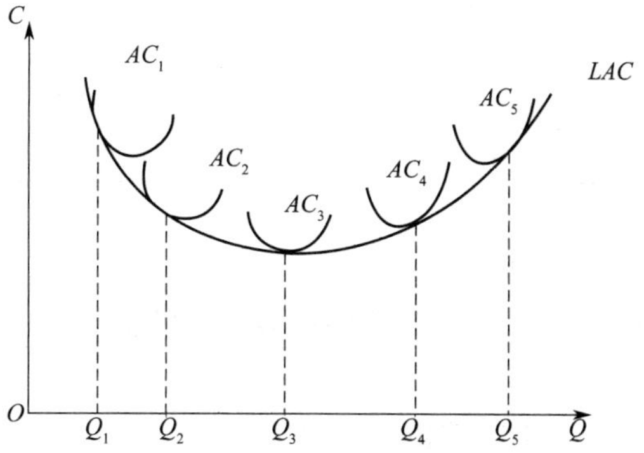

图 3-2　*AC* 曲线与 *LAC* 曲线

（4）为什么说企业均衡的一般原则是 $MR=MC$？

（5）试说明短期总产量曲线与短期总成本曲线之间的关系。

（6）你的妈妈正考虑开一家文具店。她估计，租仓库和买库存货物每年要花费 50 万元。此外，她要辞去薪水为每年 5 万元的会计师工作。

①给机会成本下定义。

②你的妈妈经营文具店一年的机会成本是多少？如果你的妈妈认为她一年可以卖出价值 51 万元的商品，她应该开这个店吗？解释原因。

（7）假定某企业的生产技术给定，在该生产技术下可以采用四种生产方法来产出 2 000 单位产量，如表 3-2 所示。

表 3-2 四种生产方法的生产率和单位产量

生产方法	劳动使用量	资本使用量
方法 A	100	600
方法 B	160	500
方法 C	165	700
方法 D	90	700

①请剔除表 3-2 中无效率的生产方法。

②“生产方法 B 是最有效率的。因为它所使用的资源总量最少,只有 660 单位。”你认为这种说法正确吗? 为什么?

③在①中剔除了无效率的生产方法后,你能在余下的生产方法中找出有效率的生产方法吗? 请说明理由。

(8)比较第二章消费者选择中的无差异曲线分析法与本章生产函数中的等产量线分析法。

四、课程思政案例

(1)材料 1:截至 2022 年 11 月 10 日,全国税务系统合计办理新增减税降费及退税缓税缓费超 3.7 万亿元。其中,已退到纳税人账户的增值税留抵退税款达 23 097 亿元,超过 2021 年全年退税规模的 3.5 倍;新增减税降费 7 896 亿元;累计办理缓税缓费 6 797 亿元。各项税费支持政策积极作用不断显现。深入落实制造业增量留抵税额即申即退,支持企业纾困和发展。国家税务总局货物和劳务税司副司长表示,为确保这一要求落实落细,税务部门一方面进一步升级信息系统,确保制造业增量留抵退税优先办理;另一方面不断优化纳税人退税申请方式,退税信息自动预填 85% 以上,便利纳税人申请退税。

(资料来源:中国税务网)

材料 2:为支持小微企业发展,落实好小型微利企业所得税优惠政策,现就有关征管问题公告如下。

①符合财政部、税务总局规定的小型微利企业条件的企业(以下简称小型微利企业),按照相关政策规定享受小型微利企业所得税优惠政策。

企业设立不具有法人资格分支机构的,应当汇总计算总机构及其各分支机构的从业人数、资产总额、年度应纳税所得额,依据合计数判断是否符合小型微利企业条件。

②小型微利企业无论按查账征收方式或核定征收方式缴纳企业所得税,均可享受小型微利企业所得税优惠政策。

③小型微利企业在预缴和汇算清缴企业所得税时,通过填写纳税申报表,即可享受小型微利企业所得

税优惠政策。

小型微利企业应准确填报基础信息，包括从业人数、资产总额、年度应纳税所得额、国家限制或禁止行业等，信息系统将为小型微利企业智能预填优惠项目、自动计算减免税额。

④小型微利企业预缴企业所得税时，从业人数、资产总额、年度应纳税所得额指标，暂按当年度截至本期预缴申报所属期末的情况进行判断。

⑤原不符合小型微利企业条件的企业，在年度中间预缴企业所得税时，按照相关政策标准判断符合小型微利企业条件的，应按照截至本期预缴申报所属期末的累计情况，计算减免税额。当年度此前期间如因不符合小型微利企业条件多预缴的企业所得税税款，可在以后季度应预缴的企业所得税税款中抵减。

⑥企业预缴企业所得税时享受了小型微利企业所得税优惠政策，但在汇算清缴时发现不符合相关政策标准的，应当按照规定补缴企业所得税税款。

⑦小型微利企业所得税统一实行按季度预缴。

按月度预缴企业所得税的企业，在当年度 4 月、7 月、10 月预缴申报时，若按相关政策标准判断符合小型微利企业条件的，下一个预缴申报期起调整为按季度预缴申报，一经调整，当年度内不再变更。

⑧本公告自 2023 年 1 月 1 日起施行。《国家税务总局关于小型微利企业所得税优惠政策征管问题的公告》（2022 年第 5 号）同时废止。

特此公告。

（资料来源：《国家税务总局关于落实小型微利企业所得税优惠政策征管问题的公告》（国家税务总局公告 2023 年第 6 号），国家税务总局）

结合我国 2022 年的减税降费政策，分析政策实施对企业生产成本的影响。

（2）材料 1：“梅花飘香是因为她经历了严寒淬炼。”2023 年 3 月 31 日，华为发布了 2022 年年度报告。发布会上，华为轮值董事长徐直军用“梅花”形容今天的华为。

数据显示，过去一年，华为实现全球销售收入 6 423 亿元，增长 0.9%，净利润 356 亿元；研发投入 1 615 亿元，研发费用率 25.1%。

营业收入略有增长，研发投入处于历史高位——面对严峻的外部环境和非市场因素，这既是华为的“答卷”，也透露出“应对”策略。

“2022 年华为经营依然面临较大压力，总体而言经营业绩符合预期。”在 CFO 孟晚舟看来，华为正逐步适应这种常态化考验，进入正常运营。整体的经营利润下滑，以及研发投入加大，是造成整体经营盈利能力下滑的一个主要原因。

压力之下，加大研发投入，加强多种技术要素（芯、软、硬、端、网、云）的协同创新，成为华为持续生存与发展的关键。数据显示，近十年来，华为已累计投入的研发费用超过 9 773 亿元。徐直军在华为年报中强调，“只有确保和增强研发投入，才能不断创新。通过架构重构、系统工程、优化设计等提升产品竞争力”。

专利方面，目前华为是全球最大的专利持有企业之一，在全球共持有有效授权专利 12 万件，2022 年 PCT 国际专利申请量 7 689 件，排名榜首。人才方面，截至 2022 年 12 月 31 日，华为员工总数约 20.7 万，研发员工约占总员工数量的 55.4%。赋能生态方面，华为持续开放鸿蒙、鲲鹏、昇腾、云服务等平台能力，优化开发者体验，与 900 多万开发者、4 万多生态伙伴一起释放生态创造力。

华为正通过压强式投入，提升产品竞争力。2022 年，华为在运营商业务领域实现销售收入 2 840 亿元，企业业务实现销售收入 1 332 亿元，终端业务实现销售收入 2 145 亿元。整体而言，ICT 基础设施业务稳定增长，终端业务下行趋势放缓，数字能源和华为云业务快速增长，云计算业务持续高速增长。

“我们必须找到面向未来持续提升产品和服务竞争力的途径。”在徐直军看来，华为拥有 ICT 领域最全面的技术要素，这是其独特优势。未来，要加强多种技术要素的协同创新，让每一个比特以最科学的方式被采集、传输、处理和呈现，持续构建和提升差异化优势，支持产品和解决方案的持续领先。

（资料来源：华为发布 2022 年报：十年研发投入近万亿 创新成为生存与发展的关键，人民网，2023-04-01）

材料 2：从阿里巴巴集团了解到，自 2023 年 1 月 7 日宣布为全国 60 多万个村捐赠血氧仪后，截至 1 月 9 日 18 时，该批爱心物资已由菜鸟发出 50 万台左右，江苏、浙江、安徽、河南 4 省 49 个市累计签收 12.7 万台，38 万台尚在路上；截至 1 月 12 日 20 时，阿里巴巴捐赠给农村地区的 100 多万台血氧仪已全部发出，菜鸟已将血氧仪送达 27 个省的 291 个地级市，累计有 88 万多台血氧仪被签收。

阿里方面介绍，自 1 月 7 日晚接到任务起，阿里旗下菜鸟物流迅速调动全国各地资源，累计投入超 2 000 人次、1 100 车次，在国务院联防联控机制农村地区疫情防控工作专班统一安排下，四天之内配合各大厂家将 100 多万台血氧仪全部发出。

此外，为联合更多力量支援我国农村地区疫情防控，1 月 11 日，阿里巴巴集团与中国儿童少年基金会共同举办了农村儿童及家庭“爱心防疫包”公益项目捐赠仪式。阿里巴巴积极响应全国妇联号召，通过中国儿童少年基金会为中东部 19 个省（市）5 万名农村困境儿童及其家庭送去关爱和温暖，帮助他们渡过难关。截至目前，阿里巴巴携平台商家、爱心网友累计向该基金会捐赠款物 1.04 亿元，有效解决了困境儿童及其家庭的急难愁盼问题。

2023 年 1 月 12 日，字节跳动方面表示，由北京字节跳动公益基金会联合抖音乡村计划发起的助力乡村防疫项目有了新进展：首批 4 800 份“防疫物资包”已抵达贵州省织金县、晴隆县，内蒙古自治区赤峰巴林左旗、乌兰察布商都县以及江西省遂川县、兴国县、全南县；剩余 15 000 余份物资包尚在运输途中，将在春节前抵达各区县。

据介绍，此次行动主要针对贵州省和内蒙古自治区 30 个乡村振兴重点帮扶县和江西省五个欠发达县，捐赠及发放约 20 000 份“防疫物资包”，其中主要包括对乙酰氨基酚、布洛芬、维生素 C 泡腾片、抗原检测试剂、N95 口罩、消毒液，电子体温计等，总价值约 400 万元。

除了物资捐赠，字节跳动旗下产品还为用户提供了寻药、问诊、就诊以及自我防护等信息服务。自抖音和今日头条上线药品互助小程序以来，截至 2023 年 1 月 11 日，累计超过 700 万网友访问小程序，超过 6.8 万名网友使用“帮助 TA”或“我需要帮助”功能进行就近信息查询和康复互助。

根据公开报道，1 月 9 日，上海复星公益基金会联合上海复星医药（集团）股份有限公司及河南真实生物科技有限公司，宣布向中国农村地区捐赠价值 1 亿元人民币的新冠口服药阿兹夫定。这批药品将分阶段捐赠至中西部农村地区，覆盖 180 个县。

“复星基金会”微信公众号 1 月 12 日晚间发布的文章透露，首批共计 6 000 瓶阿兹夫定已于 1 月 11 日从上海发出，分别派送至云南、贵州、江西、安徽等省的 10 个县。该批药品至少能够帮助 5 000 余名当地村民更安全应对疫情，其中受益者大部分为 65 岁以上老年人。

文中提到，为确保捐赠药品第一时间安全送到基层，复星基金会的员工和乡村医生项目驻点队员带着药品搭乘飞机、高铁，抵达县里后再通过专车至村卫生室。员工志愿者、乡村医生项目驻点队员在当地县医院、乡镇卫生院具有处方权的医师陪同下，完成药品的发放。

据悉，为帮助农村地区平稳应对疫情，复星基金会于 1 月 6 日启动了“乡村暖冬行动”，除了捐赠药品，还将联合复星及外部合作伙伴，以线上直播、在线问诊等形式，对农村基层医务工作者开展相应的用药和健康管理培训。

除了大规模的捐赠行为，一些企业也充分结合自身产品及业务特色，开展了一系列暖心善举。

如，雅培宣布通过中国红十字基金会向全国 59 个城市 197 家医院捐赠 4 800 箱雅培医学营养品全安素，总价值超 1 680 万元，为奋战在一线的医务工作者提供全面、专业、科学的营养支持。

1 月 12 日，贝壳在全国门店倡议启动“社区互助小蓝箱”（邻里互助小蓝箱）行动，将这一暖心善举从北京扩展至全国。贝壳全国 15 个城市 6 000 余新经纪品牌门店、新青年公寓、家装家居体验馆纷纷响应，经纪人通过业主群消息扩散、门店张贴海报等方式，鼓励社区居民将家中富余的药品放至门店共享药箱中，供急需用药的居民免费领取。

除了搭建线下药品互助平台，贝壳也建立了完善的互助机制：门店会以在线文档的形式记录药品捐助及领取情况，实现药品存取情况可溯源、同社区药品信息可联动等，努力保障信息实时更新、需求及时满足。为使小蓝箱服务惠及更多人，在各方支持下，贝壳已筹集到第一批共计 30 余万元的药箱及药品等物资支援各地。

（资料来源：阿里巴巴、字节跳动等公布防疫捐赠进展，《公益时报》，2023-01-17）

结合以上两个材料，请思考：

①经济学上假定企业的目标是什么？你是怎样理解的？以上两个材料是否能够体现？

②结合案例分析，除此之外，企业还有哪些生产目标？

第四章　完全竞争市场

一、知识思维导图

- 完全竞争市场
  - 市场结构及类型
    - 企业、行业与市场
      - 企业收益
        - $R=P\cdot Q=P(Q)\cdot Q$
        - AR（平均收益）
        - MR（边际收益）
      - 行业
      - 市场
    - 市场结构——划分依据
      - 厂商数目
      - 产品差异度
      - 市场类型
        - 完全竞争
        - 垄断竞争
        - 寡头
        - 垄断
      - 市场力量
      - 进入壁垒
    - 企业利润最大化原则——$MR(Q)=MC(Q)$
  - 完全竞争企业的需求曲线和收益曲线
    - 完全竞争市场的含义及条件
      - 市场上有无数的买者和卖者
      - 市场上厂商所提供的产品都是同质的
      - 厂商可以自由地进入或退出市场
      - 购买者和生产者对市场信息完全了解
    - 完全竞争企业的需求曲线——$P=P(Q)=P_0$（P_0为某个既定的市场价格）
    - 完全竞争企业的收益曲线
      - 完全竞争企业的总收益曲线
      - 完全竞争企业的平均收益曲线曲线和边际收益曲线
      - $P_0=AR=MR$
  - 完全竞争企业的短期均衡
    - 完全竞争企业的短期均衡分析
      - 获得超额利润的短期均衡
      - 收支平衡的短期均衡
      - 短期亏损最小的均衡
      - 短期停止营业点
    - 利润最大化的产量
    - 利润最大化和盈亏
    - 亏损时的决策——短期停止营业点
    - 企业和市场的短期供给曲线
    - 生产者剩余和市场总剩余——市场总剩余＝生产者剩余＋消费者剩余
  - 完全竞争企业和市场的长期均衡
    - 企业规模调整
    - 行业规模调整
      - 企业进入或退出
      - 超额利润＝0
    - 长期均衡——$P=MR=MC=AC=LAC=LMC$
    - 长期供给曲线
      - 成本不变行业的长期供给曲线
      - 成本递增行业的长期供给曲线
      - 成本递减行业的长期供给曲线

二、典型例题解析

1. 名词解释

（1）总收益。

【答案要点】企业的总收益（简称收益）是企业销售产品之后所得到的收入，即等于产品的销售价格与销售数量的乘积。

（2）市场。

【答案要点】市场是物品买卖双方相互作用并得以决定其交易价格和交易数量的一种组织形式或制度安排。

（3）市场结构。

【答案要点】市场结构指某一个行业中竞争与垄断的程度。竞争是指每个买者和卖者的规模与整个市场相比微乎其微，因而他们各自没有能力影响市场价格。垄断是指某个企业规模大、实力强，可以影响出售产品的市场价格。

（4）完全竞争企业。

【答案要点】企业的产品在市场上所占的份额小到可以忽略不计，企业改变产量的行为对价格的影响也非常小，小到可以忽略不计，这类企业就是完全竞争企业。

（5）完全竞争市场。

【答案要点】如果在一个市场中，所有企业都是完全竞争企业，则该市场为完全竞争市场。

（6）垄断竞争企业。

【答案要点】垄断竞争企业指的是企业的产量在整个市场中所占的份额非常小，小到可以忽略不计，且其产品与同一市场上其他企业的产品不完全相同，存在产品差异的企业。

（7）垄断竞争市场。

【答案要点】由垄断竞争企业组成的市场称为垄断竞争市场。

（8）寡头。

【答案要点】寡头是在市场上具有举足轻重地位的企业，其产量的市场份额相当大，因此其改变产量的行为对市场的价格具有显而易见的影响。

（9）寡头市场。

【答案要点】包括若干个寡头企业的市场即为寡头市场。

（10）行业。

【答案要点】行业指为同一个商品市场生产和提供商品的所有企业的总体。

2. 单选题

（1）当一个行业中只有唯一一个供给者时，这种市场结构是（　　）。

A. 完全竞争市场　　B. 垄断竞争市场　　C. 垄断市场　　D. 寡头市场

【答案】C

【解析】此题考查划分市场结构的标准。市场结构（market structure）有狭义和广义之分，狭义指买方构成市场，卖方构成行业。广义是指一个行业内部买方和卖方的数量及其规模分布、产品差别的程度和新企业进入该行业的难易程度的综合状态，也可以说是某一市场中各种要素之间的内在联系及其特征，包括市场供给者之间（包括替代品）、需求者之间、供给者和需求者之间以及市场上现有的供给者、需求者与正在进入该市场的供给者、需求者之间的关系。依照市场上企业的数量、企业所提供产品的差异、企业对价格的影响程度以及进入障碍等特征，市场被划分为完全竞争、垄断、垄断竞争和寡头四种市场结构。如果本行业只有一家企业，就可划为垄断市场。

（2）对某些农产品如小麦、玉米等的市场来说，近似地符合(　　)的特征。

A. 完全竞争市场　　B. 垄断竞争市场　　C. 垄断市场　　D. 寡头市场

【答案】A

【解析】此题考查完全竞争市场的特征。在现实生活中，很难找到完全符合完全竞争市场特征的市场，某些农产品如小麦、玉米的市场属于近似的例子。农产品市场接近完全竞争市场的理由是与完全竞争的假设条件相近：首先，产品质量相同（大家种出来的都是玉米）；其次，卖者买者众多（全世界的人都得吃粮食，而且卖者很多）；第三，信息较为完全且可以随意进出市场（全国的粮价你都能想办法知道且不想种地了能说走就走打打工什么的）。当然现实中不仅不能说接近完全竞争市场，反而还有很大的差距。比如，同一个地区，菜市场的价格往往和超市的不同，同样的菜不同品种和不同商家售卖的价格也不同。

（3）关于完全竞争企业的需求曲线和收益曲线的说法，错误的是(　　)。

A 需求曲线和平均收益曲线是完全重合的

B. 需求曲线和边际收益曲线是完全重合的

C. 边际收益曲线和平均收益曲线是完全重合的

D. 边际收益曲线位于平均收益曲线下方

【答案】D

【解析】对于完全竞争企业，因为价格、平均收益和边际收益都是相等的，所以企业的平均收益曲线、边际收益曲线和需求曲线是同一条线。而对于完全垄断企业，边际收益小于平均收益，所以需求曲线和平均收益曲线重合，边际收益曲线位于平均收益曲线下方。选项D说的是完全垄断企业的情况。

（4）完全竞争企业为了实现利润最大化，应遵循的决策原则是(　　)。

A. 按照价格弹性进行价格歧视　　B. 边际收益大于边际成本

C. 边际收益等于边际成本　　D. 边际收益等于平均收益

【答案】C

【解析】本章在两个地方说到了企业进行产量决策的基本原则，即完全竞争市场和完全垄断市场。最终的结论是统一的，即企业实现利润最大化的决策原则都是边际收益等于边际成本。

（5）在一般情况下，完全竞争企业生产的产品的价格若低于以下哪种成本就应该停止营业(　　)。

A. 平均成本　　B. 平均可变成本　　C. 边际成本　　D. 平均固定成本

【答案】B

【解析】如果企业可变成本高于企业的收益，那么企业就应该停止营业。

（6）以下哪一项不属于完全竞争市场的特征描述(　　)。

A. 同行业中只有少数的生产者　　B. 其有大量的生产者

C. 企业进入或退出市场很容易　　D. 各个企业生产的产品无差别

【答案】A

【解析】此题考查完全竞争市场的特征。完全竞争市场是一种竞争不受任何阻碍和干扰的市场结构。市场上的参与者都是完全竞争的，供求行为都是完全竞争的，即生产者在产品市场上也是完全竞争者，不存在垄断行为。完全竞争市场的特征：市场上有很多生产者与消费者，或卖者和买者，而且这些生产者的规模都很小，没有任何一个生产者或消费者能够影响市场价格，每个生产者或消费者都只能是市场价格的接受者，而不是价格的决定者，也就是说，每一个生产者或消费者都只是被动地接受市场价格，对市场价格没有任何控制的力量；企业生产的产品是同质的，即不存在产品差别，在生产同一产品的各个企业之间，没有什么质量差别，或者说，对于不同企业生产的同一产品，消费者感觉不出任何质量上的差别；资源可以自由流动、企业可以自由进入或退出市场，也就是说，任何一个企业都可以自由进入该市场，或自由退出该市场，没有任何障碍；买卖双方对市场信息都有充分的了解，消费者和生产者都可以及时获得准确的市场信息，因而他们的决策都是充满理性的。

（7）在完全竞争市场上，整个行业的需求曲线特点是（　　）。

A. 与个别企业需求曲线一致　　B. 向右下方倾斜

C. 与横轴平行　　D. 不影响市场价格

【答案】B

【解析】本题考查的是完全竞争市场行业的供求曲线与个别企业的需求曲线。在完全竞争市场上，整个行业的供求曲线和某个企业的供求曲线是不同的。对于整个行业来说，由于有众多的生产者和消费者，而且每个生产者的规模都比较小，任何一个生产者或消费者都不能影响和控制价格。所以在这种市场上，价格就是由整个行业的供给曲线和需求曲线决定的。整个行业的需求曲线是一条向右下方倾斜的曲线，供给曲线是一条向右上方倾斜的曲线，整个行业的均衡价格就是由需求与供给的均衡位置决定的。

（8）完全竞争市场上，单个企业的需求曲线特点是（　　）。

A. 与个别企业需求曲线一致　　B. 向右下方倾斜

C. 与横轴平行　　D. 不影响市场价格

【答案】C

【解析】本题考查的是完全竞争市场行业的供求曲线与个别企业的需求曲线。完全竞争市场上，每个企业都是既定价格的接受者。完全竞争企业的需求曲线是企业均衡理论中的一个概念，是反映完全竞争企业选择的价格与它的销售量之间关系的曲线。完全竞争企业面对的需求曲线是一条水平直线，具有完全弹性，且高度为市场均衡价格。因为完全竞争企业是价格的接受者，它会把价格确定在市场均衡价格水平上。在完全竞争市场上，企业生产的是相同的产品，如果一个企业选择的价格高于市场均衡价格，那么它将失去所有的顾客；如果它选择的价格低于市场均衡价格，那么它将吸引所有的顾客，但此时它会发生亏损。

（9）已知某完全竞争企业的短期成本函数为 $TC(Q)=10Q^3-20Q^2+3Q+5$，请问该企业的固定成本是（　　）。

A. 10　　B. 20　　C. 3　　D. 5

【答案】D

【解析】本题考查的是对成本函数的理解。固定成本（又称不变成本）是相对于变动成本而言的，是指成本总额在一定时期和一定业务量范围内，不受业务量增减变动影响而能保持不变的成本。固定成本函数就是成本函数中的常数项，不因产量变动而发生变动。

（10）已知某完全竞争企业的短期成本函数为 $TC(Q)=10Q^3-20Q^2+3Q+5$，请问该企业的可变成本函数是（　　）。

A. $30Q^2-40Q+3$　　B. $10Q^2-20Q+3$　　C. $10Q^3-20Q^2+3Q$　　D. $10Q^3-20Q^2+3Q+5/Q$

【答案】C

【解析】本题考查的是对成本函数的理解。可变成本又称变动成本，是指在总成本中随产量的变化而变动的成本项目。可变成本指支付给各种变动生产要素的费用，如购买原材料及电力消耗的费用和工人工资等。这种成本随产量的变化而变化，常常在实际生产过程开始后才需支付。因此，题干中随着产量变动而变化的成本函数是：$10Q^3-20Q^2+3Q$。

（11）已知某完全竞争企业的短期成本函数为 $TC(Q)=10Q^3-20Q^2+3Q+5$，请问该企业的边际成本函数是（　　）。

A. $30Q^2-40Q+3$　　B. $10Q^2-20Q+3$　　C. $10Q^3-20Q^2+3Q$　　D. $10Q^3-20Q^2+3Q+5/Q$

【答案】A

【解析】本题考查的是对成本函数的理解。边际成本指的是每一单位新增生产的产品（或者购买的产品）带来的总成本的增量，即企业在短期内增加一单位产量时所增加的总成本。边际成本在数值上等于总成本曲线上每一个点的斜率。这个概念表明每一单位的产品的成本与总产品量有关。边际成本函数就是对总成本函数求导函数，即 $MC=\dfrac{\Delta TC}{\Delta Q}=\dfrac{dTC}{dQ}=30Q^2-40Q+3$。

(12)已知某完全竞争企业的短期成本函数为 $TC(Q)=10Q^3-20Q^2+3Q+5$，请问该企业的平均总成本函数是(　　)。

A. $30Q^2-40Q+3$　　B. $10Q^2-20Q+3$　　C. $10Q^3-20Q^2+3Q$　　D. $10Q^2-20Q+3+5/Q$

【答案】D

【解析】本题考查的是对成本函数的理解。平均总成本(ATC)指企业在短期内平均每生产一单位产品所消耗的全部成本，即总成本与产出量之比，用公式可以表达为：

$$ATC(Q)=\frac{TC}{Q}=\frac{10Q^3-20Q^2+3Q+5}{Q}=10Q^2-20Q+3+\frac{5}{Q}。$$

3. **多选题**

(1)完全竞争市场具有的特征有(　　)。

A. 同行业各个企业生产的同一产品不存在任何差别

B. 买卖双方对市场信息有充分的了解

C. 企业可以自由进入或退出市场

D. 同行业只有少数的生产者

E. 每个生产者都是价格的决定者

【答案】ABC

【解析】完全竞争市场具有以下特征：①市场上有很多生产者与消费者，每个生产者和消费者都只能是市场价格的接受者，不是价格的决定者；②企业生产的产品是同质的，即不存在产品差别；③资源可以自由流动，企业可以自由进入或退出市场；④买卖双方对市场信息都有充分的了解。

(2)下列关于完全竞争市场的表述，正确的有(　　)。

A. 个别企业的需求曲线平行于横轴　　B. 个别企业的需求曲线向右下方倾斜

C. 不存在单个企业的需求曲线　　D. 企业的边际收益和平均收益相等

E. 企业的边际收益永远小于平均收益

【答案】AD

【解析】本题考查的是完全竞争企业的三线合一。完全竞争企业的三线合一是指需求曲线、边际收益曲线、平均收益曲线是一条曲线，都等于产品的价格曲线。对于一个完全竞争企业来说，产品价格是给定的，不会随着产量变化，边际收益就是价格，所以边际收益曲线也是一条水平线，达到三线合一。

(3)按照市场的竞争程度或垄断程度可以将市场划分为(　　)。

A. 完全竞争市场　　B. 垄断竞争市场　　C. 寡头市场　　D. 垄断市场

E. 要素竞争市场

【答案】ABCD

【解析】本题考查市场结构的划分。所谓市场结构，是指一个行业内部买方和卖方的数量及其规模分布、产品差别程度和新企业进入该行业的难易程度的综合状态。也可以说，市场结构就是指某种产品或服务的竞争状况和竞争程度。市场类型划分的标准是市场的竞争程度或垄断程度。竞争程度高，则垄断程度就低；而竞争程度低，则垄断程度就高。按市场的竞争程度或垄断程度可以将市场划分为完全竞争市场、垄断竞争市场、寡头市场(也称寡头垄断市场)、垄断市场(也称完全垄断市场)。

(4)对一个行业进行市场结构分类的主要依据是(　　)。

A. 本行业内生产者的数量　　B. 本行业内各生产者生产的产品的差别程度

C. 生产技术差别程度　　D. 进出障碍程度

E. 消费者接受程度

【答案】ABD

【解析】本题考查市场结构划分的依据。所谓市场结构，是指一个行业内部买方和卖方的数量及其规模分布、产品差别程度和新企业进入该行业的难易程度的综合状态。根据本行业内生产者数量、本行业内各生产者生产产品的差别程度、进入障碍的大小这三个方面的因素，可将市场分为完全竞争市场、垄断市场、垄断竞争市场和寡头市场等四种市场类型。

（5）已知某完全竞争企业的短期成本函数为 $TC(Q)=10Q^2+20Q+30$，当产量为 5 个单位时，关于企业的生产成本，以下说法正确的是（　　）。

A. 该企业第 2 个单位产量的边际成本是 55
B. 该企业第 2 个单位产量的边际成本是 60
C. 该企业生产的平均成本为 76
D. 该企业的固定成本是 30
E. 该企业的生产活动没有固定成本

【答案】BCD

【解析】本题考查对企业成本函数的理解。企业的边际成本指的是每一单位新增生产的产品（或者购买的产品）带来的总成本的增量，即企业在短期内增加一单位产量时所增加的总成本。根据已知条件可得，$MC(Q)=20Q+20$，那么第 2 个单位产量的边际成本为 60（$20\times2+20$）。平均总成本指总成本与产出量之比，应用公式可以表达为 $ATC=TC/Q=(10\times25+20\times5+30)/5=76$。固定成本是指成本总额在一定时期和一定业务量范围内，不受业务量增减变动影响而能保持不变的成本。固定成本函数就是成本函数中的常数项，不因产量变动而变动，在此题中固定成本为 30。

4. 判断题

（1）市场类型的划分标准是市场的竞争程度和垄断程度。

【答案】正确

【解析】本题考查划分市场结构的标准。所谓市场结构，是指一个行业内部买方和卖方的数量及其规模分布、产品差别程度和新企业进入该行业的难易程度的综合状态。也可以说，市场结构就是指某种产品或服务的竞争状况和竞争程度。市场类型划分的标准就是市场的竞争程度或垄断程度。竞争程度高，则垄断程度就低；而竞争程度低，则垄断程度就高。按市场的竞争程度或垄断程度可以将市场划分为完全竞争市场、垄断竞争市场、寡头市场（也称寡头垄断市场）、垄断市场（也称完全垄断市场）。

（2）完全竞争市场上的同一个行业内的企业生产的产品存在较大差异。

【答案】错误

【解析】本题考查完全竞争市场的特征。完全竞争市场上的同行业内各企业生产的产品无差异。

（3）完全竞争企业的需求曲线和平均收益曲线是重合的。

【答案】正确

【解析】本题考查完全竞争市场行业的供求曲线和个别企业的需求曲线。完全竞争企业的三线合一是指需求曲线、边际收益曲线、平均收益曲线是一条曲线，都等于产品的价格曲线。对于单个完全竞争企业来说，产品价格是给定的，不会随着产量变化，边际收益就是价格，所以边际收益曲线也是一条水平线，达到三线合一。

（4）完全竞争企业的需求曲线平行于横轴。

【答案】正确

【解析】本题考查完全竞争市场行业的供求曲线和个别企业的需求曲线。

（5）完全竞争市场上，整个行业的需求曲线平行于横轴。

【答案】错误

【解析】本题考查完全竞争市场行业的供求曲线和个别企业的需求曲线。完全竞争行业的需求曲线向右下方倾斜。

（6）某完全竞争企业的边际收益是 500 元，则该企业产品的价格是 500 元。

【答案】正确

【解析】本题考查完全竞争企业的三线合一。完全竞争企业的三线合一是指需求曲线、边际收益曲线、平均收益曲线是一条曲线,都等于产品的价格曲线。对于单个完全竞争企业来说,产品价格是给定的,不会随着产量变化,边际收益就是价格,所以边际收益曲线也是一条水平线,达到三线合一。

(7)完全竞争市场上的企业生产决策的依据是边际成本为零。

【答案】正确

【解析】本题考查完全竞争企业生产决策的依据,即边际成本等于边际收益。

(8)完全竞争市场上,行业需求曲线和单个企业的需求曲线一致。

【答案】错误

【解析】本题考查完全竞争市场行业的供求曲线和个别企业的需求曲线。

(9)长期生产中,完全竞争企业的利润为零,这使得企业退出市场。

【答案】错误

【解析】本题考查完全竞争企业的长期利润。平衡是这样的:在完全竞争的行业中,如果经济利润大于零,由于行业内不存在壁垒,大量外部企业进入并投资,产品产量上升,价格下降,利润归零。如果经济利润小于零,因为行业不存在退出壁垒,行业内大量企业退出行业,产量减少,价格上涨,利润归零。完全竞争市场中的要素具有流动性。从长远来看,一旦经济利润大于零,就会有新的企业进入,所以价格会下降,利润最终会降到零。一旦经济利润小于零,企业就会退出,价格就会上涨且利润最终为零。因此,完全竞争企业的经济利润从长期看只能为零。

(10)完全竞争企业的停止营业点是 $TR=TVC$。

【答案】正确

【解析】本题考查完全竞争企业的停止营业点。停止营业点是平均可变成本和边际成本的交点。在完全竞争条件下,企业的平均收益(TR)等于平均可变成本(TVC),企业可以继续生产,也可以不生产,也就是说,企业生产或不生产的结果都是一样的。由于在这一均衡点上,企业处于关闭企业的临界点,所以,该均衡点也被称作停止营业点或关闭点,而平均收益完全低于平均可变成本就是亏本模式,则应停业。比如生产雪糕的企业,固定成本已经投入了,以后每生产一个雪糕成本 3 元,赚 3 元,那么生不生产其实无所谓了,这就是停止营业点,暗含那笔固定成本已经花了就不能再计入决策内。

5. 简答题

(1)完全竞争市场的条件是什么?

【答案要点】

①市场上有大量的买者和卖者;

②市场上的每一个企业提供的商品都是同质的;

③所有的资源都具有完全的流动性;

④信息是完全的。

(2)简述生产者剩余。

【答案要点】

生产者剩余是企业在提供产品时,实际接受的总支付和愿意接受的最小总支付之间的差额。属于生产者所有,是生产者的正当权益。

(3)简述什么是成本不变行业。

【答案要点】

成本不变行业的产量变化所引起的生产要素需求的变化,不对生产要素的价格产生影响。成本不变行业的长期供给曲线是一条水平线,其原因在于成本不变行业的长期平均成本是不变的。

（4）简述企业的利润最大化原则。

【答案要点】

利润等于收益与成本之差，而收益和成本对产量的一阶导数是边际收益和边际成本，故函数取得最大值的必要条件是它的一阶导数等于零，即利润最大化条件为：边际收益等于边际成本。

（5）简述企业规模如何调整。

【答案要点】

如果市场需求多，从而价格大于平均总成本（$P>ATC$），企业可以获得经济利润，即超额利润，企业扩大生产规模。

如果价格等于平均总成本（$P=ATC$），企业获得零经济利润，即盈亏平衡或收支相抵。此价格称为盈亏平衡价格，等于最小的平均总成本，企业规模不变。

如果市场不景气，价格低于平均总成本，但是市场不是太糟，价格仍然高于平均可变成本（$AVC<P<ATC$），企业遭受损失但会继续生产。

如果价格小于平均可变成本（$P<AVC$），企业会停产，与最低平均可变成本相等的价格为停产价格。

（6）简述为什么完全竞争企业的长期利润为零。

【答案要点】

平衡是这样的：在完全竞争的行业中，如果经济利润大于零，由于行业内不存在壁垒，大量外部企业进入并投资，产品产量上升，价格下降，利润归零。如果经济利润小于零，因为行业不存在退出壁垒，行业内大量企业退出行业，产量减少，价格上涨，利润归零。完全竞争市场中的要素具有流动性。从长远来看，一旦经济利润大于零，就会有新的企业进入，所以价格会下降，利润最终会降到零。一旦经济利润小于零，企业就会退出，价格就会上涨且利润最终为零。因此，完全竞争企业的经济利润从长期看只能为零。

（7）简述完全竞争企业的停止营业点。

【答案要点】

停止营业点是平均可变成本和边际成本的交点。在完全竞争条件下，企业的平均收益等于平均可变成本，企业可以继续生产，也可以不生产，也就是说，企业生产或不生产的结果都是一样的。由于在这一均衡点上，企业处于关闭企业的临界点，所以，该均衡点也被称作停止营业点或关闭点，而平均收益完全低于平均可变成本就是亏本模式，应停业。

6. 计算题

（1）已知某完全竞争行业中的单个企业的短期成本函数为 $TC(Q)=0.1Q^3-2Q^2+15Q+10$。试求：当市场上产品的价格为 $P=55$ 时，企业的短期均衡产量和利润。

【答案要点】

完全竞争市场上单个企业的边际收益 $MR=P$，所以 $MR=P=55$，根据短期成本函数可得 $MC(Q)=TC'(Q)=0.3Q^2-4Q+15$。短期均衡时 $MC=MR$，即 $0.3Q^2-4Q+15=55$，即 $3Q^2-40Q-400=0$。解得 $Q=20$ 或 $Q=-20/3$（舍去）。利润 $\pi=P\times Q-TC=55\times 20-(0.1\times 8\,000-2\times 400+15\times 20+10)=790$。

（2）假定某企业为完全竞争企业，其短期成本函数是 $TC(Q)=Q^3-10Q^2+17Q+66$，要求：

①指出该成本函数中的可变成本部分和固定成本部分；

②写出下列函数：$AC(Q)$、$AVC(Q)$、$AFC(Q)$、$MC(Q)$。

【答案要点】

①已知 $TC=Q^3-10Q^2+17Q+66$，所以可变成本部分为 Q^3-10Q^2+17Q，不变成本部分为 66。

②平均成本函数为：$AC(Q)=Q^2-10Q+17+66/Q$。平均可变成本函数为：$AVC(Q)=Q^2-10Q+17$。平均不变成本函数为：$AFC(Q)=66/Q$。边际成本函数为：$MC(Q)=TC'(Q)=TVC'(Q)=3Q^2-20Q+17$。

（3）假设在完全竞争市场上，有一家自行车制造商面临一条水平的需求曲线，企业的总可变成本为：

$TVC=150Q-20Q^2+Q^3$。根据以上资料，请回答：该自行车制造商在低于什么价格时，企业就应当关闭？

【答案要点】

企业在价格等于平均可变成本 AVC 最低点时应该停产，其中 $AVC=TVC/Q=150-20Q+Q^2$。AVC 最低的条件是其边际值等于零，即 $d(AVC)/dQ=0$，对 AVC 求导数：$d(AVC)/dQ=-20+2Q=0$，所以 $Q=10$（单位）。把 $Q=10$ 代入原 AVC 的方程，可以得到最低的 $AVC=50$，所以，如果市场价格低于 50 元，企业就应当关闭。

7. 分析题

（1）试分析完全竞争企业的收益函数。

【答案要点】

企业的收益是企业的销售收入，总收益（TR）为企业按一定价格出售一定数量产品时获得的全部收入。

$$TR(Q)=P\cdot Q$$

平均收益（AR）为企业在平均每一单位产品销售上所获得的收入。

$$AR(Q)=\frac{TR(Q)}{Q}$$

边际收益（MR）为企业增加一单位产品销售所获得的总收入的增量。

$$MR(Q)=\frac{\Delta TR(Q)}{\Delta Q}=\frac{dTR(Q)}{dQ}$$

（2）为什么完全竞争企业是市场价格的接受者？

【答案要点】

由于完全竞争市场中的企业生产和销售的产品是完全无差异的、同质的，又由于在完全竞争市场上有很多消费者和很多企业，每一个行为主体的供求量占总供求量的比例都很小，故经济行为主体对市场价格水平不会产生影响，所以，企业不是价格的制定者和影响者，而是市场价格的接受者，接受某种商品的供给和需求决定的市场价格。

（3）试分析完全竞争市场上的企业，是否有必要花费大量资金在广告宣传上？为什么？

【答案要点】

完全竞争市场上的企业不必花费大量资金在广告宣传上。首先，因为在完全竞争市场条件下，每一个消费者和生产者都对信息有充分的了解，所以，不需要广告宣传。其次，由于所有的企业生产的产品是完全无差异的，所以，一般不会有一个企业去为市场上所有相同的产品做广告。再次，在完全竞争市场条件下，每一个企业所占的市场份额都非常小，而所面临的又是无数的消费者，这样一来，每一个企业都认为在既定的市场价格下总可以卖出他的所有产品，所以，也不需要做广告。

三、随堂同步自测

1. 名词解释

（1）垄断企业和垄断市场。

(2)进入限制。

(3)生产者剩余。

(4)企业规模调整。

(5)行业规模调整。

2. 单选题

(1)以下(　　)行业最接近完全竞争行业。

A. 飞机　　B. 自来水　　C. 小汽车　　D. 小麦

(2)在完全竞争市场上,如果某行业中企业的超额利润都为零,则该行业(　　)。

A. 有新的企业进入　　B. 有企业退出

C. 既没有企业退出,也没有企业进入　　D. 不确定

(3)以下关于完全竞争企业的需求曲线和收益曲线的说法,错误的是(　　)。

A. 需求曲线和平均收益曲线是完全重合的　　B. 需求曲线和边际收益曲线是完全重合的

C. 边际收益曲线和平均收益曲线是完全重合的　　D. 边际收益曲线位于平均收益曲线上方

(4)不论在何种市场结构中,企业实现利润最大化的决策原则都是(　　)。

A. 边际收益等于边际成本　　B. 边际收益大于边际成本

C. 平均收益等于平均成本　　D. 劳动的边际产量为零

(5)关于完全竞争市场的说法,正确的是(　　)。

A. 企业是完全的价格接受者　　B. 不同企业生产的产品存在差别

C. 具有有限的生产者　　D. 进入市场非常困难

(6)完全竞争市场和垄断竞争市场的主要区别在于(　　)。

A. 企业是否可以获取最大利润　　B. 产品是否具有差异性

C. 是否存在政策管制　　D. 消费者的价格弹性大小

(7)完全竞争市场上,当某企业的平均成本达到最小值时,该企业(　　)。

A. 边际成本等于平均成本　　B. 获得最大利润

C. 获得最小利润　　D. 超额利润为零

(8)已知某完全竞争企业的总成本为800,总不变成本是200,边际成本为1,当该企业产量为500时,总收益为500,此时该企业的理性决策是(　　)。

A. 继续生产　　B. 停止生产　　C. 降低产量　　D. 增加产量

(9)随着完全竞争行业的产量增加,外部经济会使得该行业的(　　)。

A. 平均总生产成本增加　　B. 平均总生产成本不变
C. 平均总生产成本降低　　D. 不确定

(10)以下关于完全竞争的描述,错误的是(　　)。

A. 资源配置最为合理　　B. 资源利用最为充分　　C. 产品差别最大　　D. 生产效率最高

(11)一个完全竞争企业会(　　)。

A. 选择其价格以实现利润最大化　　B. 使其价格低于出售相似产品的其他企业价格
C. 把价格作为既定市场条件　　D. 选择使其获得最大市场份额的价格

(12)处于完全竞争市场上的某一个企业通过选择使(　　)的数量来实现利润最大化。

A. 平均总成本最低　　B. 边际成本等于价格
C. 平均总成本等于价格　　D. 边际成本等于平均总成本

(13)处于完全竞争市场上的某一个企业的短期供给曲线是其(　　)曲线在其(　　)曲线之上的部分。

A. 平均总成本,边际成本　　B. 平均可变成本,边际成本
C. 边际成本,平均总成本　　D. 边际成本,平均可变成本

(14)利润最大化的处于完全竞争市场上的某一个企业生产的产量的边际成本在平均可变成本与平均总成本之间,它将(　　)。

A. 在短期中继续生产,但在长期中会退出市场
B. 在短期中停业,但在长期中会恢复生产
C. 在短期中停业,而且在长期中退出市场
D. 在短期与长期中都会继续生产

(15)在一个有许多同质企业的竞争市场的长期均衡中,价格 P、边际成本 MC 以及平均总成本 ATC 的关系是(　　)。

A. $P>MC$,且 $P>ATC$　　B. $P>MC$,且 $P=ATC$
C. $P>MC$,且 $P>ATC$　　D. $P=MC$,且 $P=ATC$

(16)A 城市的烧烤摊实现了长期均衡的完全竞争。有一天,市政府开始对每个摊位每月征收 200 元的税,这种政策在短期和长期中会如何影响烧烤的消费量?(　　)。

A. 短期中减少,长期中没有变化　　B. 短期中增加,长期中没有变化
C. 短期中没有变化,长期中减少　　D. 短期中没有变化,长期中增加

(17)如图 4-1 所示,关于企业利润最大化的均衡条件,说法错误的是(　　)。

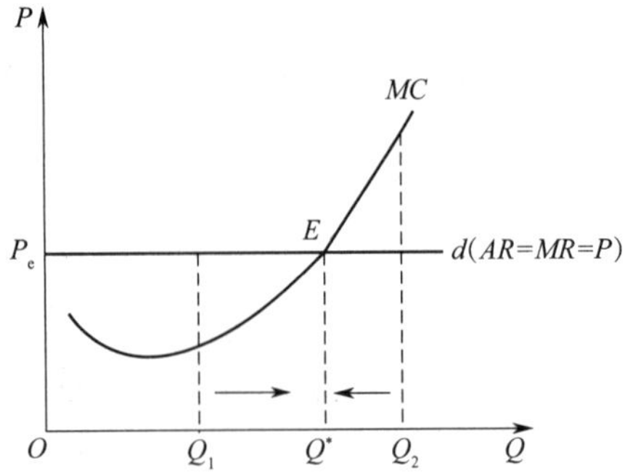

图 4-1　题图 1

A. 图中的 E 点是企业实现最大利润的生产均衡点
B. 只要 MR 大于 MC,企业就会增加产量;只要 MR 小于 MC,企业就会减少产量
C. 边际收益 MR 等于边际成本 MC 是企业实现利润最大化的均衡条件
D. 企业在 E 点能够获得最大的利润,在图中企业的利润可用矩形 OP_eEQ^* 的面积来表示

(18)如果某个完全竞争企业发现,在某个产出水平上,其产品的价格恰好等于最低的平均可变成本,则表明该产量(　　)。

A. 大于利润最大化产量　　B. 小于利润最大化产量

C. 等于利润最大化产量　　D. 与利润最大化产量的相对大小无法确定

(19)如图 4-2 所示,关于企业利润最大化的均衡条件,以下说法错误的是(　　)。

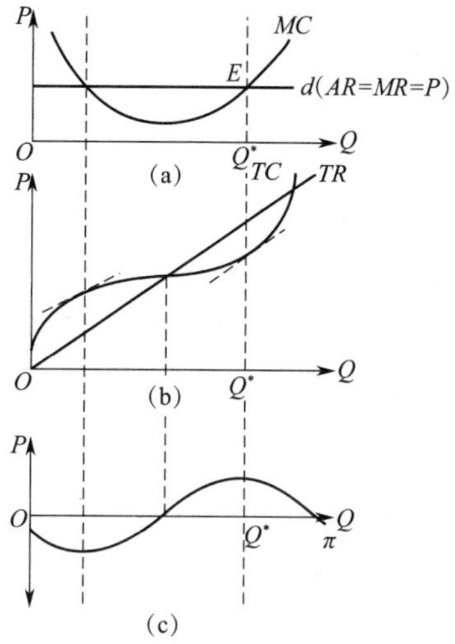

图 4-2　题图 2

A. MR=MC 的原则不仅适用于完全竞争企业,而且适用于非完全竞争企业;MR=MC 的原则不仅适用于短期生产,还适用于长期生产

B. 当企业实现 MR=MC 的均衡条件时,意味着企业一定能够获得最大利润

C. 实现 MR=MC 的均衡条件,能保证企业处于由既定的成本状况和既定的收益状况所决定的最好的境况之中

D. 如果在 MR=MC 时,企业是获得利润的,则企业获得的一定是最大的利润;如果在 MR=MC 时,企业是亏损的,则企业所遭受的一定是最小的亏损

(20)若完全竞争企业实现如图 4-3 所示的短期均衡,则以下说法错误的是(　　)。

A. 企业的需求曲线相切于 AC 曲线的最低点 E,即 AC 曲线和 MC 曲线的交点

B. 在均衡点 E,企业的边际收益等于边际成本,都为 EQ*

C. 在均衡点 E,企业实现了利润最大化,此时的利润大于零

D. E 点是企业的收支相抵点

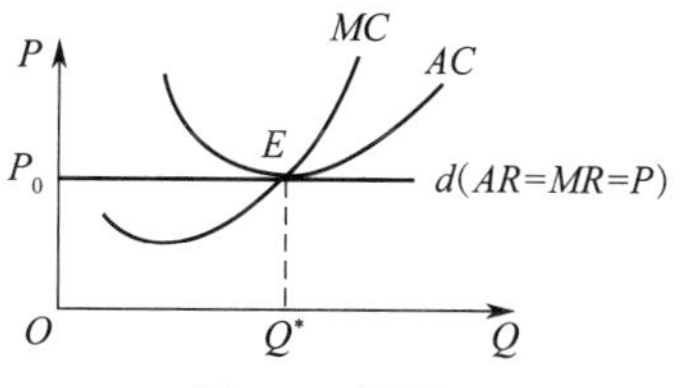

图 4-3　题图 3

(21)若完全竞争企业实现如图 4-4 所示的短期均衡,则以下说法错误的是(　　)。

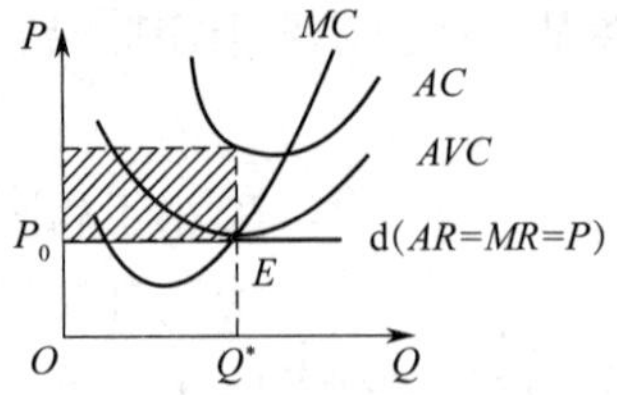

图 4-4 题图 4

A. 企业的需求曲线相切于 AVC 曲线的最低点 E，这一点是 AVC 曲线和 MC 曲线的交点

B. E 点是 MR=MC 的利润最大化的均衡点，但是在该点，企业是亏损的，因此企业不能再进行生产

C. 在均衡点 E，企业的平均收益等于平均可变成本，厂商可以继续生产，也可以不生产

D. 在均衡点 E，企业进行生产的全部收益只能弥补全部的可变成本，不能弥补不变成本

(22)关于完全竞争企业的长期均衡，以下说法错误的是(　　)。

A. 在完全竞争企业的长期生产中，所有的生产要素都是可变的，企业是通过对商品市场价格的调整，来实现 MR=LMC 的利润最大化的均衡原则的

B. 在长期，企业对全部生产要素的调整表现为两个方面：一方面是对最优生产规模的选择，另一方面是进入或退出一个行业的决策

C. 在长期，企业通过对最优生产规模的选择，使自己的状况得到改善，从而获得了比在短期内所能获得的更大的利润

D. 企业在长期生产中进入或退出一个行业，实际上是对生产要素在各个行业之间的调整，生产要素总是会流向能获得更大利润的行业，也总是会从亏损的行业退出。

(23)如图 4-5 所示，MR 和 MC 分别代表企业的边际收益和边际成本，则表示(　　)。

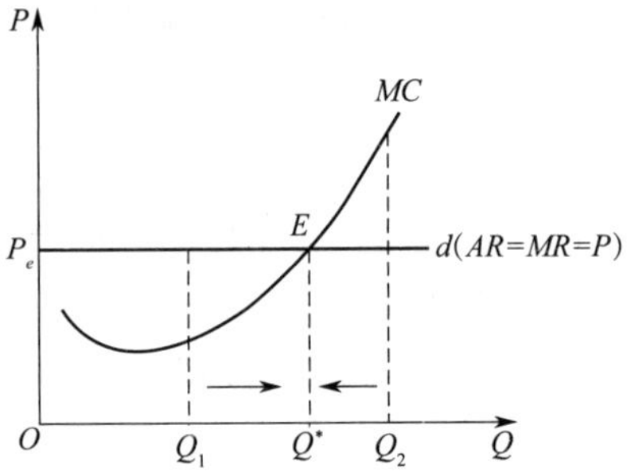

图 4-5 题图 5

A. 利润最大化　　B. 亏损最小化

C. 利润最大化或亏损最小化　　D. 利润最大化或利润最小化

(24)某完全竞争企业正在生产每日总收益为 5 000 元的产量，这是其利润最大化的产量。该企业的平均成本是 8 元，边际成本是 10 元，平均可变成本是 5 元。该企业的每日产量是(　　)单位。

A. 200　　B. 500　　C. 625　　D. 1 000

(25)若一个完全竞争企业处在其短期利润最大化的产量点上，如果此时其平均收益小于平均成本，那么该企业会选择(　　)。

A. 停产　　B. 继续原有的生产

C. 减少产量，但是不停产　　D. 可能停产，也可能继续原有的生产

(26)与完全竞争企业短期供给曲线的表述最接近的是(　　)。

A. 企业的需求曲线　　B. 企业的平均固定成本曲线

C. 企业的边际收益曲线　　D. 企业的边际成本曲线

(27)假设一个完全竞争的企业其规模收益是不变的，如果该企业每年可以获得 1 000 元的利润，则

(　　)。

A. 在长期,它可以获得相同的利润

B. 当有企业进入这个行业时,它将得不到利润

C. 在长期,它可以通过增加一倍投入获得加倍的利润

D. 当利润开始减少时,其可以选择提高价格

(28)假如完全竞争企业处于长期均衡时(并非整个行业),可以得到的结论是(　　)。

A. $P=MR=MC=AC$

B. $P=MR=LMC=LAC$

C. $P=MR=MC=LMC$, $AC=LAC$,但前后两等式并不相等,即 $P \neq AC$

D. $P=MR=MC=AC=LMC=LAC$

(29)关于完全竞争企业的短期供给曲线,说法错误的是(　　)。

A. 企业只有在 $P \geqslant AVC$ 时,才会进行生产,在 $P<AVC$ 时,企业会停止生产

B. 企业的短期供给曲线应该用 MC 曲线上大于 AVC 曲线最低点的部分表示

C. 完全竞争企业的短期供给曲线是向右上方倾斜的,它表示商品的价格和供给量之间同方向变化的关系

D. 完全竞争企业的短期供给曲线表示企业在每一个价格水平的供给量都是能够带来最大利润或最小亏损的最优产量

(30)若完全竞争企业实现如图 4-6 所示的短期均衡,则以下说法错误的是(　　)。

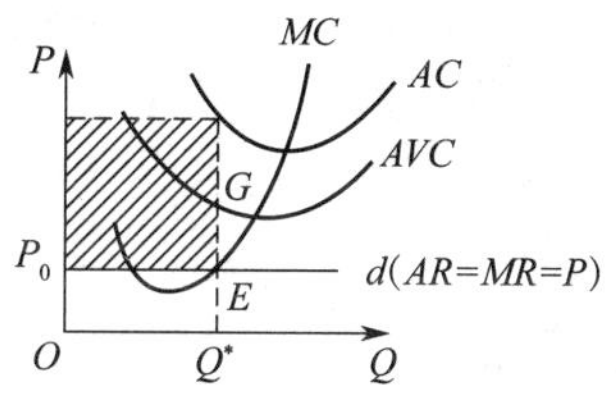

图 4-6　题图 6

A. 在均衡产量 Q^* 上,企业的平均收益 AR 小于平均可变成本 AVC

B. 在均衡点 E,企业虽然是亏损的,但不应停止生产

C. 在均衡点 E,若企业继续生产,其全部收益仅能弥补部分可变成本,因此,应停止生产

D. 在均衡点 E,企业继续生产,其全部收益无法弥补全部的不变成本

3. 多选题

(1)对一个行业市场结构分类的主要依据有(　　)。

A. 本行业内部生产者数目　　B. 本行业内部各个生产者的产品差别程度

C. 生产技术差别程度　　D. 进入障碍的大小

E. 消费者的接受程度

(2)以下符合对完全竞争市场的特征的描述的有(　　)。

A. 同行业中有大量的生产者　　B. 其有很多的消费者

C. 企业进入或退出市场极为容易　　D. 同行业各个企业生产的产品存在较大差别

E. 生产者是完全的价格接受者

(3)以下关于完全竞争市场的说法,正确的是(　　)。

A. 完全竞争市场能够实现福利最大化　　B. 完全竞争市场机制是有效的

C. 最高限价不会导致社会福利的损失　　D. 最低限价高于市场均衡价格

E. 最高限价高于市场均衡价格

(4)关于完全竞争市场上企业产量决策的内容,下列表述正确的有(　　)。

A. 在 $MR=MC$ 点上,企业是亏损的

B. 在 $MR=MC$ 点上,企业是赢利的

C. 不论是赢利还是亏损,当企业处于 $MR=MC$ 时,是最优的产量

D. 利润最大化的均衡条件是 $MR=MC$

E. $MR=MC$ 可称作亏损最小的均衡条件

(5)以下关于完全竞争企业短期生产,说法正确的是(　　)。

A. 当 $MR=MC$,企业利润一定大于零

B. 当 $MR=MC$,企业实现了利润最大化

C. 当 $MR=MC$,企业实现了损失最小化

D. 当 $AR=AVC$,企业可以选择不生产

E. 当 $AR=AVC$,企业可以选择必须停止生产

(6)以下说法正确的是(　　)。

A. 当企业亏损时一定要停止生产

B. 当企业亏损时不一定要停止生产

C. 完全竞争市场上单个企业获得超额利润时,有新企业进入

D. 完全竞争市场上单个企业超额利润为零时,没有新企业进入

E. 完全竞争市场上单个企业超额利润为零时,原有企业会退出

(7)决定市场类型划分的主要因素有(　　)。

A. 市场上企业的数目

B. 企业所生产的产品的差别程度

C. 单个企业对市场价格的控制程度

D. 企业进入或退出一个行业的难易程度

E. 企业竞争激烈的程度

(8)以下关于不同类型的企业的特征,说法错误的有(　　)。

A. 完全竞争企业进出一个行业是很容易的

B. 垄断竞争企业的产品之间是没有差别的

C. 寡头企业不能对市场价格进行控制

D. 垄断企业在市场上生产唯一的产品,无相近的替代品

E. 完全竞争企业的产品同质化

(9)关于完全竞争市场的条件,说法正确的有(　　)。

A. 完全竞争市场上有大量的买者和卖者,每一个消费者和每一个企业都只能被动接受既定的市场价格

B. 完全竞争市场上每一个企业提供的商品都是完全同质的,包括商品质量、规格、商标、购物环境、售后服务等

C. 完全竞争市场上所有的资源具有完全的流动性

D. 完全竞争市场上的信息是完全的

E. 完全竞争企业的商品是有差异的

(10)关于完全竞争企业的收益曲线,说法正确的有(　　)。

A. 完全竞争企业的平均收益等于边际收益,且等于既定的市场价格

B. 完全竞争企业的平均收益 AR 曲线、边际收益 MR 曲线和需求曲线 d 三条线分别用三条不同的水平线来表示

C. 完全竞争企业的总收益曲线是一条由原点出发的斜率不变的上升直线

D. 完全竞争企业的总收益曲线可以是一条直线,也可以是一条曲线

E. 完全竞争企业的需求曲线分为客观需求曲线和主观需求曲线

4. 判断题

(1)完全竞争企业短期内可以自由调整生产规模。　　(　　)

(2)长期内完全竞争行业达到均衡后,企业的超额利润为零。 (　　)
(3)完全竞争市场带来市场总剩余最大化。 (　　)
(4)完全竞争企业的短期总收益等于总成本,该企业应退出市场。 (　　)
(5)完全竞争企业在盈亏相抵点上,应退出市场。 (　　)
(6)厂房的折旧费用属于企业生产的可变成本。 (　　)
(7)完全竞争市场上,单个企业的需求曲线平行于横轴。 (　　)
(8)完全竞争企业的边际收益小于其平均收益。 (　　)
(9)企业生产决策的基本原则是边际收益等于边际成本。 (　　)
(10)完全竞争市场具有一定的垄断性。 (　　)
(11)只要在竞争性行业中存在着利润,原来的企业会扩大规模,新的企业会进入。 (　　)
(12)在完全竞争的行业中,企业的成本结构基本上是相同的。 (　　)
(13)在完全竞争的行业中,企业产品的价格是市场决定的,所以,企业产品的价格是完全缺乏弹性的。 (　　)
(14)在完全竞争的行业中,企业的需求曲线是水平的,所以,企业的边际成本曲线也是水平的。(　　)
(15)如果一个企业的平均销售收入低于平均成本,则该企业应当停产。 (　　)
(16)完全竞争行业的供给曲线,是在不同的价格水平上,把各个企业的供给数量水平相加而得到的。 (　　)
(17)在完全竞争的行业中,一个代表性企业的需求曲线与平均成本曲线相切,说明它处于长期均衡的位置。 (　　)
(18)如果一个企业的平均成本达到了最小值,说明它已获得了最大的利润。 (　　)
(19)一个完全竞争企业处于短期均衡时,*AVC* 和 *ATC* 都可能是下降的。 (　　)
(20)企业在停止经营时,*TR*=*TVC*,亏损则不能确定。 (　　)
(21)完全竞争市场上的买卖双方没有差别,但产品是有差别的。 (　　)
(22)完全竞争企业面临的是一条水平的需求曲线。 (　　)
(23)完全竞争企业面临的价格和边际收益相等。 (　　)
(24)完全竞争市场中企业总的收益曲线的斜率为零。 (　　)
(25)在完全竞争市场中,行业的长期供给曲线取决于 *LAC* 曲线上最低点的变化轨迹。 (　　)
(26)在完全竞争条件下,如果企业把产量调整到市场成本曲线最低点所对应的水平,它将取得最大利润。 (　　)
(27)在完全竞争条件下,需求曲线与平均成本曲线相切是某行业的企业数目不再变化的条件。 (　　)
(28)在一般情况下,企业得到的价格若低于平均可变成本应停止营业。 (　　)
(29)完全竞争企业的需求曲线是大于市场可变成本以上部分的边际成本曲线。 (　　)
(30)如果一个完全竞争企业在 *AVC* 曲线下降时达到了短期均衡,为使利润极大,该企业就应当增加可变要素的投入。 (　　)
(31)当行业处于长期均衡状态时,同一行业的所有企业必须具有相同的成本曲线,且各企业只能获得正常利润。 (　　)
(32)完全竞争企业实现短期均衡时,可获得经济利润。 (　　)
(33)当一个完全竞争行业实现长期均衡时,每个企业都实现了正常利润,且经济利润都为零。(　　)
(34)在企业短期均衡产量上,*AR*<*AC*,但 *AR*>*AVC*,则企业亏损,但应继续生产。 (　　)
(35)在完全竞争市场上,短期 *MC* 曲线和 *AC* 曲线的交点,被称为停止营业点。 (　　)
(36)完全竞争企业实现短期均衡时,短期 *MC* 曲线与 *AVC* 曲线的交点被称为停止营业点。 (　　)

(37)在完全竞争条件下,产品价格等于平均收益并等于边际收益。 ( )

(38)某企业产量达到5万时的 MR=65元,MC=55元(其他条件一定),该厂商应继续扩大产量。 ( )

(39)一个完全竞争行业的长期供给曲线是该行业中每个企业供给曲线的水平相加。 ( )

(40)在完全竞争条件下,才存在行业的供给曲线。 ( )

5. 简答题

(1)简述什么是生产者剩余。

(2)简述什么是成本递增行业。

(3)简述市场类型划分的依据是什么。

(4)简述企业利润最大化与企业盈亏之间的关系。

(5)简述当企业亏损时是否应该停产。

(6)简述完全竞争企业的三线合一。

(7)花钱做广告是完全竞争企业获取更大利润的手段吗?为什么?

6. **计算题**

（1）某完全竞争市场中一个小企业的产品单价是 640 元，其成本函数为 $TC(Q)=240Q-20Q^2+Q^3$（正常利润包括在成本中）。要求：

①求利润最大时的产量和此产量下的平均成本、总利润；

②假定这个企业在该行业中具有代表性，试问这一行业是否处于长期均衡状态？为什么？

③如果这个行业目前尚未处于长期均衡状态，则均衡时这家企业的产量是多少？单位成本是多少？产品单价是多少？

（2）设完全竞争市场中的代表性企业的短期成本函数是 $TC(Q)=20+240Q-20Q^2+Q^3$，若该产品的市场价格是 315 元，求：

①该企业利润最大时的产量和利润；

②该企业的不变成本和可变成本函数；

③该企业的停止营业点。

（3）假设某一完全竞争企业的短期边际成本函数为 $MC(Q)=2Q-10$，且已知产量 $Q=10$ 时总成本 $TC=50$。求该完全竞争企业的总成本函数。

（4）已知某完全竞争行业中的单个企业的短期成本函数为 $TC(Q)=0.1Q^3-2Q^2+15Q+10$。试求：

①当市场上产品的价格 $P=55$ 时，企业的短期均衡产量和利润；

②当市场价格下降为多少时，企业必须停产；

③企业的短期供给函数。

（5）已知某完全竞争的成本不变行业中的单个企业的长期总成本函数为 $LTC(Q)=Q^3-12Q^2+40Q$。试求：

①当市场上商品价格 $P=100$ 时，企业实现 $MR=LMC$ 的产量、平均成本和利润；

②该行业长期均衡时的价格和单个企业的产量；

③市场的需求函数为 $Q=660-15P$，行业长期均衡时的企业数量。

（6）已知完全竞争市场上单个企业的长期成本函数为 $LTC(Q)=Q^3-20Q^2+200Q$，市场上产品价格为 $P=600$。则：

①该企业实现利润最大化时的产量、平均成本和利润各是多少？

②该行业是否处于长期均衡？为什么？

③该行业处于长期均衡时每个企业的产量、平均成本和利润各是多少？

④判断①中的企业是处于规模经济阶段，还是处于规模不经济阶段。

（7）假定某完全竞争行业有 100 个相同的企业，单个企业的短期总成本函数为 $TC(Q)=Q^2+6Q+20$，要求：

①求市场的短期供给函数；

②假定市场的需求函数为 $Q^D=420-30P$，求该市场的短期均衡价格和均衡产量；

③假定政府对每一单位商品征收 1.6 元的销售税，那么，该市场的短期均衡价格和均衡产量是多少？消费者和企业各自负担多少税收？

7. 分析题

（1）试分析完全竞争市场的短期均衡。

（2）试分析在短期生产中，完全竞争企业利润最大化的条件。

（3）为什么完全竞争企业是市场价格的接受者？既然如此，完全竞争市场的价格还会变化吗？

（4）完全竞争市场的长期行业供给曲线是如何得到的？

（5）分析完全竞争企业的长期均衡，并对完全竞争市场的优劣做出评价。

（6）利用图说明完全竞争市场的福利最大化，并利用图分析价格管制和销售税的福利效应。

四、课程思政案例

（1）材料1：2022年6月8日，国家市场监管总局发布《中国反垄断执法年度报告（2021）》，报告显示2021年全国共查处各类垄断案件175件，同比增长61.5%，罚没金额235.92亿元，"二选一"行为基本停止。

报告称，2021年，国家市场监管总局聚焦电商、外卖等重点领域，有序平稳推进重大执法活动，依法查处阿里巴巴集团和美团"二选一"垄断案，分别罚款182.28亿元、34.42亿元，并发出"行政指导书"，要求涉案企业全面整改，立规矩、儆效尤，促使平台企业自觉规范经营行为。

国家市场监管总局表示，阿里巴巴案作为国内外第一起网络零售平台服务领域垄断案件，在全行业起到了立规矩、儆效尤的震慑警示作用，对防止平台垄断、规范竞争秩序具有重要意义和示范作用，取得了良好的法律效果和社会效果。

美团案件的调查处理充分体现了国家公平公正加强反垄断监管的决心和坚决治理"二选一"行为的态度，有力维护了市场的公平竞争秩序和多方市场主体的合法利益，获得社会各方面广泛支持和肯定。

（资料来源：2021全国反垄断罚没236亿："二选一"行为基本停止，凤凰网）

材料2：良好的税收秩序是高水平社会主义市场经济体制不可或缺的组成部分，加强税收监管、打击偷税逃税是保障市场公平竞争、维护社会公平正义的必要手段。

2023年的《政府工作报告》提出，过去五年，我国严厉惩处偷税逃税等行为。3月16日，湖北、甘肃、安徽、广东、浙江、天津等地税务部门曝光6起涉税违法案件，再次传递出税务部门常态化依法打击各类涉税违法行为的鲜明信号。

此次曝光的案件中，既涉及骗取增值税留抵退税，又涉及骗取出口退税，既有虚开增值税专用发票案件，又有加油站偷税案件，既打击偷税、骗税的不法企业，又处罚未依法办理个人所得税综合所得汇算清缴的个人，充分体现了税务等部门对各类涉税违法犯罪行为"露头就打"、严惩不贷，以公正监管促公平竞争。

常态化依法打击各类涉税违法行为是保障市场公平竞争的必要手段。一直以来，税务部门认真贯彻落实党中央、国务院关于坚决惩处违法违规骗税行为的部署要求，切实加强税收监管和税务稽查，充分发挥税务、公安、检察、海关、人民银行、外汇管理六部门常态化打击虚开骗税工作机制作用，严厉打击骗取留抵退税、骗取出口退税和虚开发票等各类涉税违法犯罪行为，按照"提示提醒、督促整改、约谈警示、立案稽查、公开曝光"的五步工作法，依法查处并公开曝光典型案件，有力有效维护了经济税收秩序和国家税收安全。

2022 年，全国税务系统累计曝光 716 起骗取留抵退税案件、22 起虚开发票和骗取出口退税案件、10 起涉税中介及其从业人员违法违规案件、6 起演艺明星和网络主播偷逃税案件，有力释放了"偷骗税必严打""违法者必严惩"的强烈信号。

持续打击并曝光涉税违法案件是规范行业税收秩序的有效途径。从 2023 年税务部门已曝光的三批次 14 起典型涉税违法案件来看，税务部门始终保持对涉税违法犯罪行为的高压态势，依法依规进行查处，同时注重每批次曝光案件类型的多样性。

案件类型的多样体现出税务部门在聚焦重点领域、重点行业对涉税违法犯罪行为开展重点打击的同时，也针对各种类型的偷逃税行为开展全方位打击和规范化治理，持续压缩涉税违法犯罪空间，努力规范行业税收秩序，维护社会公平正义。

税收"取之于民，用之于民，造福于民"，是保障国计民生的重要财力支撑。无论是企业纳税人还是自然人纳税人，在享受国家发展红利的同时，都应该自觉履行诚信纳税义务。

税务部门持续加大打击涉税违法案件力度并予以曝光，有助于在全社会形成依法纳税的正面教育效果，提高公民税法遵从度。作为纳税人，应树立依法诚信纳税理念，自觉诚信依法纳税，承担起相应的社会责任，不能心存侥幸，更不能触碰法律红线。

（资料来源："偷骗税必严打"以公正监管促公平竞争，人民网）

①结合资料，简述市场类型可以划分为哪几种？划分依据是什么？

②试结合材料分析国家市场监管总局的行为是鼓励哪种市场类型的发展，为什么？

（2）材料 1：预计全年退税减税约 2.5 万亿元，其中留抵退税约 1.5 万亿元，退税资金全部直达企业；对小规模纳税人阶段性免征增值税；对小微企业年应纳税所得额 100 万元至 300 万元部分，再减半征收企业所得税……2022 年的《政府工作报告》中，对减税降费支持小微企业发展做出部署。

小微企业作为国民经济和社会发展的重要力量，在扩大就业、改善民生等方面都具有重要作用，其发展状况与我国就业及经济社会平稳运行密不可分。

为进一步支持小微企业发展，财政部、国家税务总局于日前发布公告，明确进一步实施小微企业所得税优惠政策。

根据两部门此次发布的公告，自 2022 年 1 月 1 日至 2024 年 12 月 31 日，对小微企业年应纳税所得额超过 100 万元但不超过 300 万元的部分，减按 25% 计入应纳税所得额，按 20% 的税率缴纳企业所得税。

据悉，公告所称小微企业，是指从事国家非限制和禁止行业，且同时符合年度应纳税所得额不超过 300 万元、从业人数不超过 300 人、资产总额不超过 5 000 万元等三个条件的企业。

梳理发现，据《财政部 税务总局关于实施小微企业普惠性税收减免政策的通知》（财税〔2019〕13 号），在 2019 年 1 月 1 日至 2021 年 12 月 31 日期间，对小型微利企业年应纳税所得额不超过 100 万元的部分，减按 25% 计入应纳税所得额，按 20% 的税率缴纳企业所得税；对年应纳税所得额超过 100 万元但不超过 300 万元的部分，减按 50% 计入应纳税所得额，按 20% 的税率缴纳企业所得税。

对比来看，此次公告主要的变化在于，小型微利企业对年应纳税所得额超过 100 万元但不超过 300 万元的部分，由减按 50% 征收，减少至减按 25% 征收，应纳税所得额进一步减少，小型微利企业的税收负担进一步减轻，税收优惠力度更大。

"这相当于在原有优惠的基础上再减半征收企业所得税，提高了减免幅度。"北京国家会计学院财税政策与应用研究所所长李旭红在接受采访时表示，继续延续对小微企业的减税，充分体现出我国宏观经济政策稳定性、持续性及科学性的特点。

李旭红指出，在当前需求收缩、供给冲击、预期转弱的三重压力下，小微企业的经营发展面临诸多困境，加大对小微企业的税收优惠力度，助企纾困，减轻了小微企业的负担，在稳市场主体的同时也促进了就业，为我国经济稳步复苏、持续向好注入更强动力。与此同时，也立足长远"放水养鱼"涵养税源，保证了财政的可持续性。

西南财经大学教授、西财智库首席经济学家汤继强在接受采访时表示，小微企业量多面广，是经济活力的体现，也是带动就业的主力军。当前，受外部环境挑战和疫情影响，小微企业发展面临困境。两部门此次发布的公告，紧盯市场主体特别是小微企业的需求，以政策"活水"源源不断滋养市场主体，助力小微企业渡过难关，护稳经济大盘。

（资料来源：小微企业再迎政策红利 "放水养鱼"护稳经济大盘，人民网）

材料 2：2023 年 3 月 24 日，国务院总理李强主持召开国务院常务会议，会议决定延续和优化实施部分阶段性税费优惠政策，以进一步稳预期强信心，其中包括"将减征小微企业和个体工商户年应纳税所得额不超过 100 万元部分所得税政策、降低失业和工伤保险费率政策，延续实施至 2024 年底。"

"此前在疫情防控期间，相关针对小微企业和个体工商户的税费优惠政策切实降低了'量大面广'的小微企业的税费负担，助力市场主体'留住了青山'。"中央财经大学财税学院教授白彦锋在接受采访时表示，也正是因为其执行成效良好，相关政策在总结前期经验的基础上得以延续。

巨丰投顾高级投资顾问谢后勤告诉记者，小微企业和个体工商户属于抗风险能力较弱的市场主体，"真金白银"的减税降费政策，很大程度缓解了其经营压力，让小微企业和个体工商户有更大的信心恢复发展，同时也为稳增长、保就业和惠民生提供强有力的政策支持。

2022 年，组合式税费支持政策的果断实施，在培育壮大市场主体，推动经济恢复向好方面起到了显著的作用。国家税务总局党委委员、副局长王道树此前在新闻发布会上介绍，2022 年，全国新增减税降费及退税缓税缓费超 4.2 万亿元。分企业规模看，小微企业和个体工商户是受益主体，新增减税降费及退税缓税缓费超 1.7 万亿元，占总规模的比重约四成；另外，近八成的个体工商户在 2022 年无须缴纳税款。

"从国民经济整体角度看，小微企业和个体工商户虽然规模小，但是数量大，联系着千行万业、千家万户，是国民经济非常重要的组成部分。"北京社科院研究员王鹏表示，此次针对税费优惠政策延续，将进一步助力市场信心恢复，也是我国不断优化营商环境的体现。

白彦锋表示，本次税费优惠政策的继续执行，彰显了国家保就业、保民生的坚定决心。

谢后勤也补充到，一方面，上述税费优惠政策可以继续减轻小微企业和个体工商户的生产经营成本，使其有更多的资金投入扩大生产、改善生产效率的研发转型上；另一方面，也能够激发企业的热情和信心，让企业有更多的获得感。

“减税降费确实降低了经营成本，有助于企业更好地将有限的资金和资源投入扩大生产、提升管理服务水平上去。”王鹏表示，在当前扩内需、促消费的大背景下，这也有利于让企业抓住机遇，获得更好的发展。

除将延续针对小微企业和个体工商户的税费优惠政策外，本次国务院常务会议还决定，将符合条件行业企业研发费用税前加计扣除比例由 75% 提高至 100% 的政策作为制度性安排长期实施；将减半征收物流企业大宗商品仓储用地城镇土地使用税政策、减征残疾人就业保障金政策，延续实施至 2027 年底；2023 年底前继续对煤炭进口实施零税率等。以上政策预计每年减负规模达 4 800 多亿元。

“本次延续和优化实施部分阶段性税费优惠政策，不仅体现出对中小微企业和个体工商户的支持与呵护，更是对民营经济实实在在的支持。”谢后勤表示，预计相关政策将进一步提振市场主体的恢复动能，巩固经济发展的势头。

（资料来源：税费优惠政策延续 小微企业和个体工商户再获“真金白银”，《证券日报》）

①结合资料，试论述完全竞争市场与市场效率的关系。

②结合资料，思考国家对小微企业的各种优惠措施是否违背了完全竞争市场的形成，不利于市场效率的提高。

第五章　不完全竞争市场

一、知识思维导图

- 不完全竞争市场
  - 垄断
    - 垄断的含义及原因
    - 垄断企业的需求曲线和收益曲线
    - 垄断企业的短期均衡
    - 垄断企业的长期均衡
    - 垄断和价格歧视
  - 垄断竞争
    - 垄断竞争的特点
    - 垄断竞争企业的需求曲线和收益曲线
    - 垄断竞争企业的短期均衡
    - 垄断竞争企业的长期均衡
  - 寡头
    - 寡头的含义及原因
    - 古诺模型
    - 价格领袖模型
    - 斯威齐模型
    - 勾结和卡特尔
  - 博弈论和策略行为
    - 博弈模型
    - 纳什均衡
    - 博弈分析的简单应用
  - 不同市场的比较
    - 静态效率的比较
    - 动态因素的比较

二、典型例题解析

1. 名词解释

(1)垄断。

【答案】垄断意味着企业在整个市场上“只此一家”。由于垄断企业是市场上独一无二的生产者,故它生产的产量在市场上的占有率为100%。按形成垄断的原因,垄断可以分为四类,即资源垄断、特许垄断、专利垄断和自然垄断。

(2)自然垄断。

【答案】自然垄断指每个企业都努力地增加各自的产量,并相应地降低价格,价格战的胜者就成为市场的垄断者。

(3)价格歧视。

【答案】所谓价格歧视,就是指对相同成本的一种产品以不同的价格来出售。

(4)一级价格歧视。

【答案】一级价格歧视又称完全价格歧视，是指垄断企业对每一单位的产品都按照消费者愿意接受的最高价格来出售，即总是将价格定在消费者的意愿支付水平上。

（5）二级价格歧视。

【答案】二级价格歧视是指把全部的产品分成若干“堆”，对每一“堆”产品按消费者的边际意愿支付水平来定价。

（6）三级价格歧视。

【答案】三级价格歧视针对的是具有不同的需求价格弹性的消费群体，并根据这些不同的需求价格弹性对这些消费群体收取不同的价格，特别是，对需求价格弹性较大的消费群体收取较低的价格，对需求价格弹性较小的消费群体收取较高的价格。

（7）纳什均衡。

【答案】纳什均衡指的是一种策略组合，在该策略组合上，任何参与人单独改变策略都不会得到好处。也可以说，每一个策略都是对博弈对手策略的最优反应。纳什均衡里的策略互为最优反应。

2. 单选题

（1）垄断企业的产品需求弹性 $E_P=1$ 时，（　　）。

A. 总收益最小　　B. 总收益最大　　C. 总收益递增　　D. 总收益递减

【答案】B

【解析】当 $E_P=1$ 时，$MR=P(1-1/E_P)=0$，这时企业产品价格降低不会引起总收益的变化。由于垄断企业控制了整个行业的供给，也就控制了整个行业的价格，成为价格制定者。

（2）如果某种商品供给曲线的斜率为正，在保持其余因素不变的条件下，该商品价格的上升，将导致（　　）。

A. 供给增加　　B. 供给量增加　　C. 供给减少　　D. 供给量减少

【答案】B

【解析】供给量的变动是指在其他条件不变时，由某商品的价格变动所引起的该商品供给数量的变动。在几何图形中，这种变动表现为商品的价格 - 供给数量组合点沿着一条既定的供给曲线运动。供给的变动是指在某商品价格不变的条件下，由于其他因素变动所引起的该商品的供给数量的变动。这里的其他因素的变动可以指生产成本的变动、生产技术水平的变动、相关商品价格的变动和生产者对未来的预期的变化等等。在几何图形中，供给的变动表现为供给曲线的位置移动。

（3）甲公司是垄断企业，利润为 100 万元。现有乙公司，欲进入同一市场。如果乙公司不进入，自然没有收益。如果乙公司选择进入，甲公司可以选择接纳和阻挠，如果选择接纳，则两个公司都可以获得利润 50 万元，如果选择阻挠，则两家公司都会损耗 50 万元，这个博弈的均衡解为（　　）。

A. 乙公司进入，甲公司接纳　　B. 乙公司不进入，甲公司接纳

C. 乙公司进入，甲公司阻挠　　D. 乙公司不进入，甲公司阻挠

【答案】A

【解析】如果乙公司进入，甲公司选择接纳，甲公司可以得到 50 万元，而甲公司选择阻挠，则其会损耗 50 万元，因此甲公司应选择接纳。回到第一阶段，如果乙公司不进入，则收益为零；如果进入，由于甲公司会选择接纳，乙公司可以获得利润 50 万元，因此乙公司会选择进入。

（4）如果某种商品的边际效用等于 0，那么（　　）。

A. 该商品给消费者带来的总效用已经最大　　B. 该商品对消费者而言没有意义

C. 该商品的总效用等于 0　　D. 该商品不需付出代价就可以获得

【答案】A

【解析】边际效用是指物品的消费量每增加一个单位所增加的总效用的量，边际效用具有递减的规律。

当边际效用为 0 时,表明此时消费者的总效用已经达到最大。

(5)垄断企业面对的需求曲线为向右下方倾斜的直线,当企业获得的边际收益为零时,对应的需求价格弹性(　　)。

A. 大于 1　　B. 小于 1　　C. 等于 1　　D. 不确定

【答案】C

【解析】由公式 $MR=P(1-1/E_P)$ 可知,当边际收益 MR=0 时,需求的价格弹性 E_P =1。

(6)已知生产要素的组合是(20 A, 30B, 40 C),产量是 500。如果生产要素的组合变成了(20 A, 31B, 40 C),产量增加到 520,由此可知(　　)。

A. 要素 A 的边际收益产品等于 20　　B. 要素 B 的边际收益产品等于 20

C. 要素 C 的边际收益产品等于 20　　D. 要素 B 的边际收益产品等于 10

【答案】B

【解析】生产要素 A 和 C 的数量保持不变,生产要素 B 增加一单位产量增加 20,故要素 B 的边际收益产品等于 20。

(7)边际生产力下降是由于(　　)。

A. 生产过程中的低效率　　B. 使用劣等生产要素

C. 懒惰　　D. 可变投入对固定投入的比例上升

【答案】D

【解析】因为要素投入之间存在一个最佳组合比例,如果一种投入相对于另一种投入,数量太多,超过了最佳组合比例,那么其边际生产力就会下降。

(8)垄断企业选择自己的产量水平,以最大化自己的利润。如果某垄断企业的边际收益为 20 美元,需求价格弹性为 2,则该企业的均衡垄断价格水平约为(　　)。

A. 0 美元

B. 20 美元

C. 40 美元

D. 因为边际成本是未知的,故不能求出均衡垄断价格水平

【答案】C

【解析】垄断者的定价原则是 $P=MC/(1-1/E_P)$。由于利润最大化时,有 $MR=MC$,将 $E_P=2$, $MC=MR=20$ 代入价格公式,可解得价格为 40 美元。

(9)当平均产量曲线与边际产量曲线相交时,(　　)。

A. 总产量最大　　B. 总产量最小　　C. 平均产量最大　　D. 边际产量为零

【答案】C

【解析】当边际产量大于平均产量时,平均产量曲线被向上拉,曲线呈递增趋势;当边际产量小于平均产量时,平均产量曲线被向下拉,曲线呈递减趋势,因此,平均产量曲线与边际产量曲线相交于平均产量最大值点。

(10)假设一个公园采用两部收费制的策略,而且它面对的是具有相同偏好的消费者,那么公园的门票费应等于(　　)。

A. 边际成本　　B. 边际收益　　C. 市场价格　　D. 消费者剩余

【答案】D

【解析】对于两部收费制,可证明当公园里的娱乐项目价格等于娱乐项目的边际成本,且收取的门票费等于此时的消费者剩余时,公园获得全部消费者剩余,赢得最大利润。

3. 多选题

(1)下列哪一项是实行有效的差别定价的必需条件(　　)。

A. 分割市场的能力

B. 巨大的无弹性的总需求

C. 不同市场的需求价格弹性不同

D. 保持市场份额，防止商品在需求较有弹性时被顾客买走

【答案】ACD

【解析】差别定价需要具备以下条件。①企业对价格有一定的控制能力。显然，完全竞争市场里的价格接受者是不能实行差别定价的。②不同市场的价格弹性不同。利用价格弹性来分割市场，可以增加企业利润。③企业的市场必须是能够分割的，就是说，人们不可能在不同的市场之间进行倒买倒卖，因为如果不是这样，差别定价就不会成功，不同市场的价格就会趋于相等。

(2)垄断企业拥有控制市场的权力，这意味着(　　)。

A. 垄断企业面对一条向下倾斜的需求曲线

B. 如果产品产量增加一个单位，则全部产品的销售价格必须降低

C. 垄断企业的边际收益曲线低于其需求曲线

D. 以上都正确

【答案】ABCD

【解析】垄断企业在通过产量调整来控制产品的市场价格水平方面有着举足轻重的影响，或者说，垄断企业拥有控制市场的力量，但这并不意味着垄断企业可以在市场上为所欲为地随意决定价格水平。当垄断企业根据 $MR=MC$ 原则选择了最优产量之后，究竟在何等价格水平出售这些产品，也不是垄断企业可以任意决定的。垄断企业必须了解消费者的需求，根据由消费者偏好所决定的产品的需求状况来制定消费者能够接受的价格。只有这样，垄断企业才能够把生产的产品销售出去，从而获取最大的利润。当然，作为垄断企业决策的均衡结果，其利润最大化的产量水平总是低的，而价格水平总是高的。

(3)要在某个市场上形成卡特尔，至少需要以下(　　)条件。

A. 卡特尔必须具有提高行业价格的能力

B. 卡特尔成员被政府惩罚的预期较低

C. 设定和执行卡特尔协定的组织成本必须较低

D. 卡特尔的最大利润大于其成员单独行动时的利润之和

【答案】ABC

【解析】只有在预计卡特尔会提高价格并将其维持在高水平的情况下，企业才会有加入的积极性。这种能力与卡特尔面临的需求价格弹性有关，弹性越小，卡特尔提价的能力越强。只有当成员预期不会被政府抓住并遭到严厉惩罚时，卡特尔才会形成，因为巨额预期罚金将使得卡特尔的预期价值下降。

(4)按照古诺模型，下列说法正确的是(　　)。

A. 双头垄断者没有认识到它们的相互依赖性　　B. 每个双头垄断都假定对方保持产量不变

C. 每个双头垄断都假定对方价格保持不变　　D. 均衡的结果是稳定的

【答案】ABD

【解析】古诺模型是一个只有两个寡头厂商的简单模型，该模型也称作双寡头模型或双头垄断理论。该模型阐述了相互竞争而没有相互协调的厂商的产量决策是如何相互影响的，从而产生一个位于完全竞争和垄断之间的均衡结果。

(5)垄断企业达到长期均衡的条件是(　　)相等。

A. MR　　B. MC　　C. LMC　　D. AC

【答案】ABC

【解析】长期内，垄断竞争企业仍然会维持在边际收益（MR）等于长期边际成本（LMC）的条件下生产。此时不会有新的企业加入，也不会有旧的企业退出，利润恰好为零，即平均收益等于平均成本。虽然，此时长期平均成本曲线与企业的需求曲线相切，但此时长期平均成本不是最低点。

4. 判断题

（1）在古诺模型中，每家企业的反应函数是在假定其竞争对手价格保持不变的前提下进行利润最大化决策所得出的。（　）

【答案】错误

【解析】在古诺模型中，每家企业的反应函数是在假定其竞争对手价格或产量保持不变的前提下进行利润最大化决策所得出的。伯特兰竞争模型假设竞争对手价格保持不变。

（2）禁止垄断者的价格歧视将提高消费者剩余。（　）

【答案】错误

【解析】垄断企业的价格歧视将消费者剩余转移到垄断企业，并且往往会增加企业的利润。但是，在三级价格歧视中，禁止垄断者的价格歧视对消费者的福利影响是不确定的。

（3）当生产成本增加时，垄断者的利润不会下降，因为垄断者总可以向消费者索取更高的价格。（　）

【答案】错误

【解析】垄断者的定价原则是 $P = MC/(1-1/E_{\mathrm{P}})$。因此，尽管垄断者对产品有定价权，利润最大化动机迫使其定价时必须考虑自身的边际成本和产品的需求价格弹性。如果生产成本的增加只是固定成本增加，边际成本保持不变，根据定价原则，垄断者的产品价格不变，从而垄断者的利润下降。

（4）在其他条件不变的情况下，所有商品的需求量都与其替代品价格的变动成正比。（　）

【答案】正确

【解析】需求交叉弹性定义为 $E_{\mathrm{c}} = (\Delta Q_{\mathrm{X}}/\Delta P_{\mathrm{Y}}) \times (P_{\mathrm{Y}}/Q_{\mathrm{X}})$（X 商品和 Y 商品），由于替代品之间的需求交叉弹性为正，可得 $\Delta Q_{\mathrm{X}}/\Delta P_{\mathrm{Y}} > 0$，因此，所有商品的需求量都与其替代品价格的变动成正比，即一种商品价格上升，消费者减少对其需求量，转而增加对其替代品的购买。

（5）实施产品差别化策略，有利于摆脱价格战。（　）

【答案】正确

【解析】产品差别化竞争策略是垄断竞争条件下企业的基本竞争策略之一。企业在自己的产品中引进新的、与竞争对手不同的、能更加迎合消费者需求的特征，以吸引更多的消费者。其中包括提高质量、改进产品性能和结构、增加产品用途及为顾客提供更加周到的服务等。

（6）垄断竞争行业的基本特点是它只存在价格竞争。（　）

【答案】错误

【解析】垄断竞争市场上企业数目众多，每个企业都要在一定程度上接受市场价格，但每个企业又都可对市场施加一定程度的影响，不完全接受市场价格。垄断竞争市场上的经济人是市场价格的影响者。产品差别是造成企业垄断的根源，但在垄断竞争市场上，由于同行业产品之间的差别不足以大到产品之间完全不能相互替代，一定程度的可相互替代性又让企业之间相互竞争，因而相互替代是企业竞争的根源。

（7）如果垄断者经营一个企业，该企业规模使得垄断者在取得利润最大化产出时具有最低的平均成本，则这个企业达到了长期垄断均衡。（　）

【答案】错误

【解析】垄断竞争企业长期均衡，指在长期均衡状态下企业的盈亏状况。长期均衡时企业的利润等于零，此时，企业面对的需求曲线与长期平均成本线相切。这是因为垄断竞争企业可以自由地进入或退出一个市场。

（8）垄断企业的平均收益曲线与边际收益曲线是同一条曲线。（　）

【答案】错误

【解析】在垄断市场上，平均收益曲线与需求曲线是重合的；但边际收益曲线位于平均收益曲线的下方，而且比平均收益曲线陡峭。

(9)垄断企业的边际收益小于产品价格，这是因为增加一个单位的产出，不仅这一个单位的产品价格较前降低，而且全部产出价格也都将降低。 (　　)

【答案】正确

【解析】由于垄断价格高于竞争价格，垄断产量又低于竞争产量，因此，在垄断产量水平上，每增加一单位产出，其边际成本都会小于竞争价格，这时继续扩大生产企业依然有利可图。

(10)实行三级价格歧视的两个市场中的需求价格弹性一定不一样。 (　　)

【答案】正确

【解析】三级差别定价是企业把市场划分为两个或多个不同的子市场，并对同一种商品在不同的子市场上按不同价格销售的定价方式。通常，对价格弹性不足的消费者索取高价，对价格弹性充足的消费者索取较低的价格。实施的必要条件是，不同子市场之间是可分割的，即不会造成套利条件；不同子市场的需求价格弹性是不同的。

(11)实行二级价格歧视的企业的平均成本曲线不断趋于下降。 (　　)

【答案】正确

【解析】二级差别定价是企业按照消费者所购买商品的数量来确定价格的定价方式。通常当消费者消费一定数量的商品之后，企业会给予其更低的价格，其效果是刺激消费者更多消费。实施的条件是，企业的平均成本曲线不断趋于下降。

(12)垄断竞争行业的供给曲线与完全竞争行业的供给曲线相类似。 (　　)

【答案】错误

【解析】在垄断竞争的环境下，对每单位产品，企业制定的价格会偏离于边际成本曲线，因此垄断竞争市场并不存在供给曲线。

(13)垄断竞争企业均衡与完全竞争企业的一样，都是零利润均衡，因此垄断竞争市场的价格也是最低的。

(　　)

【答案】错误

【解析】在垄断竞争条件下，当企业处于长期均衡状态时，应满足于边际收益等于边际成本，商品价格等于平均成本。所以，垄断竞争条件下商品价格可由下式计算：垄断竞争价格 = 平均成本。例如：某企业生产处于这样一种状态，增加一个单位产品其收益增加 100 元，成本增加 100 元，平均成本为 150 元，则该企业处于垄断竞争条件下，其垄断竞争价格为 150 元。显然，垄断竞争价格是大于边际收益和边际成本的。

(14)寡头垄断企业之间的产品都是有差异的。 (　　)

【答案】错误

【解析】寡头垄断是指一个市场中每个企业的产品无独特性，并且竞争者的数量有限。它的特点是：①基本上是同质产品，如基本的化学制品或汽油；②相对少的销售者，如一些大的企业和许多小的跟随大企业的企业；③明显无弹性行业的需求曲线。

5. 简答题

(1)为什么垄断企业的供给曲线无法定义？

【答案要点】

在垄断情况下，我们无法定义企业的供给曲线是因为，对于给定的市场需求曲线，企业的供给曲线实际上只是一个点，即由 $MR=MC$ 所决定的产出水平。如果需求曲线发生变动，那么相应地边际收益曲线也会移动，由此确定另一个利润最大化的产出水平。但是，把这些点连接起来没有什么意义，也不能表示垄断企业的供给曲线，这是由于这些点的组合取决于移动的需求曲线的弹性变化及其相应的边际收益曲线。除非需求曲线的移动是平行移动，而这是不大可能的。所以，垄断企业的供给曲线难以确定。

（2）为什么垄断企业实行二级价格歧视比实行一级价格歧视容易些？

【答案要点】

由于企业通常不可能知道每一个顾客的保留价格，所以在实践中不可能实行完全的一级价格歧视。垄断企业按不同的价格出售不同单位的产量，并且这些价格是因人而异的。这是一种极端的情况，现实中很少发生。一级价格歧视针对所有消费者的需求偏好而设定价格以获取最大消费者剩余价值，面向所有的消费者的偏好难以设定。二级价格歧视是根据所有消费者的消费量而设定价格，面向的是不同的消费量层次，这个比较明显，容易设定，比如批发价格就是属于二级价格歧视。即假定垄断者知道每一个消费者对任何数量的产品所要支付的最大货币量，并以此决定其价格，所确定的价格正好等于产品的需求价格，因而获得每个消费者的全部消费剩余。

（3）什么是垄断竞争市场？ 该市场的条件有哪些？

【答案要点】

垄断竞争市场是指那种许多企业生产和销售有差别的同类产品，且这些产品彼此之间都是非常接近的替代品的市场组织。垄断竞争是介于完全竞争市场与垄断市场之间，并更接近完全竞争市场的一种较为现实的市场结构。它既包含竞争因素又包含一定的垄断成分。

垄断竞争市场的条件主要有：①市场中存在大量企业，每个企业都认为自己的行为影响很小，不会引起竞争对手的注意和反应，因而自己也不会受到竞争对手的任何报复措施的影响；②垄断竞争企业所生产的产品是有差别的同类产品，且这些产品彼此之间都是非常接近的替代品；③企业的生产规模都比较小，企业进入与退出市场比较容易。

（4）为什么需求的价格弹性较高，会导致垄断竞争企业进行非价格竞争？

【答案要点】

垄断竞争企业的产品之间有较强的替代性，因而其需求的价格弹性较高，需求曲线接近于水平线。当垄断竞争企业提高价格时，如其他企业不跟着提价，它的销售市场会缩小，反而使利润减少；反之，当垄断竞争企业降价时，其他企业也跟着降价，它的销售量只会稍有增加。因此，垄断竞争企业之间一般不愿意进行价格竞争，而宁肯进行非价格竞争（包括提高品质、改进包装、做广告等）。

（5）简述垄断与寡头的区别。

【答案要点】

垄断是指整个行业中只有一个生产者的市场结构。这种市场结构形成的主要条件有：①企业即行业，整个行业中只有一个企业提供全行业所需要的全部产品；②企业所生产的产品没有任何替代品，不受任何竞争者的威胁；③其他企业几乎不可能进入该行业。在这些条件下，市场中完全没有竞争的因素存在，企业可以控制和操纵价格。寡头又称寡占，是一种由少数卖方（寡头）主导市场的市场状态。英语中这个词来源于希腊语中“很少的卖者”。寡头是同时包含垄断因素和竞争因素而更接近于完全垄断的一种市场结构。它的显著特点是少数几家企业垄断了某一行业的市场，这些企业的产量占全行业总产量中很高的比例，从而控制着该行业的产品供给，寡头垄断又称为双占垄断或双头垄断。

（6）在价格领导模型中，为什么其他企业愿意跟着支配企业定价？

【答案要点】

在价格领导模型中，其他企业之所以愿意跟着支配企业定价，是因为如果不跟着降价，就会失去顾客，如果不跟着涨价，实际上就是降价，很可能引起价格战。同时，一般来说，其他企业规模较小，预测能力较差，如果跟着定价和变动价格，就可以避免独自定价的风险。

（7）在一个有支配企业的价格领导模型中，除支配企业外，其他所有企业的行为是否都像完全竞争市场中企业的行为一样？

【答案要点】

是的。在完全竞争市场中，企业的行为建立在价格是由市场决定的，而不是由各企业决定的这一基础上。在价格既定的条件下，每个企业根据边际成本等于价格这一原则决定自己的产量。在价格领导模型中，价格由支配企业决定，非支配企业只是根据已定的价格出售他们想出售的数量的产品。因此，这些非支配企业的行为和完全竞争者一样。

（8）为什么在完全竞争条件下，企业产品的价格等于边际收益，而垄断企业产品的价格大于其边际收益？

【答案要点】

在完全竞争条件下，单个企业的产出相对于整个行业的产出规模而言，数量非常小，企业可以按照现行的市场价格任意出售愿意产出的数量。故企业每增加一个单位的产出所获得的边际收益与其价格是一致的。在垄断情形下，垄断企业面对的需求曲线就是行业的需求曲线，需求曲线负的斜率意味着如果垄断企业增加一个单位的产出，为了能够销售出去，其价格也必须相应降低，而且前面生产的产品的价格也同时下降。这样一来，边际收益必小于现在的价格。

（9）垄断企业一定能保证获得超额利润吗？ 如果在最优产量处亏损，它在短期内会继续生产吗？

【答案要点】

①垄断并不保证企业一定能获得超额利润，超额利润的获得主要取决于社会需求。如果产品的需求者能接受垄断企业制定的大于平均成本的价格，那么企业能获得超额利润。如果产品的需求者只能接受小于平均成本的价格，那么企业会发生亏损。垄断企业出现亏损后，在短期内既有可能继续生产，也有可能停止生产。

②在短期内，若产品价格低于平均成本，但只要还高于平均可变成本的最低点，继续生产可以弥补固定成本，且能弥补部分可变成本，生产将会继续进行下去。但只要价格小于平均可变成本的最小值，则企业会停止生产。因为如果不停止生产，它的损失会更大，不仅损失全部固定成本，而且可变成本的一部分也无法弥补。

6. 计算题

（1）垄断企业的成本函数为 $TC(Q)=2Q^2+5Q$ ，产品需求函数为 $P=17-4Q$，试求：

①企业利润最大时的价格、产量与利润；

②如果政府对该企业采取限价措施，迫使其按照边际成本定价，那么此时的价格、产量和利润同①相比有什么变化？

③令企业收支相抵的价格和产量。

【答案要点】

① $TR=P\times Q=17Q-4Q^2$，$MR(Q)=17-8Q$；另据已知条件，可得 $MC(Q)=4Q+5$。当 $MR=MC$ 时获得最大利润，即 $17-8Q=5+4Q$，所以 $Q=1$，$P=13$，$\pi=TR-TC=P\times Q-TC=13\times 1-(5\times 1+2\times 1)=6$。

② $MC(Q)=5+4Q$，$AC(Q)=5+2Q$。当 $P=AC$，即 $17-4Q=5+2Q$ 时，$Q=2$，$P=5+2Q=5+4=9$，则：$TC=10+8=18$，$TR=PQ=9\times 2=18$，所以盈亏持平。当 $P=MC$，即 $17-4Q=5+4Q$ 时，$Q=1.5$，$P=17-4Q=11$，则：$TC=2Q^2+5Q=4.5+7.5=12$，$TR=P\times Q=11\times 1.5=16.5$，所以盈利。利润 $\pi=TR-TC=16.5-12=4.5$，故同①相比，此时的价格下降，产量增加，利润减少。

③ 总收益 $TR=P\times Q=17Q-4Q^2$

总利润 $\pi=TR-TC=17Q-4Q^2-(2Q^2+5Q)$

$=12Q-6Q^2$

$=6Q(2-Q)$

则当 $Q=0$（舍去）或 $Q=2$ 时，利润为 0，即收支相抵。当产量 $Q=2$ 时，价格 $P=17-4\times 2=9$。

7. 分析题

（1）画图说明垄断企业短期和长期均衡的形成及其条件。

【答案要点】

垄断企业在短期内是在给定的生产规模下，通过产量和价格的调整来实现 $MR=MC$ 的利润最大化的。垄断企业为了获得最大的利润，也必须遵循 $MR=MC$ 的原则，由于企业无法调整生产规模，因此只能在既定的 MC 上进行调整。如图 5-1 所示，当 MR 与 MC 交于 E 点时，均衡产量为 Q_1，对应的均衡价格为 P_1。企业利润为 HP_1FG。图中利润小于零，但 $P_1>AVC$。当 $P>AVC$ 时，垄断企业继续生产；当 $P<AVC$ 时，垄断企业必须停生产。

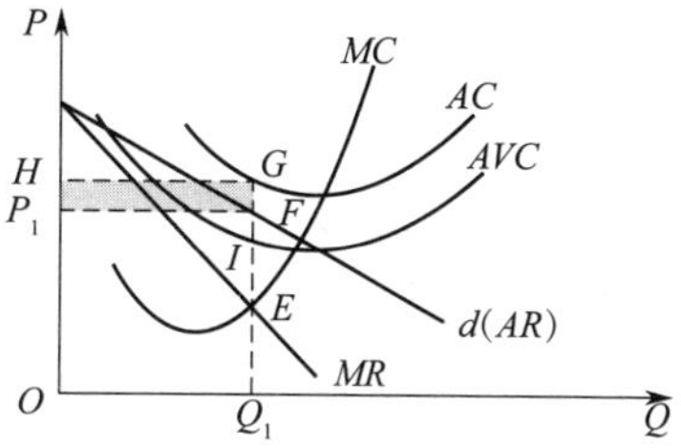

图 5-1 题图 1

垄断企业在长期内可以按照 $MR=LMC$ 的原则，调整到最优生产规模，确定产量和价格。由于规模的调整，企业往往可以获得更大的利润。如图 5-2 所示，假定垄断企业在 E_S 处实现短期均衡。

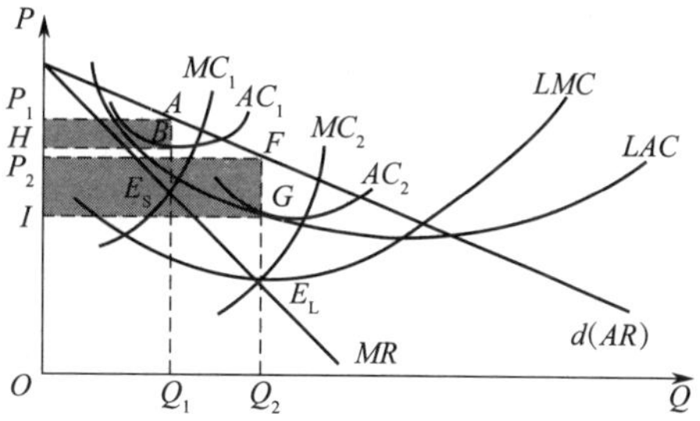

图 5-2 题图 2

此时，垄断企业的产量为 Q_1，价格为 P_1，利润为 P_1HBA。垄断企业在短期内实现最大利润。但在长期内，垄断企业可以对生产要素进行调整，调整到最优生产规模，使 $MR=LMC=MC_2$，即图中 E_L 点。此时，企业产量为 Q_2，价格为 P_2，企业获得的利润为 P_2IGF。同 P_1HBA 相比，长期内企业可以获得更大的利润。由此，垄断企业长期均衡的条件是：$MR=LMC=MC$，且利润大于零。

（2）为什么垄断企业的需求曲线是向右下方倾斜的？并论述相应的 TR 曲线、AR 曲线和 MR 曲线的相互关系。

【答案要点】

①垄断企业的需求曲线向右下方倾斜的原因如下。

第一，由于垄断市场中只有一个企业，所以，市场的需求曲线就是垄断企业所面临的需求曲线。

第二，垄断企业的销售量等于市场的需求量。

第三，垄断企业可以通过改变销售量来控制市场价格，即垄断企业可以用减少销售量的办法来提高市场价格，也可以用增加销售量的办法来压低市场价格，这样，垄断企业的销售量即需求量，与市场价格呈反方向变动。因而，垄断企业的需求曲线向右下方倾斜。

② TR 曲线、AR 曲线和 MR 曲线的相互关系。

第一，边际收益（MR）曲线与总收益（TR）曲线的关系。

a. 由 $MR=\dfrac{\mathrm{d}TR}{\mathrm{d}Q}$ 可见，每一销售量上的边际收益 MR 的值就是相应的总收益曲线（TR）的斜率。

b. 当 $MR>0$ 时,TR 曲线的斜率为正;当 $MR<0$ 时,TR 曲线的斜率为负;当 $MR=0$ 时,TR 曲线达最大值点。

第二,平均收益(AR)曲线和边际收益(MR)曲线的关系。

a. 由于 $MR<AR$,则 MR 曲线位于 AR 曲线的下方。

b. 当垄断企业的需求曲线 d 为直线型时,d 曲线和 MR 曲线的纵截距是相等的,且 MR 曲线的横截距是 d 曲线横截距的一半,即 MR 曲线平分由纵轴到需求曲线 d 的任何一条水平线。

三、随堂同步自测

1. 名词解释

(1)资源垄断。

(2)特许垄断。

(3)专利垄断。

(4)垄断竞争。

(5)古诺模型。

(6)价格领袖制。

(7)卡特尔。

(8)帕累托有效率状态。

2. 单选题

(1)垄断竞争市场上,企业的短期均衡发生于(　　)。

A. 边际成本等于实际需求曲线中产生的边际收益时

B. 平均成本下降时

C. 主观需求曲线与实际需求曲线相交并有边际成本等于主观需求曲线中产生的边际收益时

D. 主观需求曲线与平均成本曲线相切时

(2)垄断企业的价格与收益的关系是(　　)。

A. 降低价格会减少收益

B. 提高价格会增加收益

C. 提高价格未必增加收益,降低价格未必减少收益

D. 以上都不对

(3)垄断会降低经济效率是因为(　　)。

A. 当利润最大化时,总收益超过总成本

B. 当利润最大化时,价格超过边际成本

C. 当利润最大化时,边际收益超过边际成本

D. 当利润最大化时,边际成本超过边际收益

(4)垄断利润或者说超额利润(　　)。

A. 不是一种成本,因为它不代表生产中使用的资源所体现的替换成本

B. 不能为垄断者在长期中所获取,因为价格在最优产出水平上必须等于平均成本

C. 为保证资本继续进入该行业所必需

D. 能为完全竞争者和垄断者在长期中获取

(5)同行业的不同企业的产品之间存在着微小差别这一事实被称为(　　)。

A. 产品歧视　B. 价格歧视　C. 产品替代　D. 产品差异

(6)下列不能成为进入一个垄断行业的壁垒的是(　　)。

A. 垄断利润　B. 立法　C. 专利权　D. 资源控制

(7)以下最不可能成为垄断者的是(　　)。

A. 一个小镇上唯一的一名医生

B. 可口可乐公司

C. 某地区的电力公司

D. 某地区的自来水公司

(8)对一个垄断企业而言,销售额外一单位产品的边际收益等于(　　)。

A. 这额外一单位产品的售价

B. 因所有其他单位产品以新的更低的价格出售而造成的收益损失

C. 这额外一单位产品的售价减去因所有其他单位产品以新的更低的价格出售而造成的收益损失

D. 这额外一单位产品的售价减去支付给生产这一单位产品的工人的工资

(9)对一个垄断企业而言,边际收益小于价格,是因为(　　)。

A. 为了销售更多的数量,企业必须降低所有单位产品的价格

B. 它不能控制价格

C. 在市场价格下,企业可以销售它希望销售的任意数量

D. 它的产量只占市场总产量的一个很小的份额

(10)垄断企业拥有控制市场的权力,这意味着(　　)。

A. 垄断企业面对一条向下倾斜的需求曲线

B. 如果它的产品增加一个单位,则全部产品的销售价格必须降低

C. 垄断企业的边际收益曲线低于其需求曲线

D. 以上都正确

(11)一个垄断企业面对的需求曲线是(　　)。

A. 市场需求曲线

B. 完全无弹性的,因为只有一个销售者

C. 完全有弹性的,因为只有一个销售者

D. 其弹性比行业需求曲线的弹性小

(12)一垄断者如果有一线性需求函数,总收益增加时(　　)。

A. 边际收益为正值且递增

B. 边际收益为正值且递减

C. 边际收益为负值

D. 边际收益为零

(13)下列哪一个是垄断竞争行业的特征(　　)。

A. 企业规模相同,数量较少

B. 不存在产品差异

C. 企业规模较大,数量很少

D. 进出该行业相对容易

(14)在垄断企业的需求曲线是直线的时候,其边际收益曲线的斜率是需求曲线斜率的(　　)。

A. 2 倍　B. 1/2 倍　C. 1 倍　D. 4 倍

(15)对于一个垄断企业来说,其确切的供给曲线(　　)。

A. 向上方倾斜
B. 等同于其边际成本曲线
C. 等同于其边际收益曲线
D. 不存在

(16)垄断企业利润极大时,(　　)。

A. $P=MR=MC$
B. $P>MR=AC$
C. $P>MR=MC$
D. $P>MC=AC$

(17)在垄断企业的最好或最优产量处,(　　)。

A. $P=MC$
B. $P=AC$ 的最低点的值
C. P 最高
D. $MR=MC$

(18)垄断企业如果处于(　　)。

A. 长期均衡时,一定处于短期均衡
B. 长期均衡时,不一定处于短期均衡
C. 短期均衡时,一定处于长期均衡
D. 以上都不是

(19)在短期,垄断企业(　　)。

A. 无盈亏
B. 取得最大利润
C. 发生亏损
D. 以上任何一种情况都可能出现

(20)在竞争性市场和垄断市场中,企业将扩大其产出水平的情况是(　　)。

A. 价格低于边际成本
B. 价格高于边际成本
C. 边际收益低于边际成本
D. 边际收益高于边际成本

(21)一个追求利润最大化的垄断企业发现,在目前的产量水平下,边际收益等于 10 元,边际成本等于 14 元,该产量的价格由供给曲线决定。怎样做才能增加利润?(　　)。

A. 降低价格,产量不变
B. 降低价格和产量
C. 提高价格和产量
D. 提高价格,减少产量

(22)一个垄断企业在长期中一直获得经济利润,那么(　　)。

A. 该企业的生产比竞争性市场中的企业更有效率
B. 其他企业无法进入该行业与其竞争
C. 政府和垄断企业之间必定串谋来维持一个高价格
D. 垄断企业的需求曲线缺乏弹性,从而使其获得更多的收益

(23)当成本相同时,垄断企业和竞争性企业一致的是(　　)。

A. 利润最大化的目标
B. 产出水平
C. 长期当中的经济利润
D. 生产的有效率

(24)对一个垄断企业而言,边际收益小于价格,因此利润最大化的结果是(　　)也小于价格。

A. 平均收益
B. 边际成本
C. 总收益
D. 总成本

(25)对一个垄断企业而言,在利润最大化那一点,边际成本小于价格,这意味着(　　)。

A. 额外一单位产品给消费者带来的边际收益等于这一单位产品的边际成本
B. 额外一单位产品的边际成本大于这一单位产品给消费者带来的边际收益
C. 额外一单位产品的边际成本等于这一单位产品给消费者带来的边际利益
D. 额外一单位产品的边际成本小于这一单位产品给消费者带来的边际利益

(26)下列各种情况,属于一级价格歧视的是(　　)。

A. 企业的每单位产品都按消费者所愿付出的最高价出售
B. 企业生产的产品在不同的市场售价不同
C. 企业针对不同的消费段制定不同的价格
D. 企业给生产成本不同的产品制定不同的价格

(27)如果垄断者的长期平均成本超过市场价格,企业将(　　)。

A. 停留在这一营业水平上,因为它使资本得到了一个正常报酬

B. 停留在这一营业水平上,尽管其固定成本没有得到补偿
C. 歇业并清理资产
D. 暂时停业
(28)一个利润最大化的企业采取价格歧视,它将在需求(　　)的市场上索取最高的价格。
A. 价格弹性最大　　B. 价格弹性最小
C. 缺乏价格弹性的程度最小　　D. 有单位价格弹性
(29)一个能够在两个市场实行差别价格的垄断者将会(　　)。
A. 确定产品价格和销售量使两个市场上的需求价格弹性相同
B. 在需求曲线更具弹性的市场上定更高的价格
C. 在需求曲线更具弹性的市场上出售更多的产品
D. 以上说法都不对
(30)如果垄断企业在两个分割的市场中具有相同的需求曲线,那么垄断企业(　　)。
A. 可以实行差别价格　　B. 不能实行差别价格
C. 既能也不能实行差别价格　　D. 上述都不对
(31)有些因素可以阻止竞争出现,也就是说,其他企业不能进入有纯利润的市场,这些因素统称为(　　)。
A. 政府管制　　B. 进入障碍　　C. 广告　　D. 不变成本
(32)在垄断竞争中,(　　)。
A. 只有为数很少的几个企业生产有差异的产品　　B. 有许多企业生产同质产品
C. 只有为数很少的几个企业生产同质产品　　D. 有许多企业生产有差异的产品

3. 多选题

(1)下列对垄断企业和完全竞争企业的描述中,正确的是(　　)。
A. 都试图最大化利润　　B. 都把产量确定在边际收益等于边际成本那一点
C. 都面对着一条完全有弹性的需求曲线　　D. 如果边际成本超过边际收益,都将减少生产
(2)在垄断企业处于短期均衡时,垄断企业(　　)。
A. 可能亏损　　B. 不可能亏损　　C. 可能获利　　D. 可能利润为零
(3)在垄断竞争企业处于长期均衡时,(　　)。
A. 价格高于长期平均成本
B. 价格高于边际成本
C. 主观需求曲线的弹性绝对值小于实际需求曲线
D. 长期边际成本等于边际收益
(4)垄断形成的条件包括(　　)。
A. 使要素自由流动　　B. 限制其他企业进入
C. 某行业的产品只有一个供应者　　D. 没有相近的替代品
(5)具有以下(　　)特点的市场是垄断市场。
A. 不同质的产品　　B. 完全信息　　C. 一个卖者　　D. 资源不能自由流动
(6)超额利润是(　　)。
A. 一种时机成本　　B. 垄断企业在长期内也可获得
C. 为垄断企业留在该行业所必需　　D. 完全竞争企业在长期内也能获得
(7)造成垄断企业短期亏损的原因可能是(　　)。
A. 既定的生产规模过大　　B. 既定的生产规模成本过高

C. 企业所面临的市场需求过小　　D. 市场竞争太强

(8)古诺模型假定(　　)。

A. 行业中有两个企业　　B. 边际成本既定

C. 每个企业都假定另一个企业的价格不变　　D. 每个企业都假定另一个企业的产出数量不变

(9)在现实生活中,通常存在的市场类型有(　　)。

A. 完全竞争市场　　B. 垄断竞争市场　　C. 垄断市场　　D. 寡头市场

(10)关于垄断市场的正确表述有(　　)。

A. 垄断企业的需求曲线就是行业的需求曲线

B. 企业生产的产品没有十分相近的替代品

C. 企业是价格的接受者

D. 需求曲线是一条水平线

4. 判断题

(1)垄断企业是市场中唯一的供给者,所以不必进行推销努力。(　　)

(2)垄断企业不必像垄断竞争企业那样采用广告战略,因为前者没有竞争对手。(　　)

(3)垄断企业具有垄断权力,所以可以“价格不封顶,质量不保底”。(　　)

(4)凡是企业的垄断壁垒都是要打破的。(　　)

(5)垄断企业的价格总是比竞争条件下的价格高,而产出少。(　　)

(6)自然垄断意味着规模经济在一个产量充分大的范围内仍旧存在。(　　)

(7)只有在纯粹竞争的条件下,才存在行业产出的供给曲线。(　　)

(8)寡头企业之间利己的行为必然导致相反的结果。(　　)

(9)一个垄断者,由于面临的需求曲线的弹性比完全弹性小,因此它可依利润最大化原则而自行定价。因此,如果可能,垄断者总是选择在需求曲线缺乏弹性的地方经营。(　　)

(10)只要市场价格高于边际成本,垄断企业必定扩大产量。(　　)

(11)垄断企业出现亏损与其利润最大化的行为假设是矛盾的。(　　)

(12)当一个追求利润最大化的垄断者在不同的市场上定出不同的价格时,则价格的差别必然反映出在两个市场上供给产品的成本差别。(　　)

(13)在主导企业的价格领导模型中,主导企业决定价格,以便在长期里,把其他所有企业挤出该行业。(　　)

(14)寡头市场上企业的数量越多,产量和价格就越接近于竞争下存在的水平。(　　)

(15)垄断企业在价格歧视中,将在需求价格弹性较大的市场上,以较低的价格销售较大的产量。(　　)

(16)如果一个企业的产品市场有多个,而且是可以分割的,则实行统一的价格,比实行差别价格赚取的利润多。(　　)

(17)三级差别定价情况下,垄断企业利润最大化的条件是总的边际收益等于各个市场的边际收益之和。(　　)

(18)垄断行业的资源配置是无效率的,因为垄断企业获得了超额利润;如果取消这些利润,资源配置的情况将好转。(　　)

(19)由于垄断对于消费者是件“坏事”,对于生产者是件“好事”,因此,综合起来我们难以判断它到底是否有效率。(　　)

(20)产品的差别越大,价格差别可能也越大。(　　)

(21)实施产品差别化策略,有利于摆脱价格战。(　　)

(22)垄断竞争行业，说明企业数目较少，企业垄断程度很大。 (　　)

(23)完全竞争与垄断竞争的一个共同点是企业规模都比较小，竞争力度比较大。 (　　)

(24)垄断竞争与完全竞争的主要区别在于垄断竞争的市场需求曲线是向下倾斜的。 (　　)

(25)垄断企业、垄断竞争企业及寡头企业的供给不能给出定义，因为在这几种情况下，价格和企业的产出不存在唯一的关系。 (　　)

(26)垄断竞争企业短期内不一定存在利润，长期中一定不存在利润。 (　　)

(27)长期中，由于新企业的进入，使得垄断竞争市场的价格等于企业的最小长期平均成本。 (　　)

(28)垄断竞争企业处于短期均衡的位置只能使它刚好获得正常利润。 (　　)

(29)垄断竞争企业处于长期均衡的位置是在长期平均成本曲线的上升部分。 (　　)

(30)在完全竞争条件下，当平均可变成本曲线向下倾斜时，企业不可能处于均衡状态；但在垄断竞争条件下，除非它的平均成本曲线向下倾斜，否则企业不可能处于均衡状态。 (　　)

(31)在垄断竞争条件下，短期均衡要求每个企业都有 $MR=MC$，不论是否存在 $AR=AC$；反之，长期均衡要求有 $AR=AC$，而不论是否存在 $MR=MC$。 (　　)

(32)在长期，垄断竞争企业得不到超额利润，所以，垄断竞争与完全竞争一样是一种有效的市场。 (　　)

(33)如果一个企业在长期当中获得经济利润，那么这时的价格必不在其长期平均成本的最低点上。 (　　)

(34)在古诺垄断条件下的企业越多，行业的产量就越高。 (　　)

(35)如果在古诺垄断条件下的企业进行勾结，当卡特尔的数量增加时，会刺激欺骗增多。 (　　)

(36)进入古诺垄断行列的成本越高，长期均衡时的垄断企业数量就越多。 (　　)

(37)如果两个企业有不同的边际成本曲线，双头垄断的古诺模型无稳定解。 (　　)

(38)古诺模型中企业独立行动的均衡产量低于双头勾结时的均衡产量。 (　　)

(39)寡头企业都面对一条折弯的需求曲线。 (　　)

(40)折弯的需求曲线模型意味着在寡头行业中不存在一个占支配地位的大企业。 (　　)

(41)折弯的需求曲线模型中成本变动对寡头企业的行为没有影响是因为其垄断的边际收益曲线。 (　　)

(42)在主导企业的价格领导模型中，不是主导企业的所有其他企业都像一个完全竞争者那样行事。 (　　)

(43)折弯的需求曲线表示一个寡头企业要提价时，对手企业也同时提价。 (　　)

(44)勾结的需求曲线下的寡头模型假定在行业中没有一个企业处于主导地位。 (　　)

(45)当卡特尔中所有企业的产量相等时，该卡特尔中企业的全部利润达到最大。 (　　)

5. 简答题

(1)垄断企业如何做出价格和产量决策？

(2)产品差别为什么既会形成垄断又会引起竞争？

(3)折弯的需求曲线模型是如何解释寡头市场上价格刚性的?

(4)古诺模型的假定是什么?

(5)为什么需求的价格弹性较高,会导致垄断竞争企业进行非价格竞争?

(6)某地一景点的入场券采取差别价格政策,国内游客的入场券为2元,外国游客的入场券为5元,试用经济理论分析:①为什么采用差别价格?②在怎样的条件下,施行这种政策才能有效?

(7)为什么垄断企业在实现长期均衡时一般有超额利润获得?

(8)垄断企业实行三级价格歧视的必要条件是什么?

(9)对比分析垄断竞争市场结构与完全竞争市场结构。

(10)为什么说垄断竞争兼有竞争和垄断的因素?

(11)按西方经济学家的看法,能否说"产品差别程度越大,则产品价格差别的可能性也越大"。

(12)自然垄断产生的原因是什么?

(13)不同的市场类型对效率有什么不同的影响?

(14)在短期生产中追求利润最大化的企业一般会面临哪几种情况?

(15)在短期中,垄断企业是否会亏损?为什么?

(16)根据西方经济学,在长期中,之所以存在着超额利润或经济利润,是因为存在着各种各样的进入障碍。这种看法对吗?为什么?

(17)垄断企业是价格的制定者,这是否意味着垄断企业对于给定的产量,可以任意索取一个价格?

(18)简述垄断企业实施价格歧视的主要内容。

(19)为什么在垄断竞争市场上企业面对两条需求曲线?它们各自在什么情况下有效?

6. 计算题

(1)已知某完全竞争的成本不变行业中的单个企业的长期总成本函数为 $LTC(Q)=Q^3-12Q^2+40Q$。求:
①当市场商品价格 $P=100$ 时,企业实现 $MR=LMC$ 时的产量、平均成本和利润;
②该行业处于长期均衡时的价格和单个企业的产量;
③当市场的需求函数为 $Q=660-15P$ 时,行业处于长期均衡时的企业数量。

（2）已知某完全竞争市场的需求函数为 $D=6\,300-400P$，短期市场供给函数为 $SS=3\,000+150P$；单个企业在 LAC 曲线最低处的价格为 6，产量为 50；单个企业的成本规模不变。要求：

①求市场的短期均衡价格和产量；

②判断①中的市场是否同时处于长期均衡状态，并求行业内的企业数量；

③如果市场的需求函数为 $D'=8\,000-400P$，短期供给函数为 $SS'=4\,700+150P$，求市场的短期均衡价格和产量；

④判断③中的市场是否同时处于均衡状态，并求行业内企业数量；

⑤判断该行业属于什么类型；

⑥求需新加入多少企业，才能提供由①到③所增加的行业总产量。

（3）已知某垄断企业的短期总成本函数为 $TC(Q)=0.1Q^3-6Q^2+140Q+3\,000$，反需求函数为 $P=150-3.25Q$，求该企业的短期均衡产量和均衡价格。

7. **分析题**

（1）论述市场为什么会失灵？

（2）比较不同市场类型的经济效率。

（3）一个工人给一个老板干活，工资标准是 100 元。工人可以选择是否偷懒，老板则可以选择是否克扣工资。假设工人不偷懒有相当于 50 元的负效用，老板想克扣工资则总有借口扣掉 60 元工资。工人不偷懒老板有 150 元产出，而工人偷懒时老板只有 80 元产出，但老板在支付工资前无法知道实际产出，这些情况是双方都知道的。请用得益矩阵表示该博弈并做出分析。

（4）假设两家航空公司 A 公司和 B 公司，每家公司既可以对机票收取高价格，也可以收取低价格。如果一家公司收取 100 美元，而另一家公司也收取 100 美元，它就赚得 20 万美元利润，如果另一家公司收取 200 美元，它就赚得 50 万美元利润；另外，如果一家公司收取 200 美元，另一家公司收取 100 美元，它赚得 10 万美元，如果另一家公司也收取 200 美元，它赚得 30 万美元。要求：

①画出这个博弈的决策方框图。

②什么是这个博弈中的纳什均衡？解释答案。

③对两家航空公司来说，有比纳什均衡更好的结局吗？如何实现这种结局？如果能够实现的话，谁将受到损失？

（5）农民琼斯和斯密在同一地方放牧，假设这块地上有 20 头牛，每头牛一生中可以产出价值 4 000 美元的牛奶，如果这块地上有更多的牛，那么，每头牛能吃的草就少了，因此它们的牛奶产量就会减少。这块地上有 30 头牛时，每头牛一生产出价值 3 000 美元的牛奶，有 40 头牛时，每头牛一生产出价值 2 200 美元的牛奶。购买一头牛花费 1 000 美元。

①假设二人每人既可以买 10 头牛，也可以买 20 头牛，但当一方购买时并不知道对方购买多少头牛，计算这种结局的获利，画出这个博弈的决策方框图。

②这个博弈最可能的结局是什么？最好的结局是什么？解释答案。

（6）试述垄断或不完全竞争为什么会降低效率。

（7）假定企业 A 和企业 B 都是组合音响的制造商，它们都可以生产一种中档产品或高档产品，不同选择下企业获利的报酬如表 5-1 所示。

表 5-1　企业获利报酬　　单位：万元

企业 A	企业 B	
	中档	高档
中 档	50,50	100,80
高 档	80,100	40,40

①这两个企业有没有上策？

②该博弈有没有纳什均衡？有几个？请指出。

四、课程思政案例

（1）乔治刚过完他的 60 岁生日，这天，他带着孙女去看电影。他很高兴地发现他可以得到老年人的 50% 电影票折扣，但是他也很惊讶地发现，在他买爆米花时却必须付全价。乔治的经历引起了两个关于企业定价决策的问题。

①对老年人实行折扣是慷慨之举，还是一种利润最大化手段？

②如果对老年人的电影票实行折扣价是明智的，为什么爆米花的折扣就不明智呢？

(2)避暑胜地！2021蒙顶山首届绣球花艺术节，门票免费送！

福利：蒙顶山门票免费送(不限量)

将此文随手一晒，并写上“相约美丽的蒙顶山”，连续三天，每天一次，即可免费领取蒙顶山景区52元体验券一张。(时间：6月4日至7月11日)

须提前12小时完成才有效，一个微信号限领一张，屏蔽或分组无效。

现役军人，凭本人现役军人证，免门票。

退役军人，凭本人退役证明，免门票。

消防救援人员，凭本人消防证，免门票。

残疾人，凭本人残疾证(民政部门发放)，免门票。

65周岁以上老年人，凭本人二代身份证或老年优待证，免门票。

60~65周岁老年人，凭本人二代身份证或老年优待证，非国家法定节假日免门票，国家法定节假日按半价优惠，26元/人。

全日制本科以下(含)学生，凭本人有效学生证，享受半价优惠，26元/人。

记者，凭本人记者证，享受半价优惠，26元/人。

雅安市六县三区居民，凭本人二代身份证，享受半价优惠，26元/人。

请根据上述案例，回答下面问题。

①该案例揭示了微观经济学中的哪些经济原理？

②蒙顶山门票定价是如何运用这些原理的？

(3)1996年，酷爱发明的俞兆林先生发明了导湿保暖复合绒，并将这一发明利用在内衣上，从此服饰领域多了“保暖内衣”这一新概念。保暖内衣这个服装领域的新宠，一时间成为人们谈论冬季保暖话题的流行词。1999年更是成为市场追捧的对象，各种保暖内衣可谓是炙手可热。于是乎，这一新生行业中的企业由1999年只有几十家，在2000年猛增至500家，总销量从1999年的不足700万套，在2000年度上升至3 000多万套！同时，伴随激烈竞争而推出的各种营销手段更是层出不穷。各种广告宣传更是充斥大街小巷。而当行业内企业激战正酣，市场上消费者、行业管理人士的反映又怎样呢？根据市场调查发现，尽管价格较1999年已有明显下降，但2000年度市场反应仍十分冷淡，1999年度那种排长队提货的情景没有了，而产品专卖区更是十分萧条，有营业员说，与1999年的火爆场面相比，这里常常是数十分钟无人光顾。而市场上种类繁多的保暖品牌更是引起市场管理者的重视，质量检查结果表明，市场上打出的所谓的新材料、新技术、新工艺、多功能的内衣，其实大多存在技术含量低、重概念轻质量、盲目仿造等问题。

问题：

①本案例中,作为保暖内衣的生产企业有哪些行为具有垄断竞争企业的行为特征?

②在保暖内衣市场上,一方面企业想薄利多销,一方面市场却表现出萎缩态势,为什么?

③应怎样来评价产品差别?行业管理对于垄断竞争市场重不重要?

第六章　生产要素市场和收入分配

一、知识思维导图

- 生产要素市场和收入分配
  - 完全竞争和要素需求
    - 完全竞争企业的要素使用原则——P（P代表价格）$\times MP$（要素的边际产品）$=W$（要素价格）
    - 完全竞争企业的要素需求曲线——$d=VMP$（边际产品价值）
    - 完全竞争市场的要素需求曲线——$D=\sum_{i=1}^{n} d_i$
  - 要素供给的一般理论
    - 要素供给问题——要素总量=市场供给+保留自用
    - 要素供给原则——$\frac{\partial U/\partial H}{\partial U/\partial C}=W$
    - 预算线-无差异曲线分析——$-\frac{dC}{dH}=\frac{MU_H}{MU_C}$（$C$为消费，$H$为自用资源，$U$为消费者效用）
    - 要素供给曲线——一般情况下为向右上方倾斜
  - 劳动和工资
    - 劳动供给和闲暇需求——劳动供给间接效用，闲暇直接效用
    - 劳动供给均衡——$-\frac{\partial U/\partial L}{\partial U/\partial C}=W$（$C$为消费，$L$为劳动供给量，$U$为消费者效用，$W$为工资）
    - 劳动供给曲线——劳动供给随工资增加先增加再减少
    - 替代效应和收入效应
      - 替代效应闲暇和工资反向变化
      - 收入效应闲暇和工资同向变化
    - 劳动市场的供求均衡和工资决定——$S_L=D_L$
  - 土地和地租
    - 土地的供给曲线——土地供给不随地租变化而变化，供给固定
    - 使用土地的价格和地租
      - 地租变动的直接原因：土地需求的变动
      - 地租变动的根本原因：土地供给有限
  - 资本和利息
    - 资本和利息的含义
      - 资本供给数量可以改变
      - $r=Z/P$（r代表利率，z代表资本服务的收入，P代表资本价值）
    - 资本的供给——储蓄随着利率的增加先增加再减少
    - 资本市场的均衡
      - 短期资本市场均衡——折旧不等于储蓄，资本存量变动
      - 长期资本市场均衡——折旧等于储蓄，资本存量稳定
  - 垄断条件下要素使用量和价格的决定
    - 产品卖方垄断条件下的要素价格决定
      - 企业要素需求曲线
        $MRP(L)=W$
      - 市场要素需求曲线
        $D=\sum_{r=1}^{n} MRP_r$（n表示第r个卖方垄断企业的边际收益产品函数）
    - 要素买方垄断条件下的要素价格决定——$VMP=MFC$（边际要素成本）

二、典型例题解析

1. 名词解释

(1)边际产品价值。

【答案】边际产品价值是指在完全竞争市场条件下,其他条件不变时,企业为增加一单位要素投入所增加的产品收益,记作 VMP,是一单位要素投入后的边际产品 MP 乘以产品价格 P,即 $VMP = P \times MP$ 。

(2)边际收益产品。

【答案】边际收益产品是指在产品卖方垄断条件下,由于使用额外一单位要素投入所增加的产品总收益,记作 MRP。它等于要素投入的边际产品 MP 乘以企业的边际收益 MR,即 $MRP=MP \times MR$ 。

(3)完全竞争企业要素需求曲线。

【答案】要素需求曲线反映了要素价格和要素需求的关系。单个企业的要素需求曲线 d 与边际产品价值曲线 VMP 重合,其要素使用一般原则为要素的边际收益等于要素的边际成本,即 $P \times MP = W$。当要素价格 W 上升时,要素的边际收益小于要素的边际成本,此时企业需要减少要素需求量,提高要素的边际产出,以满足要素使用一般原则,实现利润最大化。同理,要素价格 W 下降时,企业需要提高要素的需求量。二者是一个反向变化关系。

(4)土地地租。

【答案】土地地租是指土地服务的价格,它由土地要素市场的供给和需求共同决定。消费者为实现效用最大化,将当前所有土地尽可能进行市场供给,此时市场土地供给曲线等于单个消费者土地供给曲线的水平加总。而土地要素市场需求曲线向下倾斜,土地要素价格越高,需求量越少。在土地要素供给曲线和需求曲线相交时,对应的土地价格即为地租。

(5)资本。

【答案】资本是指由经济制度本身生产出来并被用作投入要素以便进一步生产更多的商品和服务的商品。与劳动和土地要素相比,它有两个重要特征:一是数量可以改变,因为它可以通过经济活动制造出来;二是生产目的是生产更多商品和服务。

(6)资本服务价格。

【答案】资本服务价格也称为利率,是指一定时期内资本得到的收入与资本本身价值的比率,即一定时期中资本得到的收入与资本本身价值的比率,或者单位资本所得到的收入,用公式 $r = Z / P$ 表示,其中 r 是资本服务价格,Z 是资本服务的收入,P 为资本价值。

(7)资本市场均衡。

【答案】资本市场均衡是指无论在短期还是在长期,资本供给和需求相等的状态,此时资本需求称为均衡资本需求,资本供给称为均衡资本供给,资本价格称为均衡利率。

(8)租金。

【答案】租金是指供给数量固定不变的一般资源的服务价格。地租是当所考虑的资源为土地时的租金,而租金则是一般化的地租。

2. 单选题

(1)在短期内,企业所面临的资本供给曲线是(   )的。

A. 向右上方倾斜 B. 向右下方倾斜 C. 完全无弹性 D. 完全有弹性

【答案】C

【解析】在短期内资本数量固定,并且资本的自用价值为 0,任何一种资源如果它只有一种用途,则该资源对该种用途的供给曲线就一定是垂直数量轴(横轴)的,所以,短期看来,资本的供给曲线是垂直数量轴(横轴)的,是完全无弹性的。

（2）如果人们的工资率提高，那么收入效应将使居民（　　）。

A. 增加市场活动，减少非市场活动　B. 增加非市场活动，减少市场活动

C. 同时减少市场和非市场活动　D. 同时增加市场和非市场活动

E. 同时增加或减少市场和非市场活动

【答案】B

【解析】随着工资率的上升，劳动者变得相对富裕，收入效应使得工人增加他们的闲暇时间而减少劳动时间，从而市场活动减少，非市场活动增加。

（3）在完全竞争的条件下，如果某行业企业的商品价格等于平均成本的最低点的值，那么（　　）。

A. 新的企业要进入这个行业　B. 原有企业退出这个行业

C. 既没有企业进入也没有企业退出这个行业　D. 既有企业进入也有企业退出这个行业

【答案】C

【解析】行业中企业的商品价格等于平均成本的最低点的值时，意味着行业的经济利润为零，达到了均衡。在这种情况下，原有企业获得了正常利润，它们不会退出，因为不存在超额利润，因此也不会有新企业进入。

（4）如果人们的工资率提高，那么替代效应将使居民（　　）。

A. 增加市场活动，减少非市场活动　B. 增加非市场活动，减少市场活动

C. 同时减少市场和非市场活动　D. 同时增加市场和非市场活动

【答案】A

【解析】随着工资率的提高，闲暇的价格相对上升，替代效应使得工人增加他们的劳动时间而减少闲暇时间，从而市场活动增加，非市场活动减少。

（5）若企业所处的产品与要素市场均为完全竞争市场，工人工资率为5，边际产量为0.5，则产品价格为（　　）。

A. 10　B. 2.5　C. 0.1　D. 1.0

【答案】A

【解析】根据完全竞争企业的要素使用原则 $P \times MP = W$，可得 $0.5P=5$，解得 $P=10$。

（6）如果甲行业的利率高于乙行业的利率，则（　　）。

A. 甲行业的资本供给应该比乙行业的资本供给更缺乏弹性

B. 甲行业的资本供给将逐渐减少，而乙行业的资本供给逐渐增加，直到利率相等为止

C. 甲行业的资本供给将逐渐增加，而乙行业的资本供给逐渐减少，直到利率相等为止

D. 甲行业的资本供给应该比乙行业的资本供给更富有弹性

【答案】C

【解析】由于甲行业的利率高于乙行业的利率，显然甲行业的资本供给会增加而乙行业的资本供给会减少，这是由资本追逐高利率所决定的。但是随着甲行业资本供给的增加，资本的边际效用将减小，即利率降低，同时随着乙行业资本供给的减少，资本的边际效用将增大，即利率上升，最终达到平衡，两者相等。

（7）在完全竞争市场中，对要素投入的需求曲线，因产出的价格是常数，所以受（　　）决定。

A. 投入的价格　B. 产出的数量　C. 投入的边际产量　D. 投入的边际成本

【答案】C

【解析】完全竞争企业使用要素的原则是利润最大化这个一般原则在要素使用问题上的具体化，它可以简单地表述为：使用要素的“边际成本”和相应的“边际收益”相等，即 $VMP = MFC$。在完全竞争条件下，企业使用生产要素的边际要素成本 MFC 等于生产要素价格 W，生产要素价格 W 在完全竞争市场中对于单个企业来说是一个恒量；而使用要素的边际收益是边际产品价值 $VMP = P \times MP$。所以，对要素的需求曲线可由 $P \times MP = W$ 推出，从而在价格是常数的情况下，对要素投入的需求曲线受边际产量决定。

（8）完全竞争企业对要素的需求曲线可以用（　　）表示。

A. *VMP* 曲线　　B. *MPP* 曲线　　C. *MFC* 曲线　　D. 以上都不是

【答案】A

【解析】完全竞争企业对要素的需求曲线可以用 $W=VMP=MP\times P$ 表示，由利润最大化条件可知，在 *VMP* 曲线上，工资 *W* 和价格 *P* 存在一一对应关系，因而可以用来表示要素需求曲线。

（9）设某一企业的生产函数为 $Q=-0.1L^3+6L^2+12L$（*Q* 为每周产量，*L* 为每周雇佣的劳动量），若产品、要素市场均完全竞争，产品价格为 30 元，周工资率为 360 元，企业追求最大利润，则每周雇佣的劳动量是（　　）。

A. 30　　B. 40　　C. 50　　D. 20

【答案】B

【解析】方法一：构造利润函数，使利润最大化，其中利润 $\pi=P\times Q-C=30\times(-0.1L^3+6L^2+12L)-360L=-3L^3+180L^2$。企业利润最大化时，则利润满足一阶条件：$-9L^2+360L=0$，解得 $L=40$，即每周雇佣的劳动量为 40 时，企业可以获得最大利润。方法二：使用完全竞争企业的要素使用原则 $MP\times P=W$，其中 $MP=-0.3L^2+12L+12$，即 $30\times(-0.3L^2+12L+12)=360$，解得 $L=40$。

（10）随着工人的工资率上升，如果（　　），则劳动供给曲线向后弯曲。

A. 工资率高于保留工资　　B. 收入效应和替代效应同方向变动

C. 收入效应等于替代效应　　D. 收入效应大于替代效应

【答案】D

【解析】劳动供给曲线向后弯曲是由于收入效应大于替代效应。在劳动工资率比较低的时候，劳动供给曲线向右上方倾斜的原因是替代效应大于收入效应。工资率提高到一定程度以后再继续提高，劳动供给就会减少，劳动供给曲线向左上方倾斜，即向后弯曲。

（11）工资率上升的替代效应会导致（　　）。

A. 劳动需求数量的下降　　B. 闲暇时间的减少

C. 劳动供给数量的下降　　D. 预算约束线发生平移

【答案】B

【解析】工资率上升对消费者劳动闲暇需求存在替代效应和收入效应。消费者购买闲暇的"价格"即为劳动工资率，当工资率上升意味着闲暇变得更为昂贵，需要减少闲暇的"需求量"，进而增加劳动供给的"需求"，因此选 B。A 选项中劳动需求数量下降是由于工资率上升，但不是其替代效应；C 选项中劳动供给数量下降可能是因为工资价格过低，而不是工资率上升的替代效应导致的，故 C 错。D 选项中预算约束线的位置变化取决于工资率和非劳动收入等。仅是工资变化只能导致预算约束线发生旋转，而非平移，并且题意是工资率上升的替代效应，而非其影响。

（12）一种要素价格为 50 美元，该要素的边际产出为 10 单位，能使该完全竞争企业在此时获得最大利润的产品价格是（　　）

A. 5 美元　　B. 6 美元　　C. 7 美元　　D. 8 美元

【答案】A

【解析】完全竞争企业如果要实现利润最大化，必须满足要素价格等于产品价格与要素的边际产量之积。此时产品的价格为该要素价格与要素的边际产量之比，即 50/10=5 美元，故选择 A。

3. 多选题

（1）影响劳动供给的因素有（　　）。

A. 工资率　　B. 闲暇

C. 劳动者拥有财富的状况　　D. 社会习俗

【答案】AB

【解析】劳动供给涉及消费者对其拥有的既定时间资源的分配，消费者选择一部分时间作为闲暇来享受，选择其余时间作为劳动供给，前者即闲暇直接增加了效用，后者则可以带来收入，通过收入用于消费再增加消费者的效用。因此，就实质而言，消费者并非是在闲暇和劳动二者之间进行选择，而是在闲暇和劳动收入即工资率之间进行选择。

（2）生产要素的价格形成与商品的价格形成的不同点表现在（　　）。

A. 供求主体不同　　B. 需求性质不同　　C. 政府关注点不同　　D. 企业投入不同

【答案】AB

【解析】生产要素市场和商品市场不同，对生产要素的需求是由对消费物品的需求派生出来的，是一种派生需求。要素市场的价格和产品市场的价格是不同的，表现在供给和需求的各个方面，包括供求主体的不同、需求性质的不同、需求特点的不同、均衡价格形成的条件不同等。

（3）一般来说，在完全竞争要素市场上企业的要素供给曲线是水平的，且与（　　）是相等的。

A. *ACL*　　B. *MCL*　　C. *WL*　　D. *MRL*

【答案】ABC

【解析】在完全竞争条件下，要素买卖双方数量很多且要素毫无区别，任何一家企业单独增加或减少其要素购买量都不会影响要素价格。换句话说，要素价格与单个企业的要素使用量没有关系。一般来说，在完全竞争要素市场上企业的要素供给曲线是水平的。

（4）劳动、土地、资本等生产要素的价格分别是（　　）。

A. 工资　　B. 租金　　C. 利息　　D. 税率

【答案】ABC

【解析】资本作为生产要素（生产资料）的一部分，目的是获得更多的商品和劳务。作为生产要素的所有者，劳动者获得工资，资本所有者获得利息，土地所有者获得地租。

（5）下列哪些生产要素供给曲线可能存在向后弯曲的现象？（　　）。

A. 劳动　　B. 资本　　C. 土地　　D. 企业家才能

【答案】AB

【解析】劳动要素和资本要素供给随着其价格，即工资和利率的提高会产生收入效应和替代效应。如果替代效应占主导，那么资本要素和劳动要素供给随其价格提高而增加；如果收入效应占主导，则资本和劳动要素供给随其价格提高而减少，并出现向后弯曲的现象。故选AB。企业家才能、土地要素由于稀缺性和不变的供给，其供给曲线一般为垂直的直线。

4. 判断题

（1）在完全竞争的要素市场上，利润最大化要素使用原则是要素价格等于要素边际产品价值。（　　）

【答案】正确

【解析】一般来说，企业要实现利润的最大化，其选择的最优的要素投入量就必须保证使用要素的边际收益和边际成本相等。在不同的企业那里，这一原则又有不同的表现形式。完全竞争企业的要素使用原则：在完全竞争的条件下，企业使用要素的边际收益等于要素的边际产量乘以产品的价格，此即要素的边际产品价值 VMP；企业使用要素的边际成本则等于要素的市场价格 W。因此，完全竞争企业使用要素的原则可表述为 $VMP=W$。满足此条件的要素量即为最优要素使用量。

（2）租金与准租金的区别在于：前者指长期内供给数量固定不变的要素的价格，后者指短期内供给固定数量不变的要素的价格。（　　）

【答案】错误

【解析】租金是指租赁业务中出租人向承租人收取的转让资产使用权的补偿款。在出租人那里表现为租金收入，在承租人那里表现为租金费用。租赁业务的租金是在出租人和承租人双方谈判中根据资产的成本确定的，而且按时间计算，如每月租金若干。准租金是指，对供给暂时不变的投入品的支付。租金实际上是经济租金的一种特例，即当要素供给曲线垂直时的经济租金，而经济租金是更为一般的概念，不仅适用于供给曲线垂直的情况，也适用于不垂直的一般情况。

（3）完全竞争企业对生产要素的需求取决于生产要素的边际产品价值。（　　）

【答案】正确

【解析】在完全竞争的市场上，企业对生产要素的需求曲线即为要素的边际产品价值曲线，它反映了在不同要素价格水平下企业对要素的需求量，二者是一一对应的。即使存在其他企业因为要素价格变化的调整，企业调整的要素需求曲线也会受到边际产品价值曲线的影响。

（4）完全竞争企业的要素需求曲线和 *MP* 曲线重合。（　　）

【答案】错误

【解析】在完全竞争市场中，企业的要素需求曲线与边际产品价值曲线重合，而非与要素的边际产出重合。但要素的需求曲线会受到要素边际产出的影响，即 $W=VMP=MP\times P$。显然当且仅当产品价格 P=1 时，即 W=MP，要素需求曲线才与要素的边际产出 *MP* 重合。

（5）在短期内，资本的需求曲线向右下方倾斜，供给曲线向右上方倾斜。（　　）

【答案】错误

【解析】短期内，资本需求曲线反映了资本需求量与资本价格，即利率之间的关系。一般而言，当资本利率越高，企业对资本的需求越少；当资本利率越低，企业对资本的需求越多。无论是在短期还是在长期，企业的资本需求曲线均是右下方倾斜的。对于资本供给曲线，短期内储蓄对资本存量的影响微不足道，因此资本供给几乎是固定不变的，这时与土地要素供给一样，是垂直于横轴的一条直线。但在长期内，随着储蓄不断增加，储蓄对资本的影响变大，资本发生变化：当储蓄大于资本折旧时，净投资增加导致资本增加，进而使垂直的资本供给曲线向右移动；当储蓄小于资本折旧时，净投资为负导致资本减少，进而使垂直的资本供给曲线向左移动。总体来说，在短期，资本供给曲线是一条垂直数量轴的直线，与资本利率无关。

（6）资本本身的价格就是利率。（　　）

【答案】错误

【解析】资本本身的价格与利率是两种价格。从生产服务的源泉看，资本本身具有一个市场价格，例如车床等机器设备都可以在市场上按照一定价格出售。从生产服务看，资本也有一个价格，即使用资本的价格，这个价格叫作利率，用 r 表示，它表示单位资本的收入，或者一定时期内资本得到的收入与资本本身价值的比值。

（7）当储蓄等于资本折旧时，资本市场处于长期均衡。（　　）

【答案】正确

【解析】在长期，储蓄变化足以改变资本存量。当利率较高时，储蓄相对资本折旧较大，此时出现正的净投资，进而提高资本存量，资本供给曲线向右移动；当利率较低时，储蓄相对资本折旧较小，此时出现负的净投资，进而减少资本存量，资本供给曲线向左移动；当储蓄等于资本折旧时，此时净投资为 0，资本存量不再发生变化，在资本需求不变时，资本市场在长期中处于均衡状态，此时的资本为稳态资本，利率为均衡利率。

（8）利率越高，储蓄越高。（　　）

【答案】错误

【解析】利率提高对储蓄的影响可以分解为替代效应和收入效应。从替代效应看，利率就是当期消费这一“商品”的价格。当利率上升，消费者减少当期消费的“购买”，进而增加对未来消费的“购买”，即利率对储蓄影响的替代效应。从收入效应看，当利率提高到一定水平时，随着利率提高，同样的储蓄将会增加更多的未来消费，消费者将会减少储蓄，增加当期消费，也就是利率上升对储蓄影响的收入效应。因此，利率上升并不总是会导致储蓄增加。现实中更多由替代效应占主导，是因为利率水平较低，但并不意味着利率提高总是伴随储蓄增加。

5. 简答题

（1）为什么在要素需求弹性大于3时，要素供给的增加会引起收入增加，而在需求弹性小于1时又会引起收入减少？

【答案要点】

一种生产要素的供给增加将引起该要素价格下降和使用量增加。要素的收入等于要素价格乘以要素使用量。如果要素使用量增加的百分比大于价格下降的百分比（即要素的需求弹性大于1），收入就增加。同样，如果要素使用量增加的百分比小于价格下降的百分比（即要素的需求弹性小于1），收入就减少。

（2）"劣等土地上永远不会有地租"，这句话对吗？

【答案要点】

不对。根据西方经济学，地租产生的根本原因在于土地的稀少，供给不能增加；如果给定了不变的土地供给，则地租产生的直接原因就是土地需求曲线的右移。土地需求曲线的右移是因为土地的边际生产力提高或土地产品（如粮食）的需求增加从而价格提高。如果假定技术不变，则地租就因土地产品价格的上涨而产生，且随着产品价格的上涨而不断上涨，即使是劣等土地，也会产生地租。

（3）为什么要素的需求由其边际收益产量曲线决定？

【答案要点】

生产要素的边际收益产量曲线决定要素的需求曲线是因为企业以实现利润最大化为目标。企业所使用的要素量要达到要素的边际成本（即价格）等于其边际收益产量。这样，在这种价格时的要素需求量（需求曲线）就是由边际收益产量曲线决定的。

（4）如果劳动的边际产量增加，劳动的收入会发生什么变化？解释其原因。

【答案要点】

如果劳动的边际产量增加，劳动的需求曲线就向右移动。在劳动的供给曲线既定时，工资和劳动使用量都会增加，这就意味着劳动投入的收入也会增加。

（5）如果工资率下降，替代效应和收入效应对劳动供给量有什么影响？

【答案要点】

如果工资率下降，居民会用闲暇代替工作，从而替代效应减少了劳动供给。低工资也使居民收入减少，从而减少了居民对闲暇的需求，所以，收入效应增加了劳动供应。

（6）完全竞争市场劳动工资如何决定？

【答案要点】

劳动市场工资由劳动市场供给曲线和劳动市场需求曲线共同决定。根据要素边际产品递减，劳动市场需求曲线向右下方倾斜。劳动市场供给曲线由单个消费者劳动供给曲线水平相加得到。尽管单个消费者的劳动供给曲线可能存在向后弯曲的情况，但整个劳动市场的供给曲线却并不如此，因为高工资可能会减少一部分人的劳动供给，但会吸引更多新工人进来，故整个劳动市场供给曲线还是向右上方倾斜的。向右上方倾斜的劳动供给曲线和向右下方倾斜的劳动需求曲线的交点即为均衡点，它决定了劳动市场的均衡工资和均衡劳动供给与需求。当劳动供给增加时，工资下降，均衡劳动供给和需求增加。当劳动供给减少时，工资上升，均衡劳动供给和需求减少。当劳动需求增加时，工资上升，均衡劳动供给和需求增加；当劳动需求减少时，工资下降，均衡劳动供给和需求减少。

（7）简述影响地租的因素。

【答案要点】

西方经济学将地租形成的原因分为根本原因和直接原因。根本原因是土地稀少和固定的供给，即土地要素供给不随土地价格变化而变化，也就是说土地供给是一条垂直的直线。直接原因为土地需求曲线的变动。例如技术进步使土地产量增加、人口增长导致粮食需求增加、房地产开发过热使对土地的需求增加等，都会导致土地要素市场需求曲线变动。此时地租取决于土地需求状况。土地需求越大，则地租越高，反之越低。

（8）为什么熟练劳动的需求曲线高于不熟练劳动的需求曲线？

【答案要点】

因为熟练劳动的边际收益产量大于不熟练劳动的边际收益产量，在产品价格不变时，使用一单位熟练的劳动要素的边际收益要高于使用一单位不熟练的劳动要素的边际收益，也就是熟练劳动要素的边际产品价值大于不熟练劳动要素的边际产品价值。在完全竞争市场中，要素的边际产品价值曲线与要素劳动需求曲线重合，故熟练劳动的需求曲线高于不熟练劳动的需求曲线。

（9）土地无论从短期和长期来说都是缺乏弹性的，这句话正确吗？

【答案要点】

这需要具体情况具体分析。如果土地是稀缺的，对土地的派生需求很大，土地的需求扩大不会刺激土地供应扩大，从这个角度看，土地是完全缺乏弹性的。从长期来看，如果对土地的派生需求很大，会刺激人们对土地的开发和改良，从而扩大土地的供应。因此，土地从长期来看，不是完全缺乏弹性的。

（10）生产要素需求的性质是什么？

【答案要点】

①引致需求。产品市场的需求是满足消费者的直接消费需要，是直接需求。而要素市场上的需求是满足企业的生产需要，并且它是由产品市场的消费需求引起的。②联合需求。对生产要素的需求是一种联合需求或称为相互依存的需求，即对要素的需求是共同的、相互依赖的，生产要素往往不能单独发生作用，任何生产活动所需要的都是多种互补的生产要素。

（11）地租是如何决定的？ 它的发展趋势是什么？

【答案要点】

地租是对土地作为生产要素提供服务的报酬，是企业在一定时期内利用土地所支付的代价。地租是由土地市场的需求和供给决定的。土地供给固定时，地租的高低取决于对土地的需求的大小，与需求同方向变化。所以，一个国家和地区，随着经济发展、人口增加，对土地的需求增加，地租和房价会有增长的趋势。

6. 计算题

（1）某消费者的效用函数为 $U=lY+l$，其中 l 为闲暇，Y 为收入（他以固定的工资率出售其劳动所获得的收入）。

①求该消费者的劳动供给函数。

②他的劳动供给曲线是不是向上倾斜的？

【答案要点】

①设该消费者拥有的固定时间为 T。其中的一部分 l 留做自用即闲暇，其余部分为工作时间，即 $L=T-l$。工资率用 W 表示，则劳动收入 $Y=W\times L$，因而有：

$$U=(T-L)(W\times L)+(T-L)=W\times T\times L-W\times L^2+T-L$$

为使消费者效用最大化，对 L 偏导得

$$\mathrm{d}U/\mathrm{d}L=W\times T-2\times W\times L-1=0$$

解得 $2\times W\times L=W\times T-1$，于是

$$L=T/2-1/2W$$

②其中 T 表示既定的时间总量，是外生参数。此曲线为劳动供给曲线。 使用劳动供给量对 W 求导得 $\mathrm{d}L/\mathrm{d}W=1/2W^2>0$ 。故劳动供给量随着工资提高而增加，即劳动供给曲线是向右上方倾斜的。

（2）在完全竞争市场中，已知劳动是唯一的可变要素，生产函数 $Q=A+10L-5L^2$，劳动价格为 W。试说明：

①企业对劳动的需求函数；

②企业对劳动的需求量与工资呈反方向变化；

③企业对劳动的需求量与产品价格呈同方向变化。

【答案要点】

①根据题意，在完全竞争市场中，企业实现利润最大化需要满足要素价格等于产品价格和要素的边际产品之积，即

$$W = P \times MP(L) = P \times (10 - 10L) = 10P - 10PL$$

解得企业对劳动要素 L 的需求函数为

$$L = 1 - W/10P$$

②用劳动 L 对工资 W 求导得 $\partial L/\partial W = -1/10P < 0$，故企业对劳动的需求量与工资呈反方向变化。

③用劳动 L 对价格 P 求导得 $\partial L/\partial P = W/10P^2 > 0$，故企业对劳动的需求量与产品价格呈同方向变化。

（3）某企业生产某产品，其单价为 15 元，月产量为 200 单位，产品的平均可变成本为 8 元，平均不变成本为 5 元。试求准租金和经济利润。

【答案要点】

准租金等于企业总收益与总可变成本之差。企业总收益为 $15 \times 200 = 3\,000$ 元。总可变成本为 $8 \times 200 = 1\,600$ 元，故固定成本带来的收益为 3 000−1 600=1 400 元，即为准租金。经济利润 = 准租金 − 总固定成本 =1 400 − 200 × 5=400 元。

（4）某公司生产甲产品，单价为 100 元，年产量为 1 500 件，生产中只使用两种生产要素：一是劳动力（可变投入）；二是设备（不变投入）。每件产品的可变成本为 80 元，单位不变成本为 10 元，求劳动力的准租金为多少？经济利润为多少？

【答案要点】

企业准租金等于企业总收益减去总可变成本。由题意可知企业总收益为 1 500 × 100=150 000 元，总可变成本为 1 500 × 80=120 000 元，故准租金为 150 000−120 000=30 000 元。该公司的经济利润 = 准租金 − 总固定成本 =30 000−1 500 × 10=15 000 元。

（5）已知劳动是唯一的可变要素，生产函数为 $Q = A + aL - bL^2$，产品市场是完全竞争市场，劳动的价格为 W，试推导证明：

①企业对劳动的需求函数为 $L = a/2b - W/2bP$；

②企业对劳动的需求量与工资呈反方向变化；

③企业对劳动的需求量与产品价格呈同方向变化。

【答案要点】

①在完全竞争市场中，企业为实现利润最大化，在要素使用上需要满足要素边际产品价值等于要素价格，即 $VMP=W$。$MP(L) = a - 2bL$，于是有 $P(a - 2bL) = W$，转化得到 $L = a/2b - W/2bP$。

②由于 $\partial L/\partial W = -1/2bP$，故企业对劳动的需求量与工资呈反方向变化。

③由于 $\partial L/\partial P = W/2bP^2 > 0$，故企业对劳动的需求量与产品价格呈同方向变化。

7. 分析题

（1）论述完全竞争企业的要素使用原则。

【答案要点】

假设完全竞争企业只使用一种生产要素和生产一种产品，追求利润最大化。与产品决定一样，要素使用也要满足要素的边际收益等于要素的边际成本。

首先，从企业使用要素的边际收益看，在完全竞争市场中，企业的总收益等于产品价格与产品产量的乘积，即 $R(Q) = P \times Q$。其中 R、P、Q 分别表示企业收益、产品价格和产量。一方面，企业产量是关于要素的函数，即产量随着要素变化而变化，则将产量视为要素的函数 $Q(L)$，其中 L 是某种生产要素；另一方面，在完

全竞争市场中，产品价格 P 是外生参数，故收益函数可以视为要素的“复合”函数，即 $R(Q(L)) = P \times Q(L)$。要使企业收益最大，需要满足如下一阶条件：

$$dR/dL = (dR/dQ) \times (dQ/dL) = P \times MP(L)$$

dR/dL 意味着每增加一单位要素 L，企业将增加的收益为 $P \times MP(L)$，其中 $MP(L)$ 表示要素 L 的边际产量，即增加一单位要素 L 将带来的产品产量的多少，而一单位产品的价格为 P，故 $P \times MP(L)$ 也就是增加一单位要素后带来的产品价值，称为边际产品价值 VMP。

其次，从企业使用要素的边际成本看，企业使用要素 L 的总成本等于要素使用量与要素价格的乘积，即 $C(L) = WL$。其中 $C(L)$ 表示要素 L 的成本，W 是要素 L 的价格，L 是要素使用量。在完全竞争市场中，要素 L 的价格 W 是不变的外生参数，故其边际成本为

$$dC(L)/dL = W$$

根据企业利润最大化的一般原则，当 $VMP = W$ 时，企业利润达到最大。

此外，也可以通过构造利润函数 $\pi(L) = P \times Q(L) - WL$ 证明。

其中利润函数满足一阶条件：

$$d\pi/dL = P \times (dQ/dL) - W = 0$$

即 $P \times MP(L) = W$，其中 $dQ/dL = MP(L)$

（2）论述完全竞争企业的要素需求曲线。

【答案要点】

完全竞争企业要素需求曲线反映的是在其他条件不变时，完全竞争企业的要素需求量与要素价格之间的关系。根据完全竞争企业要素使用原则 $VMP = W$，当要素价格 W 发生变化时，由于价格 P 是外生参数，$VMP(L) = P \times MP(L)$，有唯一的要素需求量 L 与之对应。当要素价格 W 提高时，边际产品价值 VMP 小于要素的边际成本 W，此时企业将减少要素 L 的需求，以提高要素 L 的边际产出，此时边际产品价值增加，直至与要素的边际成本相等。当要素价格 W 降低时，边际产品价值 VMP 大于要素的边际成本 W，此时企业将增加要素 L 的需求，以减少要素 L 的边际产出，此时边际产品价值降低，直至与要素的边际成本相等。

从上面的分析中可以看出，要素价格与要素需求量存在反向变化关系。将横轴视为要素需求量，纵轴视为要素价格，则边际产品价值曲线随着要素需求量增加而减少（因为要素的边际产量递减），而要素价格曲线平行于横轴，如图 6-1 所示。

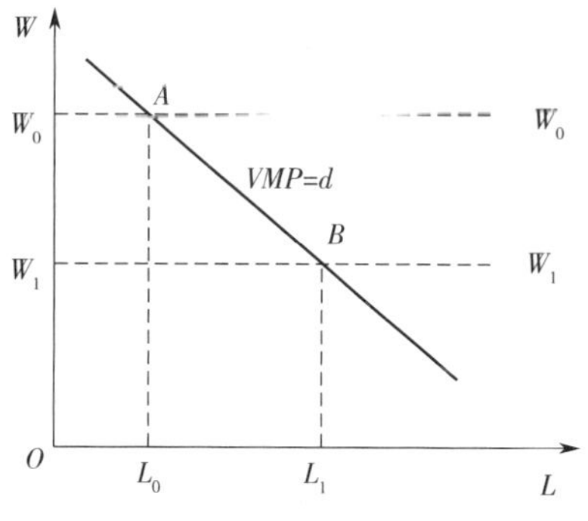

图 6-1　完全竞争企业的要素需求曲线

并且，对于单个企业而言，要素的边际产品价值就是要素的需求曲线。

（3）论述完全竞争市场要素供给的一般原则。

【答案要点】

消费者的要素资源既可以供给企业也可以保留为自己所用。前者为要素供给 L，后者为自用资源 H。一方面，要素供给给企业后，消费者会获得收入，进而转化为消费 C，以增加自身效用。显然要素供给带来的效用不是直接的，而是先转化为收入和消费，再影响自身效用。另一方面，自用资源既可以带来直接效用

(例如休闲娱乐等),也可以带来间接效用(如做家务节省了请他人帮忙而付出的报酬,进而增加自身的消费)。为简单起见,假定自用资源带来的效用都是直接的。

假设消费者拥有的要素总量为$\bar{L}$,是一个外生参数。要素供给价格为W,在完全竞争要素市场条件下,W也是一个外生参数,单个消费者增加还是减少要素供给都不能影响W。在上述假定条件下,消费者效用函数为

$$U = U(C, H)$$

其中U表示消费者的总效用,C表示消费者供给效用L后,由收入Y转化的消费量,H表示消费者的自用资源。消费者的消费由要素供给获得的收入决定,即

$$C = \alpha Y, Y = W(\bar{L} - H)$$

其中α表示收入转化为消费的比例,即边际消费倾向,$\bar{L} - H$表示从消费者要素总量中扣除自用资源部分,即要素供给L。假设边际消费倾向为1,则消费者面临的预算约束为

$$C = W(\bar{L} - H)$$

为了使消费者效用最大化,构造拉格朗日函数

$$L(C, H) = U(C, H) + \lambda(W(\bar{L} - H) - C)$$

并且满足一阶条件

$$\partial U / \partial C - \lambda = 0$$

$$\partial U / \partial H - \lambda W = 0$$

两式相除

$$(\partial U / \partial H) / (\partial U / \partial C) = W$$

即自用资源的边际效用与要素供给带来的边际效用之比等于要素价格,此时消费者效用最大,这一原则决定了消费者最优的要素供给量L^*和自用资源H^*。

(4)使用预算约束线、无差异曲线推导要素供给曲线。

【答案要点】

要素供给曲线反映了要素价格与消费者要素供给的关系。消费者作为要素供给方,将既定的要素$\bar{L}$分为自用资源H和要素供给L两部分,消费者基于自用资源和要素供给带来的收入或消费C使自身效用最大化。在这一前提下,要素价格发生变化,自用资源和要素供给的结构关系也会随之变化,即对于消费者而言,最优的要素供给将随着价格变化而变化。假设要素价格为W_0,若消费者将所有要素拿来自用,则最大能使用$\bar{L}$的要素,反之若将用所有要素赚来的收入拿来消费,则消费量为$W\bar{L}$。消费和自用资源的决策关系称为预算约束线,即满足如下关系:$C = W(\bar{L} - H)$。

另外,消费者效用是关于自用资源和消费的连续、向右下方倾斜且凸向原点的函数,即$U = U(C, H)$。

此时效用函数与预算约束线必有一个切点E_0,在该切点上,消费者效用实现最大化,对应的H_0即为最优自用资源,$\bar{L} - H_0$表示最优要素供给。

现在让要素价格W_0上升到W_1,纵截距由C_0变为C_1,效用曲线与预算约束线相切于E_1,在该切点上,消费者效用实现最大化,对应的H_1即为最优自用资源,$\bar{L} - H_1$表示最优要素供给。同理可得,当要素价格增加到W_3时,对应的H_2即为最优自用资源,$\bar{L} - H_2$表示最优要素供给。

随着要素价格W增长,自用资源H不断下降,而要素供给$\bar{L} - H$不断增加,这表明一般而言,要素价格和要素供给大致呈现正相关关系。对于具体的要素而言,它们有各自的特点,需要具体问题具体分析。

(5)推导劳动供给均衡条件。

【答案要点】

劳动供给均衡与一般要素供给原则基本类似,劳动者一天拥有的劳动时间是有限的,去除掉必要的生理性(如睡觉等)时间,消费者将剩余的时间进行分配:一部分为除劳动供给以外的闲暇时间(吃喝玩乐

等），这部分时间可以直接为消费者带来效用；另一部分需要提供劳动供给获得收入，通过消费带来间接效用。

假设消费者拥有的时间资源总量为 $\bar{L}$，其中用于劳动供给的时间为 L，其余为闲暇时间 H，显然 $L+H=\bar{L}$。消费者的效用取决于劳动供给带来的收入消费 C、与闲暇时间 H，即

$$U=U(C,\bar{L}-L)$$

消费者通过劳动供给获得劳动收入 $W\times L$，即劳动工资 W 与劳动时间 L 的乘积，还包括非劳动收入 $\bar{Y}$，因此消费者的最大消费为

$$C=WL+\bar{Y}$$

劳动供给均衡条件即为在消费者效用最大化时，消费、闲暇和效用之间的关系。构造拉格朗日函数

$$L(C,L)=U(C,\bar{L}-L)+\lambda(W\times L+\bar{Y}-C)$$

并且满足一阶条件

$$\partial U/\partial C-\lambda=0$$

$$\partial U/\partial L+\lambda W=0$$

两式相比得

$$(\partial U/\partial L)/(\partial U/\partial C)=-W$$

即实现消费者效用最大化，必须满足劳动边际效用和消费边际效用之比等于劳动价格的相反数。

（6）论述土地地租形成过程。

【答案要点】

土地供给的服务价格称为地租，而地租由土地要素市场的供给和需求决定。

从土地要素市场供给看，假设消费者拥有的土地数量是外生的，即 $\bar{M}$。消费者为实现效用最大化，需要考虑用多少比例土地来供给市场，多少比例土地保留自用。一方面，消费者将土地供给市场，将获得收入和消费，进而增加消费者的间接效用；另一方面，消费者可以保留部分土地以直接提高自身效用（建立花园、健身场所等），于是消费者效用函数为

$$U=U(C,H)$$

考虑到消费者保留自用土地的比例不是很大，对效用的增加不是非常明显，我们忽略自留土地对消费者效用的影响，因此效用函数为

$$U=U(C)$$

该效用函数只剩下消费，消费来源于收入，收入取决于土地供给的数量。为使效用最大化，消费者需要将所有土地要素全部供给市场，即供给既定的土地要素 $\bar{M}$，无论土地要素价格（R）如何变化，消费者土地要素供给不发生变化。而土地市场的供给曲线是由单个消费者土地供给曲线水平相加得到的。

从土地要素市场需求看，当土地要素价格过高，企业将降低对土地要素的需求，反之提高对土地要素的需求，企业的要素需求曲线是向下倾斜的。从图 6-2、图 6-3 中可以看出，当土地要素供给和土地要素需求相交时，对应的均衡土地要素价格即为地租 R_1。

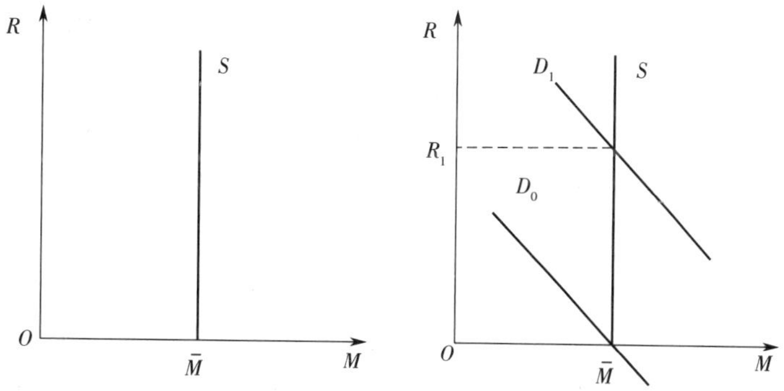

图 6-2　土地的供给曲线　　图 6-3　土地价格和地租

此外，在西方经济学中，地租产生的根本原因是土地的稀缺性或者土地供给不变，而地租形成的直接原因是土地需求的变化。技术进步、人口增加均会对土地需求产生影响，进而使需求曲线发生移动，地租价格发生变动。

（7）论述产品卖方垄断条件下的要素使用原则。

【答案要点】

这里的产品卖方垄断是指企业在产品市场属于垄断者，而在要素市场中依然是完全竞争者。产品卖方垄断要使收益最大化，也必须满足要素使用的边际收益等于要素使用的边际成本。

由于要素市场是完全竞争的，故要素的边际成本依然是一个外生参数，即固定不变的要素价格 W。

而产品市场不是完全竞争的，故要素的边际收益需要重新计算，具体来说卖方垄断企业的收益函数是关于要素需求量的复合函数：

$$R = R(Q(L))$$

其中 R、Q 和 L 分别表示垄断企业的收益、产量和要素需求量。为了得到要素的边际收益，对要素需求 L 进行求导，得到

$$\frac{\mathrm{d}R}{\mathrm{d}L} = \frac{\mathrm{d}R}{\mathrm{d}Q} \times \frac{\mathrm{d}Q}{\mathrm{d}L}$$

其中 $\mathrm{d}R/\mathrm{d}Q$ 为垄断企业的边际收益 MR，而 $\mathrm{d}Q/\mathrm{d}L$ 表示要素 L 的边际产品 MP。因此，垄断企业的要素边际收益等于边际产品与边际收益的乘积，称为要素的边际收益产品，记作 MRP，即

$$MRP = MR \times MP$$

与完全竞争市场的边际产品价值曲线不同，这里的边际收益不再是恒定不变的市场价格，而是边际收益 MR。一方面，当要素需求增加时，根据边际产品递减规律可知，MP 递减；另一方面，随着要素 L 需求增加，产量也会增加，但边际收益 MR 会下降。因此边际收益产品曲线向右下方倾斜，即随着要素 L 需求增加，MRP 呈现下降趋势。

卖方垄断企业若要实现利润最大化，需要满足边际收益产品与要素使用的边际成本相等，即

$$MRP = W$$

（8）论述要素买方垄断条件下要素价格的决定。

【答案要点】

买方垄断是指企业在要素市场作为买方，属于垄断者，在产品市场作为卖方，是完全竞争者。企业为了使利润最大化，也需要满足要素使用的边际收益等于要素使用的边际成本。

要素使用的边际收益方面，由于企业在产品市场是完全竞争者，故要素使用的边际收益即为边际产品价值 $VMP = P \times MP$。

要素使用的边际成本就是使用一单位要素能增加多少单位成本。设 ΔL 表示要素使用的增量，ΔC 表示要素使用的成本增量，二者之比之极限即为要素使用的边际成本，用 MFC 表示，即

$$MFC = \mathrm{d}C/\mathrm{d}L = \mathrm{d}(L \times W(L))/\mathrm{d}L = W(L) + L \times \mathrm{d}W(L)/\mathrm{d}L$$

其中 C 表示要素使用的成本，等于要素使用数量与要素价格 $W(L)$ 的乘积。由于企业在要素市场属于买方垄断者，故 $W(L)$ 是关于 L 的函数，称为企业所面临的要素供给函数。MFC 由两部分构成，第一部分为单位要素使用的价格 $W(L)$，即企业面临的要素供给函数；第二部分为企业使用 L 单位要素后增加的成本，表示因企业对要素 L 的需求增加后而上升的成本。而不同类型的垄断企业面临的要素供给 $W(L)$ 不同，因要素使用 L 单位后增加的成本也不尽相同。

一般而言，$W(L)$ 是向右上方倾斜的，即要素供给随要素价格上升而增加，即 $\mathrm{d}W(L)/\mathrm{d}L \geqslant 0$。因此 $MFC \geqslant W(L)$。

因此企业为实现利润最大化，必须使 $VMP = MFC$，即要素边际产品价值等于边际要素成本，或者 $MP(L) \times P = W(L) + L \times (\mathrm{d}W(L)/\mathrm{d})$，此时可以求解出均衡要素使用量以及对应的均衡要素价格。

(9)记述在公平和效率方面,我国与西方资本主义国家的区别。

【答案要点】

答:①根据西方经济学的要素分配理论,尽管西方的分配制度是具有效率的,但并不一定是公平的。尽管其在一定程度上实现了帕累托效率,但初始禀赋和资本产权的初始划分差异将会导致社会分配差距拉大。具体来说,要素市场中要素所有者的收入不仅取决于要素自身的价格,还取决于要素使用量。

事实上,要素使用量和要素拥有量是密切相关的:例如资本家使用大量资本要素,而往往绝大部分资本要素就是由资本家所拥有的,同时资本家也是经济利润所有者。由于资本相对劳动更为稀缺,在技术发展条件下,无论是资本价格还是资本使用量,都远远超过劳动要素价格和劳动要素使用量。这样一来,收入分配很大程度上取决于要素所有权的分配。西方资本主义国家强调个人主义,认为个人的权益和自由是最重要的。在这种制度下,个人的收入、地位和权利主要取决于其自身的努力和能力。生产资料私有制使得要素分配极不平等,极少一部分人掌握国内绝大多数财富。

②与西方资本主义不同,中国特色社会主义强调社会主义公有制的重要性,不仅重视经济效率,更重视经济增长本身的目的,即增进人民福祉,实现好、维护好和发展好广大人民的根本利益。在这个制度下,政府通过税收、社会保障等手段,对收入分配进行调节,保障弱势群体的基本生活和发展权益。虽然在一定程度上缩小了贫富差距,但也存在一定程度的不公平现象,如地区发展不平衡、教育资源分配不均等。在现阶段,我国以增进民生福祉为发展目的,在经济发展过程中,多谋民生之利、多解民生之忧,在发展中补齐民生短板、促进社会公平正义,努力实现幼有所育、学有所教、劳有所得、病有所医、老有所养、住有所居、弱有所扶,保证全体人民在共建共享发展中有更多获得感,不断促进全体人民共同富裕。

(10)论述效率和公平的关系。

【答案要点】

效率和公平是经济学中的两个重要概念,它们之间的关系一直是经济学研究的重要课题。效率和公平是一对矛盾的统一体,它们在很多时候是相互制约、相互促进的,但同时也存在一定的冲突和矛盾。

首先,效率和公平是经济发展的两个重要目标。效率是指在有限的资源条件下,通过合理配置和使用,实现生产的最大效益。公平则是指在社会经济活动中,保障各个主体的合法权益,使每个人都能公平地分享到社会财富。在经济发展过程中,既要追求效率,也要注重公平,二者缺一不可。

其次,效率和公平之间存在着一定的矛盾。过度追求效率可能会导致贫富差距扩大,社会公平受到损害。例如,如果市场机制不能有效地调节收入分配,那么贫富差距可能会进一步扩大,社会的公平感会降低。反之,过度追求公平可能会影响经济的效率。例如,如果政府过度干预市场,可能会导致资源配置的效率降低。

然而,效率和公平并不是完全对立的。在一定程度上,效率和公平是可以相互促进的。例如,通过提高生产效率,可以增加社会总体的财富,从而有利于实现社会公平。同时,通过改善收入分配制度,也可以提高社会的总体效率。

总体来说,效率和公平是经济发展的两个重要目标,它们之间既有矛盾,又有统一。我们在追求效率的同时,也要注重公平,寻求二者之间的平衡,以实现经济的持续、健康发展。

(11)一种意见是"土地价格的上涨导致了房屋价格的上涨";另一种意见是"房屋价格的上涨导致了土地价格的上涨"。你的观点如何?

【答案要点】

这涉及地租的概念。租金是支付给一种只有单一用途的生产要素的报酬。当土地只有一种单一用途时,其供应就完全缺乏弹性。土地的需求价格不论上升或下降都不会使土地供应增加或减少。由此可见,是房屋价格的上涨导致了土地价格的上涨,而不是土地价格的上涨导致了房屋价格的上涨。这个结论只适用于土地完全缺乏弹性的情况。如果土地还有别的用途,别的用途的需求也会把土地的租金提高,使得建造房屋必须支付更高的价格,从而对房屋价格的上涨起到推动的作用。

三、随堂同步自测

1. 名词解释

(1)边际要素成本。

(2)要素需求曲线。

(3)行业调整要素需求曲线。

(4)自用资源。

(5)需求替代效应。

(6)需求收入效应。

(7)产品卖方垄断。

(8)要素买方垄断。

(9)准租金。

2. 单选题

(1)某买方垄断企业为实现最大利润均衡,其要素使用量为 1 000,要素的边际产量为 20,产品价格100美元,则其支付的要素价格很可能(　　)。

A. 小于 2 000 美元　B. 等于 2 000 美元　C. 大于 2 000 美元　D. 无法判断

(2)工资率上升具有收入效应和替代效应,二者作用方向相反。现在假设工资率一直上升,直至收入效应起主导作用,那么劳动供给曲线将(　　)。

A. 向右上方倾斜　B. 向右下方倾斜　C. 向右下方弯曲　D. 向左上方弯曲

(3)劳动力市场需求与单个企业劳动力需求的关系是(　　)。

A. 前者是后者的水平加总　B. 前者是后者的垂直加总

C. 后者是前者的水平加总　D. 后者是前者的垂直加总

(4)劳动供给决策包括(　　)之间的选择。

A. 工作和睡眠　　B. 收入和消费　　C. 消费和睡眠　　D. 收入和闲暇

(5)某工人在工资率为每小时2美元的时候每周挣80美元,每小时3美元的时候每周挣105美元,由此可以断定(　　)。

A. 收入效应起着主要作用　　B. 替代效应起着主要作用

C. 收入效应和替代效应都没有发生作用　　D. 无法确定

(6)如果政府大力提倡用先进的机器来替代劳动,这将导致(　　)。

A. 劳动的供给曲线向右移动　　B. 劳动的需求曲线向右移动

C. 劳动的供给曲线向左移动　　D. 劳动的需求曲线向左移动

(7)工资率的上升所导致的替代效应系指(　　)。

A. 工作同样长的时间可以得到更多的收入

B. 工作较短的时间也可以得到同样的收入

C. 工人宁愿工作更长的时间,用收入带来的享受替代闲暇带来的享受

D. 以上均对

(8)假定在完全竞争的要素市场上,某种生产要素的价格和产品的价格均等于4美元,且此时企业得到了最大利润,则这种生产要素的边际产量为(　　)。

A. 2　　B. 1　　C. 4　　D. 不可确定

(9)完全竞争产品市场与不完全竞争产品市场下的生产要素的需求曲线相比,(　　)。

A. 前者与后者重合　　B. 前者比后者陡峭　　C. 前者比后者平坦　　D. 无法确定

(10)在完全竞争市场中,经过行业调整的要素需求曲线与未经过行业调整的要素需求曲线相比(　　)。

A. 前者与后者重合　　B. 前者比后者陡峭　　C. 前者比后者平坦　　D. 无法确定

(11)影响地租的根本原因是(　　)。

A. 土地需求的变化　　B. 人口增加　　C. 土地的供给增加　　D. 土地的稀缺

(12)生产要素的需求曲线向右下方倾斜,是因为(　　)。

A. 产品价格水平不变　　B. 生产要素的边际产品价值递减

C. 生产的规模报酬递减　　D. 以上均不正确

(13)买方垄断企业条件下的要素的边际成本大于完全竞争市场条件下的要素的边际成本是因为(　　)。

A. 要素增加导致要素成本增加　　B. 要素增加导致产量增加

C. 要素增加导致边际产出递减　　D. 要素增加导致规模报酬递增

(14)某买方垄断企业面临的要素供给曲线为 $W(L)=10L$,该要素的边际产出为2个单位,产品的价格为30美元,若此时买方垄断企业实现利润最大化均衡,则该要素的需求量是(　　)个单位。

A. 2　　B. 3　　C.4　　D.5

(15)假设某件机器设备的市场价格为20 000元,机器的年收入为2 000元,则这项机器的年利率是(　　)。

A. 8%　　B. 9%　　C.10%　　D.11%

(16)某消费者在利率为2%时,储蓄为10万元,当利率为3%时,储蓄为8万元,这是因为(　　)。

A. 收入效应主导　　B. 替代效应主导

C. 收入效应和替代效应共同主导　　D. 无法判断

(17)长期资本市场均衡的条件是(　　)。

A. 储蓄大于资本折旧　　B. 储蓄小于资本折旧　　C. 储蓄等于资本折旧　　D. 无法判断

(18)假设生产某种商品需要使用A、B、C三种生产要素,当A的投入量连续增加时,它的边际物质产

品(　　)。

A. 在 B 和 C 的数量及技术条件不变时,A 的边际物质产品下降

B. 在技术条件不变时,B 和 C 的数量同比例增加,A 的边际物质产品下降

C. 在任何条件下 A 的边际物质产品均下降

D. A 和 B

(19)行业对某种生产要素的需求曲线与单个企业对这种生产要素的需求曲线相比,(　　)。

A. 前者与后者重合　B. 前者比后者陡峭　C. 前者比后者平坦　D. 无法确定

(20)工资率上升的收入效应导致闲暇消费的(　　),而其替代效应导致工作时间的(　　)。

A. 减少,减少　B. 减少,增加　C. 不变,减少　D. 增加,减少

(21)工资率上升有收入效应和替代效应,如果工资率一直上升到使收入效应起主要作用,则劳动供给曲线(　　)。

A. 向上倾斜　B. 垂直　C. 向下倾斜　D. 向后弯曲

(22)准租金与企业的总利润相比,二者(　　)。

A. 相等　B. 前者大　C. 后者大　D. 均有可能

(23)下面哪一种情况有可能带来经济利润?(　　)。

A. 商品的供给水平很高　B. 商品的需求水平很低

C. 企业有效控制了商品的供给　D. 以上均对

(24)使地租不断上升的原因是(　　)。

A. 土地的供给与需求共同增加　B. 土地的供给不断减少,而需求不变

C. 土地的需求日益增加,而供给不变　D. 土地的供给不断增加,而需求不变

(25)生产要素的价格等于(　　)。

A. 要素的边际成本　B. 边际产品收益　C. 边际产品价值　D. 依具体情况而定

(26)利润被定义为(　　)。

A 总收入与总成本的差异　B. 均衡时边际收益与边际成本的差异

C. 分配给股东的红利　D. 企业再投资于生产的现金量

(27)当生产要素 A 的市场供给曲线斜率为正时,(　　)。

A. 不论该要素价格如何,该要素的供给量总是固定的

B. 其需求曲线单独决定均衡价格

C. 该要素的需求曲线与供给曲线之交点决定均衡价格,而不决定均衡数量

D. 该要素的需求曲线与供给曲线之交点决定均衡价格和均衡数量

(28)当要素 A 供给(价格)弹性为零时,(　　)。

A. 该要素的供给量是固定的且与该要素的价格无关

B. 该要素的需求曲线单独决定均衡价格

C. 要素 A 的全部支付都为租金

D. 以上全对

(29)如果市场利息率普遍下跌,那么任何资本资产的现值都将(　　)。

A. 下跌,因为较低的利息率表明,在未来任一时期增加的收入量,现值较高

B. 下跌,因为较低的利息率表明,在未来任一时期增加的收入量,现值较低

C. 保持不变,除非相关的成本或收入因素因此而改变

D. 增加,因为较低的利息率表明,在未来任何时期增加的收入量,现值较高

3. 多选题

(1)利息是(　　)。

A. 资本的报酬　　B. 资本这一生产要素的价格

C. 由资本市场的供求双方决定的　　D. 由劳动市场的供求双方决定的

(2)在完全竞争市场上,企业对生产要素的需求量取决于(　　)。

A. 产品的市场价格　　B. 要素的边际产品　　C. 生产要素的价格　　D. 供给

(3)下列选项中属于在要素市场上对完全竞争的假定的有(　　)。

A. 有许多要素的需求者和供给者　　B. 所有要素的需求者和供给者拥有充分的信息

C. 不考虑要素的运输和配置成本　　D. 生产中用的要素都是同质的

(4)影响劳动需求的因素包括(　　)。

A. 劳动者供给数量的变化　　B. 劳动力受教育程度

C. 产品市场的产品价格　　D. 人工智能的出现

(5)下列选项中可以视为企业生产要素的有(　　)。

A. 资本　　B. 土地　　C. 劳动　　D. 企业家才能

(6)关于完全竞争企业的要素需求曲线和要素供给曲线的说法,正确的是(　　)。

A. 生产者的边际收益产品线及边际产品价值线与要素需求曲线重合

B. 生产者的边际要素成本曲线及平均要素成本曲线与要素需求曲线重合

C. 生产者的要素供给曲线为水平线

D. 生产者的要素需求曲线是向右下方倾斜的曲线

(7)下列因素中能导致需求曲线移动的因素是(　　)。

A. 相关商品的价格　　B. 消费者的价格预期

C. 消费者的收入水平　　D. 商品自身的价格

(8)以下哪些因素是引起总供给曲线移动的原因?(　　)。

A. 劳动变动　　B. 物价变动　　C. 资本变动　　D. 技术知识变动

4. 判断题

(1)当某完全竞争企业使用劳动要素达一定量时的 VMP=500 元,而 W=450 元,该企业应减少劳动的使用量。(　　)

(2)土地的供给曲线是一条垂直于横轴的直线,这是因为土地供给是不变的。(　　)

(3)买方垄断企业是指企业在产品市场上是垄断者,但在要素市场上是完全竞争者。(　　)

(4)生产要素的供给与产品的供给具有相同的特点。(　　)

(5)森林、矿藏、河流等自然资源不是生产要素。(　　)

(6)假如企业使用先进的机器设备取代劳动,劳动的需求曲线将向右移动。(　　)

(7)把单个消费者的需求曲线水平加总,就可得到产品的市场需求曲线。要素的市场需求曲线也可以如此直接求得。(　　)

(8)工资的变化会带来两种效应:替代效应和收入效应。替代效应与收入效应是完全相反的。当替代效应大于收入效应时,工资率的增加会导致劳动量供应的增加,这时劳动的供给曲线向右上方倾斜。(　　)

(9)利率变动的效应分为两部分:一部分为替代效应,利率上升,替代效应趋于鼓励储蓄;另一部分为收入效应,收入效应趋于减少储蓄。(　　)

(10)企业对生产要素的需求是一种引致的、联合的需求。(　　)

(11)如果一个竞争性企业最后雇佣的那个工人所创造的产值大于其雇佣的全部工人的平均产值,它一定没有实现最大利润。(　　)

(12)无论在短期还是长期,准地租都不存在。 ( )

(13)分配理论实际上是均衡价格理论在生产要素市场中的应用。 ( )

(14)在完全竞争市场上,工资完全是由劳动的供求关系决定的。 ( )

(15)企业使用生产要素的目的是实现利润最大化。 ( )

(16)企业对生产要素的需求取决于生产要素的边际收益。 ( )

(17)由消费者对产品的直接需求派生出来的企业对生产要素的需求叫引致需求。 ( )

(18)完全竞争市场上边际产品价值是增加一单位要素给企业带来的收益增加。 ( )

(19)某项政策实施前,基尼系数为 0.68,该政策实施后,基尼系数为 0.72,所以说该政策的实施有助于实现收入分配平等化。 ( )

(20)超额利润是对企业家才能这种特殊生产要素的报酬。 ( )

5. 简答题

(1)根据西方经济学中的要素分配理论,完成表 6-1。

表 6-1 题表 1

企业类型	产品市场	要素市场	边际要素收益	边际要素成本	使用原则
完全竞争企业					
卖方垄断企业					
买方垄断企业					

(2)推导买方垄断条件下要素使用的原则条件。

(3)证明:买方垄断条件下的要素边际成本等于 $W(1+1/\eta)$,其中 η 为要素的供给弹性, W 表示要素价格。

(4)为什么边际收益产品曲线要比边际产品价值曲线更加陡峭?

(5)与土地要素和劳动要素相比,资本要素具有什么样的特点?

（6）为什么不同资本的收入不同，但利率却具有趋同性？

6. 计算题

（1）在产品和要素市场中完全竞争的企业雇用一个劳动力的价格是 20 元，企业的生产情况如表 6-2 所示。

表 6-2　题表 2

劳动力数	3	4	5	6	7	8
产出数	6	11	15	18	20	21

假设每个产品的价格是 10 元。问：该企业应雇用多少单位劳动力？

（2）假定企业的生产函数是 $Q=12L-L^2$，L=0~6，其中 L 是每天的劳动投入，Q 是每天的产出。如果产出品在竞争性市场上以 10 美元售出，要求：

① 导出企业的劳动需求曲线；

② 当工资率为每天 60 美元时，企业将雇佣多少工人？

（3）假设某特定劳动市场的需求和供给分别为：$D_L=6\,000-100W$，$S_L=100W$，则：

① 均衡工资为多少？

② 假设劳动需求变为 $D_{L1}=3\,000-100W$，此时工资率为多少？

③ 假设劳动供给变为 $S_{L1}=100W+1\,000$，此时工资率为多少？

④ 结合以上问题，分析劳动供给和需求变化如何影响工资率。

（4）设某企业使用的可变要素为劳动力，其生产函数为 $Q=-0.01L^3+L^2+36L$，式中，Q 为每日产量，L 是每日投入的劳动小时数，所有市场（劳动市场及产品市场）都是完全竞争的，单位产品价格为 0.1 美元，小时工资为 4.8 美元，企业要求利润最大化。求企业每天要雇佣多少小时劳动力？

（5）某劳动市场的需求和供给分别为 $D_L=4\ 000-50W$，$S_L=50W$。请问：

①均衡工资为多少？

②假如政府对工人提供的每单位劳动征税 10 美元，则新的均衡工资为多少？

③实际上对单位劳动征收的 10 美元税收由谁支付？

④政府征收的总税收额为多少？

7. 分析题

（1）论述完全竞争市场要素需求曲线形成过程。

（2）论述劳动供给曲线形成过程。

（3）论述劳动供给曲线为什么向后弯曲。

（4）使用跨期消费模型推导储蓄供给曲线。

(5)论述为什么储蓄供给随利率提高先增加再减少。

(6)论述资本市场短期均衡和长期均衡。

(7)推导卖方垄断企业要素需求曲线和市场要素需求曲线。

(8)为什么说西方经济学要素分配理论是庸俗的分配论。

(9)论述完全竞争企业在短期内的准租金。

(10)结合所学知识和经验,列举至少五个影响区域性收入差距的因素,并说明这些因素是如何影响城乡收入差距的。

(11)论述解决城乡收入差距问题的方法。

(12)论述解决区域收入差距问题的方法。

四、课程思政案例

(1)美国自诩为“最美好国家”，却是贫富分化最严重的西方国家，深陷富者愈富、穷者愈穷的窘境而不能自拔，导致阶层固化，底层民众不再对所谓“美国梦”抱持希望，喟叹“美国梦”不过是看起来很美的梦而已。

美国宣称“实现了对公平正义的最佳实践”，但其贫富差距之悬殊令世人惊愕。基尼系数高居西方国家之首。根据美联储公布的数据，2021 年占美国人口 1% 的最富有群体的财富总和高达 45.9 万亿美元，超过收入由低至高占美国人口 90% 的群体的财富总和。据世界银行统计，美国的基尼系数从 1974 年的 0.353 持续上升到 2019 年的 0.415，超过 0.4 的贫富差距过大警示线；同期其他发达国家基尼系数基本在 0.35 左右，个别国家甚至在 0.3 以下。

富者愈富持续走高。美国人口普查局数据显示，收入最高的 20% 和最高的 5% 群体的家庭收入从 1970 年的 43.3% 和 16.6% 分别上升到 2020 年的 52.2% 和 23.0%，而中间阶层收入占比从 1970 年的 52.7% 降至 2020 年的 44.7%。

穷者愈穷日益加剧。根据美国人口普查局数据，2010 年美国贫困人口达 4 620 万人，贫困率高达 15.1%。此后美国贫困率虽有所下降，但降幅极窄，仍处于高位行走。2019 年美国贫困率为 10.5%，2020 年上升到 11.4%，2021 年继续攀升至 11.6%。这表明，2019 年至 2021 年，美国贫困率一直走高并上升了 1.1 个百分点。2021 年美国的人口总数为 3.3 亿，按照 11.6% 的贫困率计算，贫困人口高达 3 851 万人。目前，美国仍有 3 700 万人生活在贫困线以下。

中产阶层人数萎缩。20 世纪 70 年代，美国形成了庞大的中产阶层。此后，中产阶层人数不升反降。据公开数据，中等收入家庭的美国成年人占比从 1971 年的 61% 下降到 2019 年的 51%，降幅高达 10%，中产阶层人数处于萎缩之中。

新冠疫情拉大美国贫富鸿沟。美国政府为挽救新冠疫情引发的经济衰退，超发货币、大规模提高财政支出，致使股价和房价猛涨，富人财富爆发式增长。美联储公布的数据显示，截至 2021 年第四季度，美国最富有的 1% 的人的财富在新冠疫情期间增加超过 12 万亿美元，增幅在三分之一以上。而新冠疫情导致大量人失业，大批底层民众陷入贫困境地。

2023 年 2 月 26 日，美国参议员伯尼·桑德斯在接受英国媒体采访时表示，美国目前贫富差距已经达到历史最高水平，工薪阶层生活危机剧增。

(资料来源：2023 年 04 月 16 日《光明日报》)

问题：结合材料和所学知识，说明美国收入差距扩大的原因。

第七章　一般均衡与效率

一、知识思维导图

- 一般均衡与效率
  - 一般均衡
    - 局部均衡与一般均衡
      - 局部均衡
      - 一般均衡
    - 瓦尔拉斯一般均衡的结构
      - 瓦尔拉斯一般均衡模型的环境
      - 家庭和企业的行为：产品需求与供给和要素需求的供给
      - 产品市场和要素市场的一般均衡
  - 竞争性均衡与经济效率
    - 经济效率的标准：帕累托有效率配置
    - 竞争性均衡与交换的效率
      - 互惠贸易的可能性
      - 埃奇沃斯盒式图
      - 帕累托有效率配置——交换契约线
      - 竞争性市场的一般均衡——消费者均衡
    - 竞争性均衡与生产的效率
      - 生产的埃奇沃斯盒式图
      - 投入要素的帕累托有效率配置——生产契约线
      - 竞争性投入品市场的一般均衡——生产者均衡
    - 竞争性均衡与社会的资源配置效率
      - 生产可能性边界
      - 交换和生产的效率
      - 竞争性市场均衡与社会的帕累托有效率
  - 公平与效率
    - 公平的社会标准
    - 公平与效率的权衡

二、典型例题解析

1. 名词解释

(1)一般均衡。

【答案】最早提出一般均衡概念的是法国著名经济学家瓦尔拉斯。瓦尔拉斯认为,整个市场体系的所有市场是一个相互联系的整体,一个市场的价格和供求关系的变动,势必会影响构成该市场体系的所有市场的价格和供求关系,因此,必须从整个市场体系中各市场间的相互联系、相互影响的视角来分析和研究市场均衡问题。当整个市场体系实现均衡的时候,便决定了构成该市场体系的各个市场的均衡价格和数量。不同的商品市场会通过各种方式联系在一起,相互影响。

（2）帕累托最优。

【答案】如果不可能在不影响他人境况的条件下来改善某个人的福利状况，则称该状态为帕累托最优状态。换言之：在资源最优配置下，不可能通过重新组合生产和分配来使一个人的福利增加，而不使其他任何人的福利减少。当资源配置处于帕累托有效率配置状态时，如果不使一些人的境况恶化，就不可能使另外一些人的境况改善，在这种情况下已完全没有帕累托改进的余地了。

（3）交换契约线。

【答案】交换的契约曲线是指在埃奇沃斯盒式图中两个消费者的所有无差异曲线切点的轨迹。交换契约线上的任何一个点都是帕累托有效率配置。此外，交换契约线上的任意一个资源配置都有四种等价含义：①在交换契约线上的每一点，如果想要增加一个人的福利，必须以牺牲另一个人的福利为代价；②在交换契约线上的每一点，继续进行互惠贸易已经不可能了；③在交换契约线上的每一点，双方的无差异曲线相切；④在交换契约线上的每一点，双方的边际替代率是相同的。

（4）生产可能性边界。

【答案】在两个产品的经济中，生产可能性边界是指产品空间（两个产品坐标系）中在现有技术条件下所能生产出来的两个产品的最大数量组合的点的轨迹。生产可能性边界以内的点都是无效率的配置，因为它们都不在生产契约线上。生产可能性边界是对生产契约线在另外一种坐标系里的描述。生产契约线中明确描述了生产要素投入在两个产品上的配置，但是产品的数量是间接表现的，而在生产可能性边界中，产品的数量是直接表现出来的。可以说，生产可能性边界来自生产契约线。

（5）边际转换率。

【答案】边际转换率（MRT）是指生产可能性边界斜率的负数，表达式为：MRT=−生产可能性边界的斜率 $=-\mathrm{d}c/\mathrm{d}F$（以食品和布为例，$c$ 表示一单位布，F 表示一单位食品），表示为了增加 1 单位食品的生产必须放弃多少单位布的生产。

（6）“拍卖人”假设。

【答案】瓦尔拉斯为说明每个市场价格是怎样逐渐调整到使商品和生产要素的需求量和供给量都能够相等，从而实现一般均衡的，提出了一个所谓的“拍卖人”假设。这个虚构的“拍卖人”有时被称作“瓦尔拉斯式的拍卖人”，这是达到瓦尔拉斯一般均衡的摸索过程的一部分。它的作用是在市场上高声喊出某商品或生产要素的不同价格，然后进行交易，不断调整和修正，一直达到供给和需求相等的均衡为止。

2. 单选题

（1）一般均衡理论试图说明的问题是（　　）。

A. 单个产品或单个要素市场的均衡　　B. 劳动力市场的均衡

C. 所有产品市场和要素市场的均衡　　D. 产品市场和货币市场的均衡

【答案】C

【解析】一般均衡是将所有相互联系的市场看成一个整体来加以研究，每个商品的需求和供给不仅取决于该商品本身的价格，还与其他相关商品的价格有关。只有当整个经济中所有商品的供给和需求相等时，市场才达到一般均衡。因此本题中，C 选项表述正确，A、B、D 不正确。

（2）要使整个经济体系处于一般均衡状态，就必须使（　　）。

A. 所有的商品市场同时达到均衡　　B. 所有的要素市场同时达到均衡

C. 要素市场和商品市场相互独立　　D. 所有的商品市场和要素市场同时达到均衡

【答案】D

【解析】一般均衡是指在一个经济体系中，所有的供给和需求同时达到均衡的状态，即所有的商品市场和要素市场同时达到均衡。因此本题中，D 选项表述正确，A、B、C 不正确。

（3）在研究某一市场的均衡时，通常使用的分析方法是（　　）。

A. 静态均衡分析　　B. 一般均衡分析

C. 动态均衡分析　　D. 静态均衡分析和比较静态均衡分析

【答案】D

【解析】研究单一市场均衡的方法主要是静态均衡分析和比较静态均衡分析，静态分析考查的是在既定条件下某一经济事物在经济发展的相互作用下所实现的均衡状态，比较静态均衡分析考查的是当原有的条件或外生变量发生发化时，原有的均衡状态会发生什么变化，并比较分析新旧均衡状态。因此本题中，D 选项表述正确。

（4）如果产品在消费者之间的分配达到这样一种程度，即任何资源的重新分配，都会至少降低任意一个消费者的满足水平，则达到的这种状态被称为（　　）。

A. 帕累托改进状态　　B. 不公平的分配　　C. 比较公平的分配　　D. 帕累托有效率配置

【答案】D

【解析】如果对于某种既定的资源配置状态，所有的帕累托改进均不存在，即在该状态上，如果不使一些人的境况恶化，就不可能使另外一些人的境况改善，则称这种资源配置状态为帕累托有效率配置。由帕累托有效率配置的定义可得，题干所描述的状态属于帕累托有效率配置。因此本题中，D 选项是正确答案。

（5）两种商品在两个人之间的分配，能被称为帕累托最优的条件是（　　）。

A. 每个人都处在其效用可能性边界上　　B. 每个人都处在其消费契约曲线上

C. 一个人受益就要使他人受损　　D. 包括以上所有条件

【答案】C

【解析】如果不使一些人的境况恶化，就不可能使另外一些人的境况改善，则称这种资源配置状态为帕累托有效率配置。交换的帕累托有效率配置是每个人处于交换的契约曲线上，消费者之间的边际替代率相等。因此本题中，C 选项表述正确，为正确答案。

（6）假定现有消费者甲和消费者乙二人，对于甲来说，商品 X 替代商品 Y 的边际替代率是 5；对于乙来说，商品 X 替代商品 Y 的边际替代率是 4。下列选项中，最有可能发生的情况是（　　）。

A. 甲用商品 X 换乙的商品 Y　　B. 甲用商品 Y 换乙的商品 X

C. 甲和乙不会发生商品的交换　　D. 以上说法都不正确

【答案】B

【解析】消费者甲认为 1 个商品 X 可以替代 5 个商品 Y，而消费者乙认为 1 个商品 X 可以替代 4 个商品 Y，那么消费者甲就可以用 4 个商品 Y 去交换消费者乙的 1 个商品 X，从而在消费者乙效用不变的条件下，消费者甲可以增加 1 个商品 Y 的效用，因此消费者甲会倾向于用商品 Y 换取消费者乙的商品 X。因此本题中，B 选项表述正确，为正确答案。

（7）假定现有消费者甲和消费者乙二人，消费者甲更喜欢香蕉这种水果，而消费者乙更喜欢葡萄这种水果，已知水果价格对于两人而言均是相同的，那么，为了实现效用最大化，会产生（　　）。

A. 消费者甲将消费更多的香蕉

B. 消费者乙将消费更多的葡萄

C. 香蕉对葡萄的边际替代率对两人来说是相等的

D. 香蕉对葡萄的边际替代率较消费者乙来说更大

【答案】C

【解析】交换一般均衡的条件是：在埃奇沃斯盒式图中，消费者甲的无差异曲线与消费者乙的无差异曲线正好相切，这两条无差异曲线的边际替代率正好相等。即本题中，香蕉对葡萄的边际替代率对两人来说相等，因此，C 选项为正确答案。

（8）在由两个消费者小黄和小吴、两种商品牛奶和咖啡所组成的经济中，达到交换的全面均衡的条件为（　　）。

A. 消费者小黄和小吴的边际转换率与边际替代率相等

B. 边际替代率等于两种商品的价格之比

C. 小黄与小吴对牛奶和咖啡的边际替代率相等

D. 以上条件均需满足

【答案】C

【解析】为了达到交换的全面均衡，需要满足：在埃奇沃斯盒式图中，两个消费者的无差异曲线正好相切，此时这两条无差异曲线的边际替代率正好相等。因此本题中，C 选项为正确答案。

（9）当某一个市场有效率时，会出现（　　）。

A. 所有人的需求已被满足

B. 资源的稀缺性被最小化

C. 从交易中获得的全部好处大于在交易中受到的总损失

D. 不再有人能通过交易得到全部的好处

【答案】D

【解析】市场有效率并不能解决资源的稀缺性问题，也不能满足所有人的需求，某个人从交易中得到的好处是以他人受损失为前提的。市场有效率意味着交换达到帕累托有效率配置，不再有人能够通过交易获得全部好处。因此本题中，D 选项为正确答案。

（10）下列选项中，属于完全竞争市场达到一般均衡需要满足的条件的是（　　）。

A. 所有商品市场上的总需求都等于总供给　　B. 每个企业追求利润最大化

C. 每个消费者追求效用最大化　　D. 以上都是

【答案】D

【解析】一般均衡具有如下基本性质：每个消费者都在其既定的收入下达到了效用最大化；每个企业都在其生产函数决定的投入 - 产出组合下达到利润最大化；一般均衡时，每个企业都只能获得正常利润，即所有企业的经济利润为零；所有市场（包括产品市场和要素市场）同时出清，即在产品和要素的现行价格下，所有商品的供求相等。因此本题中，选项 A、B、C 都是完全竞争市场达到一般均衡需要满足的条件，因此本题选择 D 选项。

（11）产品组合的效率指的是（　　）。

A. 经济处于生产可能性曲线以内

B. 经济处于生产可能性曲线以外

C. 企业使用的资源是所有可用的资源

D. 经济中所生产的产品组合能完全反映消费者的偏好

【答案】D

【解析】产品组合的效率，也就是生产与交换的一般均衡实现的条件。交换和生产的均衡（即交换和生产的帕累托有效率配置）条件可以表述为：任意两种商品的边际替代率必须等于它们的边际转换率，即经济中所生产的产品（边际转换率）组合反映了消费者的偏好（边际替代率）。因此本题中，D 选项为正确答案。

（12）下列关于公平与效率的说法正确的是（　　）。

A. 由市场进行的资源配置是公平的　　B. 在自由市场的条件下公平和效率可以同时实现

C. 每一个帕累托有效率的资源配置都是公平的　　D. 帕累托有效率的资源配置可能是不公平的

【答案】D

【解析】由于公平和效率往往不能保证同时实现，因此政府必须在效率和公平之间进行权衡。竞争性市场只能保证效率而不能保证公平。竞争性均衡可能是不公平的，不公平的程度既取决于采用的公平标准，也取决于资源的初始配置。也就是说并不是每一个帕累托有效率的资源配置都是公平的。因此本题中，D 选项是正确的。

（13）下列选项中，不能由帕累托有效率引出的是（　　）。

A. 交换的效率　　B. 产品组合的效率　　C. 生产的效率　　D. 平等分配商品

【答案】D

【解析】平等分配商品是指将社会的商品平均地分配给社会的所有成员，使得大家都有完全相同的商品。效率是指经济资源的有效配置，它是研究帕累托最优问题的核心内容。帕累托有效率不代表平等分配商品。因此本题中，D 选项是正确的。

3. 多选题

（1）在西方经济学关于市场活动的分析中，经常用到的两种分析方法是（　　）。

A. 局部均衡分析　　B. 一般均衡分析　　C. 归纳分析　　D. 演绎分析

【答案】AB

【解析】在西方经济学关于市场活动的分析中有两种不同的分析方法：局部均衡分析和一般均衡分析。因此本题中，A、B 选项是正确的。

（2）下列关于瓦尔拉斯一般均衡模型的说法中，表述正确的有（　　）。

A. 瓦尔拉斯一般均衡模型假定经济由家庭和企业两组不同的经济活动者构成

B. 家庭把其来自要素供给的收入的一部分用来购买消费品，一部分用来储蓄

C. 假定每个企业的生产函数是相同的

D. 以上三项均不正确

【答案】AC

【解析】瓦尔拉斯一般均衡模型假定经济由家庭和企业两组不同的经济活动者构成，其中家庭代表产品的需求方面，同时又是生产要素的供给者；企业则代表产品的供给方面，同时又是生产要素的需求者。因此本题中，A 选项表述正确。对于家庭而言，假定其拥有固定数量的要素禀赋，其收入全部来自要素供给，全部用于购买消费品，以实现效用最大化。因此，B 选项表述错误。对于企业而言，企业的目标是实现利润最大化，对其经济活动的约束条件是一定技术条件下描述投入产出关系等生产函数，假定每个企业的生产函数相同且保持不变。因此，C 选项表述正确。综上，本题中只有选项 A 和 C 的表述是正确的。

（3）下列关于帕累托有效率配置的说法中，正确的有（　　）。

A. 无法使各方的福利更好　　B. 无法再进一步做互利的交易

C. 从交易中能得到的收益已经穷尽　　D. 各方还可以变得更好

【答案】ABC

【解析】在全社会资源总量既定的情况下，帕累托有效率配置是指在这种资源配置状态下，如果想要增加某一个人的福利，必须以牺牲其他人的福利为代价。也就说这种交易状态已经是收益最优的状态，任何一种改变都无法使各方在利益不受损的情况下变得更好，也就无法再进行进一步的交易。因此，A、B、C 选项是正确的。如果存在着对原有资源配置的一个再配置，可以在不影响他人境况的条件下来改善某些人的福利状况，则称资源的配置是对原有配置的帕累托福利改进，因此选项 D 所描述的状态属于帕累托福利改进状态，故不当选。综上，本题选择 A、B、C 三个选项。

（4）下列关于帕累托有效率配置的说法中，表述正确的有（　　）。

A. 帕累托有效率配置强调该资源配置的状态

B. 帕累托有效率配置强调该配置是通过何种机制分配的

C. 西方经济学家把帕累托有效率作为判断经济效率的标准

D. 在生产的竞争市场上，所有企业最优产量决策时的边际技术替代率都相同，就满足了生产的帕累托有效率要素配置的条件

【答案】ACD

【解析】帕累托有效率配置强调该资源配置的状态,但是并没有指出该配置是通过何种机制进行分配的。故A选项表述正确,B选项表述错误。西方经济学家把帕累托有效率作为判断经济效率的标准,如果实现了帕累托有效率配置,就说明达到了经济效率;反之,就没有达到经济效率。故C选项表述正确。在生产的竞争市场上,所有企业都要调整其要素组合,以使得该要素组合的边际技术替代率等于共同的要素相对价格比率,所以,所有企业最优产量决策时的边际技术替代率都相同,就满足了生产的帕累托有效率要素配置的条件。故D选项正确。综上,本题A、C、D选项是正确的。

(5)下列说法中,表述错误的有( )。

A. 福利经济学第一定理认为为了获得社会适宜的公平结果,我们不应干预竞争的结果,而应干预竞争的起点

B. 罗尔斯的公平观认为公平的社会应该能够最大化境遇最差人的福利,这种福利函数更多地关注福利水平最低的人的效用

C. 诺齐克认为公平的资源配置应该是努力使该社会福利函数最大化

D. 功利主义函数认为我们应该根据获得某一结果的过程,而不是这个最终结果本身来判定社会的公平性

【答案】ACD

【解析】福利经济学第二定理认为为了获得社会适宜的公平结果,我们不应干预竞争的结果,而应干预竞争的起点,因此A选项表述错误。罗尔斯主义社会福利函数的L形等福利函数表明,公平的社会应该能够最大化境遇最差人的福利,并指出这种福利函数更多地关注福利水平最低的人的效用,因此B选项表述正确。功利主义函数认为公平的资源配置应该是努力使该社会福利函数最大化,故C选项表述错误。诺齐克认为我们应该根据获得某一结果的过程,而不是这个最终结果本身来判定社会的公平性,故D选项表述错误。综上,本题应选择A、C、D三个选项。

(6)假定消费者小黄与小吴两人现有的效用水平分别是5和10,资源的重新配置使得两人的效用水平发生了变化。下列选项中,不属于帕累托改进的有( )。

A. 小黄的效用变成了8,小吴的效用也变成了8　　B. 小黄的效用不变,小吴的效用变成了15

C. 小黄的效用变成了3,小吴的效用不变　　D. 小黄的效用变成了3,小吴的效用变成了8

【答案】ACD

【解析】帕累托改进指的是在没有使任何人境况变坏的前提下,使得至少一个人变得更好。A选项中,小黄效用增加是在小吴效用的降低的基础上发生的,不属于帕累托改进。B选项中,在没有使小黄的效用变化的情况下,小吴的效用却增加了,故属于帕累托改进。C选项中,在小吴效用不变的情况下,小黄的效用却降低了,不属于帕累托改进。D选项中,小吴的效用和小黄的效用都降低了,不属于帕累托改进。综上,本题正确答案为A、C、D。

(7)下列关于交换契约线的说法中,表述正确的有( )。

A. 交换契约线上的任何一个点都是帕累托有效率配置

B. 在交换契约线上的每一点,如果想要增加一个人的福利,必须以牺牲另一个人的福利为代价

C. 在交换契约线上的每一点,双方的无差异曲线相切,且双方的边际替代率是相同的

D. 在交换契约线上的每一点,继续进行互惠贸易已经不可能了

【答案】ABCD

【解析】交换契约线上的任何一个点都是帕累托有效率配置。交换契约线上的任意一个资源配置都有四种等价含义:①在交换契约线上的每一点,如果想要增加一个人的福利,必须以牺牲另一个人的福利为代价;②在交换契约线上的每一点,继续进行互惠贸易已经不可能了;③在交换契约线上的每一点,双方的无差异曲线相切;④在交换契约线上的每一点,双方的边际替代率是相同的。因此,本题A、B、C、D四个选项均表述正确。

（8）下列关于生产可能性边界与效用可能性边界的说法中，表述正确的有（　　）。

A. 生产可能性边界以内的点都是有效率的

B. 生产可能性边界向右下方倾斜，其斜率为负数

C. 效用可能性边界代表了所有有效率的配置

D. 竞争性市场均衡将导致最终的资源配置发生在效用可能性边界上的任何一点

【答案】BCD

【解析】生产可能性边界以内的点都是无效率的配置，因为它们都不在生产契约线上，因此 A 选项表述错误。生产可能性边界是向右下方倾斜的，因为要有效率地生产更多的 X 产品，就必须将投入要素从 Y 产品的生产转移到 X 产品的生产中，这就会降低 Y 产品的生产水平，因此 B 选项表述正确。效用可能性边界来自交换契约线，而交换契约线上的每一点均代表帕累托有效率意义下的产品配置，也代表了在该产品配置下消费者可能达到的效用水平组合，因此 C 选项表述正确。竞争性市场均衡将导致最终的资源配置发生在效用可能性边界上的任何一点，而最终配置位于哪一点，很大程度上取决于个体最初的资源禀赋配置，因此 D 选项表述正确。综上，本题应选择 B、C、D 三个选项。

4. 判断题

（1）按照帕累托的理论，消费者福利最大化的分析利用了生产可能性边界。（　　）

【答案】错误

【解析】帕累托最优状态时，消费者在两种商品之间的交换的边际替代率相等，即利用了交换契约线而不是生产可能性边界。因此，本题的判断结果为错误。

（2）按照帕累托的理论，将符合帕累托有效率配置实现条件的切点连接起来的线，称为效率线。（　　）

【答案】正确

【解析】帕累托最优状态时，所有无差异曲线的切点连成的轨迹叫作交换契约线，所有等产量线的切点连成的轨迹叫作生产契约线，这些都称为效率线。因此，本题的判断结果为正确。

（3）帕累托有效率配置的条件的三个组成部分中均没有涉及效率问题。（　　）

【答案】错误

【解析】帕累托有效率配置的三个条件即交换最优、生产最优和消费效用最优。其中，生产最优涉及效率问题。因此，本题的判断结果为错误。

（4）实现了消费者福利的最优，意味着只需要其中一方的境况达到了最大化。（　　）

【答案】错误

【解析】消费者福利最优是指各方境况都达到了最大化。如果有一方境况还没有达到最优，那就还存在帕累托改进的可能。因此，本题的判断结果为错误。

（5）阿罗运用数理逻辑证明，在一般情况下，试图依据个人偏好次序得出社会偏好次序是不可能的。（　　）

【答案】正确

【解析】利用少数服从多数的投票机制，将不会产生一个令所有人都满意的结论，这就是著名的“投票悖论”，是由康德尔赛在 18 世纪提出的，阿罗对其进行了数学论证，得出了阿罗不可能性定理。因此，本题的判断结果为正确。

（6）生产可能性边界上所有的点均是帕累托有效率的。（　　）

【答案】正确

【解析】生产可能性边界表示经济社会在既定资源和技术条件下所能生产的各种商品的最大数量的组合。任何要素的重新配置生产都不可能超出生产可能性边界，所以是帕累托有效率的。因此，本题的判断结果为正确。

(7)如果两种产品之间的边际转换率对所有消费这两种产品的消费者而言,并不等于它们之间的边际替代率,则至少其中一种产品不是有效生产的。 (　　)

【答案】正确

【解析】两种产品之间的边际转换率,对所有消费这两种产品的消费者,等于它们之间的边际替代率的话,满足生产和交换的帕累托最优。若不是,至少其中一种产品不是有效生产和交换的。因此,本题的判断结果为正确。

(8)当两种商品的边际替代率等于这两种商品的价格比率时,就满足了交换的帕累托有效率配置。 (　　)

【答案】错误

【解析】当两种商品在两个消费者之间的边际替代率相等时,就满足了交换的帕累托最优条件。因此,本题的判断结果为错误。

(9)如果资源配置是帕累托有效率配置,则存在一种重新配置资源的途径,使一些人的境况变好而不使其他人变坏。 (　　)

【答案】错误

【解析】帕累托有效率配置是指资源已经达到最优配置,任何重新分配都不可能使任何一个人的境况变好而不使另一个人的处境变坏。如果可以使一个人的境况变好而没有使他人的状况变坏,则称为帕累托改进,如存在帕累托改进,那当前的状态就不是帕累托有效率配置。因此,本题的判断结果为错误。

(10)对于福利最大化来说,完全竞争长期一般均衡既是必要又是充分的。 (　　)

【答案】错误

【解析】在长期均衡中完全竞争的确达到了帕累托有效率状态,因为完全竞争的市场结构在长期中能满足帕累托有效率的三个条件。但是完全竞争的长期均衡对于帕累托有效率配置来讲并不是必要的,因为在计划经济中,满足所有帕累托有效率的条件是可能的。另外,虽然完全竞争对于帕累托有效率是充分的,但它对福利最大化并不充分,因为均衡状态在收入分配方面可能是很不公平的,而福利最大化必须兼顾生产效率和收入分配。因此,本题的判断结果为错误。

(11)功利主义函数和罗尔斯的社会福利函数都隐含着政府干预资源配置的适宜性,这两种观点均认为只要政府的再分配政策能够进一步最大化各自主张的目标社会福利函数,这种政府的干预就是适宜的。 (　　)

【答案】正确

【解析】功利主义函数认为公平的资源配置应该努力使该社会福利函数最大化,即使得大多数人的福利最大化是一个公平社会的追求目标。罗尔斯的社会福利函数更多地关注福利水平最低的人的效用,但不论是功利主义还是罗尔斯主义,都隐含着政府干预资源配置的适宜性,二者都同意,只要政府的再分配政策能够进一步最大化各自主张的目标社会福利函数,这种政府的干预就是适宜的。因此,本题的判断结果为正确。

5. 简答题

(1)请分别简述局部均衡和一般均衡的联系与区别。

【答案要点】

①局部均衡和一般均衡的联系。局部均衡理论和一般均衡理论对于研究商品经济中每一个市场和相关市场之间在价格、需求、供给等方面的相互影响具有重要的意义,它们都是建立在效用论和生产论基础上的。两者都以均衡作为出发点,认为均衡是市场经济常态,而把不均衡看作对均衡的一种暂时偏离。

②局部均衡和一般均衡的区别。局部均衡理论和一般均衡理论的区别在于局部均衡理论研究单一市场的均衡状态,一般均衡理论研究所有商品市场和要素市场的均衡状态。

（2）简述实现一般均衡的基本条件。

【答案要点】

实现一般均衡的基本条件包括：自由市场、完全竞争、无交易成本、信息对称和无货币兑换等。自由市场意味着市场上的交易是自愿的，没有任何外在的压力或约束。完全竞争则要求市场上的每个参与者都是价格接受者，无法影响市场价格。无交易成本意味着市场上的交易不需要承担额外的成本，如运输费用、税费等。信息对称则要求市场上的信息是完全公开的，每个参与者都能获得关于商品和服务的完整信息。无货币兑换则意味着所有的交易都是实物交易，不需要使用货币作为中介。一般均衡分析的核心结论是在没有外部干预的情况下，通过市场机制，各个参与者可以在自由市场中自发调整生产和消费行为，使得整个经济体系达到资源分配的最优状态。在这个过程中，市场的供给曲线和需求曲线会趋于重合，形成一个均衡点。这个均衡点就是一般均衡状态下的市场均衡价格和产量。总体来说，一般均衡是一个理想化的经济状态，它揭示了在没有外部干预的情况下，市场如何通过自我调节来实现资源的最优配置。然而，在现实中，由于各种原因，如信息的不对称、市场的不完全竞争、公共品的存在等，一般均衡往往难以实现。因此，对一般均衡理论的研究有助于我们理解和解决现实世界中的经济问题。

（3）市场经济体系的一般均衡条件中，市场机制强调了哪三个基本特征？

【答案要点】

教材中的公式（7.17）或公式（7.18）表示的 n 个市场的一般均衡实际上更多地强调了市场资源配置的私人解决方案，更多地强调了解决资源配置问题的某种机制安排。这一市场机制强调了以下三个基本特征。

特征①：这是一个分散化（私人化）的决策过程，它强调每个消费者和每个生产者为了达到各自的目标，即消费者的效用最大化和生产者的利润最大化，而进行独立的消费和生产决策，不存在中央计划者的统一资源配置。

特征②：它强调在这个私人化的资源配置过程中，价格体系这一信号的重要性，众多分散的消费者和生产者只是根据价格信号来配置资源，其他非价格信号在资源配置中的作用被忽视了。

特征③：市场体系的一般均衡强调了最终的价格体系要能够出清 n 个市场，即在 n 个市场上的需求和供给要相等。

必须指出的是，上述机制只是现实中众多资源配置解决方案中的一种，现实经济中，还存在很多非私人的解决方案，如中央计划和混合经济，在这两种资源配置方案中并不是完全靠分散化的个体（私人）来解决资源配置的，政府起到了很大的作用。此外，有时候现实中也不是完全按照价格信号来配置资源的，比如有时会按照先来先得机制（排队制）、配给制等非价格机制来配置资源，此时价格信号并不是消费者和生产者配置资源的唯一信号。

（4）请简述瓦尔拉斯提出的"拍卖人"假定的必要性。

【答案要点】

在一般均衡的经济系统中，不论是消费者还是生产者都是价格的接受者，这些经济主体都无法直接影响价格。但是，某一时刻的市场价格并不能均衡所有市场的均衡价格，所以在理论上必须有这样一个经济主体，这个经济主体能够动态调整实时价格，具备使市场价格不断向市场均衡价格收敛的功能。瓦尔拉斯在理论上"构造"了这个"拍卖人"概念，这个"拍卖人"会在市场出现超额供给时降低价格，市场出现超额需求的时候提高价格，通过这种动态价格调整机制实现价格向使各个市场都收敛的均衡价格趋近。如果没有了"拍卖人"这个主体，多个市场的动态调整机制将无法顺利运行下去。

（5）简述福利经济学第一定理的内容。

【答案要点】

福利经济学第一定理是指所有市场均衡都是帕累托有效率的。也就是说，福利经济学认为，一个完全竞争的、一般均衡的市场体系会有利于资源合理配置。这样的市场体系使得一切商品的价格等于其边际成本，一切生产要素的价格等于其边际产品价值，并且不存在外在性。在这种经济中，当每个消费者出于自私动机追求效用最大化，每一个生产者出于自私动机追求利润最大化时，整个经济将是有效率的，或者说达到了不能使任何人变得更好而不使另一些人变得更坏的最优状态。

（6）帕累托有效率的资源配置的含义是什么？当经济资源配置达到帕累托有效率时，是否意味着收入的平等分配？为什么？

【答案要点】

①含义：如果对于某种既定的资源配置状态，任何改变都不可能使至少一个人的状况变好而又不使任何人的状况变坏，则称这种资源配置状态为帕累托有效率的资源配置。

②当经济资源配置达到帕累托有效率时，并不意味着收入的平等分配。

③实现帕累托有效率的资源配置，必须满足三个必要条件：第一，任何两种产品的边际替代率对所有的消费者相等；第二，任何两种要素的边际技术替代率对所有生产者都相等；第三，任何两种产品的边际转换率等于边际替代率。但是，这三个帕累托有效率的资源配置的条件并没有考虑收入分配问题。实际上，存在无穷多个同时满足所有三个条件的经济状态，其中甚至包括收入分配极端不平等的情况。

（7）为什么公平与效率之间存在重大的交替？

【答案要点】

如果更大的公平意味着提高收入的平等程度，那么就只有通过收入再分配来达到公平，即把某些人的收入通过征税转移给另一些人。但这种做法会损害富人劳动与投资的积极性，从而因激励效应减少了可以用于分配的收入总量。如果对生产性活动征税，就会减少用于这种活动的时间。此外，任何再分配制度都要使用一些资源来进行管理，这就减少了可以用于生产的资源。因此，公平与效率之间存在着重大的交替，更加平等地分蛋糕会使蛋糕变小。

6. 计算题

（1）所有捕鱼者都可以自由进入一个大湖捕鱼，假设每个捕鱼者拥有一条船。如果有 x 条船在湖上捕鱼，每天总捕鱼数量为 $x^{1/2}$。假设每天每条船只的捕鱼机会均等，总捕鱼量在每条船只均等分配。捕鱼的成本（比如汽油费）为 $y>0$。每单位的鱼的市价为 $p>0$，且不受捕鱼量的数量影响。问：

①在没有干预的情况下，均衡时有多少捕鱼者在湖上作业？

②帕累托最优情况下的捕鱼船只应该为多少？

③假设政府对每条船只征收汽油税，那么税率应该为多少才能保证达到帕累托最优？

【答案要点】

①只要利润大于零，进入就会发生。均衡时，每条船只的利润为零。即：$\pi=\left(p\times\dfrac{x^{1/2}}{x}\right)-y=0$，可解得

$x=\dfrac{p^2}{y^2}$

②在达到帕累托最优的情况下，会有

$$\max\pi(x)=p\times x^{1/2}-yx$$

由 $\dfrac{\mathrm{d}\pi}{\mathrm{d}x}=\dfrac{p}{2}x^{-1/2}-y=0$，得 $x=\dfrac{p^2}{4y^2}$

③当政府对每条船只征收汽油税时，会有

$$\pi=\left(p\times\frac{x^{1/2}}{x}\right)-(y+t)=0$$

当 $t=y, x=\dfrac{p^2}{4t^2}$ 时，达到帕累托最优。

（2）假设在一个岛屿上居住着两个部落：西方人部落和东方人部落，他们分别住在该岛的一端，每年只

在年市上见面，两部落与外界都没有任何联系。他们靠种植甘薯、捕捉野猪为生，甘薯和野猪都被囤起来以供整年消费。在年市上甘薯和野猪都在完全竞争下进行物物交易。该岛共有 1 000 户西方人家庭和 2 000 户东方人家庭，每户西方人家庭生产 30 只野猪、200 袋甘薯，每户东方人家庭生产 25 只野猪、300 袋甘薯。每户西方人家庭和东方人家庭的效用函数分别为 $u_w = X_w^{0.5}Y_w^{0.5}, u_e = X_e^{0.75}Y_e^{0.25}$，其中 X_w 和 X_e 分别为每户西方人家庭和东方人家庭野猪的年消费只数，Y_w 和 Y_e 分别为每户西方人家庭和每户东方人家庭甘薯的年消费袋数，试问均衡时：

①一只野猪与多少袋甘薯相交换？

②每户西方人家庭野猪和甘薯的年消费量各为多少？

③每户东方人家庭野猪和甘薯的年消费量各为多少？

【答案要点】

令每袋甘薯（Y）的价格为 1，每只野猪（X）的价格为 P。可得，每户西方人家庭的收入约束为

$$PX_w + Y_w = 30p + 200$$

每户东方人家庭的收入约束为

$$PX_e + Y_e = 25p + 300$$

野猪、甘薯的总量约束分别为

$$1000X_w + 2\,000X_e = 1\,000 \times 30 + 2\,000 \times 25 = 80\,000$$

$$1000Y_w + 2\,000Y_e = 1\,000 \times 200 + 2\,000 \times 300 = 800\,000$$

由效用函数及交换最优的均衡条件 $MRS_{XY} = P$，有

$$\frac{0.5X_w^{-0.5}Y_w^{0.5}}{0.5X_w^{0.5}Y_w^{-0.5}} = \frac{Y_w}{X_w} = P$$

$$\frac{0.75X_e^{-0.25}Y_e^{0.25}}{0.25X_e^{0.75}Y_e^{-0.75}} = \frac{3Y_e}{X_e} = P$$

根据上述公式可解得：

$$X_w = 20, X_e = 30, Y_w = 400, Y_e = 200, P = 20$$

①均衡时，P=20，即一只野猪与 20 袋甘薯相交换。

②每户西方人家庭每年消费野猪 20 只、甘薯 400 袋。

③每户东方人家庭每年消费野猪 30 只、甘薯 200 袋。

（3）假定小张（A）和小赵（B）的效用函数分别为 $U_A = x_A y_A, U_B = x_B + y_B$，其中 x_A、x_B 分别为小张和小赵对 x 商品的消费量，y_A、y_B 分别为小张和小赵对 y 商品的消费量。

①请针对两人分别写出 x 对 y 的边际替代率。

②如果交易通过价格体系来实施，请写出均衡时的价格比率。

【答案要点】

①小张（A）的 x 对 y 的边际替代率公式为

$$MRS_{xy}^A = \frac{MU_x^A}{MU_y^A} = \frac{y_A}{x_A}$$

小赵（B）的 x 对 y 的边际替代率公式为

$$MRS_{xy}^B = \frac{MU_x^B}{MU_y^B} = \frac{1}{1} = 1$$

②如果交易通过价格体系来实施，均衡时的价格比率必须满足条件：

$$MRS_{xy}^A = \frac{MU_x^A}{MU_y^A} = \frac{y_A}{x_A} = MRS_{xy}^B = 1 = \frac{P_x}{P_y}$$

即，均衡时的价格比率为1。

7. 分析题

（1）请分析并说明应该如何处理公平与效率之间的关系。

【答案要点】

效率和公平之间的关系是比较复杂的。在所有有效率的资源配置中按照某种社会公平的标准选择社会福利最大的社会资源配置，必然涉及社会资源的二次分配问题，必须依赖国家（政府）对收入和产品在家庭之间进行再分配，以实现其既定的公平目标。但是，一些经济学家指出的，对收入初次分配的结果进行再分配是有代价的。它会使市场的激励机制扭曲，它将鼓励人们少工作，并导致企业把资源转用到税负相对较低而不是有效率的生产活动中。政府通过征税从一些人那里拿走的越多，从而无偿补贴给另外一些人的越多，就可能越远离实现帕累托有效率的条件，形成更低效率、更扭曲的社会激励机制。所以，对初次分配结果的再分配政策将不可避免地造成公平和效率之间的替代关系，政府将面临公平和效率之间的权衡取舍问题。

有没有一种既考虑效率也兼顾公平的措施呢？福利经济学第二定理的回答是：有。福利经济学第二定理认为：在一定的条件下，任何帕累托有效率的资源配置都是可以通过竞争性市场获得的，我们要做的只是调整初始禀赋的位置。社会可以为了获得某种公正，进行人际财富转移，但是不应该针对市场分配的结果进行再分配，而应在市场机制发生之前针对每个人的资源禀赋进行调整。如果由于任何原因造成了竞争所得的结果是不适宜的，那么修正这种情况的好方法是调整这一过程开始时的收入分配（初始禀赋）状况，而不是直接干预这个竞争过程本身。换句话说，为了获得社会适宜的公平结果，我们不应该干预竞争的结果，而应该干预竞争的起点。这一结论的意义在于：公平与效率可分开考虑，任何帕累托有效率配置都能得到市场机制的支持。市场机制在分配上是中性的，不管商品或者财富分配的公平标准是什么，都可以利用竞争性市场来实现这种社会公平观。如果社会认为某种竞争性市场获得的分配结果是不公平、不适宜的，那么干扰那些竞争性市场形成的价格体系以试图获得适宜的公平结果时要非常谨慎。

（2）20世纪70年代，美国市场汽油价格两次上升，第一次发生在1973年，当时石油输出国组织切断了对美国的石油输出，第二次是在1979年，由于伊朗巴列维王朝被推翻而导致该国石油供应瘫痪。经过这两次事件，美国的石油价格从之前的每加仑1.27美元猛增至1981年的每加仑1.40美元，作为“轮子上的国家”，石油价格急剧上升对于美国当然不是一件小事，美国人面临一个严峻的节省汽油的问题。既然公司和住宅间的距离不可能缩短，人们只好继续奔波于两地之间。美国司机找到的解决办法之一就是当他们需要放弃自己的旧车、购置新车的时候，选择较小型的汽车，这样每加仑汽油就可以多跑一段距离。

分析家们根据汽车的大小来分类确定其销售额。就在第一次汽油价格上升之后，每年大约出售250万辆大型汽车、280万辆中型汽车及230万辆小型汽车。到了1985年，这三种汽车的销售比例出现了明显变化，当年售出150万辆大型汽车、220万辆中型汽车及370万辆小型汽车。由此可见，大型汽车的销售量自20世纪70年代以来迅速下降；反过来，小型汽车的销售量却持续攀升，只有中型汽车勉强维持了原有水平。

要求：结合该案例分析什么是局部均衡？什么是一般均衡？并结合案例说明这种均衡变化的原因。

【答案要点】

案例中石油价格变化导致使用汽油的小型汽车的需求发生变化属于局部均衡，由小型汽车需求变化引起其他类型的汽车需求的变化是一般均衡。造成这种变化的原因很简单。假设一个人每年需要驾驶15 000英里，每加仑汽油可供一辆大型汽车行驶15英里，如果是一辆小型汽车就可以行驶30英里。这就是说如果他坚持选择大型汽车，每年他必须购买1 000加仑汽油，如果他选择小型汽车，他只需购买一半的汽油，也就是500加仑就够了，当汽油价格处于每加仑1.40美元的时候，选择小型汽车意味着每年可以节省700美元。即便他曾经是大型汽车的拥护者，在这种情况下，在每年700美元的数字面前，他也会觉得有必要考虑下小型汽车。

（3）经济学家西蒙和埃尔里奇在人类前途问题上持有不同的态度。西蒙是乐观派，认为随着技术的进步，一切难题都会解决。埃尔里奇是悲观派，认为资源总会消耗完，人类前途不妙。他们谁也说服不了谁，于是决定赌一把：不可再生性资源是否会消耗完。悲观派埃尔里奇的观点是，这种资源迟早会用完，这时人类的末日就快到了。这种不可再生性资源的消耗与随之而来的危机，表现为其价格大幅度上升。乐观派西蒙的观点是，这种资源不会枯竭，随着技术的进步，价格不但不会大幅度上升，还会下降。

他们两人选定了五种金属：铬、铜、镍、锡、钨。各自以假想的方式买入 1 000 美元的等量金属，每种金属各 200 美元。以 1980 年 9 月 29 日的价格为准，假如到 1990 年 9 月 29 日，这五种金属的价格在剔除通货膨胀的因素后果然上升了，西蒙就要付给埃尔里奇这些金属的总差价。反之，假如这五种金属的价格下降了，埃尔里奇就把总差价支付给西蒙。到 1990 年，这五种金属无一例外地跌了价。埃尔里奇输了，他把自己输的 57 607 美元交给了西蒙。

要求：结合该案例谈谈埃尔里奇和西蒙分别使用了什么均衡分析方法？为什么埃尔里奇输了？

【答案要点】

本案例中两位经济学家对不可再生资源所持观点实际上取决于他们所用的分析方法，埃尔里奇用的是局部均衡分析法，西蒙采用的是一般均衡分析法，而且是动态的。局部均衡分析法通常假定某一产品（或要素）的需求和供给只取决于其自身的价格，不考虑其他市场的影响，因而这种方法隔绝了各类市场之间的联系。一般均衡分析法通常认为各种市场之间存在着不可忽略的联系，一种产品（或要素）的价格是由所有市场共同决定的。

因此，本案例中这两位经济学家的赌博的最终输赢实际上是这两种分析方法之间的输赢，是这两种分析方法哪一种更接近经济生活现实的问题，这五种金属无疑是不可再生性资源，但也同任何其他资源一样受价格调节。当这五种金属越来越短缺时，其价格必定上升。但为什么现实中这五种金属越来越少，而价格反而下降，使得西蒙赢得了这场赌博呢？

关键在于价格上升对于刺激供给的作用。世界上任何一种资源都有其替代品，不可再生性资源同样也有替代品。当这五种金属的价格上升时，就刺激了人们去开发它们的替代品。例如，铜和锡过去主要是用于制造各种生活器皿。当铜和锡的价格上升时，发明并大量生产替代铜和锡的塑料制品就有利可图了。同样，铜和其他制造电线的金属的价格上升也刺激了人们开发替代铜的光导纤维，光导纤维主要以沙子为原料。也就是说，这五种金属价格的上升刺激了人们去开发它们的替代品。当这些替代品大量生产出来时，供给增加，价格下降，人们就会用替代品取代这些金属。这时，这些金属的需求大大减少，价格自然就下降了，替代品的开发与大量生产是技术进步的结果，但促进这种技术进步的是价格机制。因此，像这五种金属一样的不可再生性资源，不会枯竭，价格也不会无限上升。而且，价格上升到一定程度后，必然由于替代品的大量生产而再下降，甚至低于原来的价格水平。这正是西蒙敢于打这场赌的理论依据。他的获胜不是偶然的运气，而是客观经济规律的必然结果。埃尔里奇最终在这场赌博中输给了西蒙，也证明了一般均衡分析法比局部均衡分析法更接近经济现实。

（4）请论述并推导生产和交换的帕累托最优条件。

【答案要点】

帕累托最优状态也称为帕累托最适度、帕累托最佳状态或帕累托最优原则，是现代西方福利经济学中讨论实现生产资源的最优配置的条件的理论。由意大利经济学家、社会学家帕累托提出，并因此得名。帕累托指出，在社会既定的收入分配条件下，如果对收入分配状况的某种改变使每个人的福利同时增加，则这种改变使社会福利状况改善；如果这种改变让每个人的福利都减少了，或者一部分人福利增加而另一部分人福利减少，则这种改变没有使社会福利状况改善。帕累托认为，最优状态应该是这样一种状态：在这种状态下，任何对该状态的改变都不可能使一部分人的福利增加，而又不使另一部分人的福利减少，这种状态就是一个非常有效率的状态。将生产契约线转换到以商品为坐标量的平面直角图上便可得到转换曲线（生产可能性边界）。生产可能性边界是指在其他条件（如技术、要素供给等）不变的情况下，生产产品 X 与 Y 所能达到的最大产量的组合。

生产可能性边界具有如下特征:①生产可能性边界的斜率为负;②生产可能性边界凹向原点,即自上而下越来越陡峭;③边际产品转换率等于两种产品的边际成本之比。将契约线转换到以效用为坐标量的平面直角图上便可得到效用可能性边界。利用生产可能性边界和效用可能性边界可以得到生产和交换的帕累托最优状态。

(5)一般均衡理论与亚当·斯密"看不见的手"的理论之间是否存在共通之处?请分析并加以说明。

【答案要点】

在现实的经济生活中,存在众多的市场。在这些市场中,供给者和需求者相互联系,共同制约。其中任何一个市场上的需求或供给发生变动,不仅影响它们各自市场上的价格,而且还会影响到其他市场的供求,从而使得许多市场的价格发生变动,一般均衡理论讨论的就是当影响某一个市场的供给和需求的因素发生变动后,能否存在一系列价格,使得所有的市场同时处于均衡状态的问题。

在一般均衡实现的过程中,需要借助市场机制的自发调节,即市场"拍卖人"的存在。在完全竞争的条件下,价格就是反映市场供求变动的结果。如果某一行业利润较高,其他行业中的资源就会转移到该行业中。这样,在市场机制中如同存在一个"看不见的手",根据市场的供求变动调整资源的配置:如果在某一价格水平下需求量超过供给量,那么价格就会提高;反之,价格就会降低,直到所有市场的供求相等为止。如同单个商品的价格的决定一样,市场机制的自发作用决定一系列的市场均衡价格,使得经济处于一般均衡状态。

亚当·斯密"看不见的手"的理论表明个人在自由竞争的市场上追求个人利益的行为最终将带来个人和全社会的经济福利最大化。这也是一般均衡理论的效率分析所表明的结果。根据一般均衡理论,如果每个人在市场上按照市场既定的价格进行自愿的交换,那么最终所形成的均衡配置会是有效率的,即帕累托最优。这正是斯密"看不见的手"原理的确切含义。

(6)请利用埃奇沃斯盒式图解释交换契约线的含义。

【答案要点】

埃奇沃斯盒式图是20世纪初的英国经济学家埃奇沃斯最先创造的一种分析方法。这种盒式图用于表示两种经济活动的交互作用,其中假设在这两种活动中所消费的产品或者所投入的生产要素在数量上是固定的,这个假设是这种分析方法的一个很大的限制条件。埃奇沃斯盒式图用以分析交换活动和消费活动的情况,这种盒式图的长度和宽度分别为消费者双方共有的两种商品的总量,而在盒式图内部的每一点则代表两种商品的总供给量在这两个消费者之间的分配。

交换契约线是指在埃奇沃斯盒式图中两个消费者的所有无差异曲线切点的轨迹,如图7-1中曲线O_1O_2所示,其表示两种商品在两个消费者之间的所有最优分配状态的组合。如果商品分配状态位于交换契约线上,如图7-1中的点E、F、G,则表示该分配状态是帕累托有效率的,否则便存在帕累托改进的可能。

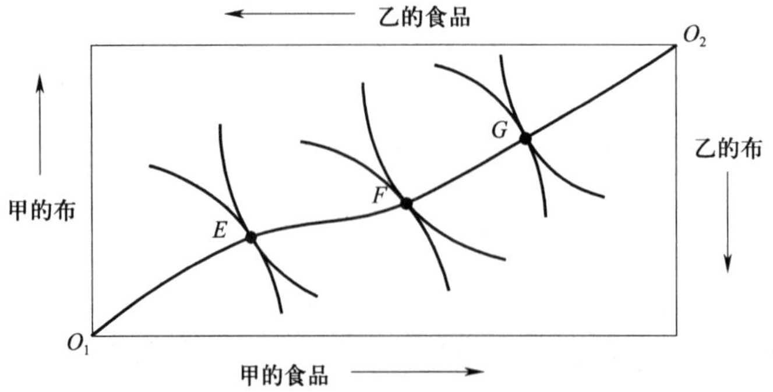

图7-1 交换契约线

交换契约线上的任何一个点都是帕累托有效率配置。在图7-1中,E、F和G三个产品配置点,虽然每个配置都包含一个不同的食品和布的组合,但都是帕累托有效率配置。交换契约线上的任意一个资源配置都有四种等价含义:①在交换契约线上的每一点,如果想要增加一个人的福利,必须以牺牲另一个人的福利为代价;②在交换契约线上的每一点,继续进行互惠贸易已经不可能了;③在交换契约线上的每一点,双方的无差异曲线相切;④在交换契约线上的每一点,双方的边际替代率是相同的。

三、随堂同步自测

1. 名词解释

(1)局部均衡。

(2)帕累托改进。

(3)生产契约曲线。

(4)效用可能性边界。

(5)社会福利函数。

2. 单选题

(1)为导出(　　)必须进行道德或价值判断。

A. 转换曲线　B. 消费契约曲线　C. 社会福利曲线　D. 效用可能性边界

(2)外溢效应(即外部效应)可以产生于(　　)。

A. 人的消费行为和生产行为　B. 人的消费行为而不是生产行为

C. 人的生产行为而不是消费行为　D. 以上均不对

(3)相对于市场分配而言,下列情况中减轻了收入或财产分配不均等的状况是(　　)。

A. 产生大量的遗产　B. 政府向穷人的转移支付

C. 累退所得税　D. 婚姻的门当户对

(4)下列理论中,属于分配公正结果状态论的是(　　)。

A. 边际产量理论　B. 过程论　C. 效用论　D. 罗伯特·诺齐克理论

(5)根据罗尔斯理论,下列情况中应该进行收入再分配的是(　　)。

A. 平均每一个人的状况都可以更好　B. 最穷的人的状况可以更好

C. 最富有成效的人状况更坏　D. 工资率不等于劳动的边际产量

(6)从富人向穷人的收入再分配会引起总产量的减少,这就是(　　)。

A. 平等与效率交替论　B. 市场分配　C. 分配公正过程论　D. 分配公正结果状态论

(7)即使工资分配是正态的,收入分配也是倾斜的,这是因为(　　)。

A. 能力的分布是正态的　B. 更多人的收入高于平均水平

C. 非常富裕的人不愿意工作　D. 在工资水平高时个人提供的劳动更多

(8)西方经济学一般均衡理论试图说明的问题是(　　)。

A. 单个产品市场或单个要素市场的均衡　B. 产品市场和货币市场的均衡

C. 所有产品市场和要素市场的均衡　D. 劳动力市场的均衡

(9)在埃奇沃斯盒式图上,交换契约线上的任何一点都表示(　　)。

A. 交换的帕累托最优条件得到满足　B. 交换双方等价交换

C. 正收益　D. 负收益

(10)帕累托最优状态在资源配置上是指(　　)。

A. 总产量达到最大

B. 总收入达到最大

C. 总成本达到最低

D. 不可能在不使他人境况变坏的条件下使自己的情况变好

(11)下面哪些家庭最容易陷入贫困阶层(　　)。

A. 单身汉家庭　B. 独身母亲和孩子的家庭

C. 三代同堂的家庭　D. 夫妻双人家庭

(12)高的边际税率往往会损害(　　)。

A. 合理收入目标　B. 成本最小化目标　C. 工作激励目标　D. 上面三个目标

(13)周期性失业的发生一般是由于(　　)。

A. 意愿需求的变化　B. 低生产率　C. 缺少人力资本　D. 劳动力市场歧视

(14)被西方经济学界推崇为"福利经济学之父"的是(　　)。

A. 帕累托　B. 霍布森　C. 庇古　D. 埃奇沃斯

(15)当政府决定对接受救济者的收入免税时,实际上是(　　)。

A. 有意提高接受救济者对工作的兴趣　B. 帮助接受救济者偷税

C. 减少他们的工作热情　D. 制订福利计划时的一种随意决定

(16)在一个两人的埃奇沃斯盒式图中,有两种总量固定的商品,则供给曲线(　　)。

A. 一定不与契约曲线相交　B. 一定与契约曲线相交

C. 不一定与契约曲线相交　D. 无法判断是否相交

(17)假定在一个完全竞争的经济中,两种水果苹果和橘子的价格分别为1元和3元,那么(　　)。

A. 苹果的产量一定是橘子的产量的3倍

B. 生产苹果的两种生产要素之间的边际技术替代率一定是生产的橘子相同两种生产要素之间的边际技术替代率的1/3

C. 苹果的边际成本一定是橘子的边际成本的1/3

D. 生产橘子中所使用的劳动的边际产量一定是生产苹果中所使用的劳动的边际产量的3倍

(18)下列选项中会导致一国生产可能性边界向外移动的是(　　)。

A. 技术进步　B. 失业

C. 价格总水平提高　D. 消费品生产者增加,资本品生产下降

3. 多选题

(1)下列关于生产契约线上的点说法不正确的有(　　)。
A. 获得了最大利润　B. 支出了最小成本
C. 通过生产要素的重新配置提高了总产量　D. 降低了总产量
(2)两种商品在两个人之间的分配,能够被称为帕累托有效率配置的有(　　)。
A. 不使他人受损失就不能使另外一个人受益　B. 个人都处在其消费契约曲线上
C. 个人都处在其效用可能性边界上　D. 以上说法都不正确
(3)下列理论中,不强调分配机制的有(　　)。
A. 过程论　B. 效用论　C. 结果状态论　D. 罗尔斯理论
(4)以下不是在交换上符合帕累托最优状态的条件的有(　　)。
A. 边际收益等于边际成本
B. 边际收益等于要素边际成本
C. 任何两种商品间的边际替代率对任何两个消费者都相等
D. 边际收益等于商品价格
(5)转换曲线不能由下列哪些曲线推导出来(　　)。
A. 消费契约曲线　B. 生产契约线　C. 效用可能性边界　D. 社会福利曲线
(6)下面哪些计划属于贫困救济范畴(　　)。
A. 社区公共设施建设计划　B. 向低收入者提供廉价住房计划
C. 食品补助计划　D. 医疗救助计划
(7)政府编制贫困指数时,主要依据(　　)。
A. 现金收入　B. 家庭规模　C. 居住地　D. 以上均不参考
(8)如果一个人靠出卖劳动力为生,说明(　　)。
A. 这个人可能在寻找工作　B. 这个人可能已经在工作
C. 这个人可能虽然在工作,但是生活仍然贫困　D. 以上均不可能
(9)以下哪些主张属于旧福利经济学的范畴(　　)。
A. 实行最低工资制度　B. 对造成环境污染的工厂征收附加税
C. 提高市场信息透明度　D. 失业救济
(10)下列选项中,属于帕累托最优的必要条件的有(　　)。
A. 商品的供给是无限的
B. 生产一定在生产可能性边界上进行
C. 所有商品的边际替代率对于消费它们的消费者来说都是相同的
D. 两种要素的边际替代率对于生产中运用这两种要素的所有商品来说是相等的
(11)下列选项中,不属于生产可能性边界外凸的原因的有(　　)。
A. 两种产品的边际转换率递减　B. 两种产品的边际替代率递减
C. 两种产品的边际转换率递增　D. 两种产品的边际替代率递增
(12)一个社会要达到最高的经济效率,获取最大的经济福利,实现帕累托最优,则必须(　　)。
A. 满足交换的边际条件　B. 满足替代的边际条件
C. 满足生产的边际条件　D. 满足边际效用递减条件

4. 判断题

(1)一般均衡和局部均衡的区别在于所考虑商品数目的多少。(　　)
(2)在生产的帕累托有效率状态时,两条等产量线斜率相等。(　　)

(3)契约曲线上的点比不在契约曲线上的点有更好的福利状态。 ( )

(4)对一个社会来说,只能有一个社会福利最大值。 ( )

(5)税收被西方国家的实践证明是促进收入分配平均化的最有效的工具。 ( )

(6)局部均衡理论的代表人物是帕累托。 ( )

(7)一般均衡的结果会不同于局部均衡的结果。 ( )

(8)帕累托最优条件强调的是公平在福利经济学中的意义。 ( )

(9)最早提出一般均衡的是著名经济学家马歇尔。 ( )

(10)瓦尔拉斯一般均衡模型假定经济是由家庭和企业两组不同的经济活动者构成的。 ( )

(11)市场的需求仅仅包括产品市场的需求。 ( )

(12)瓦尔拉斯一般均衡模型更多强调了一种资源配置的机制,一种个体在面对私人化市场时的行为方式和特征,并且强调社会应该对资源配置的结果有什么要求。 ( )

(13)如果存在着对原有资源配置的一个再配置,可以在不影响他人境况的条件下来改善某些人的福利状况,则称资源的配置是原有配置的帕累托改进。 ( )

(14)帕累托有效率配置不仅说明了该资源配置的状态特征,还说明了该配置是通过何种分配机制获得的。 ( )

(15)不论是功利主义还是罗尔斯主义,都隐含着通过政府干预资源配置的适宜性。 ( )

(16)罗尔斯主义认为,我们应当根据获得某一结果的过程,而不是这个最终结果本身来判定社会的公平性。如果任何交易或者提供的劳动都是自愿的,那么这一非强制性过程所决定的任何特定分配结果都是公平的。 ( )

(17)诺齐克认为,并不是每一个帕累托有效率配置都是公平的,我们必须在所有有效率的资源配置中按照某种社会福利函数的标准选择社会福利最大的社会资源配置。 ( )

(18)福利经济学第二定理认为,在一定的条件下,任何帕累托有效率的资源配置都是可以通过竞争性市场来获得的,我们要做的只是调整初始禀赋的位置。 ( )

(19)瓦尔拉斯提出的"拍卖人"假设中,"拍卖人"的职责是要寻找并确定使市场实现供求一致的均衡价格。 ( )

(20)局部均衡理论强调各种市场之间的相互联系,注意它们之间的相互依存关系。 ( )

(21)效用可能性边界代表了所有有效率的配置。 ( )

(22)交换契约线上的任何一个点都是帕累托有效率配置。 ( )

(23)在交换契约线上的每一点,双方的无差异曲线相交。 ( )

(24)转换曲线是从生产契约线中推导出来的。 ( )

5. 简答题

(1)分配公正过程论的基本特点是什么?

(2)为什么说效用论是一种分配公正结果状态论?

（3）简述实现帕累托最优状态的三个条件。

（4）阿罗不可能性定理说明了什么问题？

（5）交换的最优条件加生产的最优条件是不是等于交换和生产的最优条件？为什么？

（6）假如一个经济原来处于全面均衡状态，如果由于某种原因，使得商品 A 的市场供给量减少，那么 A 商品的替代品市场和互补品市场会有什么变化？

（7）假如一个经济原来处于全面均衡状态，如果由于某种原因，使得商品 A 的市场供给量减少，那么生产要素市场会有什么变化？

（8）一般均衡理论为什么很少有现实意义？

6. 计算题

（1）电力的需求量在白天与夜晚不同，白天的需求函数为 $Q_1 = 240 - 2P_1 + P_2$，夜晚的需求函数为 $Q_2 = 120 + P_1 - 2P_2$。若电力公司的成本函数 $C = [\max(Q_1, Q_2)]^2$，试问应该如何定价使得经济福利最大？

（2）Z_i 表示某商品的超额需求函数，P_i 表示某商品的价格。已知：$Z_i = 0$（令 $P_i = 1$），$Z_2 = 2P_2^2 + 22P_2 - 13P_2P_3 - 64P_3 + 20P_3^2 + 48 = 0, Z_3 = P_2 - 2P_3 + 2 = 0$。试求三种商品的均衡价格。

（3）假设一个经济社会除了一个生产者之外，均满足帕累托最优条件。该生产者是其产品市场上的唯一生产者，也是该产品投入要素 x（其投入量用 x 表示）的唯一购买者。生产者函数为 $q=0.5x$，产品的需求函数为 $P=100-4q$，要素供给函数为 $r=2+2x$。求：

①生产者实现利润最大化时的 q, x, P 和 r 的值；

②生产者满足帕累托最优条件时的 q, x, P 和 r 的值。

（4）某地居民以货运为生。假设经营一辆货车的成本为每月 4 000 元，且假设每个经营者只经营一辆货车。当 x 辆货车同时作业时，当地货运月总收入为 $R = 20\,000x - 1\,000x^2$。试计算：

①不存在进入障碍时，当地的货车数量；

②对社会而言最优的货车数量。

7. 分析题

（1）什么叫一般均衡？一般均衡实现的基本条件是什么？一般均衡分析的核心结论是什么？

（2）改革开放以来，在邓小平同志提出的“让一部分人先富起来”的思想引导下，我国沿海一些地区的一部分人通过自己的勤奋努力摆脱贫困，走上了富裕之路，对中国经济的增长起到了一定的促进作用。但随着改革的不断深入，在由计划经济向市场经济逐渐转型的过程中，特别是近几年，我国城乡、地区、行业之间的居民收入差距越来越大。据测算，我国居民个人收入的基尼系数 1996 年为 0.424，1998 年为 0.456，2000 年又增长到 0.458。根据国际标准，基尼系数在 0.4 以上表示绝对不公平，这表明我国已经进入绝对不平均区间，收入差距已经拉大，因此，有不少人担心市场经济取向的改革存在着失败的可能。

福利经济学第二定理表明，通过改变初始的财富禀赋分配，利用市场竞争可以达到资源的帕累托有效配置，从而兼顾公平与效率。

请问：你如何看待目前中国的收入分配差距及其趋势？

（3）假定张三、李四、王五三人因为自己最喜欢的明星发生了争执，他们在 A、B、C 三人谁更受观众欢迎的问题上争执不下，张三排的顺序是 A、B、C，李四排的顺序是 B、C、A，王五排的顺序是 C、A、B。到底谁更受欢迎呢？没有一个大家都认可的结果。如果规定每人只能投一票，三个明星将各得一票，无法分出胜负，如果改为对每两个明星都由三人投票，然后依少数服从多数的原则决定次序，结果又会怎样呢？首先看对 A 和 B 的评价，由于张三和王五都把 A 放在 B 的前边，二人都会选择 A 而放弃 B，只有李四认为 B 的魅力大于 A，依少数服从多数的原则，第一轮 A 以二比一胜出。再看对 B 和 C 的评价，张三和李四都认为应把 B 放在 C 的前边，只有王五一人投 C 的票。在第二轮角逐中，自然是 B 胜出。接着再来看对 A 和 C 的评价，李四和王五都认为还是 C 更棒，只有张三认为应该把 A 放在前边，第三轮当然是 C 获胜。通过这三轮投票，我们发现对 A 的评价高于 B，对 B 的评价高于 C，而对 C 的评价又高于 A，很明显他们陷入了一个循环的境地，这就是“投票悖论”。

也就是说，不管采用何种游戏规则，都无法通过投票得出符合游戏规则的结果。在人们的心目中，选举的意义恐怕就在于大家根据多数票原则，通过投票推举出最受大家爱戴或信赖的人。然而，通过选举能否达到这个目的呢？1972 年诺贝尔经济学奖获得者、美国经济学家阿罗采用数学中的公理化方法，于 1951 年深入研究了这个问题，并得出在大多数情况下是“不能”的结论，这就是鼎鼎大名的“阿罗不可能性定理”。

请问：什么是阿罗不可能性定理？为什么多数票原则的合理性是有限度的？

(4)第二次世界大战开始之后，1941 年美国总统罗斯福下令生产 5 万架军用飞机，当时负责军工生产的部门迅速安排了这项生产任务。但这一部门在做生产安排时，犯了一个大错误，即只考虑了生产飞机的直接消耗，如必需品铝等的消耗，却忽略了生产中的间接消耗。生产飞机的主要原料是铝，而铝是用电解法生产的，电解铝要消耗大量的电，而输电线路和变压器、电动机等机电设备又需要消耗大量的铜，结果造成铜的紧张。最后不得不向国库借用白银作为原材料来输电，以保障铝的生产。该事件是关于投入产出法的一个著名事件。

投入产出法由美国经济学家列昂剔夫在 1936 年提出后，一直未受到重视，直到第二次世界大战期间该事件发生之后，美国的相关部门才深感不仅在生产上需要采用先进的方法，在计划管理上也需要。于是在第二次世界大战结束后，美国劳动统计局和空军开始编制投入产出表，投入产出法也迅速传播到世界其他国家。

要求：

①这个案例为什么会促成投入产出经济学的发展？投入产出经济学为什么与一般均衡理论有关联？

②为什么说上述案例体现了一般均衡理论的思想？

四、课程思政案例

材料 1：要实现全面建设社会主义现代化国家各项目标任务，必须保持一定的经济增长速度，“发展是硬道理”要继续坚持。

公平要建立在效率的基础上，效率也要以公平为前提才得以持续。处理好效率与公平的关系，就要做到统筹兼顾、有机结合。

“山沟沟里绕蜡村，小路弯弯绕山转”，四川省阿坝藏族羌族自治州九寨沟县黑河镇绕蜡村曾是省级贫困村，受地理环境影响，当地交通、通信等基础设施建设一度落后。近年来，随着脱贫攻坚和乡村振兴的推进，“信息高速公路”铺进山旮旯，农村公路修进深沟偏寨，村子面貌焕然一新。在东西部扶贫协作帮扶资金的支持下，当地还建起了葡萄种植基地，村民以土地参股，2022 年亩产葡萄逾 2 500 斤，总收入 52 万余元。政策支持、资金投入、对口帮扶……像绕蜡村这样的发展故事，在中华大地广泛上演，广大人民群众共享发展成果，走向共同富裕，生活蒸蒸日上。

在新进中央委员会的委员、候补委员和省部级主要领导干部学习贯彻习近平新时代中国特色社会主义思想和党的二十大精神研讨班开班式上，习近平总书记提出推进中国式现代化需要处理好若干重大关系，其中之一就是效率与公平的关系。中国式现代化是全体人民共同富裕的现代化，既要创造比资本主义更高的效率，又要更有效地维护社会公平，更好实现效率与公平相兼顾、相促进、相统一。只有处理好效率与公平的关系，在做大蛋糕的同时分好蛋糕，才能让现代化建设成果更多、更公平惠及全体人民。

贫穷不是社会主义，我国仍处于社会主义初级阶段，发展是解决我国一切问题的基础和关键。以供给侧结构性改革提高供给体系质量和效率，以深入推进简政放权激发市场活力，以大力减税降费为企业纾困解难……党的十八大以来，一系列改革举措不断推出，极大提升了经济社会发展的效率。应该看到，我们要实现全面建设社会主义现代化国家各项目标任务，必须保持一定的经济增长速度，“发展是硬道理”要继续坚持。要坚持和完善社会主义基本经济制度，毫不动摇巩固和发展公有制经济，毫不动摇鼓励、支持、引导非公有制经济发展，充分发挥市场在资源配置中的决定性作用，更好发挥政府作用，构建全国统一大市场，深化要素市场化改革，建设高标准市场体系，营造市场化、法治化、国际化一流营商环境，着力提高全要素生产率。

贫富悬殊、两极分化也不是社会主义，全体人民共同富裕的现代化，是中国式现代化的本质特征。我们追求的发展是造福人民的发展，我们追求的富裕是全体人民共同富裕。从完善收入分配制度，到促进基本公共服务均等化，再到主动解决地区差距、城乡差距、收入差距等问题……我们已经形成促进全体人民共同富裕的一整套思想理念、制度安排、政策举措，推动共同富裕取得新成效。应该看到，促进全体人民共同富裕，让所有人都有机会凭自己的能力参与现代化进程，避免贫富悬殊、两极分化，这体现了中国式现代化鲜明的价值底色。要加快建立以权利公平、机会公平、规则公平为主要内容的社会公平保障体系，保证人民平等参与、平等发展权利，扎实推进全体人民共同富裕，取得更为明显的实质性进展。

公平要建立在效率的基础上，效率也要以公平为前提才得以持续。要处理好效率与公平的关系，就要做到统筹兼顾、有机结合，避免在现实中剑走偏锋、顾此失彼。既不能因为片面追求效率而在客观上造成富者愈富、穷者愈穷的马太效应，也不能因为片面追求公平而影响社会活力的释放。以提升效率不断做大蛋糕，以促进公平分好蛋糕，才能实现效率与公平的辩证统一，既推动社会主义现代化事业不断发展壮大，又让每个人都分享成果、参与其中。

“21 世纪第一个 10 年，年均收入 46 500 元；2021 年，总收入 141 200 元；轿车换了 1 辆，电视机换了 2 台，电脑换了 2 台，手机换了 3 部……”这是山东省枣庄市一位市民的家庭“小账本”，记录着满满的获得感和幸福感，也折射出经济发展成果不断惠及亿万人民。处理好效率与公平的关系，进一步解放和发展生产力，让一切劳动、知识、技术、管理、资本的活力竞相迸发，让一切创造社会财富的源泉充分涌流，不断提升发展的平衡性、协调性、包容性，我们就一定能实现更高质量、更有效率、更加公平、更可持续、更为安全的发展，使全体人民共享发展成果。

（资料来源：2023 年 02 月 24 日《人民日报》）

材料 2：习近平总书记在学习贯彻党的二十大精神研讨班开班式上发表的重要讲话，深刻阐述推进中国式现代化需要处理好的若干重大关系，其中之一是效率与公平的关系。习近平总书记强调：“既要创造比资本主义更高的效率，又要更有效地维护社会公平，更好实现效率与公平相兼顾、相促进、相统一。”

一个国家要实现现代化，必须实现经济增长。从社会经济活动来看，效率主要表现为经济增长，公平则更多体现在收入分配上。但是，许多国家没能处理好效率与公平的关系，在经济增长过程中出现贫富两极分化，或者片面强调“公平”，掉入福利主义陷阱，进而带来一系列社会经济问题。

我们党在推进中国式现代化进程中，始终高度重视处理好效率与公平的关系。改革开放 40 多年来，我国经济社会发展取得伟大成就。1979 年至 2020 年，我国国内生产总值年均增长 9.2%。新时代十年，我国经济实力实现历史性跃升。国内生产总值突破 120 万亿元、稳居世界第二位，全球创新指数排名上升到第十一位，货物贸易第一大国地位得到增强，制造业规模、外汇储备稳居世界第一。实践证明，中国式现代化伴随着社会经济效率的提高，充满勃勃生机。同时，全体人民共同富裕是中国式现代化的一个显著特征，体现中国特色社会主义的本质要求。习近平总书记指出：“公平正义是我们党追求的一个非常崇高的价值，全心全意为人民服务的宗旨决定了我们必须追求公平正义，保护人民权益、伸张正义。”中国式现代化坚持以人民为中心的发展思想，这与西方一些国家遵循资本逻辑、放任两极分化、物质主义膨胀、对外扩张掠夺的发展模式有着本质区别。我们党坚持把实现人民对美好生活的向往作为现代化建设的出发点和落脚点，着力维护和促进社会公平正义，着力促进全体人民共同富裕。新时代十年，我们打赢脱贫攻坚战，创造彪炳史册的人间奇迹；建成全球最大的社会保障网；改造棚户区住房 4 200 多万套、农村危房 2 400 多万户，人民生活得到全方位改善。

公平要建立在效率的基础上，效率也要以公平为前提才能够持续。处理好效率与公平的关系，在做大“蛋糕”的同时分好“蛋糕”，让现代化建设成果更多、更公平惠及全体人民，这是我们党带领人民推进中国式现代化的一条重要经验。一方面，必须不断提高经济效率，持续提升经济实力、释放社会活力，为全面建成社会主义现代化强国、为实现人民对美好生活的向往奠定坚实的物质基础;另一方面,要让每个人都有机会分享改革发展成果、参与到现代化进程中来,统筹兼顾地处理好效率与公平的关系。

以习近平同志为核心的党中央提出并贯彻落实新发展理念,着力推动高质量发展,加快构建新发展格局,实施供给侧结构性改革,制定一系列具有全局性意义的区域重大战略,我国经济实力、科技实力、综合国力不断跃上新台阶。同时,构建初次分配、再分配、第三次分配协调配套的制度体系,推动居民收入增长和经济增长基本同步、劳动报酬提高与劳动生产率提高基本同步,促进基本公共服务均等化,健全社会保障体系,推动全体人民共同富裕取得更为明显的实质性进展。在中国式现代化道路上,我们一定能够实现更高质量、更有效率、更加公平、更可持续、更为安全的发展,不断创造让世界惊叹的更大奇迹。

(资料来源:2023 年 05 月 09 日《人民日报》)

要求:请根据以上两个案例,结合国情和经济环境分析我国发展过程中应如何注意公平与效率的兼顾。

第八章　市场失灵和微观经济政策

一、知识思维导图

- 市场失灵和微观经济政策
  - 垄断
    - 垄断与低效率
    - 寻租——垄断低效率的进一步解释
    - 对垄断的公共管制
    - 反垄断法
  - 外部性
    - 外部性的含义及其分类
      - 外部性的含义
      - 外部性的分类
    - 外部性条件下市场机制的资源配置失灵
      - 负外部性条件下市场机制的资源配置失灵
      - 正外部性条件下市场机制的资源配置失灵
    - 针对外部性的微观政策
      - 非市场方式的命令与控制
      - 以市场为基础的规制方式
      - 科斯定理：交易费用为零或较低条件下的谈判
      - 科斯定理：交易费用较高条件下的产权界定
  - 公共物品和公共资源
    - 公共物品与市场失灵
      - 经济物品的类型
      - 公共物品的市场供给及其失灵
    - 针对公共物品供给的微观政策
    - 公共资源的过度使用及其解决政策
      - 公共资源的过度使用——公地悲剧
      - 解决公共资源过度使用的微观政策
  - 信息不完全和不对称
    - 信息与信息的价值
    - 信息不完全与市场失灵
    - 信息不对称与市场失灵
      - 信息不对称中的逆向选择
      - 信息不对称中的道德风险
    - 针对信息不完全和不对称的微观政策
      - 信号传递
      - 效率工资
      - 风险共担
  - 收入分配中的不平等
    - 初次收入分配及其不平等
    - 收入不平等的度量
      - 洛伦兹曲线
      - 基尼系数
    - 收入再分配政策
      - 社会保障制度
      - 收入援助计划

二、典型例题解析

1. 名词解释

(1)市场失灵。

【答案要点】市场失灵是指由于市场机制不能充分发挥作用而导致的资源配置缺乏效率或资源配置失当的情况,即通过市场配置资源不能实现资源的最优配置,无法实现帕累托有效率状态。市场失灵通常有如下几个表现:垄断、外部性、公共物品和公共资源、信息不完全和不对称、收入分配中的不平等。

(2)寻租。

【答案要点】所谓寻租,是指试图获得一种可以赚取经济利润的垄断的活动。经济学之所以应用寻租的概念,是因为租金(或者经济租金)是一个包含着消费者剩余、生产者剩余和经济利润的一般概念。一个垄断企业可以通过占有一部分消费者剩余而获得经济利润。因此,企业便千方百计谋求和维持垄断地位,以获取经济利润,并为此而花费一定的费用,这就是寻租活动。

(3)外部性。

【答案要点】外部性是指人们的经济活动对他人造成了影响,而这些影响并未被计入市场交易的成本或价格之中。外部性可以根据影响的正负效果分为正外部性(积极的外部性)和负外部性(消极的外部性),其中正外部性是指一个经济主体的经济活动导致其他经济主体获得额外的经济利益,而受益者无须付出相关代价,换言之,经济行为主体的生产消费行为给他人带来利益,又未获得补偿;负外部性指的是经济行为主体的生产消费行为给他人带来损失,又未支付抵偿损失的成本。

(4)生产的外部性。

【答案要点】生产的外部性是指经济主体的生产活动使其他生产者增加(或者减少)成本,但又未补偿(或收费)的情形。例如生产过程中所排放的废水、废气等会污染环境,使生活在这一环境中的人们受到损害,而受损者并未得到补偿,污染者也没有承担相应的污染治理成本。

(5)非竞争性。

【答案要点】非竞争性指的是一个人使用某种物品并不减少其他人使用的数量,即消费者对某种物品或服务进行享用的同时,并不排斥和妨碍其他消费者对其的享用,而且也不会减少其他消费者享用该种物品或服务的数量与质量,且某种物品一旦被提供,增加一个人的消费并不增加额外成本,其边际成本等于零。

(6)非排他性。

【答案要点】非排他性是指一个人在使用某种物品时不能阻止其他人同时使用,即一些人在享用某种物品带来的利益的时候,不能排除其他人同时从该种物品中获得利益,或者说,在市场经济条件下,在技术上无法将未付费者排除在此种产品的受益范围之外。

(7)公共物品。

【答案要点】公共物品是指一个人对某物品的消费,并不同时减少其他人对该物品的消费的那类物品。目前广为接受的定义是从公共物品的特征加以界定的,即公共物品是指在消费中既无排他性又无竞争性的物品,即具有非竞争性和非排他性的物品,即一个人在使用某种物品时,不能阻止其他人同时使用,而且一个人使用该物品并不减少其他人使用的数量。

(8)搭便车。

【答案要点】搭便车也称免费搭车,是指不承担任何成本而消费或者使用某种公共物品的行为,有这种行为的人或具有让别人付钱而自己享受公共物品收益动机的人称为免费搭车者。免费搭车现象源于公共物品生产和消费的非排他性和非竞争性。搭便车行为往往会导致公共物品供应不足。

(9)公地悲剧。

【答案要点】:公地悲剧是指当公地长期被过度使用而出现的土地退化、公地资源消失的一种现象。公地是一种典型的公共资源，它不排除任何人的使用，但使用者之间存在竞争关系。虽然个人不需要为资源的使用付费，但个人的收益却与使用量有关，因此每个人都有增加使用量的冲动，最终导致资源的破坏和枯竭。过度放牧导致的沙漠化，过度捕鱼导致的鱼种灭亡，都是现实中曾经发生和正在上演的公地悲剧。

（10）信息不对称。

【答案要点】信息不对称是指交易双方的不同经济主体对交易对象掌握的信息的多少不一样，一方掌握的信息多一些，一方掌握的信息少一些。

（11）逆向选择。

【答案要点】逆向选择是由事前的信息不对称引起的，是指在签订合同或从事交易之前就存在信息不对称，导致某些特征被隐藏，从而导致交易的一方做出与交易的另一方的期望截然相反的选择。

（12）洛伦兹曲线。

【答案要点】洛伦兹曲线是累计人口百分比和累计收入百分比对应的曲线，是著名的统计学家洛伦兹提出的用来反映收入分配状况的指标。洛伦兹首先将一国总人口按收入由低到高排序，然后考虑收入最低的任意百分比人口所得到的收入百分比，最后将这样得到的累计人口百分比和累计收入百分比的对应关系描绘在图形上，即得到洛伦兹曲线。在收入不平等的情况下，洛伦兹曲线是一条向右远离平等分配线的曲线，洛伦兹曲线越远离平等分配线，收入分配就越不平等。

（13）基尼系数。

【答案要点】基尼系数是根据洛伦兹曲线推导出来的表示社会中收入分配不平等程度的系数，其取值一般在 0 到 1 之间。基尼系数越接近于 1，就说明收入分配越趋向于不平等；而基尼系数越接近于 0，就说明收入分配越趋向于平等。

2. 单选题

（1）在垄断企业的长期均衡点上，（　　）。

A. 均衡价格大于边际成本　　B. 边际收益大于边际成本

C. 边际收益小于边际成本　　D. 均衡价格等于边际成本

【答案】A

【解析】在长期，垄断企业根据边际收益等于边际成本决定其均衡点。在均衡点上，垄断企业的均衡价格高于其边际成本。本题中，A 选项表述正确，因此选择 A 选项。

（2）当一个经济行为主体的消费行为引起其他消费者利益的增加，便产生了（　　）。

A. 生产的正外部性　　B. 消费的正外部性　　C. 生产的负外部性　　D. 消费的负外部性

【答案】B

【解析】外部性可以根据影响的正负效果分为正外部性（积极的外部性）和负外部性（消极的外部性），其中正外部性是指一个经济主体的经济活动导致其他经济主体获得额外的经济利益，而受益者无须付出相关代价，也即经济行为主体的生产消费行为给他人带来利益，又未获得补偿；负外部性指的是经济行为主体的生产消费行为给他人带来损失，又未支付抵偿损失的成本。根据行为主体的类型可进一步将正外部性分为生产的正外部性和消费的正外部性，将负外部性分为生产的负外部性和消费的负外部性。其中消费的外部性是指个人或家庭的消费行为会影响他人或社会，但个人或家庭并未因此而给予相应补偿或取得相应报酬。根据题干所述，一个经济行为主体的消费行为引起其他消费者利益的增加，这种情况属于消费的正外部性，因此本题选择 B 选项。

（3）在存在负外部性的情况下，可能会出现（　　）。

A. 私有市场产量不足　　B. 市场价格高于最优价格

C. 市场价格低于最优价格　　D. 市场价格反映生产的社会成本

【答案】C

【解析】在存在负外部性的情况下，由于市场价格太低，企业的产出太高，不能反映完全生产的社会成本，负外部性给社会带来了一个额外成本（外部成本），因此负外部性条件下最优的均衡数量低于市场的均衡数量，最优的均衡价格高于市场的均衡价格。本题中，C 选项表述正确，因此选择 C 选项。

（4）对排放工业废水的企业，有效的政府政策是（ ）。

A. 减少其税负 B. 增加其税负 C. 增加其补贴 D. 对企业进行国有化

【答案】B

【解析】由于排放工业废水的企业会产生负外部性，解决负外部性的政策包括征税、界定产权等。本题中，只有 B 选项的表述是正确的，因此选择 B 选项。

（5）假设某企业的生产活动造成了严重的空气污染，若政府对其征税，则征税额应该等于（ ）。

A. 边际私人成本 B. 边际社会成本

C. 治理污染的成本 D. 边际社会成本和边际私人成本之差

【答案】D

【解析】当出现负外部性时，边际社会成本 = 边际私人成本 + 边际外部成本，生产者是按照边际私人成本供给产品的，外部性造成的成本被生产者忽略了，由此导致产出偏离社会最优产出。要想通过征税这种方式纠正负外部性，则政府征税额应该是使得私人所负担的边际成本等于边际社会成本，即应征税额 = 边际外部成本 = 边际社会成本 - 边际私人成本。因此本题中，D 选项表述正确。

（6）只要交易成本为零，财产的法定所有权的分配就不影响经济运行的效率，这种观点被称为（ ）。

A. 看得见的手 B. 有效市场理论 C. 道德风险 D. 科斯定理

【答案】D

【解析】科斯定理表明，只要财产权是明确的，并且交易成本为零或者很小，那么无论在开始时将财产权赋予谁，市场均衡的最终结果都是有效率的，能实现资源配置的帕累托最优。本题中，D 选项表述正确，因此选择 D 选项。

（7）科斯定理是关于（ ）的理论。

A. 资本市场定价 B. 公平与效率的关系

C. 市场失灵与政府作用的关系 D. 产权界定与外部性的关系

【答案】D

【解析】科斯定理表明，只要财产权是明确的，并且交易成本为零或者很小，那么无论在开始时将财产权赋予谁，市场均衡的最终结果都是有效率的，能实现资源配置的帕累托最优。科斯定理是为了解决经济外部性而提出的理论，指出了产权界定与外部性的关系。因此本题中，只有 D 选项的表述是正确的，故选择 D 选项。

（8）尽管人口数量不断增长，但没有任何人会因此而减少其所享受的国防安全保障，体现了公共物品的（ ）。

A. 竞争性 B. 非竞争性 C. 排他性 D. 非排他性

【答案】B

【解析】公共物品具有非排他性和非竞争性的特征。公共物品的非竞争性指的是一个人使用一种公共物品并不减少其他人使用的数量，即消费者享用公共物品或服务的同时，并不排斥和妨碍其他消费者对其的享用，而且也不会减少其他消费者享用该种公共物品或服务的数量与质量，且某种公共物品一旦被提供，增加一个人的消费并不增加额外成本。公共物品的非排他性是指一个人在使用某种物品时不能阻止其他人同时使用，即一些人在享用公共物品带来的利益的时候，不能排除其他人同时从公共物品中获得利益，或者说，在市场经济条件下，在技术上无法将未付费者排除在此种产品的受益范围之外。题干中“没有任何人会因此而减少其所享受的国防安全保障”便指的是公共物品的非竞争性。因此本题中，B 选项表述正确。

(9)公共物品最优市场供应量应该满足的条件是(　　)。

A. 每一个消费者的边际替代率必须相等

B. 消费者的边际支付意愿之和等于提供该公共物品的边际成本

C. 生产者的边际成本应等于消费者的边际支出

D. 提供公共物品的私人成本等于提供公共物品的社会成本

【答案】B

【解析】从效率的角度来看,整个社会公共物品的最优配置应建立在每个消费者效用最大化的基础之上,故公共物品达到帕累托有效率的最优供应量的条件是消费者的边际支付意愿之和等于提供该公共物品的边际成本。因此本题中,B 选项表述正确。

(10)下列选项中,可能会出现搭便车行为的是(　　)。

A. 收费公立学校　　B. 收费高速公路　　C. 免费公交车　　D. 私人商店

【答案】C

【解析】一般来说,公共物品会产生搭便车问题,上述选项中只有 C 选项属于公共物品,因此本题选择 C 选项。而 A 选项收费公立学校和 B 选项收费高速公路均具有高度的排他性,付费才可享受,属于俱乐部物品,D 选项私人商店属于私人物品。因此,本题选择 C 选项。

(11)在信息不对称情况下,下列(　　)不能为消费者提供质量保障。

A. 较长的保修期　　B. 良好的售后服务　　C. 低价格　　D. 大品牌

【答案】C

【解析】信息不对称会带来一系列问题,需要通过微观政策予以解决,归纳起来有如下解决办法:信号传递、效率工资、风险共担以及政府在信息方面进行的其他干预和调控等。其目的是保证消费者和生产者能够得到充分和正确的市场信息,提高市场的透明度。上述选项中 A、B、D 均可以提高市场的透明度,因此都能为消费者提供质量保障。而 C 选项的低价格可能意味着制作工艺的粗糙,制作原料的低劣,不能为消费者提供质量保障,因此本题选择 C 选项。

(12)在二手车市场上,卖主对车的质量比买主知道的多,可能会出现(　　)。

A. 逆向选择　　B. 排他经营　　C. 搭便车　　D. 道德风险

【答案】A

【解析】在二手车市场上,卖主掌握的车的质量信息比买主掌握的多,会导致低质量的二手车把高质量的二手车逐出市场的现象,这就是市场的逆向选择,属于信息不对称的一种表现,会导致市场失灵。因此本题中,A 选项表述正确。

(13)中国、俄罗斯、美国、巴西的基尼系数分别是 0.47、0.415、0.494、0.521,其中收入分配最不公平的国家是(　　)。

A. 中国　　B. 俄罗斯　　C. 美国　　D. 巴西

【答案】D

【解析】基尼系数最大为 1,最小等于 0。基尼系数越接近 1 表明收入分配越不平等。上述四个选项中,巴西的基尼系数最高,因此收入分配最不公平的国家是巴西,故本题选择 D 选项。

(14)从社会角度考虑,效率要求(　　)之间相等。

A. 边际社会成本和边际私人收益　　B. 边际社会成本和边际私人成本

C. 边际社会收益和边际私人收益　　D. 边际社会收益和边际社会成本

【答案】D

【解析】现代经济学认为,经济活动的最优水平应处于边际成本等于边际收益的水平上,此时可以实现帕累托有效率。因此本题中,D 选项表述正确。

(15)某国占人口 80% 的家庭只拥有 30% 的收入,为缓解这一现象,应该(　　)。

A. 增加商品供给 B. 提高该国的 GDP

C. 为这些家庭提供物资援助 D. 增加该国的货币供给量

【答案】C

【解析】某国占人口 80% 的家庭只拥有 30% 的收入,表明该国收入分配差距较大。现代经济学认为,缩小收入分配差距的政策包括:社会保障制度、收入援助计划等。因此本题中,C 选项表述正确。

3. 多选题

(1)市场失灵的具体表现有( )。

A. 垄断 B. 外部性 C. 信息不对称 D. 收入分配不平等

【答案】ABCD

【解析】在现实经济体系中,帕累托有效率状态通常不能实现,在很多场合中配置不能达到最优,即出现所谓的市场失灵。市场失灵的表现通常包括垄断、外部性、公共物品和公共资源、信息不完全和不对称、收入分配中的不平等。因此本题 A、B、C、D 四个选项均正确。

(2)垄断所造成的后果有( )。

A. 资源分配不公平 B. 资源配置低效率

C. 与完全竞争相比,产品价格过低,产量过高 D. 与完全竞争相比,产品价格过高,产量过低

【答案】ABD

【解析】垄断企业的需求曲线向右下方倾斜,其利润最大化原则是边际收益等于边际成本,此时价格大于边际成本,就出现了低效率的资源配置状态。同时,与完全竞争相比,垄断会导致产品价格过高,产量过低。因此本题 A、B、D 三个选项均属于垄断所造成的后果。

(3)下面( )情况属于负外部性。

A. 居民自发清理河道 B. 工厂排出的废气

C. 在公共场所随意丢垃圾 D. 越来越多人接受高等教育

【答案】BC

【解析】负外部性(又称消极的外部性)指的是经济行为主体的生产和消费行为给他人带来损失,又未支付抵偿损失的成本。例如,一个企业在生产过程中排放污水污染了河流、排放烟尘污染了空气,这种行为影响了其他依靠清洁河水和清洁空气生产的企业;吸烟者的吸烟行为危害了被动吸烟者的身体健康,并未为此付出代价;有些消费者在公共场所随意丢弃垃圾给其他消费者造成环境损害,而又未为此付出代价等。本题 B、C 选项均属于负外部性,而 A、D 选项属于正外部性。

(4)下列选项中,( )可以解决外部性条件下市场机制的资源配置失灵问题。

A. 明确产权 B. 纠正性税收 C. 补贴 D. 提高利率

【答案】ABC

【解析】纠正由于外部性所造成的资源配置不当,可以采取的方法主要有:①非市场方式的命令与控制,直接管制资源的配置,例如直接限制产量水平,或者强制使用某些技术;②以市场为基础的规制方式,其中最著名的以市场为基础的规制方式是纠正性税收和补贴,使私人成本和私人收益与相应的社会成本和社会利益相等,导致个人将外部性内部化,从而可以达到帕累托有效率;③明确产权(科斯定理)。科斯定理表明,只要财产权是明确的,并且交易成本为零或者很小,那么无论在开始时将财产权赋予谁,市场均衡的最终结果都是有效率的,能实现资源配置的帕累托最优。科斯定理是解决外部性问题的较好方法,尤其是在交易费用很高的情况下,政府重新将产权界定给某一主体将有效解决该外部性问题。因此,A、B、C 三个选项表述均正确,而 D 选项提高利率并非为矫正外部性的措施,不当选。综上,本题选择 A、B、C 三个选项。

(5)下列选项中,属于公共物品基本特征的有( )。

A. 竞争性 B. 非竞争性 C. 排他性 D. 非排他性

【答案】BD

【解析】公共物品是指在消费上既无排他性又无竞争性的物品，也就是说公共物品的基本特征是非竞争性和非排他性，因此 B、D 两个选项表述正确。而竞争性和排他性属于私人物品的特征，故 A、C 选项不当选。综上，本题选择 B、D 选项。

(6)下列选项中，属于准公共物品的有(　　)。

A. 森林　　B. 国防服务　　C. 收费公园　　D. 公海中的鱼

【答案】ACD

【解析】公共物品可以根据其是否同时具备非竞争性和非排他性分为纯公共物品和准公共物品，其中纯公共物品同时具备非竞争性和非排他性两个特征，较为典型的纯公共物品如国防服务，因此 B 选项不当选。准公共物品只具备非竞争性或者只具备非排他性，具体又可以分为公共资源和俱乐部物品。其中公共资源是指具有竞争性但没有排他性的物品，即具备非排他性，例如公海中的鱼、森林、野生动物、空气等。俱乐部物品是指在消费上具有高度排他性但不具有竞争性的物品，即具备非竞争性，如收费公路、收费公园、游泳馆等。本题中，A 选项和 D 选项都属于公共资源，C 选项属于俱乐部物品，都属于准公共物品。综上，本题选择 A、C、D 三个选项。

(7)公共资源具有竞争性但没有排他性，因此公共资源使用中具有较大的外部性，当公共资源长期过度使用时会导致公地悲剧——土地退化、公共资源消失。下列选项中，可以用来预防公地悲剧的方法有(　　)。

A. 管制　　B. 征收庇古税　　C. 界定产权　　D. 财政贴息

【答案】ABC

【解析】为了预防公地悲剧的发生，通常有如下几类办法。一是管制，管制就是对公共资源的使用按照集体决策规定最优使用数量。因此 A 选项正确。二是征收庇古税，征收庇古税就是对每一个使用公共资源的个体按照产出的数量征收一定的比例税。因此 B 选项正确。三是界定产权，界定产权就是将公共资源的各类权利明确界定给各个主体，比如把公地分给各个家庭，每个家庭可以把自己的一块地用栅栏圈起来，用这种办法把公地变为私地，并且没有剥夺任何人对土地的使用权，将公共资源的负外部性内部化；或者把公地承包给某个体，这种将公地通过一定的政治程序承包给个人，将使用权界定给个人的办法也可以解决公共资源使用中的外部性问题。因此 C 选项正确。而 D 选项财政贴息属于财政补贴的一种方式，可以用来矫正正外部性，但不能用于预防公地悲剧的发生，因此 D 选项不当选。综上，本题选择 A、B、C 三个选项。

(8)下列选项中，由于信息不对称导致的后果有(　　)。

A. 逆向选择　　B. 公地悲剧　　C. 道德风险　　D. 免费搭车

【答案】AC

【解析】信息不对称分为两类，一类是隐藏特征的信息不对称，一类是隐藏行为的信息不对称，这二者都会引起市场失灵。隐藏特征的信息不对称即一方能够观察到另一方不能观察到的一些商品或服务的特征，例如潜在的消费者不知道二手车上隐藏的锈斑，但卖方很清楚，这会导致逆向选择。隐藏行为的信息不对称即交易的一方能够采取影响对方却不被对方观测到的行为，例如员工在工作的时候偷懒，由此产生道德风险。因此选项 A 和选项 C 均属于信息不对称导致的后果。

由于公共资源使用中具有较大的外部性，当公共资源长期过度使用时会导致土地退化、公共资源消失，即出现公地悲剧，这并非信息不对称导致的后果，因此 B 选项不当选。由于公共产品存在非竞争性和非排他性，消费者更愿意采取隐瞒自己对公共产品的偏好行为，即产生免费搭车现象。免费搭车也不是信息不对称导致的后果，因此 D 选项不当选。综上，本题选择选项 A 和选项 C。

(9)在存在逆向选择的医疗保险市场上，最可能发生的情况有(　　)。

A. 市场均衡实现帕累托有效率　　B. 低风险的人将不愿意购买保险

C. 高风险的人将不愿意购买保险　　D. 高风险的人将购买过多保险

【答案】BD

【解析】医疗保险市场上，买者比卖者拥有更多信息，高风险群体的身体健康状况更差，在未来可能需要更昂贵的治疗，医疗保险项目会吸引更多比例高风险的人，而这群人正好是医疗保险机构不想吸引的人群。逆向选择会产生很大的无效率，无法实现帕累托有效率。因此本题选择 B、D 选项。

(10)下列关于收入分配的相关说法中，表述错误的有(　　)。

A. 在市场经济条件下，收入再分配主要是通过市场机制形成的

B. 洛伦兹曲线可以用来度量收入分配的不平等程度

C. 洛伦兹曲线越靠近平等分配线，收入分配就越不平等

D. 基尼系数越接近于 0，说明收入分配越趋向于不平等

【答案】ABCD

【解析】在市场经济条件下，初次收入分配主要是通过市场机制形成的，不同所有者对物资要素所有数量的差别，会导致初次分配出现差别，因此 A 选项表述错误。美国统计学家洛伦兹提出了著名的洛伦兹曲线，根据洛伦兹曲线定义的基尼系数可以度量收入分配的不平等程度，B 选项表述错误，能够度量收入分配的不平等程度的指标是基尼系数，而非洛伦兹曲线。在收入不平等的情况下，洛伦兹曲线是一条向右远离平等分配线的曲线，洛伦兹曲线越远离平等分配线，收入分配就越不平等，因此 C 选项表述错误。基尼系数一般介于 0 和 1 之间，基尼系数越接近于 1，就说明收入分配越趋向于不平等；基尼系数越接近于 0，就说明收入分配越趋向于平等，因此 D 选项表述错误。综上，本题 A、B、C、D 四个选项均表述错误，故选择 A、B、C、D 四个选项。

4. 判断题

(1)只要资源配置存在帕累托改进余地，即市场失灵。(　　)

【答案】正确

【解析】市场失灵指市场机制下资源配置不能达到最优，存在帕累托改进余地。因此，本题的判断结果为正确。

(2)寻租活动会加大垄断行业的经济损失。(　　)

【答案】正确

【解析】寻租过程中花费的资源是非生产性的，这些资源花费没有给寻租者带来利润，也没有给消费者带来福利，是一种“纯损”。寻租活动类似于完全竞争，寻租者间的竞争抬高了垄断权力支付的价格，抬高到只能使寻租者获得正常利润的水平。因此，本题的判断结果为正确。

(3)对垄断行业的垄断价格和垄断产量进行管制，能够同时实现效率和公平。(　　)

【答案】错误

【解析】递增成本情况：对垄断行业进行价格管制，使价格等于边际成本，实现帕累托有效率，但此时平均收益大于平均成本，垄断企业仍然可以获得一部分超额利润，没有实现公平。递减成本情况：当对垄断企业进行价格管制时，达到帕累托有效率，但此时垄断企业出现亏损。因此，本题的判断结果为错误。

(4)纯公共物品可以完全由私人供给。(　　)

【答案】错误

【解析】纯公共物品具有非竞争性和非排他性，容易造成搭便车问题，导致公共物品供给量过低。对于公共物品的供给，应由政府来承担主要的责任和义务，而不能完全交由私人供给。因此，本题的判断结果为错误。

(5)解决土地被过度使用的方法之一是界定产权，这表明土地的个人所有制优于集体所有制。(　　)

【答案】错误

【解析】公地私有化剥夺了其他人利用公共土地的权利，也会产生私地悲剧。因此，本题的判断结果为错误。

（6）私人物品必须同时具备竞争性和排他性这两个特征。（　　）

【答案】正确

【解析】竞争性和排他性是私人物品的特点。因此，本题的判断结果为正确。

（7）市场失灵问题可以完全由政府政策解决。（　　）

【答案】错误

【解析】政策调节的作用在于规范市场调节并弥补市场调节的不足，但其作用是有限的，无法完全解决市场失灵问题。因此，本题的判断结果为错误。

（8）正外部性经济有助于实现资源最优配置。（　　）

【答案】错误

【解析】当出现正外部性时，边际私人收益小于边际社会收益，使市场最优数量小于社会最优数量，市场机制配置资源失灵了。因此，本题的判断结果为错误。

（9）洛伦兹曲线离平均分配线越远，收入分配越不平等。（　　）

【答案】正确

【解析】洛伦兹曲线是由“最贫穷的人口计算起一直到最富有人口”的人口百分比对应各个人口百分比的收入百分比的点组成的曲线。在收入不平等的情况下，洛伦兹曲线是一条向右远离平等分配线的曲线，洛伦兹曲线越远离平等分配线，收入分配就越不平等。因此，本题的判断结果为正确。

（10）一般情形下，一国的基尼系数应大于1。（　　）

【答案】错误

【解析】基尼系数一般介于0和1之间，基尼系数越接近于1，就说明收入分配越趋向于不平等；基尼系数越接近于0，就说明收入分配越趋向于平等。因此，本题的判断结果为错误。

（11）在信息不完全的情况下，降低商品价格一定会刺激消费者的需求量。（　　）

【答案】错误

【解析】当信息不完全时，商品的需求量可能不随价格下降而增加，而是相反，随着价格的下降而下降，违反了需求规律。因此，本题的判断结果为错误。

（12）在卖者掌握较多产品质量信息的情况下，会出现劣质产品把优质产品驱逐出市场的现象。（　　）

【答案】正确

【解析】当买者和卖者信息不对称时，会出现逆向选择，即出现劣质产品把优质产品驱逐出市场的现象，即“劣币驱逐良币”。因此，本题的判断结果为正确。

（13）外部性是外在于市场价格机制的，当外部性存在时，市场价格机制配置的资源越接近于帕累托有效率状态。（　　）

【答案】错误

【解析】外部性是指私人成本（收益）与社会成本（收益）的非一致性，其产生的原因在于未能承担应有的责任或未能获得应有的报酬补偿。对于产生正外部性的生产者，私人收益小于社会收益，缺乏生产积极性，产出水平低于社会最优产出水平，造成产品的供给过少；对于产生负外部性的生产者，边际私人成本小于边际社会成本，倾向于扩大生产，产出水平大于社会最优产出水平，造成产品的供给过多。不论是正外部性还是负外部性，都会导致资源配置不充分、效率降低，从而越偏离帕累托有效率状态。因此，本题的判断结果为错误。

（14）在保险市场上要减少道德风险，一个关键的方法是使委托人和代理人的激励（或动机）一致，典型的做法是让投保人置身其中，让他们承担一部分风险成本，因此可以采取共同保险的方法。（　　）

【答案】正确

【解析】共同保险是指保险公司和投保人根据预设计划共同承担赔付责任，如许多健康保险计划，就是保险公司和投保人各支付一定比例，这种方式可以让投保人置身其中，使得投保人承担一部分风险成本。因此，本题的判断结果为正确。

(15)收入再分配政策可以从根本上解决“富裕中的贫困”问题。 ( )

【答案】错误

【解析】收入再分配政策不能从根本上解决“富裕中的贫困”问题。尽管资本主义国家有很多缩小收入分配差距的再分配政策，如累进的所得税，对穷人和伤残人员实行的收入保障和现金资助，发放食品券等实物补偿，等等，但是都不能根本解决贫困问题。因为富人有各种逃税、避税的对策。更重要的是，资本主义社会是资本剥削雇佣劳动的经济制度，资本家是靠剥削工人的剩余价值而实现其最大化利润目标的。而微观经济学所能提出的缩小收入分配差距的经济政策是以维持资本主义剥削制度为前提的，这就决定资本主义必然存在“富裕中的贫困”。因此，本题的判断结果为错误。

5. 简答题

(1)什么是市场失灵？有哪些情况会导致市场失灵？

【答案要点】

市场失灵是指市场机制不能有效发挥作用，难以实现帕累托有效率的状态。造成市场失灵的情况有多种，市场无法有效率地分配商品和劳务。

①垄断。当生产者或要素的供给者出现垄断时，会产生无效率。假定某企业具有垄断市场势力，由于企业的边际收益与平均收益分离，所以价格高于边际成本。这时，尽管消费者之间仍可以实现有效率的交换，但社会并不能用最低的成本向消费者提供最需要的商品组合。不完全竞争的市场不仅不能使用最低成本的生产方式，而且增加生产还会进一步提高社会的福利水平，生产没有达到最优。

②外部性。外部性是造成社会估价与社会成本出现差异的另一个重要原因，它是指交易双方的经济行为未经交换而强加于其他方的经济影响。从社会的角度来看，施加外部影响的经济当事人的成本不仅包括生产成本，而且包括强加于他人的成本；同样，它的收益不仅包括它收取的出卖产品所获得的收入，而且包括给他人带来的但又无法收取报酬的好处。但是，按照市场的原则，施加外部影响的经济当事人只会考虑他看到的收益和成本。结果，外部经济效果使得社会估价不等于社会成本，并且完全竞争的市场体系也没有提供一种机制，让交易双方考虑对其他人所施加的经济效果。

③公共物品和公共资源。公共物品和公共资源具有非排他性。由于非排他性，公共物品一旦被生产出来，每一个消费者可以不支付费用就获得消费的权利。这就是说，在消费公共物品时，每一个消费者都可以做一个免费搭便车者，造成公共物品市场供给不足。公共物品的非竞争性使得私人供给的社会成本增加，而社会利益得不到发挥。公共资源使用中具有较大的外部性，容易导致过度使用。

④信息不完全和信息不对称。信息不完全是指市场的供求双方对于所交换的商品不具有充分的信息。例如，消费者并不完全清楚要购买的商品的质量，生产者也并不完全清楚市场上究竟需要多少本企业产品，也不完全知道可供给的数量、做出最有利选择的所有生产技术和所能使用的最合算的全部生产要素。如果消费者和生产者对市场信息的了解不完全，就不能做出消费和生产的有效决策，市场体系就不会有效率地运作，从而导致市场失灵。信息不对称会带来逆向选择和道德风险的问题，其中当出现逆向选择时，买卖双方在信息不对称的情况下，出现劣质商品或服务驱逐优质商品或服务，导致市场萎缩甚至消失。当出现道德风险时，由于信息不对称，市场的一方不能观察到另一方的行动，则另一方就可能采取不利于对方的行动。

(2)什么是寻租？寻租者通过什么形式来实现其目标？

【答案要点】

所谓寻租，是指试图获得一种可以赚取经济利润的垄断的活动。经济学之所以应用寻租的概念，是因为租金(或者经济租金)是一个包含着消费者剩余、生产者剩余和经济利润的一般概念。一个垄断企业可以通过占有一部分消费者剩余而获得经济利润。因此,企业便千方百计谋求和维持垄断地位,以获取经济利润,并为此而花费一定的费用,这就是寻租活动。

寻租者以两种形式追求其目标:购买垄断和创造垄断。购买垄断型寻租是指搜寻可以用低于垄断企业的经济利润的价格购买垄断的权利,也就是寻求获得现有的垄断权利。创造垄断型寻租是指采取游说和寻求影响政治过程等形式来创造垄断权利,有时通过捐助来交换法律支持,有时间接地通过媒体的政治宣传或直接同政治家和官员签订合同来寻求有利的政治影响结果。

(3)寻租活动会带来什么经济损失?请从购买垄断型寻租和创造垄断型寻租两方面分别解释。

【答案要点】

寻租活动会造成经济损失,可以从购买垄断型寻租和创造垄断型寻租的角度理解寻租带来的经济损失。

①购买垄断型寻租方面。由于寻租过程中花费的资源是非生产性的,这些资源花费没有给寻租者带来利润,也没有给消费者带来福利,是一种“纯损”。这意味着,就单个寻租者而言,其损失往往大于垄断理论中的“纯损”三角形。若进一步考虑整个市场,在寻租市场上,寻租者往往不止一个,单个寻租者的寻租代价只是整个寻租活动的经济损失的一部分,整个寻租活动的全部损失等于所有单个寻租者寻租活动的代价之和,而且这个总和还会随着寻租市场竞争程度的不断加强而不断增大。因此,考虑寻租活动后,垄断的经济损失远远大于“纯损”三角形。

②创造垄断型寻租方面。当一个企业家通过寻求政府干预来阻止其他企业加入市场竞争,以维护其独家垄断地位,确保创造的租金不致扩散时,该企业家就创造了垄断。创造垄断型的寻租方式也会造成很大的经济损失,创造垄断型寻租导致的经济损失表现为两个方面:一方面是阻碍了生产要素在不同产业之间自由流动、自由竞争而导致的资源错配的损失,另一方面是寻求获得、维护垄断地位而花费资源的损失。

综上,寻租活动的经济损失表现在如下几个方面:①寻租造成经济资源配置的扭曲,阻止了更有效的生产方式的实施;②寻租本身白白消耗社会的经济资源,使本来可以用于生产性活动的资源浪费在这些于社会无益的活动中;③导致其他层次的寻租活动,比如政府官员在寻租活动中享受了特殊利益,政府官员的行为会受到扭曲,因为这些特殊利益的存在会引发一轮追求行政权力的浪费性寻租竞争。

(4)比较公共物品和私人物品有何区别,并说明公共物品是如何使市场失灵的。

【答案要点】

公共物品指一个人对该产品的消费,并不同时减少其他人对该产品消费的那类物品。与公共物品相对应的是私人物品。经济学中,通常从物品性质这个角度去定义这两类物品。其中,公共物品是具有非排他性和非竞争性的物品,而私人物品则具有排他性和竞争性。

由于非排他性,公共物品一旦被生产出来,每一个消费者可以不支付费用就获得消费的权利,即出现免费搭车,因而人们对公共物品的消费不能由市场价格来决定,价格机制无法将社会对公共物品的供需情况如实反映出来。公共物品的非竞争性使得私人供给的社会成本增加,而社会利益得不到发挥。这样,公共物品就无法供给出来,因此在公共物品供给上,市场是失灵的。

此外,当公共物品的边际收益等于边际成本,公共物品的数量达到最优,但是公共物品的最优数量并没有实际意义。由于公共物品存在非竞争性和非排他性,消费者更愿意采取搭便车行为,隐瞒自己对公共物品的偏好,消费者的需求一般低于其实际水平,无法加总消费者的需求,也就不能求得公共物品的最优数量。消费者支付的数量将无法弥补公共物品的生产成本,最终导致市场产量远远低于最优数量,因此市场机制在公共物品的供给方面会出现失灵。

(5)负外部性条件下,市场机制的资源配置失灵是如何造成的?

【答案要点】

存在外部性的情况下,市场机制配置资源达不到帕累托有效率,即“看不见的手”在资源配置上失灵。

一般而言,在正外部性的情况下,私人活动的水平常常低于社会所要求的最优水平;在负外部性的情况下,私人活动的水平高于社会所要求的最优水平。

当出现负外部性时,市场机制的结果不再有效率,是因为负外部性给社会带来了一个额外成本,市场上的生产者和消费者没有明确承认这一成本,导致市场机制配置的资源偏离了社会最优而失灵。负外部性的例子有很多,比如各类水污染、空气污染、土壤污染等。在负外部性存在的条件下,生产者的供给不仅产生边际私人成本,其外部性也会造成边际外部成本,二者之和才是边际社会成本。但是,生产者是按照边际私人成本供给产品的,外部性造成的成本被生产者忽略了,由此导致出现偏离了社会最优的产出。换言之,对于产生负外部性的生产者,边际私人成本小于边际社会成本,倾向于扩大生产,产出水平大于社会最优产出水平,造成产品的供给过多,因此造成负外部性条件下市场机制的资源配置失灵。

(6)信息不对称有哪些类型?请简述信息不对称的具体表现有哪些?

【答案要点】

信息不对称分为两类,一类是隐藏特征的信息不对称,一类是隐藏行为的信息不对称,这二者都会引起市场失灵。隐藏特征的信息不对称即一方能够观察到另一方不能观察到的一些商品或服务的特征,例如潜在的消费者不知道二手车上隐藏的锈斑,但卖方很清楚,这会导致逆向选择。隐藏行为的信息不对称即交易的一方能够采取影响对方却不被对方观测到的行为,例如员工在工作的时候偷懒,由此产生道德风险。其中:①逆向选择是指由于卖方和买方之间信息不对称,市场机制会导致某些商品或服务的需求曲线向左下方弯曲,最终结果是劣质商品或服务驱逐优质商品或服务,以致市场萎缩甚至消失。逆向选择在二手车市场上比较常见,通常二手车的卖主对车的质量比买主知道的多,由于这种信息不对称,低质量的二手车会把高质量的二手车逐出市场,这就是市场的逆向选择,也是一种市场失灵。②道德风险是指由于信息不对称,市场中的一方不能观察到另一方的行动,而另一方就可能采取不利于对方的行为。由信息不对称带来的道德风险在保险市场上比较常见。例如在签订车辆保险合同之前,消费者对自己的车辆会非常爱护,而一旦签订车辆保险合同,消费者会产生“反正出事了有保险赔”的心理,便会在一定程度上减轻对车辆的爱护程度,而消费者的这一行为将大大提高车辆保险公司赔付的概率,这便出现了道德风险,道德风险也是一种市场失灵。

(7)公地悲剧是如何形成的?可以采取哪些微观政策来解决公共资源过度使用的问题?

【答案要点】

公共资源与公共物品不同,它在消费上没有排他性,但有竞争性。尤其在当使用者人数足够多时,公共资源的竞争性很大。公共资源的非排他性和竞争性会使得资源被过度消耗、破坏,如草场过度放牧、海洋过度捕捞、森林过度砍伐等,这些都是公地悲剧的典型例子。为了解决公共资源过度使用的问题,预防公地悲剧的发生,通常有如下几类办法。

一是管制。管制就是对公共资源使用时按照集体决策规定最优使用数量。例如在过度放牧的问题上,可以规定每个人放牧羊群的最大数量,只要规定的放牧数量总量恰好等于最优数量,并且能够以有力的措施保证这些规定得到切实的贯彻执行,该问题就能够解决。

二是征收庇古税。征收庇古税就是对每一个使用公共资源的个体按照产出的数量征收一定的比例税。因为公共资源的过度使用本质上是负外部性,是每一个个体增加自己的产出数量而对其他个体产出的单位价值带来的负外部性,所以通过征收庇古税能内化这种负外部性,减少个体产出,减少个体对公共资源的使用数量,使个体对公共资源的使用数量总和等于公共资源的最优使用数量。征收庇古税首先要计算边际外部成本,即计算每一个个体增加一单位产出数量对其他个体产出的单位价值的影响。其次征收等于该边际外部成本大小的税收,以使产量减少到公共资源使用的社会最优水平。

三是界定产权。界定产权就是将公共资源的各类权利明确界定给各个主体,比如把公地分给各个家庭,每个家庭可以把自己的一块地用栅栏圈起来,用这种办法把公地变为私地,并且没有剥夺任何人对土地的使用权,将公共资源的负外部性内部化;或者把公地承包给某个体,这种公地通过一定的政治程序被承包给个人，故将使用权界定给个人也可以解决公共资源使用中的外部性问题。

（8）请简述科斯定理的内容。

【答案要点】

科斯定理是指不管权利的初始界定如何（谁拥有合法的产权），谈判都会导致有效的结果，即只要财产权是明确的，并且交易成本为零或者很小，那么无论在开始时将财产权赋予谁，市场均衡的最终结果都是有效率的，进而实现资源配置的帕累托最优。科斯定理意味着，政府干预不是解决外部性问题的必要手段，私人交易可以解决外部性问题，不管谁拥有最初的产权，通过交易都可以达到最有效的结果。

尽管不管谁拥有最初的产权，通过交易都可以达到最有效的结果，但是谁拥有最初的产权也不是无关紧要的，因为最初的产权配置对剩余分割是一个非常重要的决定因素。即便如此，也要小心过多依赖私人交易来解决外部性问题，理由如下。第一，相关当事人（制造外部性和遭受外部性的人）可以很经济地进行谈判的假设是十分重要的。这意味只要谈判的交易成本不高，有效的经济结果就可以实现。第二，产权被清晰定义是重要的。在许多情况下，法律关于谁拥有产权并不明确。第三，谈判与每一方谈判人的数量是有关系的。如果受影响的人较少，谈判会导致一个有效的结果。因此，在交易费用很高的情况下，政府将产权重新界定给某一主体将有效解决外部性问题。

（9）解决信息不完全性和不对称性问题可以采取哪些微观政策？请简述具体的措施。

【答案要点】

信息不完全和不对称带来了许多问题，需要通过微观政策予以解决，归纳起来有如下解决办法。

①信号传递。无论是信息不完全还是信息不对称，信号传递都能够减轻市场失灵的程度。信号传递的第一种办法是建立第三方认证市场，第二种办法是保修。

②效率工资。效率工资是指高于工人所愿意接受的最低水平的工资。有关其的基本观点是：工资越高，工人的努力程度越高。因为高工资的工作对工人来说更有价值，工作失败（辞职或被解雇）的风险成本高昂；高工资会促使工人热爱企业，降低流动率，减少企业额外招募和培训的成本；高工资能从心理上激励工人，让工人们感受到雇主的慷慨，并将高工资看成一份“礼物”，进而更加努力地工作回报雇主，在经济学中这被称为“礼物交换”。

③风险共担。在保险市场上要减少道德风险的一个关键的方法就是使委托人和代理人的激励（或动机）一致。典型的做法就是让投保人置身其中，让他们承担一部分风险成本。现在保险市场上有如下几种做法：免赔额、定额手续费、共同保险。这三种做法减少了保险市场上的道德风险，但没有消除道德风险，道德风险仍然存在。

④政府在信息方面进行干预和调控。政府在信息方面进行干预和调控的目标是保证消费者和生产者能够得到充分和正确的市场信息，提高市场的透明度。如政府强制规定，发行新股票和新债券的公司必须公布公司的有关情况，产品广告上不得有不符合实际的夸大之词，某些产品必须有详细的使用说明书，等等。这些都是解决信息不完全和不对称问题的政策举措。

6. 计算题

（1）已知一个公共草场的成本函数为 $C(Q)=4Q^2+400$，Q 表示草场上养马的数量，每匹马的价格为 800 元。求：

①草场净收益最大时的养马数量；

②假如该草场有 8 户牧民，草场的成本由牧民平摊，此时草场上将会有多少马？这会引起怎样的问题？

【答案要点】

① 草场净收益：$R(Q)=800Q-(4Q^2+400)=-4Q^2+800Q-400$，$MR(Q)=-8Q+800$，令 $MR(Q)=0$，$Q=100$（匹）。

草场净收益最大时的养马数量为 100 匹。

② 对每户牧民而言，其分摊成本为$(4Q^2+400)/8=0.5Q^2+50$，对应的边际成本为 Q。每户牧民多养一匹马的收益为 800，牧民为了实现利益最大化，则有 $Q=800$。远远大于整个草场最优的放牧数量，由此引发的后果是：牧场因放牧过度，数年后草场荒芜，导致公地悲剧出现。

（2）已知一商品的市场需求函数为 $Q=500-10P$，成本函数为 $C(Q)=20Q$，求：

①假如该商品由一垄断企业生产，那么当企业利润最大化时的产量和价格为多少？

②要达到帕累托有效率，产量和价格为多少？

【答案要点】

①该商品为垄断企业生产，市场需求函数即企业的需求函数，

由 $Q=500-10P$ 得 $P=50-0.1Q$，

$$R=P\times Q=(50-0.1Q)\times Q=50Q-0.1Q^2$$

$$MR(Q)=50-0.2Q$$

由成本函数 $C(Q)=20Q$，得 $MC=20=AC$。

由利润最大化的条件 $MR=MC$，即 $50-0.2Q=20$，得$Q=150$，则 $P=35$。

②要达到帕累托有效率，价格应等于边际成本，即

$$P=50-0.1Q=MC=20，得\ Q=300，则\ P=20$$

（3）路灯属于公共物品，假设有 100 人住在一条街上，每个人愿意为增加一盏路灯支付 5 元，而不管已经提供的路灯数量。假设提供 Q 盏灯的成本函数为 $C(Q)=5Q^2+200Q$，试问：安装多少盏路灯是最优方案？

【答案要点】

已知每个人愿意为增加一盏路灯支付 5 元，100 个人共 500 元，可以看作对路灯的需求或者边际收益。而根据题干可知，路灯的成本是 $C(Q)=5Q^2+200Q$，因此，边际成本 $MC=10Q+200$。令 $MR=MC$，即 $500=10Q+200$，可解得：$Q=30$，即安装 30 盏路灯是最优方案。

7. 分析题

（1）论述委托 - 代理问题。

【答案要点】

委托 - 代理问题产生于委托人和代理人之间的信息不对称，其使得二者的利益不一致甚至出现完全不同的情形。如果委托人对代理人的行为及其可能造成的后果有充分的了解，即具有完全的信息，则不存在委托 - 代理问题。但是，在现实生活中，委托人对代理人的情况往往缺乏足够的了解：委托人很难有足够的时间和精力来监视代理人的一举一动；即使有这样的时间和精力，也可能缺乏必要的知识和能力；更何况，在许多场合，监督本身也许根本不可能。

（2）论述为什么市场机制不能解决信息不完全和不对称问题。

【答案要点】

①在现实经济中，信息往往是不完全的，甚至是很不完全的。信息不完全不仅是指那种绝对意义上的不完全，即由于认识能力的限制，人们不可能知道在任何时候、任何地方发生的或将要发生的任何情况，而是指相对意义上的不完全，即市场经济本身不能够生产出足够的信息并有效配置它们。信息不对称是指市场上的某些参与者拥有一些信息，但另一些参与者却不拥有；或指一方掌握的信息多一些，另一方掌握的信息少一些。在信息不完全和不对称的情况下，市场机制有时就不能很好地起作用。例如，由于缺乏足够的信息，生产者的生产可能会带有一定的“盲目性”：有些产品生产过多，而另一些产品又生产过少；消费者的消费选择也可能会出现“失误”，比如购买了一些有害健康的“坏”商品，而错过了一些有益健康的“好”商品。更坏的情况是，由于缺乏足够的信息，有些重要的市场甚至可能根本就无法产生，或者即使产生，也难

以得到充分的发展。也就是说，信息不完全和不对称会导致市场失灵。

②市场机制能解决一部分信息不完全和不对称问题。例如，为了利润最大化，生产者必须根据消费者的偏好进行生产，否则生产出来的商品就可能卖不出去。生产者显然很难知道每个消费者的偏好的具体情况。不过，在市场经济中，这一类信息的不完全并不会影响他们的正确决策——因为他们知道商品的价格。只要知道了商品的价格，就可以以此计算生产该商品的边际收益，从而就能确定它的利润最大化产量。但是，市场的价格机制不能解决所有的信息不完全和不对称问题。这种情况在商品市场、要素市场上都是常见的现象。在市场机制不能解决问题时，就需要政府在信息方面进行调控。信息调控的主要目的是保证消费者和生产者都能够得到充分的和正确的市场信息，以便他们能做出正确的选择。

三、随堂同步自测

1. 名词解释

（1）购买垄断型寻租。

（2）正外部性。

（3）负外部性。

（4）消费的外部性。

（5）竞争性。

（6）排他性。

（7）私人物品。

(8)俱乐部物品。

(9)公共资源。

(10)道德风险。

2. 单选题

(1)市场失灵是指(　　)。

A. 经济合同失效　　B. 市场的资源配置难以实现帕累托最优

C. 商品供给对价格的敏感度降低　　D. 政府宏观调控失效

(2)为提高资源配置效率,政府对垄断行为的态度是(　　)。

A. 提倡的　　B. 有条件的支持　　C. 限制的　　D. 不管的

(3)垄断竞争下的社会总福利(　　)完全竞争下的社会总福利。

A. 大于　　B. 小于　　C. 等于　　D. 不确定

(4)当某项生产活动存在正外部性时,其产量(　　)社会最优产出。

A. 大于　　B. 小于　　C. 等于　　D. 不确定

(5)某消费者对公园的消费并不影响其他消费者对公园的消费,体现了公共物品的(　　)。

A. 竞争性　　B. 非竞争性　　C. 排他性　　D. 非排他性

(6)如果上游制造厂排出的工业废水污染了下游的鱼塘,根据科斯定理,(　　)即可解决。

A. 产权明确,且交易成本为 0　　B. 只要产权明确,不管交易成本多高

C. 只要交易成本为零,不管产权是否明确　　D. 不管产权交易是否明确,交易成本是否为 0

(7)在公共场所吸烟所产生的社会效应属于(　　)。

A. 生产的正外部性　　B. 生产的负外部性　　C. 消费的负外部性　　D. 消费的正外部性

(8)当人们无偿地获得了收益,被称作(　　)。

A. 外部经济　　B. 外部不经济　　C. 公共物品　　D. 逆向选择

(9)一种公共物品的市场需求曲线是个人需求曲线的(　　)。

A. 算术平均数　　B. 加权平均数　　C. 水平相加　　D. 垂直相加

(10)当二手车的销售者比购买者知道更多车辆信息,会导致(　　)。

A. 道德风险　　B. 搭便车行为　　C. 寻租活动产生　　D. 逆向选择

(11)垄断企业出现低效率的资源配置是因为产品价格(　　)边际成本。

A. 低于　　B. 等于　　C. 高于　　D. 都有可能

(12)基尼系数用来衡量(　　)。

A. 居民收入水平　　B. 市场发展程度

C. 收入分配的不平等程度　　D. 产品质量水平

(13)某一经济活动存在负外部性是指(　　)。

A. 私人利益大于社会利益　　B. 私人利益小于社会利益
C. 私人成本大于社会成本　　D. 私人成本小于社会成本
(14)信息不完全条件下,消费者的需求曲线是(　　)。
A. 向右下方倾斜的　　B. 向右上方倾斜的　　C. 向后弯曲的　　D. 无法确定的
(15)下面不属于收入再分配政策的是(　　)。
A. 失业保障　　B. 医疗保险　　C. 住房公积金　　D. 收入援助计划
(16)下列选项中,可以用(　　)来描述养蜂者及其附近的果园主之间的关系。
A. 负外部性　　B. 正外部性　　C. 逆向选择　　D. 道德风险
(17)下列选项中,不属于公共物品的是(　　)。
A. 国防　　B. 天气预报服务　　C. 商品房　　D. 海上灯塔
(18)如果某产品市场存在正外部性,则可以断定该市场中(　　)。
A. 边际社会收益超过边际私人收益　　B. 边际私人收益超过边际社会收益
C. 边际私人成本超过边际社会成本　　D. 边际社会成本等于边际私人成本
(19)买卖双方信息不对称,如买方可能不清楚卖方的具体情况,是由于(　　)。
A. 卖方故意隐瞒　　B. 买方完全掌握情况的成本太高
C. 买方认识能力有限　　D. 以上情况都有可能
(20)拥挤的不收费道路属于(　　)。
A. 私人物品　　B. 公共资源　　C. 俱乐部物品　　D. 公共物品

3. 多选题

(1)市场失灵的表现有(　　)。
A. 寻租活动频现　　B. 公地悲剧　　C. 道德风险　　D. 消费者买不到商品
(2)寻租活动会产生(　　)等经济损失。
A. 浪费资源　　B. 使社会净成本增加
C. 经济利润完全被垄断者占有　　D. 商品质量下降
(3)下列(　　)属于公共物品。
A. 路灯　　B. 收费公交车　　C. 国防　　D. 食品
(4)纠正外部性的政策有(　　)。
A. 对产生工业废气的企业征税　　B. 发展和完善污染权市场
C. 合并上下游企业　　D. 由政府接管企业
(5)私人物品的基本特征有(　　)。
A. 竞争性　　B. 排他性　　C. 非竞争性　　D. 非排他性
(6)不完全信息所导致的市场失灵主要表现为(　　)。
A. 搭便车　　B. 市场垄断　　C. 道德风险　　D. 逆向选择
(7)下列(　　)措施能缓解贫富差距过大现象。
A. 提供退休金　　B. 失业人员补助　　C. 提供低保　　D. 降低纳税起征点
(8)市场无法有效提供纯公共物品的原因是(　　)。
A. 公共物品具有非排他性　　B. 公共物品具有非竞争性
C. 消费者都想“免费搭车”　　D. 政府失灵
(9)下列不属于俱乐部物品的有(　　)。
A. 收费公路　　B. 空气　　C. 国防　　D. 有线电视
(10)下列选项中,(　　)可以解决公共资源过度使用问题。

A. 管制　　B. 征收庇古税　　C. 界定产权　　D. 风险共担

4. 判断题

(1)在垄断企业的均衡产量上,实现了企业利润最大化和帕累托有效率。　( )
(2)政府所提供的所有物品都属于公共物品。　( )
(3)从长期来看,寻租活动会给寻租者带来好处。　( )
(4)解决负外部性的手段之一是对造成负外部性的企业收取罚款。　( )
(5)政府可以采取经济、法律和行政手段对垄断行为进行管制。　( )
(6)公共物品和公共资源的区别在于,公共资源有排他性,公共物品无排他性。　( )
(7)公共海域的鱼被过度捕捞,可以通过将公共海域界定给某个人所有来解决。
(8)"劣币驱逐良币"属于道德风险问题。　( )
(9)朱先生购买财产保险后,不再采取措施保护自身财产安全,其行为属于逆向选择。　( )
(10)政府行政指导取代市场机制是解决市场失灵的唯一办法。　( )
(11)基尼系数越接近1,说明收入分配越趋于平等。　( )
(12)由于垄断会导致效率下降,因此任何垄断行为都是不可取的。　( )
(13)政府的介入容易导致市场失灵。　( )
(14)购买垄断型寻租是指采取游说和寻求影响政治过程等形式来创造垄断权利。　( )
(15)外部性根据行为主体的类型分为正外部性和负外部性。　( )

5. 简答题

(1)市场失灵的具体表现有哪些?

(2)如何解决由信息不对称造成的道德风险问题?

(3)说明逆向选择的形成原因以及如何防止逆向选择。

(4)公共物品为什么不能由市场提供?

(5)有哪些针对外部性的微观政策?

(6)举例说明什么是正外部性。

（7）简述负外部性主要治理方式。

6. 计算题

（1）假设某垄断企业生产的产品的需求函数为$P=900-Q$，成本函数为$C=3Q^2+100Q+10\ 000$，求：

①利润最大化时的产量和价格；

②由于环境污染使社会造成损失，社会成本函数为$SC=9Q^2-900Q+10\ 000$，实现帕累托有效率时的产量、价格应为多少？

（2）假设某社会由甲、乙两人组成，甲对某一纯粹公共物品的需求函数为$Q_1=180-2P$，乙的需求函数为$Q_2=360-2P$，问：在每一单位产品的边际成本为200元时社会最优产出是多少？

（3）假设A、B企业之间存在外部性，A企业给B企业造成了外部不经济，A企业生产甲产品，B企业生产乙产品，各自的生产成本为$C_A=5x^2$，$C_B=y^2+2xy$，x、y分别是A、B企业的生产量，甲、乙产品的市场价格分别为1 000、800，问：

①如果两企业不对外部性问题进行交涉，两企业的产量各为多少？

②如果两企业对外部性问题进行交涉，交易成本为零，两企业的产量各为多少？

（4）由于天气干旱，某农民的菜园缺水，他需要决定是否进行灌溉，如果他进行灌溉，或者下雨，蔬菜带来的利润是1 600元，若是缺水，利润只有800元，灌溉的成本是300元，农民的目标是预期利润最大化。问：

①如果农民相信有50%的概率下雨，他会选择灌溉吗？

②如果天气预报的准确率是100%，农民愿意为获得这一准确消息支付多少钱？

(5)设某产品的市场需求函数为 $Q=500-5P$,成本函数为 $C=20Q$ 。试问:

①若该产品为一垄断企业生产,利润最大时的产量、价格和利润各为多少?

②要达到帕累托最优,产量和价格应为多少?

③社会纯福利在垄断性生产时损失了多少?

7. 分析题

(1)在公共物品、公共资源、俱乐部物品和私人物品中选择一个物品,分别说明这个物品具有什么样的特征。

(2)如何看科斯定理?它在资本主义社会中适用吗?它在社会主义社会中适用吗?

(3)二手车市场上,假定好车对卖方的价值是20万元,对买方的价值是22万元;坏车对卖方的价值是10万元,对买方的价值是12万元。如果存在信息不对称,卖车的人知道自己出售的车是好车还是坏车,而买方只知道每辆车有(比如说)50%的可能性是好车,50%的可能性是坏车。那么,按简单的加权平均,这辆车对买方的预期价值是17万元。现在有一辆二手车,卖方愿意以15万元的价格卖出,买方会买这辆车吗?

（4）2021 年 4 月 10 日，市场监管总局依法做出行政处罚决定，责令阿里巴巴集团控股有限公司（下称“阿里巴巴集团”）停止违法行为，并处以其 2019 年中国境内销售额 4 557.12 亿元 4% 的罚款，计 182.28 亿元。阿里巴巴集团官方微博回应称，已经收到处罚决定书，并表示，“对此处罚，我们诚恳接受，坚决服从。我们将强化依法经营，进一步加强合规体系建设，立足创新发展，更好履行社会责任”。经查，阿里巴巴集团在中国境内网络零售平台服务市场具有支配地位。自 2015 年以来，阿里巴巴集团滥用该市场支配地位，对平台内商家提出“二选一”要求，禁止平台内商家在其他竞争性平台开店或参加促销活动，并借助市场力量、平台规则和数据、算法等技术手段，采取多种奖惩措施保障“二选一”要求执行，维持、增强自身市场力量，获取不正当竞争优势。调查表明，阿里巴巴集团实施“二选一”行为排除、限制了中国境内网络零售平台服务市场的竞争，妨碍了商品服务和资源要素的自由流通，影响了平台经济的创新发展，侵害了平台内商家的合法权益，损害了消费者利益，构成《中华人民共和国反垄断法》第十七条第（四）项禁止“没有正当理由，限定交易相对人只能与其进行交易”的滥用市场支配地位的行为。

根据上述资料，分析我国为什么要颁布《中华人民共和国反垄断法》？

（5）举一个例子，分析卖方和买方信息不对称是如何导致市场失灵的。

四、课程思政案例

（1）2021 年 2 月 7 日，国务院反垄断委员会制定发布《国务院反垄断委员会关于平台经济领域的反垄断指南》（简称《指南》），《指南》以反垄断法为依据，强调平台经济领域的垄断行为应当适用反垄断法及有关配套法规、规章、指南等，释放互联网平台不是反垄断法外之地的明确信号。《指南》共 6 章 24 条，包括总则，垄断协议，滥用市场支配地位，经营者集中，滥用行政权力排除、限制竞争和附则等内容。围绕平台经济领域经营者集中，《指南》在申报标准方面区分不同类型的平台经营者营业额的计算方式，明确协议控制架构的经营者集中属于反垄断审查范围。《指南》强调，经营者集中未达到申报标准但具有或者可能具有排除、限制竞争效果的，国务院反垄断执法机构将依法调查处理。同时，《指南》明确了评估平台经济领域经营者集中的竞争影响可以考量的因素，以及国务院反垄断执法机构可以决定附加限制性条件的类型。《指南》还专章对依法制止滥用行政权力排除、限制竞争行为做出规定，细化平台经济领域滥用行政权力排除、限制竞争的表现形式，要求对制定涉及平台经济领域市场主体经济活动的规章、规范性文件等进行公平竞争审查。针对《指南》，市场监管总局表示，下一步将深入把握平台经济发展规律和特点，强化平台经济反垄断监管，不断健全平台经济监管规则，严格规范公正文明执法，保护市场公平竞争，维护消费者合法权益，促进我国平台经济健康发展。

（资料来源：2021 年 02 月 28 日《经济参考报》）

结合以上资料,回答下列问题:

①结合所学知识谈谈为什么要反垄断?平台经济垄断行为有哪些表现?

②利用图形分析企业的垄断行为为什么不能实现帕累托最优?

(2)2021年1月24日,国务院总理李克强签署第736号国务院令,公布《排污许可管理条例》(简称《条例》),自2021年3月1日起施行。《条例》对排污行为的法律性、规范性要求,对排污单位环境管理制度、自行监测和信息的真实承诺义务,环境管理台账记录制度,排污许可证执行报告制度,信息披露义务五个方面提出了明确要求。更加值得注意的是,《条例》提出了构建以排污许可制为核心的固定污染源环境监管体系的新举措。

(资料来源:2021年01月30日《人民日报》)

结合以上资料,回答下列问题:

①为什么治理环境污染不能只依靠市场,通常需要政府加以干预?

②与关闭造成污染的企业相比,排污许可制有什么优势?

(3)2017年下半年,上海某财产保险股份有限公司在审计中发现,该公司理赔过的两起交通事故中的"道路交通事故认定书"存在伪造嫌疑。经内部核查,其中一起事故的理赔受益人是王某,另一起事故的受益人虽叫俞某,但俞某的车是王某来办理定损的。9月13日,该公司派人至静安公安分局报案。接报后,民警立即调取了"道路交通事故认定书"的编号及真实存档联,发现涉案的两张"道路交通事故认定书"确系伪造。经讯问,王某承认自己是汽车美容店的修理工,因工作原因,平日里有人会向其兜售伪造的"道路交通事故认定书",每份150元,自己就拿了两张放在自己车里。2016年9月,王某的朋友俞某来他店里准备修车,提出想把修车的钱进保,王某就让当初卖给他伪造的"道路交通事故认定书"的人根据他提供的信息,填写好相关内容,然后自己拿着相关材料去定损,后拨打保险公司电话申请进保。一路下来,俞某的车修好了,保险公司也顺利出保,3 000元的保险金也顺利打到了俞某账上。俞某转手将3 000元打给了王某,其中2 500元是修车费,500元是好处费。2016年11月,王某自己的车要卖,须先修理,他就故伎重演,用买来的伪造的"道路交通事故认定书"进行骗保,这次骗得的3 150元全部进了王某的腰包。

承办此案的检察官认为,本案可能涉嫌保险诈骗罪和伪造、变造、买卖国家机关公文、证件、印章罪。其手段行为是伪造、买卖国家机关公文,但其目的是进行保险诈骗。鉴于个人进行保险诈骗罪的立案标准数额要在一万元以上,而本案未达该金额,故不构成保险诈骗罪。但其伪造的"道路交通事故认定书"属于国家机关公文,王某购买空白的、假的"道路交通事故认定书",后又提供相关车辆信息,伪造"道路交通事故认定书”，骗取保险公司保险金，其手段行为已经触犯《中华人民共和国刑法》第二百八十条之规定，涉嫌伪造、变造、买卖国家机关公文、证件、印章罪。

（资料来源：上海市静安区人民政府官网）

结合该骗保案例，回答下列问题：

①什么是道德风险？道德风险为什么会发生在保险市场？

②试举出几个生活中关于道德风险的例子，并简要分析可以采取哪些微观政策来解决信息不对称问题。

（4）材料1：湖北、安徽、江西、湖南、重庆五省（市）2021年5月12日在武汉签署《长江流域重点水域“十年禁渔”联合执法合作协议》。协议明确了联席会商制度、执法联络员制度、联合巡查机制、协作共治机制、应急协同机制和信息共享机制等内容。协议要求，各方要从养护长江水生生物资源、保障国家生态安全的高度出发，充分发挥各自职能，强化工作联系和协调配合，加强长江流域跨界水域禁捕执法监管，构建齐抓共管的氛围，形成打击破坏渔业资源违法犯罪的合力，务求禁渔工作取得成效。湖北省农业农村厅党组书记、厅长吴祖云说，湖北东邻安徽，南接江西、湖南，西连重庆，在长江流域存在较多交界水域，这些水域是禁捕工作的风险点、隐患点，也是打击非法捕捞的重难点、薄弱点，更是社会各方面的关注点、聚焦点。交界水域一旦管控不力，有可能成为非法捕捞的高发区，会影响长江流域禁捕大局。农业农村部长江办主任马毅说，希望五省（市）禁捕工作专班以此次签署联合执法合作协议为契机，牢抓禁渔执法监管，深化执法合作，优化执法布局，实化执法措施，提升执法水平，强化执法效果，树立执法权威，形成从“水里”到“岸上”的工作合力，筑牢长江“十年禁渔”防线。

（资料来源：2021年5月12日新华社）

材料2：习近平总书记强调：“长江禁渔是为全局计、为子孙谋的重要决策。”作为我国在生物多样性方面最具典型性的一条生态河流，长江拥有独特的生态系统，是我国重要的生态宝库。然而一段时间内，受过度捕捞等活动的影响，长江水域珍稀特有物种持续衰退，经济鱼类资源量接近枯竭。2020年11月，习近平总书记在江苏南通考察调研时指出：“长江‘十年禁渔’是一个战略性举措，主要还是为了恢复长江的生态。10年后我们再看效果。”以空前严格的措施实施禁渔，关乎长江水生生物多样性。2021年1月1日起，长江流域重点水域“十年禁渔”全面启动。11.1万艘渔船、23.1万渔民已退捕上岸，助力长江休养生息。事实上，早在10多年前，我国就对长江分区域分时段实施禁渔，对水生生物的保护初见成效。近年来，各地坚持“共抓大保护、不搞大开发”战略部署，长江禁捕退捕的范围日渐扩大、力度日益强化。经过沿江省市和有关部门前一阶段的共同努力，长江禁捕退捕已经取得阶段性成效。如何在前期成果的基础上，由阶段性禁捕变成常态化监管，由全面退捕向全面禁捕阶段转变？这对接下来的工作提出了更高要求。确保“十年禁渔”取得实效，需要全面加大对非法捕鱼的打击整治力度，坚决消除非法捕捞隐患。2021年以来，沿江各地持续开展专项打击整治行动。仅1月至3月，沿江15省（市）就出动渔政执法人员36.06万人次、执法船艇3.21万艘次，检查水产品销售经营点 8.13 万个，清理涉渔“三无”船舶 3 374 艘，清理违规网具 4.1 万顶，查办案件 1 848 起，查获涉案船舶 458 艘，查获涉案人员 1 968 人。“江上打、陆上堵、市场查”的高压态势，全天候、全覆盖、无死角的执法监管，彰显了禁捕退捕的决心，形成了强大震慑。长江禁渔是件大事，也是系统工程。从“长江头”到“长江尾”，从捕捞、运输到销售、餐饮，从做好渔民退捕安置保障到规范天然水域垂钓行为……只有各个环节的工作都跟得上、做得细、落得实，保持监管定力、执法压力，形成保护合力，才能让鱼类多起来、水质好起来，让长江焕发生机活力。

（资料来源：2021 年 05 月 26 日《人民日报》）

结合以上资料，回答下列问题：

①结合案例，谈谈为什么政府要针对长江流域制定“十年禁渔”的政策？

②结合所学知识，谈谈有哪些对策可以解决公地悲剧问题？

（5）上海积极实施公园免费开放，共青森林公园、滨江森林公园、世纪公园等 3 座公园将加入免费行列，2021 年 7 月 1 日起正式对公众长期免费开放。据上海市绿化市容局公园绿地处处长许东新介绍，上海市近年来持续推进实施公园免费开放，努力把更多公共空间、绿色空间留给人民。此次免费开放的 3 家公园是受到广大市民喜爱的大型公园，公园面积均超千亩，其中共青森林公园和世纪公园为国家 4 A 级旅游景区。至此，上海市 406 座公园中将免费开放 392 座。今后，除专类公园和古典公园因保护、科研等需要暂不实施免费开放外，上海市绿化市容部门将进一步推进针对森林类和综合性公园的免费开放政策。据悉，此次上海市公园免费开放“免费不免票”，为有序安排游客入园，3 家公园实行免费预约、实名入园，市民可提前网上预约。另外，公园还将同步开设人工登记通道，无智能手机的老年人可凭身份证或老年卡入园。

（资料来源：人民网 - 人民日报海外版）

要求：结合所学知识，谈谈何为公共资源？何为俱乐部物品？并结合案例，分析案例中的公园属于公共资源还是俱乐部物品？

（6）完善收入分配制度是实现共同富裕的重要路径。中央财经委员会第十次会议进一步阐明了共同富裕的内涵和要求，强调共同富裕是全体人民的富裕，不是少数人的富裕，不是整齐划一的平均主义，明确提出“构建初次分配、再分配、三次分配协调配套的基础性制度安排”，“形成中间大、两头小的橄榄型分配结构”，强调要着力扩大中等收入群体规模，推动更多低收入人群迈入中等收入行列。

客观地看，目前我国中等收入群体规模还不大，并且低收入群体增收存在困难；全社会的收入、财产差距尚未呈现明显的缩小趋势，少数人群通过不合理甚至非法手段获取不当利益。这些分配领域的问题都阻碍了实现共同富裕的步伐。整顿收入分配秩序、形成合理的收入分配差距以促进共同富裕，重要任务是要增加低收入群体收入，合理调节高收入，取缔非法收入。

（资料来源：2021 年 11 月 09 日《光明日报》）

请根据所学知识，结合我国国情论述我国收入分配现状、完善收入分配机制对实现共同富裕的重要意义以及如何完善收入分配制度。

（7）2020 年 9 月，习近平主席在联合国大会上宣布，中国二氧化碳排放力争于 2030 年前达到峰值，努力争取 2060 年前实现碳中和。此后，中央就实现 30/60 目标做出一系列重大部署。实现 30/60 目标，中国要完成全球最高碳排放强度降幅，用全球历史上最短的时间实现从碳达峰到碳中和。这是一场广泛而深刻的经济社会变革，意味着我国在产业结构、能源结构、生产方式、生活方式等方方面面都必须发生深刻转变，其中绿色金融将在平稳实现 30/60 目标过程中发挥重要作用。

实现 30/60 目标的任务很多、内涵丰富，集中到一点就是减少碳排放，其中难点有两个方面。

一是逐步降低碳排放的负外部性。排碳增加了温室效应，对整个社会是有成本的，但排碳企业和用户没有付出相应成本，大部分成本由社会承担，因此具有重大负外部性。只有排碳有了合理定价，比如排碳需要缴纳碳税或购买排碳指标，逐步实现“谁排碳谁承担成本”，使各微观经济主体将排碳的外部成本内部化，才能有效激励企业和家庭改变行为方式。

二是逐步降低绿色溢价。我国目前的能源结构以化石能源为主，实现 30/60 目标，关键在于抓住绿色能源这个“牛鼻子”。当前，绿色能源、绿色低碳技术发展迅速，成本下降很快，但总的来看绿色能源的成本还是比传统化石能源高（因为化石能源没有承担全部的碳排放成本），高出的部分就是绿色溢价。降低绿色溢价，一个渠道是提高排碳成本，增加使用化石能源的支出成本；另一个重要渠道就是通过市场化激励机制，降低绿色能源的成本。

我国和各国经验表明，绿色金融的发展能够有效助力解决上述两个难点，为信息披露和绿色能源的发展提供可靠的激励机制。

中央做出 30/60 部署后，人民银行坚决把绿色金融工作摆在突出位置，重点抓了三方面工作。

一是加强环境信息披露。信息披露就是让社会知道是谁排的碳、排了多少碳，社会各方能够测算并验证排碳和减碳行为。只有发挥社会监督的作用，确保排碳数据真实准确，才能防范“洗绿”、资金套利、项目造假等风险，其他一系列碳减排政策才有基础。近年来，我们逐步明确金融机构环境信息披露要求，鼓励金融机构逐步披露相关环境信息，同时也要求发行绿色债券的企业披露相关环境信息。

二是完善政策激励约束体系。实现 30/60 目标需要“胡萝卜加大棒”。显著提高排碳成本可以理解为“大棒”,适度提高则是“中棒”或“小棒”,而人民银行设立的支持工具则是激励机制中的“胡萝卜”。2021年,人民银行设立碳减排支持工具和支持煤炭清洁高效利用专项再贷款两项货币政策工具,支持碳减排重点领域的发展。对金融机构向碳减排重点领域发放的碳减排贷款,由人民银行按贷款本金的 60% 提供一定期限的再贷款资金支持,利率为 1.75%,精准直达绿色低碳项目。人民银行提供给金融机构的再贷款到期收回,金融机构向企业发放碳减排贷款自担风险,这样的“胡萝卜”激励机制是适中的、市场化的。同时,接受人民银行资金支持的金融机构承诺对外披露发放碳减排贷款的余额、利率及相应碳减排效应等信息,并接受第三方独立机构的核查和社会监督。截至 2023 年 4 月末,碳减排支持工具余额近 4 000 亿元,支持金融机构发放贷款约 6 700 亿元,带动碳减排量超过 1.5 亿吨,取得了比较好的效果。

三是开展气候风险压力测试。人民银行高度重视气候风险压力测试工作,于 2021 年搭建气候风险压力测试框架,组织 19 家国内系统重要性银行开展了针对电力、钢铁、建材、有色金属、航空、石化、化工、造纸等八个重点排碳行业的碳成本敏感性压力测试。此外,还结合区域经济结构和转型政策,组织部分地区银行开展气候风险压力测试。通过开展相关工作,金融机构管理气候风险的意识和能力不断提升,处理好减排与发展的关系、局部与全局的关系,支持经济社会绿色低碳转型的节奏和力度更加合理。

在上述工作中,我们注重充分发挥市场配置资源的决定性作用,同时更好发挥政府的作用。实现 30/60 目标,需要在绿色转型、绿色技术领域进行大量投资。据有关方面测算,所需资金达到百万亿元人民币的量级。如此大的资金需求,政府资金只能覆盖一小部分,主要靠引导调动社会资金参与,充分发挥市场在资源配置中的决定性作用,运用金融工具的价格发现、风险管理功能,实现约束条件下的最优增长路径。金融部门通过制定绿色金融标准,推动环境信息披露,适当提高信息透明度,同时提供低成本资金支持,可以降低社会资金参与绿色转型的成本,促进绿色金融市场发展。目前,我国已经形成以绿色贷款和绿色债券为主、多种绿色金融工具蓬勃发展的多层次绿色金融市场体系。截至 2023 年一季度末,我国本外币绿色贷款余额超过 25 万亿元人民币,绿色债券余额超过 1.5 万亿元人民币,均居全球前列。

（资料来源:积极践行绿色发展理念 促进 30/60 目标平稳实现——人民银行行长易纲在第十四届陆家嘴论坛上的主题演讲）

结合材料,分析为什么绿色金融能实现碳排放负外部性和降低绿色溢价?

微观经济学期末模拟题(一)

得分	

一、单选题(每题2分,共30分。请同学们将答案写在前面答题框里。)

1	2	3	4	5	6	7	8	9	10
11	12	13	14	15					

(1)西方经济学的研究对象是(　　)。

A. 稀缺条件下有效配置资源和分配财富　　B. 国民财富的性质和原因

C. 生产、流通、分配、交换和消费　　D. 个人效用和企业利润最大化

(2)工资增加导致(　　)。

A. 产品需求量增加　　B. 产品需求增加　　C. 产品价格下降　　D. 消费者闲暇增加

(3)羽毛球价格上升,则羽毛球拍需求量(　　)。

A. 增加　　B. 不变　　C. 减少　　D. 可能增加,也可能减少

(4)如果花费1单位货币购买A商品获得的边际效用大于花费1单位货币购买B商品获得的边际效用,收入和价格不变条件下,理性的消费者应该(　　)。

A. 增加A商品购买,同时减少B商品购买　　B. 增加B商品购买,同时减少A商品购买

C. 同时减少这两种商品购买　　D. 保持现状

(5)消费者实现效用最大化,则(　　)。

A. 无差异曲线必须与预算约束线相切　　B. 无差异曲线与预算约束线只能有一个交点

C. 无差异曲线必须与预算约束线必须相交　　D. 无差异曲线可能和预算约束线相切或相交

(6)短期内,企业产量的合理区间是(　　)。

A. 边际产量递增,平均产量递增阶段　　B. 边际产量递减阶段

C. 平均产量递减,边际产量非负阶段　　D. 总产量最大阶段

(7)平均产量达到最大时,则(　　)。

A. 总产量达到最大　　B. 边际产量达到最大

C. 边际产量处于递增阶段　　D. 边际产量处于递减阶段

(8)当边际产量最大时,则(　　)。

A. 总收益最大　　B. 总成本最大　　C. 边际成本最小　　D. 平均成本最小

(9)完全竞争市场中,短期内企业利润最大化条件是(　　)。

A. 平均产量等于边际产量　　B. 平均成本等于边际成本

C. 平均收益等于边际收益　　D. 边际成本等于平均收益

(10)生产者剩余是指(　　)。

A. 供给曲线以上,需求曲线以下部分　　B. 市场价格以上,需求曲线以下部分

C. 市场价格以下,均衡产量以左部分　　D. 供给曲线以上,市场价格以下部分

(11)垄断条件下,市场价格和边际成本的关系是(　　)。

A. 市场价格等于边际成本　　B. 市场价格大于边际成本
C. 市场价格小于边际成本　　D. 无法判断

(12)纳什均衡是指(　　)。
A. 任何人单独改变策略都不会得到好处　　B. 任何人单独改变策略可以使他人得到好处
C. 任何人不改变策略也可以得到好处　　D. 任何人不改变策略也得不到好处

(13)在要素买方垄断条件下，如果产品价格为10，劳动要素成本 $W=20L$，劳动要素的边际产出为(　　)。
A. 3　　B. 4　　C. 5　　D. 6

(14)资本市场长期均衡的条件为(　　)。
A. 投资等于储蓄　　B. 储蓄等于折旧　　C. 投资等于折旧　　D. 计划投资等于储蓄

(15)下列属于公共物品的是(　　)。
A. 路灯　　B. 手机　　C. 健身房　　D. 野外池塘

得分	

二、多选题(每题3分，共15分。请同学们将答案写在前面答题框里。)

1	2	3	4	5					

(1)影响供给的因素包括(　　)。
A. 技术水平　　B. 生产成本　　C. 产业政策　　D. 收入水平

(2)下列属于俱乐部产品的有(　　)。
A. 衣服　　B. 游乐园　　C. 收费景点　　D. 灯塔

(3)市场失灵的表现有(　　)。
A. 垄断　　B. 外部性　　C. 信息不对称　　D. 宏观经济波动

(4)普通低档品的需求曲线满足(　　)。
A. 替代效应正影响　　B. 替代效应负影响　　C. 收入效应正影响　　D. 收入效应负影响

(5)不全竞争市场结构包括(　　)。
A. 完全竞争　　B. 垄断　　C. 寡头　　D. 垄断竞争

得分	

三、判断题(每题1分，共10分，正确的打√，错误的打×。请同学们将答案写在前面答题框里。)

1	2	3	4	5	6	7	8	9	10

(1)霜冻使橘子减产，导致橘子供给量减少。(　　)

(2)消费者购买某商品的边际效用开始递减，则应立即停止购买。(　　)

(3)如果替代效应和收入效应一正一负，则该商品必然是吉芬商品。(　　)

(4)企业为实现利润最大化，必须保证生产成本线与等产量曲线相切。(　　)

(5)工资为30美元/小时，消费者工作5小时；工资增加到35美元/小时时，消费者工作4.5小时，这一过程属于替代效应。(　　)

(6)所有企业边际产品价值曲线水平加总即为市场要素需求曲线。(　　)

(7)随着利率提高，人们的储蓄也会增加，进而导致未来收益增加，这属于收入效应。(　　)

(8)企业矫正外部性的措施有补贴、罚款和科斯定理等。 (　　)

(9)内部经济是指长期平均成本向下移动,外部经济是指随着规模提高,成本不断下降。 (　　)

(10)最低限价低于均衡价格,最高限价高于均衡价格。 (　　)

得分	

四、名词解释题(每题3分,共12分。)

(1)边际效用递减规律。

(2)边际报酬递减。

(3)纳什均衡。

(4)帕累托最优。

得分	

五、计算题(第1题10分,第2题10分,共20分。)

(1)假设某消费的效用函数为柯布-道格拉斯效用函数 $U=x^{\alpha}y^{\beta}$,其中 x 为商品的x的数量,y 为商品y的数量,商品x和y的价格为 p_x 和 p_y,消费者收入为 I,α 和 β 为常数,且 $\alpha+\beta=1$。

①求商品x和y的需求函数。

②证明 α 和 β 分别是商品x和商品y的消费者支出占消费者收入的份额。

（2）已知某垄断企业的短期成本函数为 $TC(Q)=0.6Q^2+3Q+4$，反需求函数 $P=10-0.4Q$，求：

①该企业实现利润最大化时的产量、价格、收益和利润；

②该企业实现收益最大化时的产量、价格、收益和利润；

③比较①和②的结果。

得分	

六、问答题（第 1 题 6 分，第 2 题 7 分，共 13 分。）

（1）为什么完全竞争企业和行业的短期供给曲线都向右上方倾斜？完全竞争行业的长期供给曲线也向右上方倾斜吗？

（2）论述劳动供给曲线为什么向后弯曲。

微观经济学期末模拟题(二)

得分	

一、单选题(每题2分,共30分。请同学们将答案写在前面答题框里。)

1	2	3	4	5	6	7	8	9	10
11	12	13	14	15					

(1)微观经济学的中心理论是(　　)。

A. 价值理论　B. 价格理论　C. 生产理论　D. 分配理论

(2)企业购买生产要素所引起的成本为(　　)。

A. 隐性成本　B. 显性成本　C. 平均可变成本　D. 机会成本

(3)"菜贱伤农"是当菜丰收时(　　)。

A. 价格上涨　B. 菜的需求缺乏弹性　C. 总收益增加　D. 以上都错误

(4)下列哪一个行业最接近完全竞争行业(　　)。

A. 飞机行业　B. 糖果行业　C. 香烟行业　D. 玉米行业

(5)随着产量的减少,短期平均固定成本(　　)。

A. 增加　B. 不变　C. 减少　D. 不能确定

(6)大学校园的车行道有许多减速带;骑自行车的人通常希望从减速带与人行道之间的缝隙中通过,免受颠簸之苦。这个缝隙非常狭窄,一次只能允许一辆自行车通过。这次你和一个陌生的学友骑车相对而来,恰好需要在同一时间通过这个缝隙。你和对方都有两种选择:避让和不让。已知只要有一方避让(或双方都避让)就可以避免撞车,但避让者遭受颠簸之苦。你认为你和该学友博弈的纳什均衡结果是(　　)。

A. 双方都避让　B. 双方都不让　C. 只有一方避让　D. 没有纳什均衡

(7)若无差异曲线上任何一点的斜率为 $dy/dx=-2/5$,这意味着消费者有更多的 x 时,他愿意放弃(　　)单位 x 而获得 1 单位的 y。

A. 2.5　B. 2　C. 5　D. 3.5

(8)帕累托最优状态在资源配置上是指(　　)。

A. 总产量达到最大

B. 总收入达到最大

C. 总成本达到最低

D. 不可能在不使他人境况变坏的条件下使自己的情况变好

(9)垄断竞争市场的特点是(　　)。

A. 较多的卖者和买者　B. 存在产品差别　C. 同时具有 A 和 B　D. 以上都不对

(10)设有甲、乙两类工人,甲类工人要求的工资率为 550 元 / 月,乙类工人要求的工资率为 500 元 / 月。某企业为了实现最大利润,必须雇佣所有甲、乙两类的工人,并支付每个工人 550 元 / 月的工资。由此可知,甲、乙两类工人得到的月经济租金(　　)。

A. 分别为 550 元、500 元　　B. 均为 550 元

C. 均为 50 元　　D. 分别为 0 元、50 元

(11)一般情况下，商品的需求量与其价格呈反方向变动，这是因为(　　)。

A. 收入效应的作用　　B. 替代效应的作用

C. 收入效应与替代效应同时发生作用　　D. 上述答案均不正确

(12)如果上游工厂污染了下游居民的饮水，按科斯定理，(　　)，问题就可妥善解决。

A. 不管产权是否明确，只要交易成本为零　　B. 只要产权明确，且交易成本为零

C. 只要产权明确，不管交易成本有多大　　D. 不论产权是否明确，交易成本是否为零

(13)若垄断企业面临的市场需求函数为 Q=500−5P，其成本函数为 TC=20Q，那么造成的社会福利损失为(　　)。

A. 4 000　　B. 4 200　　C. 4 500　　D. 4 600

(14)如果某一经济活动存在外部经济，则该活动的(　　)。

A. 私人成本小于社会成本　　B. 私人利益大于社会利益

C. 私人利益小于社会利益　　D. 私人成本大于社会成本

(15)下列不属于正外部性的例子的是(　　)。

A. 接种预防传染病的疫苗不仅保护你自己，而且也保护你之外的人

B. 研究与发展创造出了别人也可以使用的知识

C. 燃烧煤炭污染大气，给居民生活带来不利后果，也可能导致水质污染，威胁生态环境

D. 人们上大学提高了教育水平，并减少了犯罪和改善了社会秩序

得分	

二、多选题(每题 3 分，共 15 分。请同学们将答案写在前面答题框里。)

1	2	3	4	5					

(1)影响冬被的需求的因素有(　　)。

A. 冬被的价格　　B. 棉花的价格

C. 消费者的收入　　D. 消费者预期冬被价格会上涨

(2)下列各种成本中，哪些成本曲线的变动规律不是向右下方倾斜的?(　　)。

A. 平均固定成本　　B. 平均可变成本

C. 短期边际成本　　D. 短期总成本

(3)边际报酬递减规律的条件有(　　)。

A. 生产技术不变

B. 其他生产要素规定不变，只有一种生产要素变动

C. 在可变要素增加到一定程度之后才出现

D. 假定所有的可变要素都是同质的，所有劳动者在操作技术、劳动积极性等各个方面没有差异

(4)一种有效的税收应该(　　)。

A. 使税收的管理负担最大化　　B. 使税收的无谓损失最小化

C. 以对纳税人可能的最低成本筹集收入　　D. 以上各项都对

(5)卖方实施价格歧视需要符合以下条件(　　)。

A. 市场有不完善之处　　B. 各市场弹性相同

C. 市场能够被分割　　D. 市场不能被分割

得分	

三、判断题(每题1分,共10分,正确的打√,错误的打 ×。请同学们将答案写在前面答题框里。)

1	2	3	4	5	6	7	8	9	10

(1)经济学上所说的稀缺性是指资源的无限稀缺。 (　　)
(2)在一般情况下,供给曲线斜率为正。 (　　)
(3)当经济学家说人们是理性的,这是指人们不会为自己所做出的任何决策而后悔。 (　　)
(4)农产品的需求一般来说缺乏价格弹性,这意味着当农产品价格上升时,农场主的总收益将减少。 (　　)
(5)当消费者对商品X的消费达到饱和点时,则边际效用为正值。 (　　)
(6)无论什么条件,边际替代率总是递减的。 (　　)
(7)垄断竞争企业短期内不一定存在利润,长期中一定不存在利润。 (　　)
(8)只要市场价格高于边际成本,垄断企业必定扩大产量。 (　　)
(9)能提供相同效用的不同商品数量组合的点的连线即为等产量曲线。 (　　)
(10)公共物品也可以由私人部门来提供。 (　　)

得分	

四、名词解释题(每题3分,共12分。)

(1)微观经济学。

(2)消费者剩余。

(3)市场失灵。

(4)生产可能性边界。

得分	

五、计算题(第 1 题 10 分,第 2 题 10 分,共 20 分。)

(1)已知某商品的需求函数为 $Q^d=14-3P$,供给函数为 $Q^s=2+6P$,求:
①该商品的均衡价格 P_E 和均衡数量 Q_E;(4 分)
②该商品均衡时的需求价格弹性;(3 分)
③该商品均衡时的供给价格弹性。(3 分)

(2)已知生产函数 $Q=KL-0.5L^2-0.32K^2$,若 $K=10$,求:
①劳动的平均产量函数和边际产量函数;(4 分)
②分别计算当总产量、平均产量和边际产量达到极大值时,劳动的投入量。(6 分)

得分	

六、问答题(第 1 题 6 分,第 2 题 7 分,共 13 分。)

(1)利润最大化原则是什么?(2 分)它有何用途?(4 分)

(2)某消费者原来每月煤气开支为 60 元,现在煤气价格上升 100%,其他商品价格不变(如电价),政府给予每月补贴 60 元,试问该消费者的处境是否变化?(1 分)如何变化?(1 分)为什么?(5 分)

微观经济学期末模拟题(三)

得分	

一、单选题(每题 1.5 分,共 24 分。请同学们将答案写在前面答题框里。)

1	2	3	4	5	6	7	8	9	10
11	12	13	14	15	16				

(1)以个别居民与企业为研究对象的经济学理论是(　　)。

A. 微观经济学　　B. 应用经济学　　C. 实证经济学　　D. 规范经济学

(2)两种互补商品中的一种价格下降将导致另一种商品的(　　)增加。

A. 供给　　B. 需求　　C. 价格　　D. 均衡价格

(3)总效用曲线达到最高点时,(　　)。

A. 边际效用最大　　B. 边际效用为零　　C. 边际效用递增　　D. 边际效用递减

(4)下列属于替代品的有(　　)。

A. 镜片和镜框　　B. 汽油和汽车　　C. 羊肉和牛肉　　D. 录音机和磁带

(5)影响供给弹性的因素不包括(　　)。

A. 供给时间长短　　B. 技术情况　　C. 用途广泛性　　D. 生产成本

(6)在一般情况之下,供给曲线(　　)。

A. 向右下方倾斜　　B. 向左上方倾斜　　C. 斜率为正　　D. 斜率为负

(7)下列说法中错误的是(　　)。

A. 只要是总产量减少,边际产量一定为负数

B. 只要边际产量减少,总产量一定减少

C. 边际产量曲线一定在平均产量曲线的最高点与之相交

D. 只要平均产量增加,边际产量就大于平均产量

(8)无差异曲线的形状取决于(　　)。

A. 消费者偏好　　B. 消费者收入　　C. 所购商品价格　　D. 商品效用水平的大小

(9)寡头企业的产品是(　　)。

A. 同质的　　B. 有差异的

C. 既可以是同质的,也可以是有差异的　　D. 以上都不对

(10)平均固定成本(　　)。

A. 无论产出水平发生什么变化,它都不变　　B. 随产量增加而增加

C. 曲线是 U 形的　　D. 随产量增加而减少

(11)预算约束线反映了(　　)。

A. 消费中的偏好　　B. 消费中的收入约束　　C. 消费者人数　　D. 货币的购买力

(12)假定商品 x、y 的价格 P_x、P_y 给定,当 $MRS_{xy}<P_x/P_y$ 时,理性的消费者会(　　)。

A. 增加 x 的购买，减少 y 的购买　　B. 减少 x 的购买，增加 y 的购买
C. 同时增加 x 和 y 的购买　　D. 同时减少 x 和 y 的购买

（13）短期边际成本曲线呈 U 形特征的原因在于（　　）。
A. MU 递减规律　　B. 规模经济与不经济　　C. 边际报酬递减规律　　D. 无法确定

（14）当企业处于停止营业点时，会出现（　　）。
A. $P=AVC$　　B. $TR=TVC$
C. 企业总损失等于 TFC　　D. 以上都对

（15）尽管人口数量不断增长，但没有任何人会因此而减少其所享受的国防安全保障，体现了公共物品的（　　）。
A. 排他性　　B. 非排他性　　C. 竞争性　　D. 非竞争性

（16）当一个经济行为主体的消费行为引起其他消费者利益的增加，便产生了（　　）。
A. 生产的正外部性　　B. 消费的正外部性　　C. 生产的负外部性　　D. 消费的负外部性

得分	

二、多选题（每题 3 分，共 21 分。请同学们将答案写在前面答题框里。）

1	2	3	4	5	6	7

（1）微观经济学的研究内容包括（　　）。
A. 市场机制的运行　　B. 商品的供给和需求　　C. 市场是否有效　　D. 市场之间的相互关系

（2）影响商品需求价格弹性的因素有（　　）。
A. 该商品的重要程度　　B. 该商品的可替代程度
C. 消费者调整时间的长短　　D. 该商品的消费支出占总支出的比重

（3）通常情况下，无差异曲线具有哪些特征（　　）。
A. 向右下方倾斜　　B. 凸向原点　　C. 是一条直线　　D. 任意两条都不相交

（4）关于边际产量递减规律，下面（　　）是正确的。
A. 是短期生产行为的规律总结
B. 既适用于短期生产，也适用于长期生产
C. 生产过程中所有生产要素的数量都可以灵活调整
D. 生产过程中存在固定数量的生产要素

（5）完全竞争市场具有的特征有（　　）。
A. 同行业各个企业生产的同一产品不存在任何差别
B. 买卖双方对市场信息有充分的了解
C. 企业可以自由进入或退出市场
D. 每个生产者都是价格的决定者

（6）下列关于帕累托有效率配置的说法中，正确的有（　　）。
A. 无法使各方的福利更好　　B. 无法再进一步做互利的交易
C. 从交易中能得到的收益已经穷尽　　D. 各方还可以变得更好

（7）市场失灵的具体表现有（　　）。
A. 垄断　　B. 外部性　　C. 信息不对称　　D. 收入分配不平等

得分	

三、判断题(每题1分,共10分,正确的打√,错误的打×。请同学们将答案写在前面答题框里。)

1	2	3	4	5	6	7	8	9	10

(1)"人们收入差距大一点好还是小一点好"属于实证经济学问题。 ( )

(2)生活必需品的需求价格弹性较大,而奢侈品需求价格弹性较小。 ( )

(3)需求指居民在某一特定时期内,在每一价格水平下愿意购买的商品量。 ( )

(4)消费者剩余是消费者的消费剩余部分。 ( )

(5)生产函数的斜率是边际产量。 ( )

(6)在预算约束线上的各种商品的组合,其支出金额是相等的。 ( )

(7)如果一个企业的平均销售收入低于平均成本,则该企业应该停产。 ( )

(8)垄断企业在短期内实现均衡时,可以获得最大利润,可以利润为零,也可以蒙受最小亏损。 ( )

(9)由于垄断会导致效率下降,因此任何垄断都是不行的。 ( )

(10)无差异曲线的斜率之比等于两种商品的效用之比。 ( )

得分	

四、计算题(第1题15分,第2题10分,共25分。)

(1)假设某消费者的均衡如右图所示:其中,横轴 OX_1 和纵轴 OX_2 分别表示商品1和商品2的数量,线段 AB 为消费者的预算约束线,曲线 U 为消费者的无差异曲线,E 点为效用最大化的均衡点。已知商品1的价格 P_1=2元。求:

①求消费者的收入;(3分)

②求商品2的价格 P_2;(3分)

③写出预算约束线方程;(3分)

④求预算约束线的斜率;(3分)

⑤求 E 点的 MRS_{12} 的值。(3分)

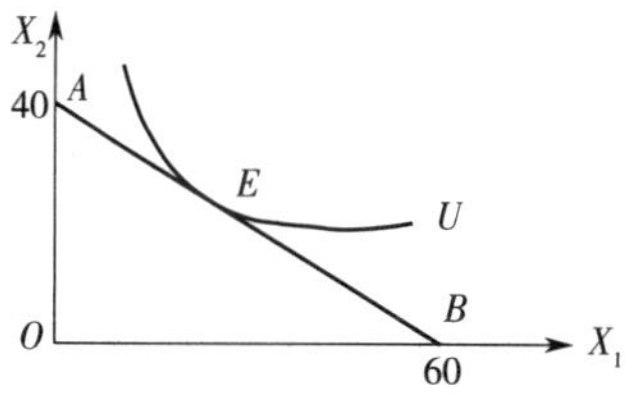

(2)完全竞争行业中某企业的成本函数为 $TC(Q)=Q^3-6Q^2+30Q+40$,假设商品价格为 66 元,求:

①利润最大化时的产量及利润总额;(6 分)

②由于竞争市场供求发生变化,由此决定的新的价格为 30 元,在新的价格下,企业是否会发生亏损?(4 分)

得分	

五、问答题(每题 5 分,共 20 分。)

(1)什么是边际报酬递减规律?

(2)简述"薄利多销"背后的经济学原理。

(3)简述市场结构的划分标准及其类型。

(4)什么叫市场失灵?哪些情况会导致市场失灵?

微观经济学期末模拟题(四)

得分	

一、单选题(每题2分,共30分。请同学们将答案写在前面答题框里。)

1	2	3	4	5	6	7	8	9	10
11	12	13	14	15					

(1)一种商品价格下降,对其互补品最直接的影响是(　　)。

A. 互补品的需求曲线向右移动　　B. 互补品的需求曲线向左移动

C. 互补品的供给曲线向右移动　　D. 互补品的供给曲线向左移动

(2)如果一种商品的需求价格弹性是2,价格由1元升至1.02元会导致需求量(　　)。

A. 上升4%　　B. 上升2%

C. 下降4%　　D. 下降2%

(3)企业在停止营业点,(　　)。

A. $P=AVC$　　B. $TR=TVC$

C. 企业总损失等于 TFC　　D. 以上都对

(4)预算约束线的位置和斜率取决于(　　)。

A. 消费者的收入　　B. 消费者的收入和商品的价格

C. 消费者的偏好、收入和商品价格　　D. 以上都不是

(5)企业购买生产要素所引起的成本为(　　)。

A. 显性成本　　B. 隐性成本

C. 固定成本　　D. 机会成本

(6)卖主比买主知道更多关于商品的信息,买主无法区别出商品的质量的好坏,这种情况被称为(　　)。

A. 道德陷阱　　B. 搭售

C. 信息不对称　　D. 搭便车问题

(7)解决外部不经济问题可以采取(　　)的方法。

A. 征税　　B. 明确产权

C. 将外部性内在化　　D. 以上都可以

(8)下列最不可能成为垄断者的是(　　)。

A. 小镇上唯一的理发师　　B. 麦当劳

C. 某地区的电力公司　　D. 某地区的自来水公司

(9)下列行业中哪一个最接近完全竞争模式(　　)。

A. 飞机　　B. 卷烟　　C. 大米　　D. 汽车

(10)资本包括(　　)。

A. 建筑物,如厂房　　B. 设备,如机器、工具、计算机

C. 产成品和投入的存货　　D. 以上都是

(11)平均固定成本(　　)。

A. 无论产出水平发生什么变化，它都不变　　B. 随产量增加而增加

C. 曲线是U形的　　D. 随产量增加而减少

(12)若两种商品为互补品，则两种商品的无差异曲线形状为(　　)。

A. 平行于横轴的直线　　B. 平行于纵轴的直线

C. 向右下方倾斜的直线　　D. 直角形的曲线

(13)短期边际成本曲线呈U形特征的原因在于(　　)。

A. *MU*递减规律　　B. 规模经济与不经济

C. 边际报酬递减规律　　D. 无法确定

(14)以下(　　)市场类型最容易出现价格歧视。

A. 完全竞争市场　　B. 垄断市场

C. 垄断竞争市场　　D. 寡头市场

(15)假定x、y的价格P_x，P_y给定，当$MRS_{xy}<P_x/P_y$时，理性的消费者会(　　)。

A. 增加x的购买，减少y的购买　　B. 增加x的购买，减少y的购买

C. 同时增加x和y的购买　　D. 同时减少x和y的购买

二、多选题(每题3分，共15分。请同学们将答案写在前面答题框里。)

1	2	3	4	5

(1)需求量的变动是指(　　)。

A. 由于价格变动引起的需求量的变动　　B. 非价格因素引起的需求量的变动

C. 同一条需求曲线上点的移动　　D. 需求曲线的移动

(2)斯威齐模型的假定条件有(　　)。

A. 如果一个寡头企业提价，行业中的其他寡头企业把价格提高相同的水平

B. 如果一个寡头企业提价，行业中的其他寡头企业不会跟着改变自己的价格

C. 如果一个寡头企业降价，行业中的其他寡头企业把价格降到相同的水平

D. 如果一个寡头企业降价，行业中的其他寡头企业不会跟着改变自己的价格

(3)生产要素的需求是一种(　　)。

A. 派生需求　　B. 直接需求

C. 引致需求　　D. 最终产品的需求

(4)在完全竞争条件下，与平均收益曲线重叠的是(　　)。

A. 边际成本曲线　　B. 需求曲线

C. 边际收益曲线　　D. 总收益曲线

(5)长期平均成本曲线与短期平均成本曲线的关系是(　　)。

A. 长期平均成本曲线是短期平均成本曲线的包络曲线

B. 在长期平均成本曲线的下降阶段，长期平均成本曲线相切于所有相应的短期平均成本曲线最低点的左侧

C. 在长期平均成本曲线的下降阶段，长期平均成本曲线相切于所有相应的短期平均成本曲线最低点

D. 在长期平均成本曲线的最低点，长期平均成本曲线相切于相应的短期平均成本曲线最低点

三、判断题(每题 1 分,共 10 分,正确的打√,错误的打 ×。请同学们将答案写在前面答题框里。)

1	2	3	4	5	6	7	8	9	10

(1)完全竞争市场上只有唯一的一个企业。( )

(2)经济利润大于会计利润。( )

(3)消费者剩余是消费者的消费剩余部分。( )

(4)无差异曲线的斜率之比等于两种商品的效用之比。( )

(5)由于垄断会导致效率下降,因此任何垄断都是要不得的。( )

(6)微观经济学是宏观经济学的基础。( )

(7)A 商品的价格下降导致了 B 商品的需求数量上升,说明两种商品是替代品。( )

(8)一般生活必需品的弹性较大,而一些奢侈品弹性较小。( )

(9)垄断企业的需求曲线和平均收益、边际收益曲线重合。( )

(10)如果一个企业的平均销售收入低于平均成本,则该企业应该停产。( )

四、计算题(第 1 题 10 分,第 2 题 10 分,共 20 分)。

(1)某家庭有一套临街房,妻子想把它租出去,月租金为 3 000 元,丈夫想开个夫妻小面馆,到底哪个方案更好呢?经过认真测算,开面馆估计每月费用情况如下:丈夫辞掉工作将损失月薪 4 000 元,小面馆每月的进货成本近 10 000 元,水电费约 1 000 元,雇佣两个店员最少月工资每人 800 元,租用设备及其他税费 800 元,每月的营业收入大约在 20 000 元。

①计算小面馆每月的显性成本和隐性成本是多少。

②计算小面馆每月的会计利润和经济利润各是多少。

③此临街房是出租还是开小面馆划算?如果开小面馆,月营业额至少为多少才不赔钱?

(2)设完全竞争市场中的代表性企业的短期成本函数是 $TC(Q)=20+240Q-20Q^2+Q^3$,若该产品的市场价格是 640 元,请回答以下几个问题:

①求相应的 AC 函数、AVC 函数、AFC 函数、MC 函数。

②求该完全竞争企业实现利润最大化时的产量和价格分别为多少。

五、问答题(第 1 题 15 分,第 2 题 10 分,共 25 分。)

(1)均衡分析法是经济学分析的一种重要的研究方法。试说明均衡分析法在价格形成机制中的运用,并作图说明均衡价格的形成过程。

(2)完全竞争企业的生产要素需求曲线是如何得到的?

微观经济学期末模拟题(五)

得分	

一、单选题(每题 2 分,共 30 分。请同学们将答案写在前面答题框里。)

1	2	3	4	5	6	7	8	9	10
11	12	13	14	15					

(1)需求量的变动是指(　　)。

A. 需求曲线的移动　　B. 同一条需求曲线上点的移动

C. 由于收入的变化引起的需求变动　　D. 消费者偏好改变引起的需求变动

(2)垂直的无差异曲线意味着(　　)。

A. 当消费者增加横轴上商品的消费时,消费者的满足不会增加

B. 当消费者增加纵轴上商品的消费时,消费者的满足不会增加

C. 当两种商品的消费量都增加时,消费者的满足会增加

D. 以上说法都不正确

(3)同行业的不同企业产品之间存在着微小差别这一事实被称为(　　)。

A. 产品歧视　　B. 价格歧视　　C. 产品替代　　D. 产品差异

(4)当一个经济行为主体的消费行为引起其他消费者利益的增加,便产生了(　　)。

A. 生产的正外部性　　B. 生产的负外部性

C. 消费的正外部性　　D. 消费的负外部性

(5)当平均产量达到最大值时,下列说法正确的是(　　)。

A. 平均产量大于边际产量　　B. 平均产量等于边际产量

C. 总产量达到最大值　　D. 边际产量达到最大值

(6)要使整个经济体系处于一般均衡状态,就必须使(　　)。

A. 所有的商品市场同时达到均衡　　B. 所有的要素市场同时达到均衡

C. 要素市场和商品市场相互独立　　D. 所有的商品市场和要素市场同时达到均衡

(7)供给曲线向右上方倾斜,那么当一种商品价格(　　),其供给量(　　)。

A. 下降;增加　　B. 上升;增加　　C. 下降;不变　　D. 上升;减少

(8)根据消费者均衡理论,边际替代率递减意味着(　　)。

A. 无差异曲线的斜率为正　　B. 无差异曲线的斜率为负

C. 预算约束线斜率小于零　　D. 无差异曲线凸向原点

(9)恩格尔曲线是从(　　)导出的。

A. 需求曲线　　B. 预算约束线

C. 收入 - 消费扩展线　　D. 价格 - 消费扩展线

(10)已知某完全竞争企业的短期成本函数为 $TC(Q)=10Q^3-20Q^2+3Q+5$,请问该企业的固定成本是(　　)。

A. 10　　B. 20　　C. 3　　D. 5

(11)以下不属于经济学的生产要素的是(　　)。

A. 货币　　B. 资本　　C. 土地　　D. 企业家才能

(12)当一个行业中只有唯一一个供给者时,这种市场结构是(　　)。

A. 完全竞争市场　　B. 垄断竞争市场

C. 垄断市场　　D. 寡头市场

(13)关于完全竞争企业的需求曲线和收益曲线的说法,错误的是(　　)。

A 需求曲线和平均收益曲线是完全重合的

B. 需求曲线和边际收益曲线是完全重合的

C. 边际收益曲线和平均收益曲线是完全重合的

D. 边际收益曲线位于平均收益曲线下方

(14)随着工人的工资率上升,如果(　　),则劳动供给曲线向后弯曲。

A. 工资率高于保留工资　　B. 收入效应大于替代效应

C. 收入效应等于替代效应　　D. 收入效应和替代效应同方向变动

(15)如果产品在消费者之间的分配达到这样一种程度,即任何资源的重新分配,都会至少降低任意一个消费者的满足水平,则达到的这种状态被称为(　　)。

A. 帕累托改进状态　　B. 不公平的分配

C. 比较公平的分配　　D. 帕累托有效率配置

得分	

二、判断题(每题 1 分,共 10 分,正确的打√,错误的打 ×。请同学们将答案写在前面答题框里。)

1	2	3	4	5	6	7	8	9	10

(1)低档品一定是吉芬商品,但吉芬商品不一定是低档品。(　　)

(2)如果企业实现了以最低成本生产了一定量产出,说明该企业一定实现了最大利润。(　　)

(3)完全竞争市场上的同一个行业内的各个企业生产的产品之间存在较大的差异。(　　)

(4)如果消费者对电视的需求减少而生产电视的成本增加,可以预测电视的均衡数量会减少,而电视的均衡价格可能上升也可能下降。(　　)

(5)完全竞争企业的需求曲线和平均收益曲线是重合的。(　　)

(6)某生产企业的供给曲线是垂直的,那么当市场价格上涨时,其商品供给量也会增加。(　　)

(7)洛伦兹曲线离平均分配线越远,收入分配越不平等。(　　)

(8)长期内完全竞争行业达到均衡后,企业的超额利润为零。(　　)

(9)无差异曲线表示不同的消费者消费两种商品的不同数量组合所取得的效用是相同的。(　　)

(10)若需求曲线右移的同时,供给曲线也右移,则市场价格必定上升,均衡数量必定增加。(　　)

得分	

三、计算题(每题 10 分,共 20 分。)

(1)已知某商品的需求函数为 $Q^d=16-2P$,供给函数为 $Q^s=-5+P$,求:

①市场均衡价格 P_E 和均衡数量 Q_E;

②均衡点上的需求价格弹性和供给价格弹性。

(2)假定某企业短期生产的边际成本函数为 $MC(Q)=0.6Q^2-10Q+10$,且已知当产量 Q=10 时的总成本 TC=100。请计算该企业的短期总成本函数、平均成本函数和平均可变成本函数。

得分	

四、名词解释题(每题 2 分,共 10 分。)

(1)恩格尔定律。

(2)消费者剩余。

(3)边际技术替代率。

(4)机会成本。

(5)市场失灵。

得分	

五、问答题(每题 6 分,共 30 分。)

(1)简述边际效用递减规律。

(2)简述无差异曲线的特点。

(3)简述价格歧视的三种类型。

(4)什么是自然垄断?自然垄断产生的原因是什么?

(5)简述市场失灵的概念及类型。

自测题参考答案

第一章　需求、供给和均衡价格

1. 名词解释

（1）需求是指消费者在一定的时期内，在每一价格水平下愿意并能够购买的商品的数量。它是不同价格水平下不同需求量的总称，是一种关系，表现为整条需求曲线。在其他条件不变的情况下，消费者对某种商品的需求展现的就是各种可能的价格对需求量的影响。

（2）供给是指生产者在一定的时期内，在每一价格水平下愿意并能够提供的商品的数量。它是不同价格水平下不同供给量的总称，是一种关系，表现为整条供给曲线。在其他条件不变的情况下，生产者对某种商品的供给展现的就是各种可能的价格对供给量的影响。

（3）当一种商品的市场处于均衡状态时，市场价格恰好使得该商品的市场需求量等于市场供给量，这一价格被称为该商品的市场均衡价格。换句话说，市场处于均衡状态的条件是，市场需求量等于市场供给量，此时的价格为均衡价格。对应于均衡价格，供求相等时的数量被称为均衡数量。

（4）弹性表示当一个经济变量发生 1% 变动时，所引起另一个经济变量变动的百分比，其衡量的是一个经济变量相对于另外一个经济变量变动的敏感程度。

（5）需求的交叉价格弹性简称需求的交叉弹性，表示一定时期内，相对于相关的另外一种商品价格的相对变动，一种商品需求量相对变动的敏感程度。

（6）供给价格弹性简称供给弹性，它表示在一定时期内，相对于一种商品价格的相对变动，该商品供给量相对变动的敏感程度。

（7）限制价格又称最高限价，指政府为了防止某种商品的市场定价过高而规定的低于市场均衡价格的最高价格。

（8）在其他条件不变的情况下，价格变动引起的需求量的变动表现为一条需求曲线上点的变动，而价格以外的其他因素的变动引起的需求的变动表现为需求曲线的移动。

（9）由于商品价格发生变化而导致的商品供给量的变化被称为供给量的变化。商品价格以外的其他因素的变动引起的每一价格水平下商品供给量的变动被称为供给的变化。

（10）所谓吉芬商品就是在其他因素不变的情况下，当商品价格在一定幅度内上升时，需求量增加，价格下降时，需求量减少，即需求量与价格呈同向变动的特殊商品。

2. 单选题

（1）C　（2）B　（3）B　（4）A　（5）C　（6）D　（7）A　（8）A　（9）B　（10）D　（11）C　（12）B
（13）A　（14）B　（15）A

3. 多选题

（1）BCD　（2）AD　（3）BD　（4）CD　（5）ACD　（6）AB　（7）AC　（8）ABD　（9）BC　（10）AC
（11）BD　（12）ABCD

4. 判断题

(1)×　(2)×　(3)√　(4)√　(5)×　(6)×　(7)√　(8)×　(9)×　(10)√　(11)√　(12)√　(13)×　(14)×　(15)×

5. 简答题

(1)**答:**需求曲线向右下方倾斜,表明在其他条件不变的情况下,商品价格和需求量之间呈反向变动的关系,这可以通过商品价格变动的效应来解释。一方面,由于收入有限,消费者必须在不同商品上配置收入,在其他商品价格保持不变的条件下,一种商品价格提高,该商品相对于其他商品变得昂贵,所以消费者就会减少该商品的购买转而购买其他商品。另一方面,价格提高又使得消费者的收入相对变少,从而减少相关商品的购买。两种效应共同作用,使得需求曲线向右下方倾斜。

(2)**答:**①土豆的供给曲线会左移。因为天气干旱导致土豆减产,会造成土豆的市场供给减少,进而影响其供给曲线在坐标轴中的位置,会造成土豆的供给曲线向左上方移动。②土豆的供给曲线会左移。因为种植土豆的化肥成本增加,使土豆的种植成本增加,这是增加了农民生产土豆的成本,会造成农民利润的下降。而生产成本的增加属于影响供给量的非价格因素,是供给的变动,因此,在坐标轴中表现为供给曲线整体的移动。此时,农民会减少土豆的种植,进而造成土豆的市场供给减少,此时土豆的供给曲线会向左上方移动。③土豆的供给曲线不变。因为土豆的市场价格下降实质上是影响土豆供给量的价格因素的变动,属于供给量的变动,在坐标轴中表现为土豆的价格与供给数量组合点沿着给定的供给曲线向下移动,即表现为同一条供给曲线上点到点之间的移动。因为土豆价格的下降,农民对土豆的供给量会相应减少,而此时,土豆的供给曲线是不变的。④土豆的供给曲线会右移。因为政府实施优惠政策鼓励土豆种植,属于影响供给量的非价格因素,也就是鼓励生产的政府政策,是供给的变动,在坐标轴中表现为供给曲线整体的移动。政府对种植土豆的优惠政策将激励农民,因此农民会扩大土豆种植,使土豆的供给量增加。此时,土豆的供给曲线会向右下方移动。

(3)**答:**"菜贱伤农"属于农产品增产不增收的典型例子,可以用商品的需求价格弹性与收入之间的关系来很好地解释。因为农产品是需求缺乏弹性的商品,其价格降低不仅不能使销售收入增加,反而会减少销售收入。"菜贱伤农"是指由于应季蔬菜全面丰收,导致蔬菜供给迅速增加,从而蔬菜价格下降,但是由于市场对蔬菜的需求缺乏弹性,价格下降并没有引起市场需求大幅度增加,因而需求量的增加未能弥补价格下降对农民收入的负面影响,最终使得农民因蔬菜丰收而收入下降甚至亏损。由此可见,提高农民收入的手段并不是简单地增加农产品的供给。

(4)**答:**影响商品需求的主要因素有很多,包括商品自身的价格、消费者的偏好、消费者的收入水平、其他相关商品的价格、消费者预期以及政府政策等。①商品自身的价格。一般而言,在其他条件不变的情况下,某一商品的价格越低,消费者对该商品的需求量越大。反之,商品的价格越高,消费者对该商品的需求量则越小。②消费者的偏好。这里所说的偏好,是指消费者对某种商品的喜好程度,它极大地影响着消费者对该商品的需求。它既与消费者的个人爱好和个性有关,也与整个社会的风俗、传统习惯、流行时尚有关。通常,在相同价格水平下,消费者对某商品的偏好越强烈,其对该商品的需求量就越大;反之,需求量就越小。也就是说,消费者的偏好与需求量呈同方向变动。③消费者的收入水平。对于一个消费者而言,收入决定了其支付能力,从而也就决定了其对商品的需求量。一般说来,对于正常品,收入与需求是正相关的,即其他条件不变的情况下,收入越高,对商品的需求越多,这是因为较高的收入代表了较高的购买能力和支付能力,而需求是受支付能力约束的。此外,对于低档品,收入和需求是负相关的,它们的需求随消费者收入的增加而减少。④其他相关商品的价格。需求不仅取决于商品自身的价格,也在相当程度上受其他商品的价格的影响。替代品价格上升将导致消费者对原商品的需求量增加。对于互补品而言,其价格提高时,消费者对原商品的需求量会减少。⑤消费者预期。当考虑到时间因素时,消费者会根据已有的信息对未来事项进行预测,这些对未来的预期会影响到消费者现期的需求量,主要包括消费者对商品价格的预期和消费者对自身未来收入的预期两种情况。⑥政府的政策。一般而言,政府的政策可以通过影响消费者的偏好、收入、相关商品价格以及预期等因素来影响消费者的需求量。

(5)**答:**需求价格弹性与企业销售收入之间的关系如下:①如果某种商品富有价格弹性,即该商品的需求价格弹性值大于1($E_P>1$),那么价格的相对变动就会小于需求量变动的百分比。当该商品价格下降时,销售量增加的幅度大于价格下降的幅度,从而总收益会增加。这说明,在需求富有弹性时,降价会使得销售收入增加。②如果某种商品的需求为单位弹性,即该商品的需求价格弹性值等于1($E_P=1$)时,需求量变动的比例恰好等于价格变动的比例,价格的变动不影响总收益。③如果某种商品的需求缺乏价格弹性,即该商品的需求价格弹性值小于($E_P<1$),那么当该商品价格下降时,销售量增加的幅度小于价格下降的幅度,降低价格不仅不会使得销售收入增加,反而会减少销售收入。

(6)**答:**农业产出往往受到天气等外部因素的影响,使得农产品的供给波动较大,加上农产品生产周期较长,短期内难以调整供给数量,因而为了稳定其价格,政府要对农产品实行价格保护政策。此时,政府往往制定一个支持价格,以稳定其供给量和生产者的收入。

(7)**答:**①均衡价格的形成过程也就是价格决定的过程,它是由供求双方在竞争过程中自发形成的,当市场价格低于均衡价格时,即需大于供的商品短缺的市场状况,一方面,超额需求会使市场价格上升,而价格的上升又使得供给者增加商品的供给量。这样,该商品的价格会一直上升到均衡价格的水平。反之,则情况相反。由此可见,当实际价格偏离均衡价格时,市场上总存在着变化的力量,最终使市场均衡或市场出清。②如果社会上每一件商品和劳务都能实现供求平衡,按需配置稀缺资源这一基本的社会经济问题就会自动解决,无须计划和政府干预。但现实中却存在市场失灵的情况,因此在制定价格政策时要尽可能贴近均衡价格,以实现社会福利最大化。

(8)**答:**①粮食价格的提高将使猪肉的供给曲线向左上方移动。因为粮价提高将使猪的饲养成本上升,进而在任一价格水平下生产者愿意并且能够提供的猪肉量随之减少。②猪肉价格提高将增加猪肉的销售量。因为在其他因素不变的情况下,猪肉价格提高意味着增加猪肉这种商品的供应量将变得更加有利可图。因此生产者和销售者将提供更多的猪肉,这表现为猪肉供给曲线上点的位置的移动。但猪肉价格提高本身并不会对供给曲线的变动产生影响。

(9)**答:**如果假期活动很单调、贫乏,那么少数活动带来的边际效用会急剧递减。例如,对某一活动,如果天天玩,最后会觉得很乏味。学生在整个假期获得的总效用不会高。根据消费者均衡理论,学生应该从事丰富多彩的假期活动,并使每一种活动的边际效用都相等,这时,学生的假期生活才最愉快。

(10)**答:**和对其他商品的需求一样,我们对早餐牛奶的需求也主要与其价格有关。特别是,随着早餐牛奶价格的下降,我们对它的需求会有所增加,反之亦然。除此之外,我们对早餐牛奶的需求还与我们对它的偏好、我们的收入水平、预期、其他相关商品的价格以及政府的政策等因素有关。例如,当其他因素不变时,我们对早餐牛奶的需求随我们对它的偏好、收入水平的提高而增加;又例如,如果我们预期将来的收入会增加(即使目前收入没有增加),我们也会增加对早餐牛奶的需求。为了区别起见,我们把由早餐牛奶价格变动引起的早餐牛奶购买量的变动称为需求量的变动,而把由所有其他因素(包括偏好、收入水平、预期、其他相关商品的价格以及政府的政策等)变动引起的早餐牛奶购买量的变动称为需求的变动,前者表现为需求曲线上的点的移动,而后者表现为需求曲线本身的移动。

(11)**答:**这句话不对。对这个问题的回答可以借助如下关于点弹性的公式:$E_P=-dQ/dP\cdot P/Q$。在上式中,P和Q一起对应着需求曲线上的既定点,而dQ/dP是这一点上需求量关于价格的导数,即需求曲线的斜率,所以上述弹性系数只与需求曲线上该点处的性质有关。根据这个公式,在同一条需求曲线上,弹性值不仅取决于需求曲线的斜率,而且与需求曲线上的特定点有关系。在P和Q给定的条件下,需求曲线斜率dQ/dP的绝对值越大,即需求曲线相对于价格轴越陡峭、相对于数量轴越平缓,价格弹性值就越大;反之,需求曲线相对于价格轴越平缓、相对于数量轴越陡峭,需求的价格弹性就越小。这适用于对过同一点的两条需求曲线的弹性进行比较。

（12）**答：**在供给富有弹性的情况下，需求增加会使需求曲线右移，均衡产量和均衡价格都增加，均衡产量增加的幅度大于均衡价格增加的幅度；在供给缺乏弹性的情况下，需求增加会使需求曲线向右移动，均衡产量和均衡价格都会增加，均衡产量增加的幅度小于均衡价格增加的幅度。

（13）**答：**餐饮业属于需求富有弹性（有替代品）的行业，而中小学教科书属于需求缺乏弹性（由教育部门指定，无替代品）的商品。对于需求富有弹性的商品，价格与总收益呈反方向变动，即降价可使总收益增加；对于需求缺乏弹性的商品，价格与总收益呈同方向变动，即降价会使总收益减少。故需求富有弹性的商品可以降价促销，而需求缺乏弹性的商品不能降价促销。

（14）**答：**需求变动与需求量变动的主要区别是：①需求量变动由物品本身的价格所引起，需求变动由除物品本身价格以外的其他因素所引起，即引起这两种变动的原因不同；②需求量的变动表现为同一条需求曲线上点的移动，需求的变动表现为整条需求曲线的移动，即在坐标轴上的表示方法不同。

（15）**答：**支持价格是政府为了扶持某一行业的生产而规定的该行业产品的最低价格。支持价格一定高于均衡价格。由于高于均衡价格，供给量将大于需求量，该商品市场将出现商品过剩。为维持支持价格，政府就应采取相应措施。这类措施有：一是政府收购过剩商品，或用于储备，或用于出口。在出口受阻的情况下，政府财政开支将增加；二是政府对商品的生产实行产量限制，但在实施时需有较长的指令性且有一定的代价。限制价格是政府为了限制某些生活必需品的物价上涨而规定这些产品的最高价格。其目的是稳定经济生活。但限制价格一定低于均衡价格，因而，需求量将大于供给量，该商品市场将出现商品短缺。这样，市场就可能出现抢购现象或是黑市交易。为解决商品短缺问题，政府可采取的措施是控制需求量，一般采取配给制，发放购物券。但配给制只能适应于短时期内的特殊情况，否则，一方面可能使购物券货币化，还会出现黑市交易，另一方面会挫伤企业的生产积极性，使短缺变得更加严重。

6. 计算题

（1）**解：**联立需求函数 $Q^{d}=400-P$ 和供给函数 $Q^{s}=100+P$，

求得均衡价格和均衡数量为：

$$P_{E}=150, Q_{E}=250$$

（2）**解：**当 P=10 时，根据需求函数得：

$$Q^{d}=140-5\times 10=90$$

此时，需求价格点弹性为：

$$E_{P}=-\mathrm{d}Q/\mathrm{d}P\cdot P/Q=-(-5)\cdot 10/90=5/9$$

当 P=20 时，根据需求函数得：

$$Q^{d}=140-5\times 20=40$$

此时，需求价格点弹性为：

$$E_{P}=-\mathrm{d}Q/\mathrm{d}P\cdot P/Q=-(-5)\cdot 20/40=2.5$$

（3）**解：**①由题目信息可知，供求均衡时的均衡价格 $P_{E}=100$ 元，代入 A 商品的需求函数 $P=200-4Q$ 中，有：

$$100=200-4Q$$

计算可得均衡数量：

$$Q_{E}=25$$

又因为需求曲线斜率为 4，则供给曲线的斜率为 4×（3/4）=3；设供给函数为 $P=a+3Q$，将均衡价格和均衡数量代入供给函数中，有：

$$100=a+3\times 25$$

计算可求得：

$$a=25$$

则该商品的供给函数为：

$$P = 25 + 3Q$$

②当政府对商品规定的支持价格为 112 元时，将此价格水平分别代入供给函数和需求函数中，计算可得供给量为：

$$112 = 25 + 3Q^s$$

$$Q^s = 29$$

同理，计算可得需求量为：

$$112 = 200 - 4Q^d$$

$$Q^d = 22$$

即此时，市场供给量为 29，需求量为 22，市场过剩数量为 29–22=7。

（4）**解：**①由题可知，一种商品（B）价格上升 5%，即 $\Delta P^B / P^B = 5\%$，另一种商品（A）的需求量减少了 10%，即 $\Delta Q^A / Q^A = -10\%$，则两种商品的需求交叉价格弹性为：

$$E_c = (\Delta Q^A / Q^A) / (\Delta P^B / P^B) = -10\% / 5\% = -2$$

②由①计算可知，这两种商品的需求交叉价格弹性值为负，即 $E_c = -2 < 0$，一种商品价格的上升带来另一种商品需求量的下降，说明这两种商品是互补关系。

（5）**解：**①由需求函数 $Q = 210 - 2P$，可得：$P = (210 - Q) / 2$。则总收益函数为：$TR = P \times Q = (210 - Q) / 2 \cdot Q = -1/2Q^2 + 105Q$。边际收益函数为：$MR = TR' = 105 - Q$

②由需求价格弹性系数的公式知：

$$E_P = -dQ / dP \cdot P / Q = -(-2) \cdot P / (210 - 2P) = 2P / (210 - 2P)$$

当商品的需求价格弹性为数等于 1，即 $E_P = 1$ 时，代入上式中，

$$\frac{2P}{210 - 2P} = 1$$

解得此时的价格水平：

$$P=52.5$$

（6）**解：**①因为 $Q_X = 100, Q_Y = 250$，则带入需求函数分别求得：

$$P_X = 1\,000 - 5Q_X = 1\,000 - 5 \times 100 = 500$$

$$P_Y = 1\,600 - 4Q_Y = 1\,600 - 4 \times 250 = 600$$

而 $Q_X = 200 - 0.2P_X$，$Q_Y = 400 - 0.25P_Y$，故 X 产品的价格弹性：

$$E_{PX} = -dQ_X / dP_X \cdot P_X / Q_X = -(-0.2) \times 500 / 100 = 1$$

Y 产品的价格弹性：

$$E_{PY} = -dQ_Y / dP_Y \cdot P_Y / Q_Y = -(-0.25) \times 600 / 250 = 0.6$$

②因为 $Q_Y' = 300, Q_X' = 75$，则 $P_Y' = 1\,600 - 4 \times 300 = 400$，$P_X' = 1\,000 - 5 \times 75 = 625$。A 公司产品 X 的交叉价格弹性为：

$$E_{XY} = \frac{\Delta Q_X / Q_X}{\Delta P_Y / P_Y} = 0.75$$

③由于 Y 产品的价格弹性为 $e_d = 0.6 < 1$，因此 Y 产品的需求是缺乏弹性的。据此，其价格和收益是同向变动的。降价会使其销售收入减少，因此它降价在经济上不合理。

7. 分析题

（1）**答：**实践中，“薄利多销”经常被看作商家的一种营销策略，即通过降低价格，促使销售收入增加。主要是指通过低利低价卖出去商品来增加总收益的销售策略，而“薄利多销”中的“薄利”就是降价，降价就能“多销”，“多销”就是能增加总收益。在销售市场有可能扩大的情况下，降低商品的价格，虽然会使企业

从单位商品中获得的利润量减少，但由于销售数量的增加，企业所获利润总额可以增加。这其实是因为可以“薄利多销”的商品是富有需求价格弹性的商品，降价会增加企业的销售收入。

需求价格弹性和企业的销售收入之间的关系如下。

①对于 $E_P > 1$ 的需求富有弹性的商品，降低价格会增加企业的销售收入，相反，提高价格会减少企业的销售收入，即企业的销售收入与商品的价格呈反方向变动。

②对于 $E_P < 1$ 的需求缺乏弹性的商品，降低价格会使企业的销售收入减少，相反，提高价格会使企业的销售收入增加，即销售收入与商品的价格呈同方向变动。

③对于 $E_P = 1$ 的单位弹性的商品，降低价格或提高价格对企业的销售收入都没有影响。

所以，只有需求富有弹性的商品，即需求价格弹性值大于 1 的商品，才能“薄利多销”，如服装鞋帽等。

(2)**答：**最高限价也称为限制价格，是指政府为了防止某种商品的市场定价过高而规定的低于市场均衡价格的最高价格。这是政府对市场价格进行直接干预的一种方式，它是政府所规定的某种产品的最高价格，最高价格总是低于市场的均衡价格(如图 1 所示)。由题目信息可知，东博会和峰会期间宾馆客房需求量会显著增加，相应的客房供给不足，客房价格会有一个上涨的趋势。而此时政府实行最高限价会使宾馆客房更加短缺，远远小于需求，这样会导致市场上的消费者排队抢购和引发黑市交易。而宾馆经营者也可能降低服务质量，变相涨价。那么，此时为了维持产品的限制价格的有效性，政府通常会采取一些减少市场需求或扩大市场供给的方法，并采取相应的措施打击黑市交易。

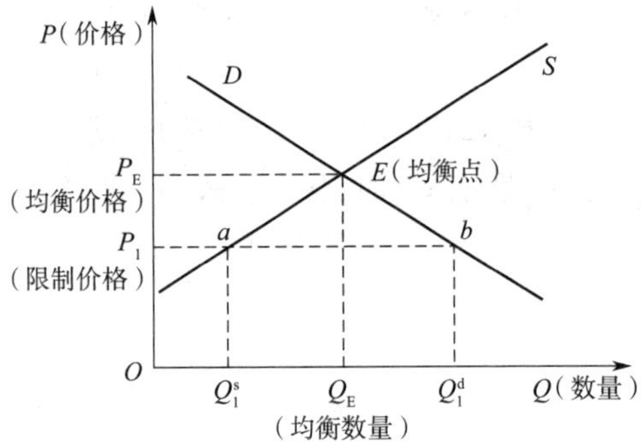

图 1

(3)**答：**对既定的税收而言，需求曲线和供给曲线的形状影响到消费者和生产者税负分摊的比例，而需求曲线和供给曲线的形状又与弹性相关，所以借助弹性可以进一步说明税负比例的变动。所以，税收最终更多由生产者还是消费者承担取决于消费者需求弹性和生产者供给弹性的相对大小。当消费者的需求缺乏弹性而生产者的供给富有弹性，此时税收更多的由消费者承担，生产者只承担小部分；反之，当消费者的需求富有弹性而生产者的供给缺乏弹性，则税收更多的由生产者承担，消费者只承担小部分。

课程思政案例

(1)本题为开放性问题，言之有理即可。下面的分析只作为参考，不作为唯一标准答案。供给与需求，是经济学研究的永恒命题。供给和需求的关系是最基本的市场经济关系，也是构成市场的两个不可或缺的方面。没有高质量的产品和服务供给，人民对美好生活的需要就得不到满足。没有需求侧的消费需求牵引，供给也无法实现。进入新阶段，实现高质量发展，把需求侧管理和供给侧结构性改革结合起来是大势所趋。近年来，我们坚持供给侧结构性改革不动摇，供给的质量和效率大幅提升。但受 2020 年暴发的新冠疫情冲击和外部环境变化影响，国内市场需求被压抑。在全球经济迟迟无法复苏、外部市场存在很大不确定性的情况下，加强需求侧管理，扩大内需，成为当前和今后必须坚持的战略基点，也是构建新发展格局的迫切要求。

供给和需求之间的矛盾是经济发展的主要矛盾。经济发展阶段不同，内外部条件发生变化，经济发展主要矛盾的具体内涵也会发生相应变化。供给和需求是市场经济内在关系的两个基本方面,有着既对立又统一的辩证关系,二者相互依存、互为条件。而供给侧和需求侧是管理和调控宏观经济的两个基本面,放弃需求侧谈供给侧或放弃供给侧谈需求侧都是片面的。因此,经济政策是以供给侧为重点还是以需求侧为重点,要依据一国宏观经济形势做出抉择,二者不是非此即彼、一去一存的替代关系。平衡地看,供给和需求都需要改革,因此要从这两方面来推进结构性改革,供给侧结构性改革与需求侧改革要相互配合、协调推进。

下面先对我国的供给侧结构性改革进行简要分析。

我国的供给侧结构性改革旨在调整经济结构,使供给与需求相匹配。供给侧结构性改革的微观现实意义可从以下三个方面理解。

首先,从供给端着手,激发消费潜力,促使消费增长。随着收入的增长,消费者对中低端产品的消费逐渐趋于饱和,消费需求多样化,在消费中越来越看重品牌与质量。然而,当前我国供给端的产品主要以中低端商品为主,其特征是“价廉物不美”,导致供给与需求的结构性失调。我国供给侧结构性改革的重点之一就是化解过剩产能,发展新兴产业。消费者出于追求自身效用最大化的考虑,随着收入的增长,会要求种类越来越丰富的商品供给。这很好地解释了当前国内消费疲软与出国购物热现象并存的矛盾。此外,如果把公共服务也看作商品,我国公共需求快速增长与公共服务供给不足的矛盾也可解释。

其次,从必需品和奢侈品出发,建立高端品牌,引领消费。必需品在初始阶段的边际效用大于奢侈品,但在基本的生活需求得到满足后,其边际效用会迅速递减。而奢侈品虽然在初始阶段的边际效用小于必需品,但其边际效用递减速度小于必需品。因此,消费者在低收入阶段,主要以必需品的消费为主,而随着收入的上升,会逐渐增加对奢侈品的消费。因此在提供必需品的同时,也要提高奢侈品的供应量,建立自有品牌,树立品牌自信,满足不同消费需求。

最后,从劳动者收入和商品种类出发,解释劳动供给曲线弯曲。劳动供给曲线弯曲的现象由市场上可消费商品的种类和劳动者收入共同决定。通常的认识是,劳动供给曲线弯曲只有在劳动者工资很高的情况下才会出现。但其实即便劳动者工资不算高,如果市场上可消费商品种类过少,如只有生活必需品,劳动供给曲线仍然有可能弯曲,这一点可以在市场力量薄弱的农业社会得到印证。在生产力落后的农业社会,市场上可消费的商品的种类极少,劳动者(农民)在农闲时节,通常会选择休闲而不是寻找工作机会。而当可消费商品的种类极多时,即便劳动者收入提高,劳动供给曲线也不会发生弯曲,这也解释了为何很少出现劳动供给曲线弯曲的现象。

在其他条件不变的情况下,市场上可消费的商品种类越多,消费者的消费水平越高,同时商品在不同价格下的分布情况也会影响到消费。而在消费者基本需求得到满足的前提下,边际效用递减速度较慢的商品更能促进消费。这为当前的供给侧结构性改革提供了微观层面的理论解释。

可见,近几年供给侧结构性改革取得积极成效,有效激发和激活了市场需求,也催生和创造了新的市场需求,真正形成了供给创造需求的良好局面。但由于国内循环体系尚存在很多短板,生产、分配、流通和消费各环节堵点尚未完全打通,在需求牵引供给、实现高水平供需动态平衡方面还有很多不足。注重需求侧管理,就是要在需求牵引供给方面做出更积极的努力。

在高速增长阶段,经济运行面临的突出问题是总量问题,矛盾的主要方面在需求侧,宏观调控侧重于解决总量性问题,通过需求牵引供给,增加经济总量。从高速增长阶段转向高质量发展阶段,经济运行面临的主要问题是结构性问题,周期性、总量性问题虽然也有,但结构性问题更突出,矛盾的主要方面在供给侧,宏观调控侧重于解决结构性问题和供给侧问题,以切实提高供给体系质量和效率。当前和今后一段时期,经济运行面临的情况比较复杂,既要坚持解决结构性问题不动摇,又要实现经济维持在一定增速水平上的高质量发展,把解决总量性问题摆到重要位置,需要我们在坚持供给侧结构性改革这条主线不动摇的同时,注重需求侧管理,把供给侧结构性改革和需求侧管理有效结合起来。

对于需求侧管理的主要领域和举措,可以从以下方面考虑。

第一，合理引导消费、储蓄和投资，形成有效制度安排，形成强大国内市场。加强需求侧管理，处理好消费、储蓄与投资的关系，有效释放潜在消费需求，对于形成强大国内市场至关重要。一方面，保持宏观杠杆率基本稳定，保持人民币汇率在合理均衡水平上基本稳定，引导居民适当扩大消费，降低储蓄率，确保储蓄率维持在合理区间；另一方面，根据城乡居民消费结构升级的内在趋势，提升投资的有效性和针对性，实施精准投资、有效投资。

第二，积极促进就业和优化收入分配结构，提高居民消费能力。需求侧管理的目的是扩大消费，根本途径是提高居民消费能力，关键举措是促进就业、完善社保、优化收入分配结构，不断扩大中等收入群体，扎实推进共同富裕。一是以更大力度实施就业优先政策；二是建立适应社会主义市场经济体制的收入分配制度；三是解决好大城市住房问题。

第三，保持投资适度合理增长，发挥投资对优化结构的关键作用。加强需求侧管理的手段之一就是优化投资结构，拓展投资空间。政府支出是撬动社会投资的重要支点。

第四，大力发展数字经济和战略性新兴产业，带动消费提质升级。推动产业数字化转型，促进供需精准对接，有利于为经济转型升级开辟新路径，也有利于开拓新的消费空间。一是大力发展在线教育、在线医疗、社区团购、无接触式消费等新消费形态，打造新业态和新的消费热点；二是着力发展智能制造、智能机器人等战略性新兴产业；三是加快5G商用步伐，加强人工智能、工业互联网、物联网等新型基础设施建设，加大城际交通、物流、市政基础设施等投资力度，既有利于稳增长、稳投资，也有利于消费升级。

最后，加快建设全国统一市场与实行高水平对外开放，持续释放内需潜力。如果没有统一的市场，市场处于分割状态，很难为内循环形成支撑，也很难把内循环和外循环连接起来。为此，一方面要坚决破除制约一体化发展的行政壁垒和体制机制障碍，建立统一规范的制度体系，形成要素自由流动的统一开放市场；另一方面，要继续实行高水平对外开放，主动加强与国际通行经贸投资规则对接，积极稳妥扩大外需。

总之，辩证处理好供给侧结构性改革和需求侧改革的关系，就是要坚持深化供给侧结构性改革这条主线，通过改革提高供给体系对国内需求的满足能力，以创新驱动、高质量供给引领和创造新需求。同时，要高度注重需求侧改革，坚持扩大内需这个战略基点，打通堵点，补齐短板，贯通生产、分配、流通、消费各环节，加快培育完整的内需体系，完善扩大内需的政策支撑体系，始终把扩大内需战略同深化供给侧结构性改革有机结合起来，目标是形成需求牵引供给、供给创造需求的更高水平动态平衡，提升国民经济体系整体效能。

（来源：2021年01月05日《光明日报》）

（2）①供给定律。在其他条件不变的情况下，商品价格与供给量之间存在着同方向的变动关系，即一种商品的价格上升时，这种商品的供给量就会增加，相反，价格下降时供给量减少，这就是供给定律。因此，供给定律反映的是商品本身价格和商品供给量之间的关系。

供给变动和供给量变动。供给变动是指在商品价格不变的情况下，由其他因素的变动而引起的供给量的变化。在本案例中，第一家杂货店的商品价格没有发生变化，而供应商品的交通受阻导致商品供应量减少，这就是供给发生了减少的变化。供给量变动是指在其他条件不变时，因商品价格的变动而导致的商品供给量的变化。在本案例中，第二家杂货店的商品价格上涨，从而促使该杂货店有增加商品供应量的动力和能力，这就是供给量发生了增加的变化。

②供给减少而需求不变，则均衡价格上升。本案例中，芝加哥市区的交通因暴雪而瘫痪，外面的生活必需品难以进入，意味着供给减少。在需求不变的情况下，供给减少会使供给曲线向左移动，从而使均衡价格上升。

供给增加而需求不变，则均衡价格下降。如果暴雪过后交通通畅，第二家杂货店继续增加商品供给，在需求不变的情况下供给增加会使供给曲线向右移动，从而使均衡价格下降。在市场机制面前，不考虑供给变动而调整价格，不会获得预期的效果。从长期看既不利己，又不利人。第一家杂货店在供给减少的情况下没调高价格导致关门，但第二家杂货店如果在大雪过后，交通顺畅即供给增加的情况下，若不调低价格，也会在经营中失败。

(3)根据经济学原理,对消费者征收的税可能由消费者承担,也可能由生产者承担。消费者和生产者的承担比例取决于这种物品的需求弹性与供给弹性。高档消费品的需求富有弹性,即增加税收,价格上升后,需求量会减少得多(改为消费其他不征税的消费品),但供给缺乏弹性,即生产者无法迅速地大量减少生产。这样,税收主要由生产者承担,生产这些物品的企业不堪重负,只好减少生产甚至关门,工人收入减少甚至失业。想帮助"穷人"的政策反而害了"穷人",这正是不了解经济学中关于税收与需求弹性和供给弹性之间关系的结果。

(4)①在微观经济学中,只有在需求的物品出现短缺的情况下,哄抬物价才会出现。如果没有短缺,正常的市场过程会阻止物价的突然上涨。在供给充足的情况下,假如某超市的口罩卖到每个100元,那么顾客肯定会跑到别家超市,因为市场价格是1元。但是,当在疫情背景下,从需求端看,人们对口罩的需求激增,供不应求导致价格上涨。而后期随着疫情的蔓延,价格上涨对口罩的需求抑制并不明显。口罩成为稀缺品,价格进一步上涨,市场上天价口罩频繁出现。其次,从供给端来看,从价格机制来说口罩价格上涨、需求暴增会引起口罩生产者大量生产口罩来满足社会需求以获得经济利益。而随着供给增加,口罩供需趋于平衡,口罩的价格也会恢复到正常水平。但为何疫情防控期间口罩价格并没有遵循价格机制规律使口罩价格恢复正常呢?这就引出经济学中一个重要的概念叫供给价格弹性。正是由于口罩的供给价格弹性受到其他因素影响导致口罩价格不仅没有下降反而进一步上涨。时滞性便是影响口罩供给价格弹性的重要因素之一。

②从商家的角度来说,需求曲线的右移导致均衡价格上涨,由于成本不变,商家获得暴利。毫无疑问,仅仅站在商家的角度,涨价对商家而言是有利的。从消费者角度来说,在疫情防控期间需要花费比平时更多的钱购买口罩,看上去似乎对消费者是有害的,但是我们要对比的并不是没有疫情的情况,而是疫情已经发生的前提下,商家涨价行为的利弊。现在我们假设商家并没有涨价,抢先买到口罩的人就会恶意囤积,其目的是以更高的价格卖掉口罩来获取更大的暴利。那么此时,消费者只能从抢到口罩的人的手里高价购买口罩,也就是我们平时所说的"炒价"。这样,消费者可能要以更高的价格才能买到口罩。这样对比起来,如果是商家涨价,就会避免"炒价"行为,使得口罩价格保持在社会可控的范围内,消费者会受到一定的权益保护,更多的消费者能够买到口罩。从社会角度来说,商家涨价其实承担了一部分管理物价的社会责任,这样一来,降低了人们恶意囤积的欲望,使得口罩的分配范围扩大,从而产生有益的社会效应。从某种角度来说,商家的暴利可以看作由于提供了重要的公共服务而正当地获得了回报。所以说企业的涨价行为在疫情这样的环境下,是更有利于社会安定和整个消费市场的稳定的。

③疫情背景下,政府是否要管控口罩的价格? 当然要。一方面,国家和社会也会在这样的特殊背景下,出台相关政策和文件,对商家的涨价行为进行更加严格的把关,以维护物价的相对稳定和生活必需品的来源稳定。之前刷爆朋友圈的"团购接龙"行为也是国家为了保障人民的基本生活需求而做出的对策:根据家庭需求,每个家庭配给一部分必需品。这样的双向选择不仅遏制了恶意囤积现象的发生,同时也使得社会物资被分配到真正有需要的消费者手上。另一方面,哄抬物价现象出现的根源是供给的不足,所以国家也会不断进行供给侧结构性改革,提高社会必需品的供给,使得需求和供给达到新的均衡,以此来保证市场价格的稳定。

第二章　消费者选择

1. 名词解释

(1)效用最大化原则指收入既定的情况下,消费者应使自己花费在各种商品上的最后一元钱所带来的边际效用相等,且等于货币的边际效用。或者说,消费者应该使自己所购买的各种商品的边际效用与价格之比相等。

(2)在经济学说史上,以效用基数衡量为基础而建立起来的效用理论被称为基数效用论。基数效用论认为,消费获得的满足可以用基数表达,可以进行程度比较,可以加总求和。

(3)序数效用论假设中,消费者对消费商品获得的效用满足程度并不以基数衡量,而是对不同商品组合按效用满足程度高低进行排序。序数效用论认为,效用是主观心理感受,是难以用基数准确测度的,更不可能进行程度比较和加总求和。

(4)消费者偏好是指消费者对商品或商品组合的喜好程度。偏好具有四个基本假设:完备性、传递性、非饱和性、多样性。

(5)在商品的价格保持不变的条件下,随着消费者收入水平的变动,消费者均衡点变动的轨迹,被称为消费者的收入 - 消费扩展线,简称为收入扩展线。

(6)恩格尔曲线可以由商品的消费数量与家庭收入之间的关系表示。

(7)替代效应指在消费者的偏好和货币收入既定的情况下,某种商品价格变动引起两种商品价格相对变动,从而引起消费者对该商品需求量的变动。

(8)收入效应指在消费者的偏好和货币收入既定的情况下,某种商品价格变动引起实际收入水平变动,从而引起消费者对该商品需求量的变动。

(9)补偿的预算约束线表示以假设货币收入的增减使得消费者能回到商品价格变化之前的原有的实际收入水平(即原有效用水平)的一种分析工具。实际上这样的货币补偿并没有发生,只是为了消除收入的影响,更好地分析替代效应。

(10)如果一项选择行为所对应的结果不唯一,那么决策者就面临着不确定性。

(11)在效用满足程度保持不变的条件下,消费者增加一单位一种商品的消费可以代替的另一种商品的消费数量,简称为边际替代率。

2. 单选题

(1)B (2)B (3)C (4)D (5)D (6)D (7)C (8)B (9)A (10)C (11)A (12)C (13)A (14)A (15)B

3. 多选题

(1)AD (2)ABCD (3)ABCD (4)ABD (5)AC (6)CD (7)BC (8)ABD (9)CD (10)ABD (11)ACD (12)ABC (13)ABCD (14)BCD (15)ABC

4. 判断题

(1)√ (2)√ (3)√ (4)× (5)√ (6)× (7)× (8)× (9)√ (10)√ (11)× (12)× (13)× (14)√ (15)√

5. 简答题

(1)**答:**①假设不同。基数效用论假设消费者消费商品所获得的效用是可以度量的,可以用基数表示。每个消费者都可以准确地说出自己所获得的效用值。边际效用具有递减规律。序数效用论认为消费所获得的效用只可以进行排序,仅可以用序数来表示。效用的大小及特征表现在无差异曲线上。②使用的分析方法不同。基数效用论使用边际效用即在预算约束下求效用值的最大化作为工具。而序数效用论则使用无差异曲线、预算约束线作为分析工具。

(2)**答:**①无差异曲线是一条向右下方倾斜的线,斜率是负的,因为这条线是往下的。②在每种商品都不被限定为多了比少了好的前提下,无差异曲线图中位置越高或距离原点越远的无差异曲线所代表的消费者的满足程度越高。③任何两条无差异曲线不能相交。这是因为两条无差异曲线如果相交,就会产生矛盾。只要消费者的偏好是可传递的，无差异曲线就不可能相交。④无差异曲线通常是凸向原点的，这就是说，无差异曲线的斜率的绝对值是递减的。这是由边际替代率递减规律所决定的。

（3）**答：**现实生活中，钻石于人而言并不是必不可少的，其用处极小却价格昂贵，而水于人而言是必不可少的，其价格却非常便宜。所以，人们从水的消费中所得的总效用远远大于人们从钻石的使用中所得的总效用。但是，商品的价格是由其边际效用和货币的边际效用的比值决定的，即 $P=MU/\lambda$。而不是由商品的总效用的大小来决定的。由于世界上水的数量是很大的，因此水的边际效用很小，人们只愿意付非常低的价格，钻石的用途虽然不大，但是其数量小，因而其边际效用高，价格昂贵。

（4）**答：**当收入和价格发生变化时，无差异曲线不会发生改变和移动。这是因为无差异曲线的一个重要性质是任意两条无差异曲线不能相交，该性质的核心意义是任意无差异曲线都表示特定的效用量。而无差异曲线的形状和位置是由消费者的偏好决定的。只要消费者的偏好不发生变化，其无差异曲线就不会发生改变和移动。而收入和价格发生变化，会造成消费者的预算约束线发生改变和移动，导致预算约束线与无差异曲线的切点改变，从而使最终选择发生变化，但这不会引起无差异曲线的改变和移动。

（5）**答：**补偿的预算约束线是指当商品价格发生变化会引起消费者的实际收入水平发生变化，用来表示以假设的货币收入的增减来维持消费者实际收入水平不变的一种分析工具。在商品价格下降引起消费者的实际收入水平提高时，假设取走消费者的一部分货币收入，使消费者的实际收入维持在原有的水平。补偿的预算约束线在这里就用来表示使消费者的货币收入下降到只能维持原有的无差异曲线的效用水平，也就等于原有的实际收入水平。

（6）**答：**不违背边际效用递减规律。因为边际效用是指物品的消费每增加（或减少）一个单位所增加（或减少）的总效用的量。这里的“单位”是指完整的商品单位，它是边际效用递减规律有效性的前提。比如，这个定律适用于一双鞋子，但不适用于单只鞋子。对四轮车而言，必须是有四个轮子的车子才成为一个单位；三个轮子不能构成一辆四轮车，因而每个轮子都不是一个有效的物品；增加一个轮子才能使车子有用。因此，不能说第四个轮子的边际效用超过第三个轮子。

（7）**答：**如图 1 所示，以 X 代表所补助的实物，以 Y 代表其他商品，消费者原来的预算约束线是 AB。若进行实物补助，则消费者的预算约束线变为折线 ACB'，若进行现金补助，则预算约束线变为 $A'B'$。如果无差异曲线与直线 $A'B'$ 相切于 CB' 段（如 E 点），则实物补助与现金补助无差别，两种方法给消费者带来的效用相同；但如果无差异曲线与直线 $A'B'$ 相切于 $A'C$ 段（如 D 点），则现金补助优于实物补助，因为在现金补助下消费者的最优选择是 D 点，其相应的效用水平为 U_2，而在实物补助下只能达到 C 点，其相应的效用水平为 U_1，显然 $U_1<U_2$。因此，整体而言，现金补助优于实物补助。

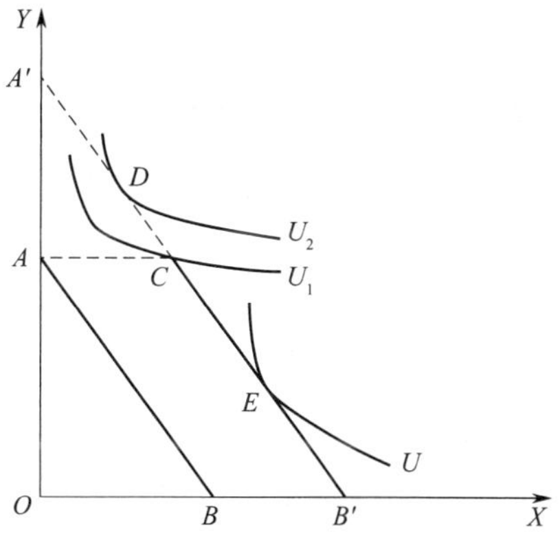

图 1

（8）**答：**①基数效用论是以边际效用递减规律和消费者均衡条件推导需求曲线的。②商品的需求价格是指消费者在一定时期内对一定量的某种商品所愿意支付的最高价格。③商品的需求价格取决于商品的边际效用，由于边际效用递减规律的作用，随着消费者对某一种商品消费量的连续增加，该商品的边际效用是递减的，消费者为购买这种商品所愿意支付的最高价格即需求价格也越来越低。④对于任何一种商品来说，随着需求量的不断增加，边际效用是递减的，于是，为了保证 $MU/P=\lambda$ 这一均衡条件的实现，在货币的边际效用 λ 不变的前提下，商品的需求价格 P 必然同比例于 MU 的递减而递减。⑤商品的需求曲线向右下方倾斜即商品的需求量与商品的价格呈反方向变动，而且需求曲线上的每一点都是满足消费者效用最大化均衡条件的商品的价格 - 需求量组合点。

（9）**答：**总效用是指在一定时间内消费者从消费的商品或服务中获得的效用满足总量；边际效用是指在一定时间内消费者从增加的一单位商品或服务的消费中所得到的效用增加量。总效用是消费者在这一时间内所消费的每一单位商品或服务得到的效用加总。很显然，一个消费者消费特定商品获得的总效用取决于消费商品的数量。边际效用是消费者增加的一单位商品消费所产生的效用的增加量，消费商品的数量不同，增加的效用也不同，所以边际效用与消费商品的数量密切相关。边际效用表示了总效用的改变率，而每一单位商品的边际效用之和构成了这些商品的总效用。

（10）**答：**消费者均衡指的是消费者选择的能够使其效用达到最大的商品组合。从几何上说，该均衡是无差异曲线与预算约束线的切点所代表的商品组合。其条件是：在既定的收入约束之下，为了获得最大的满足，消费者所选择的最优商品数量组合应该使得两种商品的边际替代率等于这两种商品相应的价格之比。借用边际替代率与边际效用之间的关系，上述的消费者均衡条件可以变换成我们更加熟知的条件，即两种商品的边际效用之比等于它们的价格之比，或者，消费者每单位货币支出购买任意一种商品所得到的边际效用都相等。这也进一步说明，效用的基数度量或者序数表示并不是问题的关键，二者的实质相同。基数效用论用边际效用分析方法。在此理论下，消费者实现效用最大化的均衡条件是，如果消费者的收入水平是固定的，市场价格也是已知的，那么消费者应该使自己所购买的各种商品的边际效用之比与价格相等。序数效用论用无差异曲线的分析方法，认为消费者效用最大化的均衡条件是两商品的边际替代率等于两商品的价格之比。

（11）**答：**吉芬商品是一种特殊的低档品，对这种低档品来说，它的需求量与价格呈同方向变动关系。于是，对吉芬商品来说，其需求曲线不再像通常所见到的那样向右下方倾斜，而是相反，向右上方倾斜。吉芬商品的需求曲线之所以向右上方倾斜，是因为对吉芬商品来说，其价格变化的收入效应对需求量的影响与替代效应刚好相反，且其强度还大于替代效应。例如，土豆就是这样的一种吉芬商品。的确，当土豆的价格上升之后，人们倾向于用更多的其他商品比如牛肉来替代土豆，即价格变动的替代效应使得土豆的需求量减少；但由于低收入家庭中土豆的消费量占有相当大的比重，因而当土豆价格上升之后，使得这些家庭的收入购买力急剧下降，已无力购买虽相对降价但仍很昂贵的牛肉，转而不得不购买更多的土豆。不仅如此，收入效应的强度远大于替代效应，因而在土豆价格上升之后，这些低收入家庭不仅不会减少土豆的购买而是会增加土豆的购买。

（12）**答：**假定消费者考虑为一项价值为 a 的财产投火灾保险，投保需要支付的金钱数额为 Q。为了简单起见，设火灾发生，消费者的损失为 b，并且只要火灾发生，保险公司就向投保人支付价值为 q 的补偿金。于是，消费者购买保险这一行为的结果是：若发生火灾，其财产价值为 $a_1=a-b-Q+q$；若没有发生火灾，其财产价值为 $a_2=a-Q$。若假定发生火灾的概率是 α，则消费者购买保险的期望效用为：

$$\alpha U(a_1)+(1-\alpha)U(a_2)$$

再定义每获得一单位补偿需要支付的费用为保险的价格，即 $P=Q/q$，并假定它是由市场供求所决定的一个常数。这样，消费者在既定的价格下，选择适当的 Q 以便效用最大。利用 $Q=Pq$，则消费者购买保险的行为可以描述为：

$$\max\{\alpha U(a-b-Pq+q)+(1-\alpha)U(a-Pq)\}$$

根据效用最大化的条件，上式右面关于 q 的一阶导数为 0，所以：

$$\alpha U'(a_1)(1-P)-P(1-\alpha)U'(a_2)=0$$

其中，$U'(a_1)$ 和 $U'(a_2)$ 分别为消费者在 a_1 和 a_2 处的边际效用。经过整理可以得到：

$$\frac{\alpha}{1-\alpha}\frac{U'(a_1)}{U'(a_2)}=\frac{P}{1-P}$$

上式中，$U'(a_1)/U'(a_2)$ 可以理解为消费 a_1 和 a_2 时的边际替代率，而 α 和 $(1-\alpha)$ 分别是发生和不发生火灾的概率，于是，它的左边是不确定性条件下的边际替代率，而右边则是购买保险在出现火灾和未出现火灾时的价格之比。

与确定性条件下的选择一样，上式既是消费者获得效用最大化的条件，也决定了消费者对保险数量的需求（函数）。因此，不确定性条件下的选择只不过是确定性条件下的选择的一个推广。

6. 计算题

（1）**解：**①已知该消费者的效用函数为 $U=q^{0.5}+3M$，则商品的边际效用为：

$$MU=\frac{\partial U}{\partial q}=0.5q^{-0.5}$$

货币的边际效用为：

$$\lambda=\frac{\partial U}{\partial M}=3$$

实现消费者均衡的条件为 $MU/P=\lambda$，代入该式可得该消费者的需求函数：

$$\frac{0.5q^{-0.5}}{P}=3$$

整理得消费者的需求函数：

$$q=\frac{1}{36P^2}$$

②根据①所求得的该消费者的需求函数，整理后可得该消费者的反需求函数：

$$P=\frac{1}{6}q^{-0.5}$$

③当 $P=\frac{1}{12}, q=4$ 时，代入消费者剩余计算公式中可得：

$$CS=\int_0^4\frac{1}{6}q^{-0.5}\mathrm{d}q-Pq$$

$$=\frac{1}{3}q^{\frac{1}{2}}\Big|_0^4-\frac{1}{3}$$

$$=\frac{2}{3}-\frac{1}{3}=\frac{1}{3}$$

即此时的消费者剩余为 1/3。

（2）**解：**①已知消费者关于 X、Y 两种商品的效用函数为 $U=\sqrt{XY}$，可以得到 X、Y 两种商品的边际效用函数：

$$MU_X=U'(X)=\frac{1}{2}X^{-\frac{1}{2}}Y^{\frac{1}{2}}$$

$$MU_Y=U'(Y)=\frac{1}{2}X^{\frac{1}{2}}Y^{-\frac{1}{2}}$$

将上式代入关于 X、Y 两种商品的边际替代率表达式中去：

$$MRS_{XY}=-\frac{\Delta Y}{\Delta X}=\frac{MU_X}{MU_Y}$$

由此，可得该效用函数关于 X、Y 两种商品的边际替代率表达式：

$$MRS_{XY}=\frac{\frac{1}{2}X^{-\frac{1}{2}}Y^{\frac{1}{2}}}{\frac{1}{2}X^{\frac{1}{2}}Y^{-\frac{1}{2}}}$$

即

$$MRS_{XY} = X^{-1}Y = \frac{Y}{X}$$

②当 U=6 时，即 $6=\sqrt{XY}$。若商品 X 的消费量为 X=3，代入总效用函数中，可得此时商品 Y 的消费量为：$36 = 3Y$，$Y = 12$。相应的边际替代率为：

$$MRS_{XY} = \frac{Y}{X} = \frac{12}{3} = 4$$

③当 U=6 时，即 $6=\sqrt{XY}$，若商品 X 的消费量为 X=4，代入总效用函数中，可得此时商品 Y 的消费量为：$36 = 4Y, Y = 9$。相应的边际替代率为：

$$MRS_{XY} = \frac{Y}{X} = \frac{9}{4} = 2.25$$

（3）**解**：①由题意可知，效用函数为 $U = XY$，则由此可以得到 X、Y 两种商品的边际效用函数：

$$MU_X = \frac{dU}{dX} = \frac{d(XY)}{dX} = Y$$

$$MU_Y = \frac{dU}{dY} = \frac{d(XY)}{dY} = X$$

又知，X 商品的价格 $P_X = 2$，Y 商品的价格 $P_Y = 3$，代入效用最大化的条件式中，即代入下式：

$$\frac{MU_X}{P_X} = \frac{MU_Y}{P_Y}$$

有：

$$\frac{Y}{2} = \frac{X}{3}$$

此外，由题意可知，预算约束方程为 $2X+3Y=120$，联立上式，计算可得：

$$X = 30, Y = 20$$

因此，为使获得的效用最大，他应该购买 30 单位的商品 X 和 20 单位的商品 Y。

②由①可知，他获得效用最大化时有 $Y = 20$，将其代入边际效用表达式中，则有

$$MU_X = \frac{dU}{dX} = Y = 20$$

又知 X 商品的价格 $P_X = 2$，代入消费者实现效用最大化的均衡条件中，可计算得到货币的边际效用：

$$\lambda = \frac{MU_X}{P_X} = \frac{MU_Y}{P_Y} = 10$$

此时，结合总效用函数，可得他获得的总效用为：

$$TU = XY = 30 \times 20 = 600$$

③假如 X 商品的价格提高 44%，即现在 X 商品的价格为：

$$\begin{aligned} P'_X &= P_X \times (1+44\%) \\ &= 2 \times (1+44\%) \\ &= 2.88 \end{aligned}$$

代入下式的均衡条件中，

$$\frac{MU_X}{P'_X} = \frac{MU_Y}{P_Y}$$

有：

$$\frac{Y}{2.88} = \frac{X}{3}$$

又由题意可知，使他保持原有的效用水平，即总效用不变，仍为 $TU = XY = 600$。联立上式均衡条件，计算可得：

$X = 25$, $Y = 24$

再把 $X = 25$ 和 $Y = 24$ 代入预算约束方程中，可得：

$M' = P_X'X + P_Y Y = 144$

结合原本的月收入水平 M=120，可以得到：

$\Delta M = 144 - 120 = 24$

因此，为保持原有的效用水平，收入必须增加 24 元。

（4）**解：**① 2 瓶水，消费者剩余为（7－4）+（5－4）=4。

②需求量增加至 3 瓶水，消费者剩余为（7－2）+（5－2）+（3－2）=9。

7. 分析题

（1）**答：**气候不好对农民是否有利要看农民的总收入在气候不好的情况下如何变动。显然气候不好直接导致的是农业的歉收，即农产品的供给减少，这表现为农产品的供给曲线向左上方移动。假如此时市场对农产品的需求状况不变，即需求曲线固定不变，那么农产品的供给减少，即供给曲线向左上方移动后，将导致市场均衡价格的上升。一般来说，由于农产品的需求是缺乏弹性的，根据需求价格弹性与总收益之间的关系可知，对于需求缺乏弹性的商品，提高价格会使销售收入增加，即此时农作物涨价会使得农民的总收益增加。所以，在需求状况不因气候不好发生变化并且农产品需求缺乏弹性的情况下，气候不好引致的农业歉收对农民增加收入是有利的。当然，如果需求状况也同时发生变化，或者农作物不是需求缺乏弹性的产品，那么相应的结论要视具体情况而定。

（2）**答：**如果考虑到提高生产者的收入，对农产品，应采取提价的办法；对电视机、录像机这类高档消费品则应采取降价的办法。这是因为根据需求的价格弹性与销售总收入之间的关系，我们知道，对需求富有弹性的商品来说，其销售收入和价格呈反方向变动，即销售收入随价格的提高而减少，随价格的降低而增加；而对需求缺乏弹性的商品来说，其销售收入与价格呈同方向变动，即销售收入随价格的提高而增加，随价格的降低而减少。所以，为了提高生产者的收入，对农产品这类需求缺乏弹性的必需品应该采取提价办法，而对于电视机、录像机等这类需求富有弹性的高级消费品应该采取降价的办法。

（3）**答：**不正确。对于一般商品来说，在其他因素不变的条件下，降低价格一定会使其供给量下降这条规律是无疑的，它也确有极少的例外，如劳动的供给。但计算器属于正常商品，是遵循这条规律的。在生产技术、生产要素的价格等因素不变时，价格下降必定会使供给量减少，反之成立。但在现实中，生产技术、生产要素的价格等因素是在不断变化的。1990 年以来计算器的生产技术有了重大突破，其劳动生产率有了很大提高，这使得任意一个价格水平下，生产者愿意并且能够提供的计算器数量有了大幅度的增加，也就是说计算器的供给曲线大幅度向右下方移动。假设市场需求状况不变，新的供给曲线与需求曲线共同决定的均衡价格将会下降，均衡产量却会大量增加，所以，此种情况可能发生，结论不对。

（4）**答：**①当一种商品的价格发生变化时所引起的该商品需求量的变化可以分解为两个部分，它们分别是替代效应和收入效应。替代效应是指仅考虑商品相对价格变化所导致的该商品需求量的变化，而不考虑实际收入水平（即效用水平）变化对需求量的影响。收入效应则相反，它仅考虑实际收入水平（即效用水平）变化导致的该商品需求量的变化，而不考虑相对价格变化对需求量的影响。无论是分析正常品，还是低档品，甚至吉芬商品的替代效应和收入效应，都需要运用的一个重要分析工具就是补偿的预算约束线。②在图 2 中，以正常品的情况为例加以说明。图 2 中，初始的消费者效用最大化的均衡点为 a 点，相应的正常品（即商品 1）的需求为 X_{11}。价格 P_1 下降以后的效用最大化的均衡点为 b 点，相应的需求量为 X_{12}。即 P_1 下降的总效应为 $X_{13} - X_{11}$，且为增加量，故有总效应与价格成反方向变化。

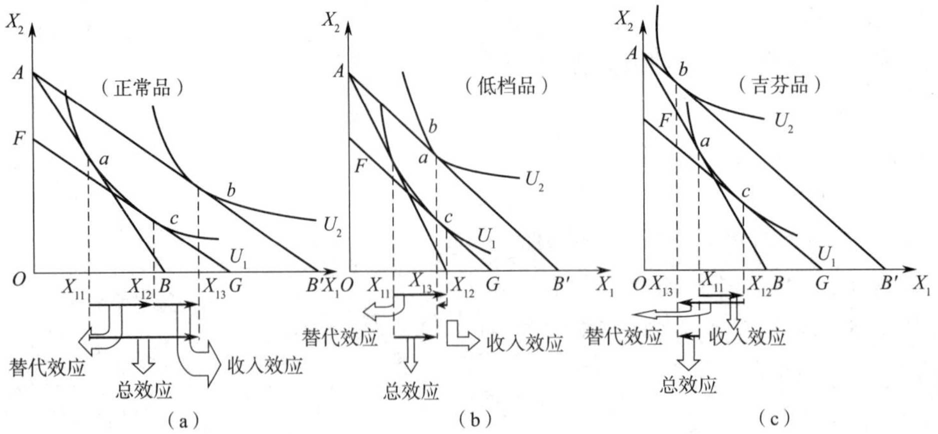

图 2

然后,画一条平行于预算约束线 AB' 且与原有的无差异曲线 U_1 相切的补偿的预算约束线 FG(以虚线表示),相应的效用最大化的均衡点为 c 点,而且注意,此时 b 点的位置一定处于 c 点的右边。于是,根据①中的阐述,则可以得到:由给定的代表原有效用水平的无差异曲线 U_1 与代表 P_1 变化前后的不同相对价格的(即斜率不同的)预算约束线 AB、FG 分别相切的 a、c 两点,表示的是替代效应,即替代效应为 $X_{12}-X_{11}$,且为增加量,故有替代效应与价格呈反方向变化;由代表不同的效用水平的无差异曲线 U_1 和 U_2 分别与两条代表相同相对价格的(即斜率相同的)预算约束线 FG、AB' 相切的 c、b 两点,表示的是收入效应,即收入效应为 $X_{13}-X_{12}$,且为增加量,故有收入效应与价格呈反方向变化。

最后,由于正常品的替代效应和收入效应都分别与价格呈反方向变化,所以,正常品的总效应与价格一定呈反方向变化,由此可知,正常品的需求曲线是向右下方倾斜的。

③关于低档品和吉芬商品。在此略去关于这两类商品的具体的图示分析。需要指出的要点是:这两类商品的替代效应都与价格呈反方向变化,而收入效应都与价格呈同方向变化,其中,大多数的低档品的替代效应大于收入效应,而低档品中的特殊商品吉芬商品的收入效应大于替代效应。于是,大多数低档品的总效应与价格呈反方向的变化,相应的需求曲线向右下方倾斜,低档品中少数的特殊商品即吉芬商品的总效应与价格呈同方向的变化,相应的需求曲线向右上方倾斜。

④基于③的分析,所以,在读者自己利用与图 2 中类似的图形来分析低档品和吉芬商品的替代效应和收入效应时,在分析一般的低档品的情况下,一定要使 b 点落在 a、c 两点之间,而在分析吉芬商品的情况下,则一定要使 b 点落在 a 点的左边。唯有如此作图,才能符合③中理论分析的要求。

(5)**答:**可用提高自来水的使用价格来缓解这种状况或解决这个问题。提高自来水的价格后,一方面,用户会减少(节约)用水;另一方面,自来水的生产或供给会扩大。这样,自来水供应紧张的状况也许可得到缓解。

①采取这一措施,会使用户消费者剩余减少。

在图 3 中,横轴代表自来水的数量,纵轴代表自来水的价格。直线 D 代表自来水的需求曲线。当自来水价格从 P_1 提高到 P_2 时,用户对自来水的需求量从 Q_1 下降到 Q_2。于是,消费者剩余从 $\triangle CP_1B$ 减少为 $\triangle CP_2A$。②对生产资源配置的有利效应是节约了用水,可将水资源用于人们更有需要的用途上,从而得到更合理、更有效的使用。但这样做,也许会造成其他资源的浪费,比方说,工厂里本来用水来冷却物体,现在要改用电来冷却,增加了对电和有关装置的需求。如果自来水价格提高过度,必然会带来更多其他资源的消耗。这是不利的一面。③如果城市居民收入不变,自来水的价格提高相当于降低了居民的实际收入。补救的办法,可以是提高居民的货币工资或予以其价格补贴。

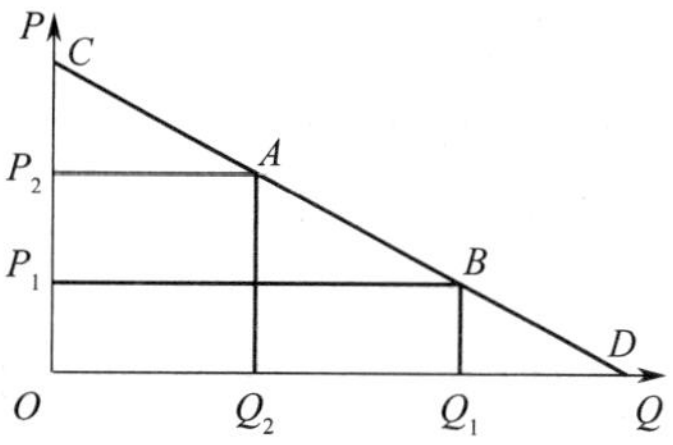

图 3

课程思政案例

(1)本题为开放性问题,言之有理即可。下面的分析只作为参考,不作为唯一标准答案。回看疫情防控期间,人们的生活和消费习惯发生了很大变化。例如,在购买方式方面,人们更多选择线上购物或者在手机应用程序上下单。在消费结构方面,人们更倾向于在家中寻找娱乐和消遣方式。与此同时,食品、医疗用品和清洁用品等基本生活必需品的销售量上升,而高端奢侈品的销售量下降。同时,消费心理也有所变化。由于经济的不确定性,许多人开始更加关注节约和理智消费,而不是过度消费。

我国新冠疫情防控成效显著,经济社会秩序加快恢复,多个省份的经济活动逐步回归正常。复工复产取得重要进展。值得注意的是,疫情对人们的购物习惯产生了深远影响,这对将目光聚焦在中国乃至全球市场的品牌商有着重大意义。同时,“Z 世代”、00 后已成为消费的主力军。他们强调参与感,彰显个性化,更注重内在体验。此外,疫情防控期间的居家在线活动也深刻改变了消费者的消费习惯。随着疫情防控取得显著成效,当前人们的消费行为也发生了一些新的变化,出现了一些趋势。这些消费行为改变的背后,是消费心理的变化。后疫情时代的消费趋势与消费心理,有以下特点。

首先,消费渐进式复苏,消费升级与消费降级并存。

随着疫情逐渐得到控制,消费渐进式复苏。店铺“热了”、夜市“亮了”,大街小巷的“烟火气”又回来了。但时代的不确定性却依然很强,每个人都需要自我疏解。

一方面,在消费渐进式复苏的同时,消费升级和消费降级并存。具体来说,消费升级主要出现在数字化、科技化、智能化等领域,例如在线教育与医疗、新能源与材料、智能家居等。这些行业领域在疫情防控期间得到了快速发展,并且在后疫情时代也将继续得到重视和发展。

另一方面,消费降级也出现在一些领域。受经济压力和不确定性的影响,人们可能会更加注重实用性和性价比,更加倾向于选择低价位的商品和服务,降低自己的消费水平和消费频率。很多人在消费时更加注重健康和安全问题,例如购买更加安全的食品、注重更加健康的生活方式等。在疫情过后,很多人可能会更加谨慎地花钱。这也就是为什么存款变得更多了。

其次,线下消费有所回暖,在线消费新模式进一步巩固。

随着疫情对生活的影响的降低,线下消费逐渐回暖。人们恢复了对线下消费场所的信心,开始重拾到店消费的习惯。电影院、音乐会、演出等娱乐场所恢复运营,吸引了越来越多的消费者。不过,疫情加速了数字化和在线消费的发展,人们更加依赖和习惯通过互联网购物、娱乐、工作和社交等。例如叮咚买菜、抖音直播带货、手游等消费形式在疫情防控期间受到欢迎。这些在线消费新模式在疫情过后依然持续,并将进一步巩固。很多消费者逐渐习惯了线上购物和消费,对线上渠道的信任度也进一步提升。同时,很多品牌也进一步提升了线上服务水平,如加强售后服务、优化网站体验、提高产品质量等。这些举措不仅能够提升消费者的满意度,也能够进一步促进线上消费的发展。因此,未来线上消费的新模式将继续得到推广和发展,并与线下消费形成更加有机的互补关系。

最后,注重社交与情感需求,消费者更加注重内在体验。

在疫情防控期间,人们被迫远离亲朋好友,无法便捷地与他人交往和互动。因此,在疫情之后,人们更加渴望社交和情感的满足。在消费选择上,他们更愿意为能够满足他们这种需求的品牌和产品买单。一些线下互动体验类消费将再次受到欢迎。有代表性的消费方式有旅游、体育赛事、室内活动(如桌游、密室逃脱)、户外运动(如飞盘、滑板)、线下文娱(如脱口秀、音乐节)等。一些实体店铺也可能会提供更具互动性和社交化的体验活动,以吸引消费者到店消费,包括品酒、烹饪课程、手工艺品制作等活动。

另一个重要的趋势是,互联网时代中的"Z世代"和00后更注重个性化的内在体验。《2023中国消费趋势报告》指出,"进入2023年,消费者更加关注自我的小世界;愈加追求消费的获得感、价值感和意义感;理性消费,感性生活将成为消费的基本面。"在情感需求方面,宠物及周边、IP(文学、动漫、影视、游戏等著名知识产品的统称)消费等将备受青睐。在个性化的内在体验及自我提升方面,医美、知识付费、健身、舞蹈、文艺展览等将受到欢迎。

总而言之,后疫情时代,科技互联网有了大发展,消费时代变迁。消费者将更加关注个人的内在体验,注重商品所带来的极致感官享受、情感体验以及让人热泪盈眶的意义感。

(来源:读懂消费者 | 疫情后,消费趋势与消费心理会有哪些改变?,澎湃新闻)

(2)表面上看,这是一个矛盾的现象,但这个现象可以用经济学中的效用理论来解释,即商品价格的高低与商品所提供的边际效用的大小成正比。人们越富裕,就越有钱来购买奢侈品。举例说,在美国最便宜的剃须刀是10美分一把,最贵的剃须刀大约要100美元,二者相差达千倍。贵的剃须刀或许更美观,更安全,更经用,但它的基本功能也只限于剃胡子,它提供的附加效用非常有限。廉价手表和昂贵手表的价钱也可相差千倍。过去在我国,奢侈品没有市场,现在人们钱多起来,情况正在发生变化。由于中美两国富裕程度的差别而形成的效用评价的差别,提供了巨大的贸易机会,即中国可以用极低的价格进口某些旧物,其代价主要是收集、分类及运输的成本,如旧汽车是值得进口的而在美国由于人力昂贵,修理费用高,所以报废的标准比较高。

(3)边际效用递减规律。总效用是消费一定量某物品与劳务所带来的满足程度。边际效用是某种物品的消费量增加一单位所增加的满足程度。我们从罗斯福总统让记者吃面包说起。假定,记者消费1个面包的总效用是10效用单位,消费2个面包时总效用为18个效用单位,记者再吃第3个面包时总效用还为18个效用单位,则记者消费第1个面包的边际效用是10效用单位,消费第2个面包时的边际效用为8个效用单位,如果记者再吃第3个面包,其边际效用为0个效用单位。这几个数字说明随着记者消费的面包数量的增加,边际效用是递减的。为什么记者不再吃第3个面包是因为再吃不会增加效用。还比如,水是非常宝贵的,没有水,人们就会死亡,但是你连续喝超过了你能饮用的数量时,那么多余的水就没有什么用途了,再喝边际价值几乎为0,或是在0以下。这就是边际效用递减规律。

消费者购买物品是为了实现效用最大化,而且,物品的效用越大,消费者愿意支付的价格越高。根据效用理论,企业在决定生产什么时首先要考虑商品能给消费者带来多大效用。企业要使自己生产出的产品能卖出去,而且能卖高价,就要分析消费者的心理,以满足消费者偏好。一个企业要成功,不仅要了解当前的消费时尚,还要善于发现未来的消费时尚。这样才能从消费时尚中了解到消费者的偏好及其变动,并及时开发出能满足这种偏好的产品。同时,消费时尚也受广告的影响。一个成功的广告会引导新的消费时尚,左右消费者的偏好。所以说,企业行为从广告开始。消费者连续消费一种产品的边际效用是递减的。如果企业连续只生产一种产品,它带给消费者的边际效用就在递减,消费者愿意支付的价格就低了。因此,企业要不断创造出多样化的产品,即使是同类产品,只要不相同,就不会导致边际效用递减。例如,同类服装做成不同式样,成为不同产品,就不会导致边际效用递减。如果是完全相同的,则会导致边际效用递减,消费者不会多购买。

边际效用递减原理告诉我们,企业要进行创新,以生产不同的产品满足消费者需求,减少和阻碍边际效用递减。

第三章　企业的生产和成本

1. 名词解释

（1）等产量曲线指在技术水平不变的条件下，由生产相同产量所需的生产要素投入量的所有不同组合的轨迹。

（2）边际技术替代率递减是指在保持产量不变的条件下，随着一种生产要素数量的增加，每增加一单位该要素所能够替代的另外一种生产要素的数量递减。

（3）生产扩展曲线简称为生产扩展线，表示在生产要素价格和其他条件不变的情况下，随着成本或者产量增加，按照企业的所有生产要素最优组合点描绘出来的一条曲线。

（4）企业会计账户上，记录着企业在过去一段时期内生产和经营过程中的实际支出，这些支出被称为会计成本。

（5）企业使用自己拥有但并非从市场上购买的生产要素的机会成本为隐性成本。

（6）经济学中使用的按“机会”衡量的成本为经济成本。

（7）在短期内，企业为产出一定产量而使用的固定要素所带来的成本为固定成本。

（8）在短期内，企业为产出一定产量所投入的可变要素所带来的成本为可变成本。

（9）在企业扩大生产的过程中，如果产量扩大一倍，而生产成本的增加大于一倍，则称企业的生产存在规模不经济。

（10）在生产过程中企业同比例扩大所有的生产要素投入，如果产量增加的倍数大于生产要素增加的倍数，则称生产过程是规模报酬递增的。

（11）在生产过程中企业同比例扩大所有的生产要素投入，如果产量增加的倍数小于生产要素增加的倍数，则称生产过程是规模报酬递减的。

（12）在生产过程中企业同比例扩大所有的生产要素投入，如果产量增加的倍数等于生产要素增加的倍数，则称生产过程是规模报酬不变的。

（13）只有一种投入要素（如劳动力或原材料等）的数量是可变的，是动态变化的，其他投入要素（如厂房、机器设备等）的数量不变，是静态的，研究一种生产要素的连续增加对产量的影响的函数为短期生产函数。

（14）所有投入要素的数量都可能发生变化，不存在固定不变的要素，研究集中生产要素连续增加对产量的影响的函数为长期生产函数。

（15）外在经济是由于企业的生产活动所依赖的外界环境得到改善而产生的，例如整个行业的发展可以使行业内的单个企业从中受益。外在不经济是企业的生产活动所依赖的外界环境恶化了，例如整个行业的发展使得生产要素的价格上升、交通运输紧张，从而给行业内单个企业的生产带来困难。

2. 单选题

（1）B （2）B （3）C （4）C （5）B （6）D （7）D （8）C （9）D （10）B （11）A （12）D （13）D （14）C （15）B （16）A （17）B （18）C （19）C （20）B （21）D （22）A （23）C （24）C （25）D （26）A （27）A （28）A （29）C （30）A

3. 多选题

（1）ACD （2）ABCD （3）ABC （4）ADE （5）ABC （6）CD （7）ABD （8）BC （9）AC （10）ABD

4. 判断题

(1)× (2)× (3)√ (4)× (5)× (6)√ (7)× (8)√ (9)× (10)× (11)×
(12)× (13)× (14)√ (15)× (16)× (17)× (18)× (19)× (20)× (21)√
(22)× (23)√ (24)√ (25)× (26)× (27)√ (28)√ (29)× (30)× (31)×
(32)√ (33)√ (34)× (35)× (36)× (37)√ (38)× (39)× (40)√

5. 简答题

(1)**答:**短期是生产者不能调整全部生产要素数量,至少一种要素的数量是固定不变的时间周期;在短期内,生产要素投入可以区分为不变成本和可变成本。长期是可以调整全部要素的数量的时间周期;在长期内,生产者可以调整全部要素的投入,不存在可变成本和不变成本的区分。

(2)**答:**边际报酬递减规律即在技术水平和其他因素不变的条件下,连续等量地将某一种可变要素增加到其他一种或几种数量固定不变要素上去的过程中,该可变要素的边际产量先是递增的,在这种要素投入量增加到一定数量后,其边际产量便是递减的。

(3)**答:**边际技术替代率递减规律指的是,在维持产量不变的前提下,在一种可变要素的投入量不断增加的过程中,每一单位这种可变要素所能替代的另一种可变要素的数量是递减的。

(4)**答:**边际替代率递减规律的存在是由于边际效用递减规律所致。在短期生产中,边际产量的递增阶段对应的是边际成本的递减阶段,边际产量的递减阶段对应的是边际成本的递增阶段,与边际产量的最大值相对应的是边际成本的最小值。正因为如此,在边际报酬递减规律作用下的边际成本曲线表现出先降后升的U形特征。对于产量的变化,边际成本要比平均成本和平均可变成本敏感得多。

(5)**答:**在同一个坐标平面上可以有无数条等产量线;同一坐标平面上的任何两条等产量线都不会相交;等产量线是凸向原点的。

(6)**答:**企业的生产要素包括如下几种。劳动,劳动者在生产过程中以体力和脑力的形式提供的各种服务,劳动投入表现为人数或劳动时间,劳动的价格表现为工资率。资本,生产过程中投入的物品和货币资金等,资本的价格表现为租用价格。土地,泛指一切自然资源,使用土地的价格也表现为租用价格。企业家才能,指建立、组织和经营企业的企业家发现市场机会并组织各种投入的能力,就一般性的技术讨论而言,可以将此归于劳动。

(7)**答:**企业的生产成本,是指在一定时期内,企业生产一定数量的产品所使用的生产要素的费用。

经济学上的成本重在衡量稀缺资源配置于不同用途上的代价。一般而言,不加以特殊说明的话,企业的经济成本(总成本)= 显性成本 + 隐性成本。

经济学上的成本与会计账户上的成本(会计成本)是不同的。举例说明如下。假定企业自己拥有一栋100万的办公大楼,在会计人员看来,对于大楼,当期没有发生支出,也就没有成本。然而从经济学的角度来看,如果企业把大楼出租,将会带来租金,企业自己使用无疑使得企业损失了将大楼出租而获得的收益。这就涉及机会成本的概念。生产一单位的某种商品的机会成本是指生产者所放弃的使用相同的生产要素在其他生产用途上所能得到的最高收入。例如,农民在获得更多土地时,如果选择养猪就不能选择养鸡,养猪的机会成本就是放弃的养鸡所能获得的收益。

显性成本,指企业在生产要素市场上购买或租用他人所拥有的生产要素的实际支出。例如企业雇佣工人付出的工资、购买原材料的费用。

隐性成本,指企业本身所拥有的且被用于该企业生产过程的那些生产要素的总价格。

(8)**答:**生产的短期指生产者来不及调整全部生产要素的数量,至少有一种生产要素的数量是固定不变的时间周期。短期内不可调整的生产要素称为不变生产要素,一般包括厂房、大型设备、高级管理者、长期贷款等,可调整的生产要素称为可变生产要素,一般包括原材料、燃料、辅助材料、普通劳动者等。生产的长期指生产者可以调整全部生产要素的数量的时间周期。生产的短期和长期是相对的时间概念,不是绝对的时间概念,其与企业所属行业、所用技术设备和规模等因素有关。

(9)**答:**边际报酬变化是指在生产过程中一种可变要素的投入量每增加一个单位时所引起的总产量的变化量,即边际产量的变化,而其他生产要素均为固定生产要素,固定要素的投入数量是保持不变的。边际报酬变化一般包括边际报酬递增、不变和递减三个阶段。很显然,边际报酬分析可视为短期生产分析。

规模报酬变化描述的是在生产过程中全部生产要素的投入数量均同比例变化时所引起的产量变化的特征,当产量的变化比例分别大于、等于、小于全部生产要素投入量的变化比例时,则分别为规模报酬递增、不变、递减。很显然,规模报酬分析可视为长期生产分析。

区别:①前提条件不同,边际报酬变化中的生产要素分为不变生产要素和可变生产要素,生产要素比例发生变化;规模报酬分析研究的是生产要素的同比例变动;②考查时间长短不同,边际报酬变化分析的是短期生产规律,规模报酬研究的是长期生产规律;③指导意义不同,边际报酬分析指出要按比例配置生产要素,规模报酬分析指出要保持企业的适度规模;④由于前提条件不同,两规律独立发挥作用,不存在互为前提、互为影响的关系。

联系:随着投入要素的增加,产量一般都经历递增、不变和递减三个阶段。

6. 计算题

(1)**解:**①结合所学内容——可变要素的数量与可变要素的总产量、可变要素的平均产量和可变要素的边际产量之间的关系,完成下表:

可变要素的数量	可变要素的总产量	可变要素的平均产量	可变要素的边际产量
1	2	2	2
2	12	6	10
3	24	8	12
4	48	12	24
5	60	12	12
6	66	11	6
7	70	10	4
8	70	8.75	0
9	63	7	−7

②根据上表第四列的可变要素的边际产量的数据,可以看出,该生产函数随着第 1 个单位到第 4 个单位要素投入数量的增加,可变要素的边际产量都是递增的,并从第 5 个单位的可变要素投入后,表现出了边际报酬递减的现象。

(2)**解:**平均成本函数:$AC=\dfrac{TC}{Q}=10Q^2-7Q+10+\dfrac{5}{Q}$。边际成本函数 $MC=\dfrac{dTC}{dQ}=30Q^2-14Q+10$。总可变成本函数 $TVC=10Q^3-7Q^2+10Q$。总不变成本函数 $TFC=5$。平均可变成本函数 $AVC=\dfrac{TVC}{Q}=10Q^2-7Q+10$。平均不变成本函数 $AFC=\dfrac{TFC}{Q}=\dfrac{5}{Q}$。

(3)**解:**该企业短期生产的边际成本函数为 $MC(Q)=0.6Q^2-10Q+10$,对其进行积分,可得该企业的总成本函数为 $TC=0.2Q^3-5Q^2+10Q+TFC$。又知:当产量 Q=10 时的总成本 $TC=100$,带入得到:

$$0.2\times10^3-5\times10^2+10\times10+TFC=100$$

计算得到 $TFC=300$。因此,该企业的短期总成本函数为 $TC=0.2Q^3-5Q^2+10Q+300$。该企业的平均成本函数为 $AC=TC/Q=0.2Q^2-5Q+10+300/Q$。该企业的平均可变成本函数为 $AVC=TVC/Q$

$=0.2Q^2-5Q+10$。

（4）**解**：①由生产函数为 $Q=4L+3K$，可得 $K=\frac{Q}{3}-\frac{4}{3}L$。

②边际技术替代率为等产量线斜率的绝对值，所以 $MRTS_{KL}=4/3$，是个常数。

③当所有生产要素使用量变动 λ 倍时，$f(\lambda L,\lambda K)=4\lambda L+3\lambda K=\lambda f(L,K)$，导致产量也变动 λ 倍，所以为规模报酬不变。

④本题生产函数边际技术替代率为 $MRTS_{KL}=4/3$，给定的企业预算约束方程（等成本线）$5L+3K=90$。所对应的企业预算约束线的斜率绝对值为 $P_L/P_K=5/3$，即等产量线的斜率绝对值小于企业预算约束线的斜率绝对值。

在此题中，企业的决策原则是在预算约束线（投入成本）既定的情况下，实现最大的产量。如图 1（a）所示，三条平行的等产量线 Q_1、Q_2 和 Q_3 的斜率绝对值均小于企业预算约束线 AB 的斜率绝对值，等产量线与预算约束线 AB 所能达到的最大产量为等产量线 Q_3 与企业预算约束线的交点 A 点，企业的全部成本都用来使用要素 K，要素 L 的使用量为零。于是，企业的要素使用量为 $K=90\div3=30$，$L=0$，最大产量 $Q=4L+3K=4\times0+3\times30=90$。

在等产量线的斜率绝对值小于预算约束线的斜率绝对值时，即不等式左边表示在保持产量不变，企业在生产中用 1 单位要素 L 可以替代约 1.3 单位要素 K；不等式右边表示在市场上企业按要素价格可以用 1 单位要素 L 换取约 1.7 单位要素 K。因此，企业自然会全部使用要素 K，而要素 L 的使用量为零。或者，也可以这样理解，不等式左边表示保持产量不变，企业在生产中用 1 单位要素 K 能替代 0.75 单位要素 L；不等式右边表示在市场上企业按要素价格用 1 单位要素 K 也只能换取 0.6 单位要素 L。由此，企业自然不会使用要素 L，而全部使用要素 K，即 $K=30$，$L=0$。

⑤根据题意，如图 1（b）所示，生产函数 $Q=4L+3K$ 所对应的等产量线的斜率的绝对值 $MRTS_{KL}=4/3$，它大于企业预算约束线方程 $3L+3K=90$ 所对应的预算约束线的斜率绝对值 $3/3=1$，等产量曲线 Q_2 与预算约束线 $A'B'$ 在横轴的交点 B' 是企业实现最大产量的均衡点。在 B' 点，企业的全部成本都用来购买要素 L，要素 K 的使用量为零，于是企业的要素 L 的使用量为 $L=90/3=30$，$K=0$，最大产量 $Q=4L+3K=4\times30+3x_0=120$。与④中的原因相类似，在等产量线的斜率绝对值大于预算约束线的斜率绝对值时，不等式左边表示在保持产量不变时，企业在生产中用 1 单位要素 L 可以替代约 1.3 单位要素 K；不等式右边表示在市场上企业按要素价格可以用 1 单位要素 L 换取 1 单位要素 K。

由此，企业自然会全部使用要素 L，而要素 K 使用量为零，即 $L=30$，$K=0$。

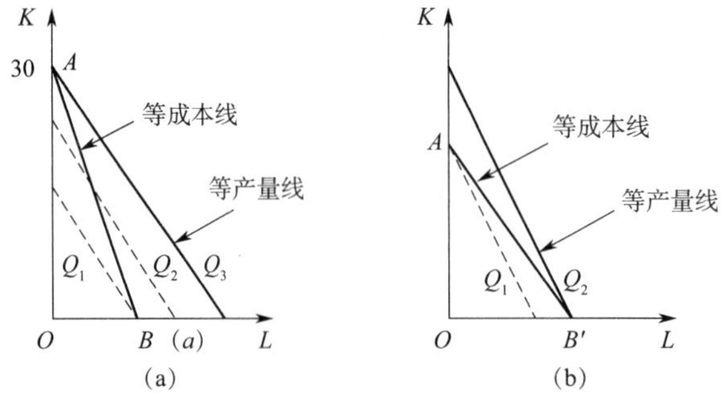

图 1

⑥根据题意，生产函数 $Q=4L+3K$ 所对应的等产量线 Q 的斜率绝对值仍然为 $MRTS_{KL}=4/3$，刚好等于预算约束线方程 $4L+3K=90$ 所对应的预算约束线的斜率绝对值 $\frac{P_L}{P_K}=4/3$，此时，等产量线 Q_2 与预算约束线重合。这意味着企业实现最大产量的均衡点可以位于该重合线的任何位置，即有 $L\geqslant0$，$K\geqslant0$，且满足预算约束条件 $4L+3K=90$。然后，将 L 和 K 值代入生产函数 $Q=4L+3K$ 得到最大产量为 $Q=4L+3K=90$。企业这种

选择背后的经济原因是：在等产量线的斜率绝对值等于预算约束线的斜率绝对值时，$MRTS_{KL}=4/3=\frac{P_L}{P_K}=4/3$ 时，不等式左边表示企业在生产中用 1 单位要素 L 可以替代约 1.3 单位要素 K，且保持产量不变；不等式右边表示在市场上企业按要素价格也可以用 1 单位要素 L 换取 1.3 单位要素 K。因此，企业总会按照这一固定的比例来购买并在生产中使用要素 L 和要素 K，至于要素 L 和要素 K 的具体使用数量是无关紧要的，只要满足预算约束条件 $C=4L+3K=90$ 就可以了。

⑦比较以上④、⑤和⑥，可以得到结论：对于固定替代比例的生产函数而言，如果等产量线的斜率绝对值小于企业预算约束线的斜率绝对值，则企业生产的均衡点位于等产量线与预算约束线在纵轴的交点；如果等产量线的斜率绝对值大于企业预算约束线的斜率绝对值，则企业生产的均衡点位于等产量线与预算约束线在横轴的交点，在以上两种情况中，均衡点为角解，企业只使用一种要素进行生产，另一种要素使用量为零；如果等产量线的斜率绝对值等于企业预算约束线的斜率绝对值，即两线重合，企业生产的均衡点可以发生在该重合线的任意位置，只需满足预算约束条件即可。

（5）**解**：①把 $K=10$ 代入生产函数得短期生产中关于劳动的总产量函数为：

$$TP_L=f(L,\bar{K})=2\times10L-0.5L^2-0.5\times10^2=20L-0.5L^2-50$$

劳动的平均产量函数为：

$$AP_L=\frac{TP_L}{L}=\frac{20L-0.5L^2-50}{L}=20-0.5L-\frac{50}{L}$$

劳动的边际产量函数为：

$$MP_L=(TP_L)'=20-L$$

②当 $MP_L=0$ 时，即 $20-L=0\Rightarrow L=20$ 时，TP_L 达到极大值。当 $AP_L=MP_L$ 时，即 $20-0.5L-\frac{50}{L}=20-L$，$L=10$ 时，AP_L 达到极大值。$(MP_L)'=(20-L)'=-1$，说明 MP_L 始终处于递减阶段，所以 $L=0$ 时，MP_L 最大。

③ $AP_L=MP_L\Rightarrow L=10$，把 $L=10$ 代入 AP_L 和 MP_L 函数得：

$AP_L=20-0.5L-\frac{50}{L}=20-5-5=10$，$MP_L=20-L=20-10=10$，即 $L=10$ 时，AP_L 达到极大值，$AP_L=MP_L$。

（6）**解**：①已知 $TC=Q^3-10Q^2+17Q+66$，所以可变成本部分为 $TVC=Q^3-10Q^2+17Q$，不变成本部分为 $TFC=66$。

②平均成本函数为 $AC(Q)=TC(Q)/Q=Q^2-10Q+17+66/Q$。平均可变成本函数为 $AVC(Q)=TVC(Q)/Q=Q^2-10Q+17$。平均不变成本函数为 $AFC(Q)=TFC(Q)/Q=66/Q$。边际成本函数为 $MC(Q)=TC'(Q)=TVC'(Q)=3Q^2-20Q+17$。

7. 分析题

（1）**答**：短期生产的三个阶段如图 2 所示。

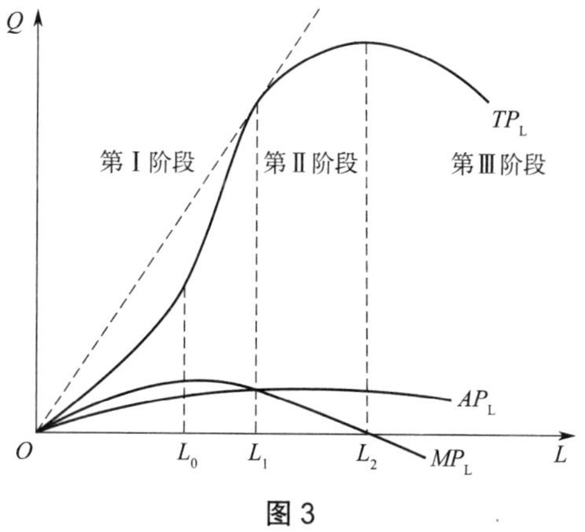

图 3

第一阶段：劳动的平均产量开始上升，且达到最大值，劳动的边际产量上升达最大值，然后，开始下降，且劳动的边际产量始终大于劳动的平均产量，劳动的总产量始终是增加的。

第二阶段：在第一阶段的阶段，在第二阶段会连续增加可变要素劳动的投入量，以增加总产量，并将生产不断扩大。第二阶段是理性企业短期生产决策区间，即生产要素的合理投入区间；在第二阶段起点处，要素即劳动的平均产量 AP_L 达到最高点。在第二阶段终点处，而劳动边际产量 MP_L 等于 0，TP_L 达到最大值。因此这一阶段是生产者进行短期生产的决策区间。

第三阶段：劳动的平均产量继续下降，劳动的边际产量降为负值，劳动的总产量也呈现下降趋势。

（2）**答**：在生产要素的价格、生产技术和其他条件不变时，如果企业改变成本，等成本线就会发生平移；如果企业改变产量，等产量线就会发生平移。这些不同的等产量线将与不同的等成本线相切，形成一系列不同的生产均衡点，这些生产均衡点的轨迹就是生产扩展线。

生产扩展线上的每一个生产均衡点都满足成本最小化或产量最大化的均衡原则——两要素的边际技术替代率等于两要素的价格之比。生产扩展线是企业长期扩张或收缩生产所遵循的最优路径。

（3）**答**：导致短期平均成本曲线和长期平均成本曲线呈U形特征的原因各不相同。

在短期生产中，边际报酬递减规律使得一种可变要素的边际产量曲线表现出先上升达到最高点以后再下降的特征，相应地，这一特征体现在成本变动方面，便是短期边际成本曲线表现出先下降达到最低点以后再上升的U形特征。而短期平均成本曲线的U形特征又进一步决定了曲线必呈现出先降后升的U形特征。短期平均成本下降的原因是此产量水平边际成本递减且低于平均成本，而且当边际成本递增、边际成本仍然小于平均成本时，平均成本也下降；只有边际产量递减造成边际成本递增，且边际成本大于平均成本时，平均成本才开始上升。简言之，短期生产的边际报酬递减规律是导致短期平均成本曲线呈U形特征的原因。

在长期生产中，在企业的生产从很低的产量水平逐步增加并相应地逐步扩大生产规模的过程中，会经历从规模经济（亦为内在经济）到规模不经济（亦为内在不经济）的变化过程，规模经济使长期平均成本曲线下降，规模不经济使长期平均成本曲线上升，从而导致长期平均成本曲线呈现出先降后升的U形特征。

（4）**答**：①经济学中通常认为理性企业行为的目的是获取最大化的利润。为了获得最大化的利润，企业在进行决策时都试图使得 $MR=MC$，即增加一单位决策量时，所增加的收益等于所增加的成本。经济学中通常称这一原则为利润最大化原则。②利润最大化原则适用于所有以利润为目标的经济单位的所有决策选择。③以完全竞争企业的产量选择为例。企业提高产量一方面会带来收益，另一方面也要付出成本。在既定价格下增加产量，如果 $MR>MC$，意味着增加这一单位产量能增加总利润，企业就会把它生产出来。直到 $MR=MC$。相反，如果 $MR<MC$，就意味着增加的这一单位产量是亏损的，会减少总利润，企业会减少该单位的生产。可见，只有在 $MR=MC$ 时，企业才获得最大化的利润。此时，企业既不增加生产，也不减少生产。

（5）**答**：在短期内，产量曲线与成本曲线存在着对偶关系。如果说短期产量曲线是由边际收益递减规律所决定的，那么短期成本曲线则是由短期产量曲线所决定的。以只有一种要素可以变动为例。短期边际成本和平均成本与边际产量和平均产量之间的关系可以表示为 $MC=\dfrac{r}{MP}$ 和 $AVC=\dfrac{r}{AP}$，即企业的边际成本与可变投入的边际产量之间呈反方向变动；平均变动成本与平均产量之间呈反方向变动。这就意味着，在边际产量递减规律成立的条件下，随着劳动投入量的增加，边际产量和平均产量先增后减，从而边际成本和平均成本随产量的增加一定是先减后增的，即边际成本和平均成本曲线呈 U 形。不仅如此，由于平均产量与边际产量相交于平均产量的最大值点，因而平均成本曲线一定与边际成本曲线相交于平均成本曲线的最低点。总成本曲线随着产量的增加而递增。由于边际成本是先减后增的，且反映了总成本增加的速度，因而总成本曲线在边际成本递减阶段，增长速度越来越慢；相反，总成本曲线在边际成本递增阶段，增长速度加快。

（6）**答**：①机会成本是指为了得到某种东西所要放弃的另一些东西的价值。

②经营这家文具店的机会成本是 55 万元，包括用于租仓库和购买库存货物的 50 万元以及隐性成本 5 万元，隐性成本是由你的妈妈必须辞去她的会计师工作造成的。因为 55 万元的总机会成本超过了计划的营业收益 51 万元，你妈妈不应该开这家店，要不然她的经济收益就是负的了。

（7）**答：**①方法 C 在技术上是无效率的，与方法 A、B 相比，它使用的资本与劳动的数量都多，而产量相同；同样，与方法 D 相比，它使用的资本相等，但使用劳动较多且产量相同，所以企业不会选择 C 这种生产方法。

②这种说法不对，与方法 A 和方法 D 相比，方法 B 耗用的劳动数较高，而资本数较少。判断技术上的效率不能以耗用资源的总数为标准。

③要判断哪种生产方法在经济上是有效率的，必须知道劳动及资本的价格，根据 $TC=LP_L+KP_K$ 分别计算其耗用总成本，成本最低者就是在经济上有效率的生产方法。

（8）不同点如下。①含义不同。无差异曲线表示的是能给消费者带来同等程度满足的两种商品的不同数量组合的点的轨迹。等产量线表示的是在一定的技术条件下，生产同一产量的两种可变生产要素的各种不同组合的轨迹。②研究的对象不同。无差异曲线主要用于分析消费者行为中不同的消费组合所带来的相同效用，而等产量线主要用于分析在相同的产出的条件下生产者的各种不同的生产要素的投入。③斜率绝对值名称不同。无差异曲线斜率绝对值称为边际替代率；等产量线斜率绝对值称为边际技术替代率。④投入品和产出品不同。在无差异曲线中，投入的是消费品，产出的是效用；在等产量线中，投入的是生产要素，产出的是产品与服务。

相同点：①一般形状相同和特征相同。第一，向右下方倾斜的线，斜率是负的。第二，距离原点越远的曲线所代表的投入多，产出也多。第三，任何两条曲线不能相交。第四，曲线通常是凸向原点的，斜率的绝对值是递减的。②都研究投入与产出的关系。

课程思政案例

（1）减税降费政策以及税务系统升级等都是为了降低企业的生产成本，促进企业发展。

其中，减税降费政策直接降低的是企业的会计成本。会计成本是指企业在经营过程中实际发生的一切成本，包括工资、利息、土地与房屋的租金、原材料费用、折旧等。会计成本是显性成本，它可以用货币计量，是可以在会计账目上反映出来的。

税务系统升级，优化纳税人退税申请方式、便利纳税人申请退税等措施则降低了企业的机会成本。机会成本是指企业为从事某项经营活动而放弃的另一项经营活动取得的收益，或利用一定资源获得某种收入时所放弃的另一种收入。另一项经营活动取得的收益或另一种收入即为正在从事的经营活动的机会成本。机会成本属于隐性成本，一般来说隐性成本不能直接从账面上反映出来，因而难以精确计量。

（2）①企业目标是企业各项活动所要达到的总体效果。经济学假设企业经营的目标是追求最大化的利润，长期中是追求企业价值最大化。现实中的企业可能以市场份额最大化、企业成长速度最大化等为目标。微观经济理论分析采用单一的静态目标假设。利润动机是具有普遍意义的、具有核心地位、持久地支配企业行为的力量，这种简化假设具有合理性。基于该假设对企业产出、价格、竞争策略等各种行为所进行的理论研究已经充分揭示了企业行为的本质，该假设构成经济学理论体系的基础假设。

一方面，利润是一个企业长期生存与发展的必要条件，企业其他目标的实现需要尽可能多的利润予以支持，另一方面，从技术上来看，企业生产需要一个过程，从而使企业应对支付投入成本与销售产品获得收益在时间上具有的不一致性。因此，这里的利润最大化目标并不意味着企业没有其他的目标，也不表明企业每时每刻都能获得最大利润，它更强调企业的长期利润趋向以及企业的意愿和决策原则。

既然将企业的生产和经营目标确定为利润最大化，那么，简单分析利润的各个组成部分，将有助于了解生产者行为分析的基本线索和理论结构。根据定义，企业的利润等于总收益与总成本之间的差额，即：

利润 = 总收益 − 总成本

式中，总收益是企业的销售收入，它等于销售产品的价格与销售数量的乘积，而总成本则是企业生产过程中的各种有形与无形支出，它们都取决于企业的产出数量。为了分析方便，通常对以上有关经济变量做一些约定。

首先，关于产品的价格。尽管在消费者可接受的范围内，产品的价格可以由企业任意确定，但与企业利润最大化目标相一致，通常假定企业尽可能确定最高价格。这样，对应于特定的销售数量，企业确定的最高价格就由市场对其产品的需求决定。其次，关于销售量。通常，在特定时期内，企业的销售量与产量并不一致，这涉及企业的库存调整等问题。但为了简单起见，理论分析中往往省略这些技术细节，而是假定企业的销售量等于其产量。这样，企业的产量就等于计划销售量，而企业依照利润最大化目标选择的计划销售量也就对应着特定价格下的需求量。最后，关于成本。企业的成本可能与多种因素有关，但这里考察的目的是分析企业的产量决策，因而可以假定企业的成本只取决于生产的数量。此外，企业生产一定数量的产品不仅会给自身带来成本，而且有可能对交易以外的他人带来成本，比如空气污染等。但这里侧重于考察企业的决策行为，因而企业生产以外的成本并不在分析之列。

在上述约定的基础上，可以看到以利润最大化为动机的企业行为理论的分析线索。为了分析企业利润最大化的产量选择，必须分析成本和收益与特定产量之间的对应关系。首先是成本。企业生产一定数量的产品花费的成本表现为各种投入的支出，而各种投入与产出之间的关系又与企业选择的生产技术有关，所以为了分析产量与成本之间的关系，需要首先说明投入与产出之间的技术关系，进而说明生产一定数量的产品需要花费的投入及相应的成本，并最终得到成本与产量之间的关系。其次是收益。收益简单地表示为价格与产量的乘积，但需注意，除了产量这一决策变量之外，企业的收益还取决于它所面对的市场需求，而市场需求又与企业所处的市场的结构有关。

②企业的其他目标分析。

利润对企业的重要性不言而喻，但西方经济学界对于利润最大化目标的假设也有不同的看法。批评的意见主要集中在两个方面：第一，由于种种原因企业难以实现利润最大化，所以，企业的目标不是利润的最大化，而是令人满意的利润；第二，企业的目标不是利润最大化而是其他的最大化目标。

企业追求利润最大化是贯穿于决策过程中的一个原则，但是决策往往是事先做出的，而决策环境是不确定的，因而企业很可能并不确切知道自己的成本和收益，尤其难以预计产品生产出来以后需求的变化情况。此外，企业的利润最大化也要考虑时间因素，即在什么时间范围内获得最大化的利润。例如，对于一年中获得最大利润，企业或许能够实现，但是以后可能会亏损。短期的利润最大化有可能危及未来的利润。于是，企业根据经验做法寻求一个基本令人满意结果的事例随处可见。

除了对利润最大化难以实现的责难以外，有些经济学家也认为，企业的动机并不一定总是利润最大化，而是与企业的组织结构相关联。现实经济中，既有小型的独资企业、合伙制企业，也有大型的股份有限公司。严格地讲，企业并不是单个人的决策单位，个人利益最大化的动机并不必然保证企业作为一个组织的行为动机也必然是利润最大化。只有当企业决策者的利益同公司利益完全一致时，个人追求最大利益的动机才能完全转换为公司追求最大利润的动机。这种情况较适合于所有者与经营者合二为一的小型企业。而对于在现代经济社会中占主导地位的公司制企业，公司的所有者往往与经营者相分离，而且由于其规模庞大，公司内部决策也往往存在着众多的委托与代理关系，股东委托经理、经理委托部门经理、部门经理委托员工等相继处理职权范围内的有关事务。代理人的行为动机是自己的利益最大化，而不一定是委托人的利益最大化。在一个信息不完全的环境中，代理人的决策就可能偏离委托人的目标，这也是企业有可能偏离利润最大化目标的原因。作为对企业利润最大化目标的替代，销售收益最大化以及增长最大化等目标也经常作为某些理论分析的起点。

短期销售收入最大化有时被认为是企业追求的目标。在很多情况下，判定一个经理是否成功的标志常常是销售额的高低。销售额是标志企业健康状态的晴雨表，经理的薪水、权力和声誉大都直接取决于销售额。这样，销售收入最大化就可能超越利润最大化成为占统治地位的企业目标。

企业的目标也可以是企业长期规模增长最大化。有时,管理者寻求的是销售收入或企业资本价值在一定时期内的最大增长。伴随着企业扩张,每个人的晋升机会就会增加,这往往又意味着更高的薪水,更加豪华舒适的办公环境,更加受人瞩目的社会地位。所以,管理者的利益冲动或许超过了企业的利润最大化目标。

需要指出,虽然企业的经营目标不尽相同,但一般认为,企业最重要的目标是利润最大化。另外,利润最大化分析也为其他最大化目标下的企业行为理论提供了基础。所以,西方主流经济学在考察企业行为时,仍假定其目标是利润最大化。

第四章　完全竞争市场

1. 名词解释

(1)企业的产品在市场上所占的份额大到了“独占”整个市场的程度,企业改变产量的行为对价格的影响也达到了最大,这类企业就是垄断企业。在垄断企业所在的市场,企业的产量就是整个市场的供给量,企业面临的需求函数就是整个市场的需求函数,垄断企业所处的市场就称为垄断市场。

(2)进入限制指一个新企业要进入某一行业所遇到的阻力,也可以说是资源流动的难易程度。

(3)任意一个生产者在生产和出售商品时得到的实际收益和意愿收益(即生产者愿意接受的最小收益)之间常常存在一定的差额,这个差额就是该生产者的生产者剩余。

(4)企业规模调整指企业调整全部生产要素,即改变企业的生产规模。

(5)行业规模调整指行业调整全部生产要素,即新的企业可以进入,旧的企业可以退出。

2. 单选题

(1)D (2)C (3)D (4)A (5)A (6)B (7)A (8)B (9)C (10)C (11)C (12)B
(13)D (14)A (15)D (16)C (17)D (18)C (19)B (20)C (21)B (22)A
(23)C (24)B (25)D (26)D (27)B (28)D (29)B (30)B

3. 多选题

(1)ABD (2)ABCE (3)ABD (4)CDE (5)BCD (6)BC (7)ABCD (8)BC
(9)ABCD (10)AC

4. 判断题

(1)× (2)√ (3)√ (4)× (5)× (6)× (7)√ (8)× (9)√ (10)× (11)×
(12)√ (13)× (14)× (15)× (16)√ (17)√ (18)× (19)× (20)× (21)×
(22)√ (23)√ (24)× (25)√ (26)× (27)√ (28)√ (29)× (30)× (31)√
(32)√ (33)√ (34)√ (35)× (36)√ (37)√ (38)√ (39)× (40)√

5. 简答题

(1)**答:**生产者剩余是企业在提供产品时,实际接受的总支付和愿意接受的最小总支付之间的差额,属于生产者所有,是生产者的正当权益。

(2)**答:**成本递增行业是这样一种行业,该行业产量增加所引起的生产要素需求的增加,会导致生产要素价格的上升。成本递增行业的长期供给曲线是向右上方倾斜的,其原因在于成本递增行业的长期平均成本是递增的。

(3)**答:**市场类型划分的主要依据为:第一,市场上企业的数目;第二,企业所生产产品的差别程度;第三，单个企业对市场价格的控制程度；第四，企业进入或退出一个行业的难易程度。

（4）**答：**企业按利润最大化产量生产的结果可能是有盈利、产生亏损和不亏不盈。企业的利润最大化和盈亏含义并不相同。企业的利润最大化取决于边际收益和边际成本的比较，而盈亏状况取决于平均收益和平均成本的比较。因此，企业达到利润最大化时，企业的盈亏状况可能是以下三种情况：第一，有盈利，产品的市场价格（平均收益）高于平均成本曲线的最低点；第二，产生亏损，产品的市场价格（平均收益）低于平均成本曲线的最低点；第三，不亏不盈，产品的市场价格（平均收益）等于平均成本曲线的最低点。

（5）**答：**继续生产还是决定停产，这取决于停产是否会有损失，以及如果有损失，这个损失又有多大。短期生产存在不变成本，假定停产的损失就等于全部的不变成本，若继续生产，则不变成本部分会通过折旧而逐渐地收回。

企业亏损时的决策主要有以下三种。第一，继续生产。若停产导致的不变成本的损失比继续生产的损失还要大，则继续生产。第二，停产。当停产的不变成本损失减少到小于继续生产的损失时，企业便可决定停产。第三，停止营业点。停产和继续生产带来的损失相同时，则达到停止营业点。

（6）**答：**完全竞争企业的三线合一是指需求曲线、边际收益曲线、平均收益曲线是一条曲线，都等于产品的价格曲线。对于单个完全竞争企业来说，产品价格是给定的，不会随着产量而变化，边际收入就是价格，所以边际收益曲线也是一条水平线，所以达到三线合一。

（7）**答：**不是。首先，因为在完全竞争市场条件下，每一个消费者和生产者都拥有充分的信息，所以，不需要广告宣传。其次，由于所有的企业生产的产品是完全无差异的，所以，一般不会有一个企业去为市场上所有相同的产品做广告。最后，在完全竞争市场条件下，每一个企业所占的市场份额非常小，而所面临的又是无数的消费者，这样一来，每一个企业都认为在既定的市场价格下总可以卖出其所有产品，所以，也不需要做广告。

6. 计算题

（1）**解：**①由总成本函数得到边际成本函数 $MC(Q)=240-40Q+3Q^2$。由完全竞争市场的特征 $P=MR=AR$，根据完全竞争企业利润最大化的条件得 $P=MC$，$640=240-40Q+3Q^2$，解得 $Q=20$，$AC=TC/Q=240-20Q+Q^2=240$ 元，总利润 $=TR-TC=P\times Q-AC\times Q=8\ 000$ 元。

②行业是否处于长期均衡状态，可从 P 是否等于 AC 的最低点的值，或根据 AC 与 MC 相等的产量计算的 AC 与 P 是否相等两种方法来判断。

当 P 等于 AC 的最低点的值时，该行业处于长期均衡状态，令 $\frac{\mathrm{d}AC}{\mathrm{d}Q}=0$，求得 AC 的最低点处 $Q=10$，从而得到 $AC=140$，而 $P=640$，因此该行业并没有处于长期均衡状态。

③由②知该行业没有达到长期均衡状态，且 $P>AC$，则该代表性企业可获得超额利润，这会吸引其他企业的加入，使供给量增加，这又会进一步引起产品价格的下降，直到达到代表性企业的平均成本曲线的最低点，即 $P=AC=140$，此时市场中的各个企业只能获得正常利润，超额利润为 0。均衡时，企业的产量为 10，单位成本为 $AC=140$，即为产品的单价。

（2）**解：**①由 TC 得到 $MC(Q)=240-40Q+3Q^2$。$P=MR=AR=315$，根据利润最大化原则，$MR=MC$，得到 $Q=15$。此时利润 $=TR-TC=P\times Q-TC=(315\times 15)-(20+240\times 15-20\times 15\times 15+15\times 15\times 15)=2\ 230$ 元。因此，该企业利润最大化时的产量为 15，利润为 2 230 元。

②根据 TC 的公式，得到不变成本 $FC=20$；可变成本 $TVC(Q)=240Q-20Q^2+Q^3$。

③由于停止营业点是在平均可变成本的最低点处，对 AVC 求导，得到 $Q=10$，此处为 AVC 的最低点处，此时 $AVC=140$；在停止营业点时，价格与平均可变成本相等，因此只要价格小于 140 元，企业就会停止营业。

（3）**解：**由完全竞争企业的短期边际成本函数为 $MC(Q)=2Q-10$，对其求积分，可得：完全竞争企业的短期总成本函数为 $TC(Q)=Q^2-10Q+TFC$，又由产量 $Q=10$ 时总成本 $TC=50$，带入短期总成本函数得到：10^2-

$10\times10+TFC=50$,计算得到 $TFC=50$。因此完全竞争企业的短期总成本函数即 $TC(Q)=Q^2-10Q+50$。

(4)**解:**①完全竞争市场上单个企业的 $MR=P$,所以 $MR=P=55$,根据短期成本函数可得 $MC(Q)=TC'(Q)=0.3Q^2-4Q+15$。实现短期均衡时, $MC=MR$,即 $0.3Q^2-4Q+15=55$, $3Q^2-40Q-400=0$。解得 $Q=20$ 或 $Q=-20/3$(舍去)。利润 $\pi=P\times Q-TC=55\times20-(0.1\times8\,000-2\times400+15\times20+10)=790$。

②企业处于停止营业点时, $P=AVC$,且在 AVC 最低点。$AVC=VC/Q=(0.1Q^3-2Q^2+15Q)/Q=0.1Q^2-2Q+15$,在 AVC 最低点时,有 $AVC'(Q)=0.2Q-2=0$,求得 $Q=10$。此时 $P=AVC_{min}=0.1\times100-2\times10+15=5$。

③短期供给函数为 $P=MC=0.3Q^2-4Q+15$(取 $P>5$ 或 $Q>10$ 一段)。

具体求解为 $\begin{cases}\dfrac{4+\sqrt{1.2P-2}}{0.6}, P\geqslant5\\0, P<5\end{cases}$

(5)**解:**①企业的边际成本函数为 $LMC(Q)=LTC'(Q)=3Q^2-24Q+40$;边际收益为 $MR=P=100$。企业实现 $MR=LMC$ 时,有 $3Q^2-24Q-60=0$,解得:$Q=10$ 或 $Q=-2$(舍去)。此时, $LAC(Q)=Q^2-12Q+40=20$;利润 $\pi=(P-LAC)Q=800$。

②长期均衡时,LAC 处于最低点。$LAC'(Q)=2Q-12=0$, $Q=6$ 时 LAC 处于最低点。$P=LAC$ 最低点的值 $=LAC(6)=36-12\times6+40=4$,即该行业长期均衡时的价格为 4,单个企业的产量为 6。

③成本不变行业长期均衡时价格过 LAC 的最低点,企业按照价格等于 4 供给商品。所以市场需求为 $Q=660-15\times4=600$,则企业数量为 $600/6=100$。

(6)**解:**①完全竞争市场企业的边际收益为 $MR=P=600$;单个企业边际成本 $MC(Q)=3Q^2-40Q+200$。实现利润最大化的条件为 $MR=MC$,即 $600=3Q^2-40Q+200$,解得 $Q=20$ 或 $Q=-20/3$(舍去)。此时对应的平均成本 $LAC(Q)=\dfrac{LTC}{Q}(Q)=Q^2-20Q+200=20\times20-20\times20+200=200$。利润 $\pi=TR-TC=600\times20-(20^3-20\times20^2+200\times20)=8\,000$。

②完全竞争行业处于长期均衡时利润为 0,现在利润大于零,因此没有实现长期均衡。

③行业处于长期均衡时,价格等于长期平均成本的最小值。$LAC=\dfrac{LTC}{Q}=Q^2-20Q+200$, $LAC'(Q)=0$ 时 LAC 出现极值,即 $LAC'(Q)=2Q-20=0$, $Q=10$ 时实现长期均衡,此时每个企业的产量为 10。$LAC=10^2-20\times10+200=100$,利润 $\pi=(P-LAC)Q=(100-100)\times10=0$。

④ LAC 处于最低点时 $Q=10$,①中企业的产量 $Q=20$,位于 LAC 最低点的右边,LAC 上升,企业处于规模不经济阶段。

(7)**解:**①根据已知条件可得该企业的 $MC=2Q+6$, $AVC=Q+6$。显然,只要 $Q>0$,总有 $MC>AVC$,所以,该企业的短期供给函数是 $P=2Q+6$。整理得 $Q^s=0.5P-3$。由于该行业内有 100 个企业,故市场的短期供给函数为 $Q^s=50P-300$。

②由市场均衡条件为 $Q^S(P)=Q^D(P)$,得 $50P-300=420-30P$,解得该市场的短期均衡价格为 $P=9$,均衡数量为 $Q=50P-300=150$。

③由于政府对每一单位商品征收 1.6 元的销售税,故市场的短期供给函数改变为 $Q^S=50(P-1.6)-300=50P-380$。再由市场均衡条件为 $Q^S(P)=Q^D(P)$,得 $420-30P=50P-380$,解得征税后该市场的短期均衡价格为 $P=10$,均衡产量为 $Q=50P-380=120$。

政府对每一单位商品征收 1.6 元的销售税,其中,消费者承担 10−9=1 元,生产者承担 1.6−1=0.6 元。对于生产者而言,原来无税时销售一单位商品得到的消费者净支付价格是 9 元,而征税条件下销售单位商品虽然得到消费者支付价格是 10 元,但必须缴纳销售税 1.6 元,所以,企业纳税后得到的实际净支付价格是 10−1.6=8.4 元。与无销售税的情况相比,企业每销售一单位商品承担的单位税收为 9−8.4=0.6 元。

7. 分析题

(1)**答:**完全竞争市场的短期均衡有以下五种情况。

第一种情况:平均收益大于平均总成本,即 $AR>AC$,企业获得超额利润。

第二种情况:平均收益等于平均总成本,即 $AR=AC$,企业的经济利润为零,但获得全部的正常利润,此时存在一点为企业的盈亏相抵点。

第三种情况:平均收益小于平均总成本,但仍大于平均可变成本,即 $AVC<AR<AC$,企业亏损,但继续生产。

第四种情况:平均收益等于平均可变成本,即 $AR=AVC$,企业亏损,处于生产与不生产的临界点。其中,此时存在一点为企业的停止营业点。

第五种情况:平均收益小于平均可变成本,即 $AR<AVC$,企业应立即停止生产活动。

(2)**答:**在短期生产中,不论对哪种类型的企业,利润最大化的条件都是 $MR=MC$。

只要 $MR>MC$,企业扩大生产就有利可图,会选择增加产量;

只要 $MR<MC$,企业扩大生产就会减少利润,会选择减少产量;

当 $MR=MC$,企业的利润达到最大(或亏损最小),不会选择增加或减少产量。

(3)**答:**①由于在完全竞争市场上各企业生产和销售的产品是完全无差异的、同质的,又由于在完全竞争市场上有很多消费者和很多企业,每一个行为主体供求量占总供求量比例很小,故每一个行为主体对市场价格水平都不会产生影响,所以,企业不是价格制定者和影响者,而是市场价格的接受者,接受某种商品供给和需求决定的市场价格。

②完全竞争企业是市场价格的接受者,并不是说完全竞争市场的价格是一成不变的。事实上,在市场供求力量的相互作用下,完全竞争市场的价格是经常变化的,这种变化受供求规律支配,作为市场价格的接受者,完全竞争企业对市场价格的变化是无能为力的。

(4)**答:**由于长期中存在着企业的进入或退出,因而企业的长期均衡要受到行业调整的影响。

①外在经济和外在不经济。随着企业数目及产量的增加,如果行业中单个企业的成本降低,则称该行业存在着外在经济;相反,则称存在着外在不经济。

②成本不变行业的长期供给曲线。在成本不变行业中,单个企业的成本不随企业的进入和退出而改变。假定最初完全竞争企业及市场处于均衡状态。如果整个行业面临的市场需求发生变动,那将导致原有的均衡被打破。但由于单个企业的成本并不发生改变,因而最终结果只是企业的数目增减而已。因此,行业的长期供给曲线是一条由企业的长期平均成本曲线最低点决定的水平曲线。

③成本递增行业的长期供给曲线。假定最初企业和行业均处于长期均衡状态,此时出现行业的市场需求增加,将会导致市场价格提高,使得每个企业都获得超额利润。超额利润驱使其他企业进入,行业的外在不经济使平均成本最低点升高。此时,由企业的长期平均成本最低点决定的行业长期供给曲线向右上方倾斜。

④成本递减行业的长期供给曲线。如果行业中存在外在经济,行业长期供给曲线向右下方倾斜。

(5)**答:**在长期,企业可以改变所有投入要素的规模,且在长期内,企业仍是价格的既定接受者,企业面临平行于横轴的需求曲线,企业长期利润最大化的原则变为 $P=LMC$。这样,长期内企业生产的均衡点既不是短期均衡点($P=MC$ 的点),也不是长期边际成本 LMC 与 P 的交点,因为在这两种情况下,企业均可通过进入或退出行业(改变生产规模)使市场发生变动,只有在价格降低至企业长期成本曲线的最低点时,企业才不会再改变自己的决策,从而达到均衡。此时,企业处于长期均衡,而整个行业也进而达到均衡,条件是 $LMR=AR=LMC=LAC$。

从企业的长期均衡可以看到,在完全竞争市场上,第一,社会的供给与需求相等,从而资源得到了最优配置,生产不会有不足或过剩,需求也得到了满足;第二,在长期均衡时所达到的平均成本处于最低点,这说明通过完全竞争与资源的自由流动,生产要素得到了最有效的利用;第三,平均成本最低决定了产品的价格也是最低的，这对消费者是有利的。从以上来看，完全竞争市场是最理想的。

但是，完全竞争市场也有其缺陷，这就在于：第一，各企业的平均成本最低并不一定是社会成本最低；第二，产品无差别，这样，消费者的多种需求无法得到满足；第三，完全竞争市场上生产者的规模都很小，这样，他们就没有能力去实现重大的科学技术突破，从而不利于技术发展；第四，在实际中完全竞争的情况是很少的，而且一般来说，竞争也必然引起垄断。

（6）**答：**①经济学家指出，完全竞争市场实现了福利最大化，即总剩余最大化。总剩余等于市场的消费者剩余与生产者剩余的总和。在此，利用图1来分析完全竞争市场的福利。在图1中，E 是完全竞争市场的均衡点，均衡价格和均衡数量分别为 P^* 和 Q^*；市场的消费者剩余为图1中浅色的阴影部分的面积，市场的生产者剩余为图1中深色的阴影部分的面积，市场的总剩余为消费者剩余和生产者剩余之和，即图1中全部的阴影部分的面积。

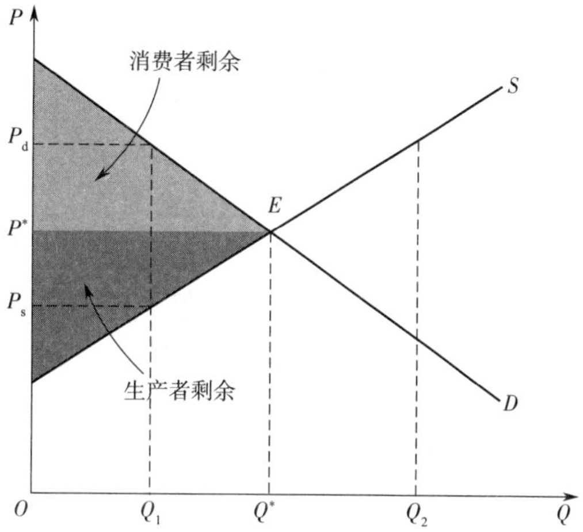

图1

图中的总剩余表示完全竞争市场的均衡实现了福利最大化。原因在于在任何小于 Q^* 的数量上，例如在 Q_1 的数量上，市场的总剩余都不是最大的，因为可以通过增加交易量来增加福利。具体来看，在 Q_1 的数量上，由需求曲线可知消费者愿意支付的最高价格 P_d 高于市场的均衡价格 P^*，所以，消费者是愿意增加这一单位产品的购买的，并由此获得更多的消费者剩余；与此同时，由供给曲线可知生产者能够接受的最低价格 P_s 低于市场均衡价格 P^*，所以，生产者也是愿意增加这一单位产品的销售的，并由此获得更多的生产者剩余。所以，在自愿互利的交易原则下，只要市场的交易量小于均衡数量 Q^*，市场的交易数量就会增加，并在交易过程中使得买卖双方的福利都增加，市场的总福利也由此增加。这一交易数量扩大的过程一直会持续到均衡的交易数量 Q^* 实现为止，市场的总福利也就达到了不可能再增加的地步，即不可能在一方利益增大而另一方利益不受损的情况下来增加市场的总剩余。也就是说，完全竞争市场均衡实现了福利最大化。反过来，在任何大于 Q^* 的数量上，譬如在 Q_2 的数量上，情况又会如何呢？事实上，Q_2 的交易数量是不可能发生的。原因很简单：在 Q_2 的数量上，消费者愿意支付的最高价格将低于市场的均衡价格 P^*，生产者能够接受的最低价格高于市场的均衡价格 P^*，或者说供给价格高于需求价格，在此产量下，市场成交量为零。所以，自愿互利的市场交易最后达到的均衡数量为 Q^*，相应的均衡价格为 P^*，完全竞争市场的均衡实现了最大的福利。总之，完全竞争市场的交易实现了最大的福利，或者说，完全竞争市场机制的运行是有效的。

②下面分析价格管制的福利效应。

a. 价格管制之最高限价的福利效应。如图2所示，在无价格管制时，市场的均衡价格和均衡数量分别为 Q^* 和 P^*，消费者剩余为三角形 GP^*E 的面积，生产者剩余为三角形 P^*FE 的面积。假定政府认为价格水平 P^* 过高并实行了最高限价政策，规定市场的最高价格为 P_0。于是，在低价格水平 P_0 下，生产者的产量减少为 Q_1，消费者的需求量增加为 Q_2，商品短缺的现象发生。在最高限价政策下，消费者和生产者各自的损益和总剩余变化分析如下。

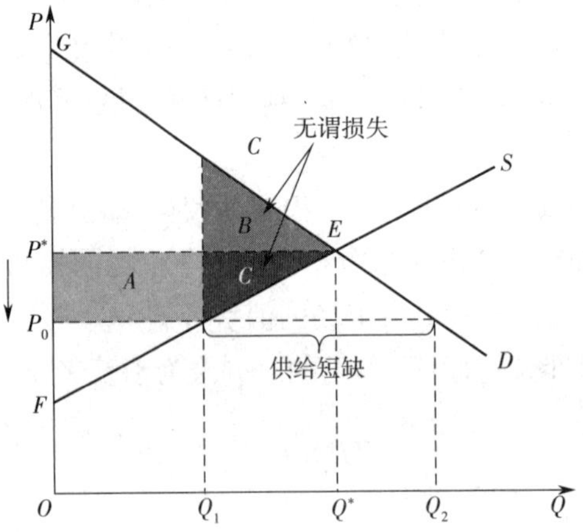

图 2

首先看消费者。由于企业的供给数量只有 Q_1，所以，消费者只能购买到 Q_1 数量的商品，一部分原有消费者将买不到商品。其中，对仍能买到商品的消费者来说，他们的消费者剩余由于商品价格的下降而增加了，其增加量为矩形面积 A；对没有买到商品的原有消费者来说，他们的消费者剩余的损失为三角形面积 B。总体来说，市场上消费者剩余的变化量为 $A-B$。其次看生产者。由于企业的供给数量只有 Q_1，这意味一部分原有生产者将退出生产。其中，对继续生产的企业而言，他们的生产者剩余由于商品价格的下降而减少了，其损失为矩形面积 A；对退出生产的企业而言，他们的生产者剩余的损失为三角形面积 C。总体来说，市场上生产者剩余的变化量为 $-A-C$。最后，分析市场总剩余的变化。市场总剩余的变化等于市场上消费者剩余的变化量加生产者剩余的变化量，即为 $(A-B)+(-A-C)=-B-C$。其中，由于降价导致的生产者剩余的损失 $-A$ 转化为消费者剩余的增加 A；$-B-C$ 是最高限价导致的市场总剩余的损失。经济学中，把这两个三角形的面积 B 和 C 构成的面积称为无谓损失。

进一步考虑，如果政府实行最高限价的目的是更多地顾及消费者的福利，那么，在图 2 中可见，市场上消费者剩余的增加量 A 大于损失量 B。总的说来，消费者的福利是增加了，即政府的目的达到了。但是，如果消费者的需求是缺乏弹性的，消费者对价格下降可能无法做出充分的回应，那么，就会出现另一种局面，见图 3。在图 3 中，陡峭的需求曲线表示消费需求对价格的变化是缺乏弹性的，于是，市场上消费者剩余的损失 B 大于增加量 A，这样的最高限价既减少了生产者剩余，又减少了消费者剩余，这无疑是很糟糕的。

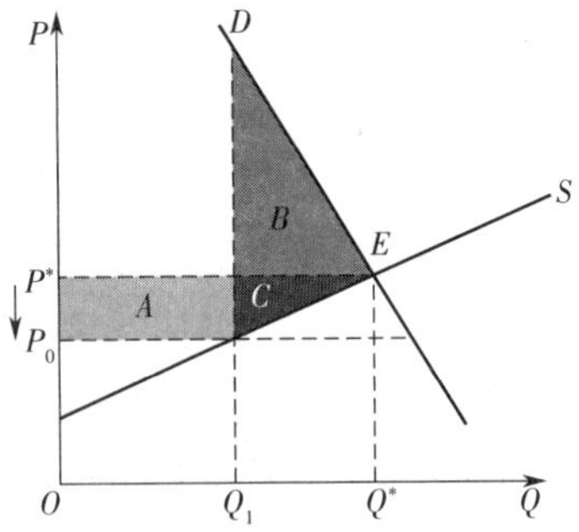

图 3

b. 价格管制之最低限价的福利效应。在图 4 中，假定政府实行最低限价政策，将价格由均衡价格水平 P^* 提高到 P_0，即将最低价格定为 P_0。于是，受价格上升的影响，消费者的需求量减少为 Q_1，生产者的供给量增加为 Q_2，供给过剩的现象发生。假定生产者的销售量取决于需求量，那么，生产者实际提供的产量只能是 Q_1。这就是说，一部分原有生产者将不得不退出生产，一部分原有消费者将买不到商品。

先看消费者。在高价位继续购买商品的消费者的剩余损失为矩形面积 A,买不到商品的原有消费者的消费者剩余损失为矩形面积 B,总的消费者剩余的变化为 $-A-B$。再看生产者。在高价位继续生产的企业的剩余增加量为矩形面积 A,退出生产的原有企业的剩余损失为三角形面积 C,总的生产者剩余的变化为 $A-C$。最后,市场总剩余的变化等于$(-A-B)+(A-C)=-B-C$。其中,由于提价导致的消费者剩余的损失 $-A$ 转化为生产者剩余的增加 A,这也反映政府实行最低限价的目的往往更多的是顾及生产者的福利;与前面的最高限价一样,最低限价导致的市场无谓损失也是 $-B-C$。

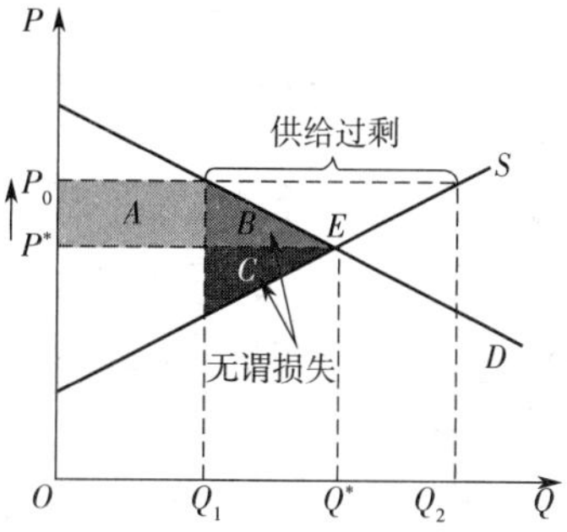

图 4

下面对最高限价和最低限价的福利效应做一个综合分析。仔细分析可以发现,虽然这两种限价政策对价格调控的方向是相反的,但是,它们都使得市场交易量减少。具体地看,最高限价导致需求量 Q_2 大于供给量 Q_1(即供给短缺);最低限价导致供给量 Q_2 大于需求量 Q_1(即供给过剩)。于是,根据市场交易的短边决定原则,最高限价下的市场交易量取决于小的供给量 Q_1(因为,消费者只能购买到 Q_1 数量的商品),最低限价下的市场交易量取决于小的需求量 Q_1(因为,销售量通常总是等于需求量)。很清楚,这两种限价政策都使市场交易量由 Q^* 减少为 Q_1。如前所述,只有当完全竞争市场的交易达到均衡产量 Q^* 时,市场福利才是最大的;任何小于 Q^* 的市场交易量,譬如 Q_1,市场福利都不是最大的,或者说,偏离 Q^* 的任何数量的重新配置都会减少总剩余。

由于两种限价政策都使市场交易量由 Q^* 减少为 Q_1,它们限制了市场的交易,从而导致了福利的损失。事实上,在产量 Q_1 到 Q^* 的范围,消费者愿意支付的最高价格都大于生产者能够接受的最低价格,双方进行自愿交易是互利的。但是,限价政策使得这部分交易无法实现,要么是生产者因为价格过低只愿意提供 Q_1 数量的产品,要么是消费者因为价格过高只愿意购买 Q_1 数量的商品,于是,市场交易规模只能是 Q_1,它小于 Q^*。正因为如此,经济学家指出,这两种价格管制都由于限制了市场机制的有效运行而导致了三角形的无谓损失,即图 2 和图 4 中阴影部分 B 与 C 的面积。

最后需要指出,各国政府在一定时期都会采取限价政策,这些政策的实行往往是根据经济形势的需要做出的,或者是为了实现一些经济目标,这都是必要的。但是,在实行限价政策时,需要考虑到这些政策可能带来的不良影响,包括对市场效率和福利的影响,综合权衡利弊,合理设计,以收到好的政策效果。

c. 销售税的福利效应。譬如说,对每一单位商品征收 t 元的销售税,那么,会思考以下的问题:商品价格是否也上涨 t 元?销售税最终由谁来承担?是由消费者还是由生产者来承担?销售税的福利效应又是如何的?下面来分析和回答这些问题。

我们以从量税来分析销售税的影响,从量税是按每销售一单位商品计征一定货币量的税收。

图 5 中无从量税时均衡价格和均衡数量分别为 P^* 和 Q^*;假定政府对销售每一单位商品征收 t 元的从量税。因为是征收销售从量税,这便使得消费者支付的买价高于生产者得到的净价格,两者之间的差额刚好等于需要上缴的销售每一单位商品的从量税额 t 元。这种关系在图 5 中表现为:在消费者的需求曲线和生产者的供给曲线之间打进了一个垂直的"楔子",其高度就是单位商品的从量税额 t,即消费者支付的买价为 P_d,生产者得到的净价格是 P_s, P_d 和 P_s 之间的垂直距离就是单位商品的税额 t。由这个基本分析框架出发,可以进一步分析销售税的福利效应。

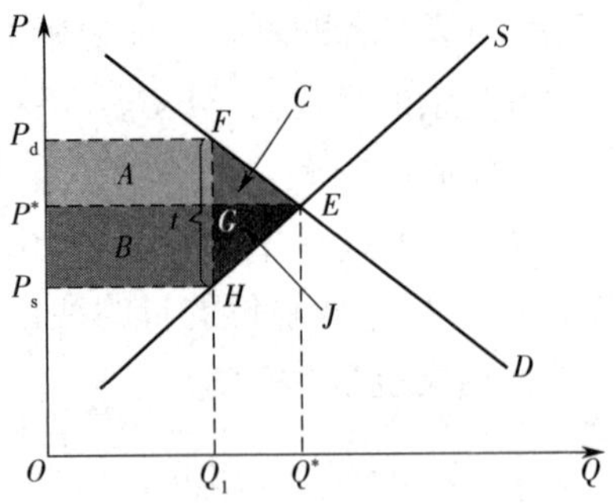

图 5

首先，销售税导致商品价格上升，从而使得消费者对商品的需求减少，进而使得生产者的供给也随之减少。在图 5 中表现为，销售税使得商品价格由 P^* 上升到 P_d，消费者的需求量和生产者的供给量都由 Q^* 减少到 Q_1。尤其是商品价格上升的幅度小于单位商品的从量税额，即 $(P_d-P^*)<t$。这就是说，尽管单位商品的从量税额为 t，但商品价格的上涨幅度通常总是小于 t 的。

其次，销售税是由消费者和生产者共同承担的。由图 5 可见，由于征收从量税，消费者支付的商品价格由 P^* 上升到 P_d，多支付的部分相当于 FG，这就是消费者承担的单位商品的税收额；生产者得到的净价格由 P^* 减少为 P_s，减少的部分相当于 GH，这就是生产者承担的单位商品的税收额；两者之和就是单位商品的税额，即 $FG+GH=t$。

在以上分析的基础上，可以进一步分析销售税的福利效应。由于销售税导致的价格上升和需求量及供给量的减少，使得消费者和生产者的剩余都减少，消费者剩余的损失为矩形面积 A 加三角形面积 C，即 $-A-C$，生产者剩余的损失为矩形面积 B 加三角形面积 J，即 $-B-J$。政府由于销售税增加了财政收入，其获得的销售税总额等于单位商品的从量税额乘以销售量，即 $(P_d-P_s)\cdot Q_1=t\cdot Q_1$，等于图中两个矩形面积 $A+B$。考虑到政府的税收收入通常用于社会公众项目的支出，可视为社会福利，于是，从市场整体的角度看，福利变化量 = 消费者剩余的变化量 + 生产者剩余的变化量 + 政府的销售税收入 $=(-A-C)+(-B-J)+(A+B)-C-J$。具体地看，在消费者剩余的损失 $(-A-C)$ 和生产者剩余的损失 $(-B-J)$ 中，$-A-B$ 转化为政府收入 $A+B$，而余下的 $-C-J$ 则是无谓损失。所以，销售税最终导致了市场福利的减少。

课程思政案例

（1）①市场类型可以划分为完全竞争市场、垄断竞争市场、寡头市场和垄断市场等四种。划分的主要依据：第一，市场上企业的数目；第二，企业所生产产品的差别程度；第三，单个企业对市场价格的控制程度；第四，企业进入或退出一个行业的难易程度。

②国家市场监管总局的反垄断行为体现了对完全竞争市场的发展的鼓励。完全竞争市场的特点是：市场上有大量的买者和卖者；市场上的每一个企业提供的商品都是同质的；所有的资源都具有完全的流动性，企业可以自由进入或退出市场；信息是充分的。完全竞争市场中的资源配置最为合理，资源利用最充分，生产效率最高，可以作为衡量其他现实市场的一个标准。

原因如下。一是完全竞争企业按照 $P=MC$ 进行生产，从而能够使得资源得到最优配置：当 $P>MC$，企业增加生产；当 $P<MC$，企业减少生产，均衡代表最优产量。二是完全竞争企业的长期均衡位于长期平均成本的最低点，整个行业都能以最低成本生产，保证完全竞争行业中的企业都是最有效率的。

（2）①完全竞争市场指的是在一个行业中，有非常多的生产销售企业以同样的方式向市场提供同类的、标准化的产品（如粮食、棉花等农产品）的市场。卖者和买者均不能控制商品或劳务的价格。在这种竞争环境中，由于买卖双方对价格都无影响力，只能是价格的接受者，企业的任何提价或降价行为都会招致对本企业产品需求的骤减或利润的不必要流失。完全竞争市场必须同时具备四个条件。一是市场上有众多的生产者和消费者，任何一个生产者或消费者都不能影响市场价格，他们都只能是市场既定价格的接受者，而不是市场价格的决定者。二是企业生产的产品具有同质性,不存在差别,只要生产同质产品,各种商品之间就具有完全的替代性,这很容易接近完全竞争市场。三是资源完全自由流动。生产者进入市场或退出市场完全由生产者自己自由决定,不受任何社会法令和其他社会力量的限制;市场交易活动自由、公开,没有人为的限制,市场上不存在任何歧视。四是市场信息畅通准确,市场参与者充分了解各种情况,消费者、企业和资源拥有者们,都对有关的经济和技术方面的信息有充分和完整的了解;各种资源都能够充分流动,任何一种资源都能够自由地进入或退出某一市场,能够随时从一种用途转移到另一种用途上去,不受任何阻挠和限制。

市场效率是指参与市场活动的企业利用社会资源的程度,竞争程度越高,资源利用得越充分,经济效率就越高。完全竞争市场的竞争程度高,能够实现帕累托最优效率。

②国家对小微企业的各种优惠政策和扶持措施,是为了提高资源的使用效率。因为,在完全竞争市场条件下,自由进入使效率更高、产品更能满足消费者需要的企业不断涌进市场,而那些效率低、产品已不能适应消费者需要的企业又不断被淘汰而退出市场。小企业在进步和外来干扰的冲击下很容易在竞争中失败,这成为完全竞争市场条件下正常的和经常的现象。那些因在竞争中失败而退出市场的企业,其整个企业的设备与劳动力在仍然可以发挥作用的情况下被迫停止使用,这样,会造成宝贵的物质资源和劳动力资源的浪费。

第五章　不完全竞争市场

1. 名词解释

(1)资源垄断指某种产品的生产必须要有某种关键性的资源,而这种关键性的资源又为某个企业所独有。

(2)特许垄断指政府把生产某种产品的权利给予某个企业,而不允许任何其他企业染指,如许多公用事业企业就是这种类型的垄断企业。

(3)专利垄断指某个企业拥有生产某种商品的专利权。从专利的授予方面来看,它是一种特许垄断,从专利的性质上来看,它是一种资源垄断。

(4)在垄断竞争市场上,存在许多企业,其中每一个企业在整个市场中所占的份额都微不足道,而且它们所生产的产品略有差异。这里所说的差异,不仅包括商品的质量、规格、品牌,还包括购物环境、售后服务等。

(5)古诺模型指市场上有两个寡头,其他企业的产量或价格不随寡头企业的改变而改变。

(6)价格领袖制指在市场中,存在一个具有支配地位的大企业和一群不具有支配地位的小企业,改变价格的决定总是由居支配地位的大企业做出,其他企业同时同等程度地改变价格。

(7)卡特尔指勾结在一起的一群企业。

(8)帕累托有效率状态是指如果想要增加某一个人的福利,必须以牺牲其他人的福利为代价的一种资源配置状态。只有同时满足交换的帕累托有效率、生产的帕累托有效率以及生产和交换的帕累托有效率,才能说达到了帕累托有效率状态。

2. 单选题

(1)C (2)C (3)B (4)A (5)D (6)A (7)B (8)C (9)A (10)D (11)A (12)B
(13)D (14)A (15)D (16)C (17)D (18)A (19)D (20)D (21)D (22)D
(23)A (24)B (25)D (26)A (27)C (28)B (29)D (30)B (31)B (32)D

3. **多选题**

(1)ABD (2)ACD (3)BD (4)BCD (5)CD (6)BC (7)BC (8)ABD (9)BD (10)AB

4. **判断题**

(1)× (2)× (3)× (4)× (5)√ (6)√ (7)√ (8)× (9)× (10)× (11)×
(12)× (13)× (14)√ (15)√ (16)× (17)× (18)× (19)× (20)√ (21)√
(22)× (23)√ (24)√ (25)√ (26)√ (27)× (28)× (29)× (30)√ (31)×
(32)× (33)√ (34)√ (35)√ (36)× (37)× (38)× (39)× (40)√ (41)√
(42)√ (43)× (44)× (45)×

5. **简答题**

(1)**答:**因为垄断企业有自己控制价格和产量的能力,所以它们会把产量定在利润最大化点上($MC=MR$),价格则是在这个产量上的市场价。

(2)**答:**①产品差别是指同一种产品在质量、包装、牌号或销售条件等方面的差别,产品差别既会产生垄断,又会引起竞争,从而形成一种垄断竞争的状态。有差别的产品往往是由不同企业生产的。由于存在着产品差别,消费者对不同企业的产品产生不同的偏好。所以西方经济学认为,产品差别是垄断竞争形成和存在的原因。一方面,垄断竞争市场上的每一企业提供的产品都存在某种差别,因而都具有一定的垄断性,垄断程度取决于产品差别程度,产品差别越大,垄断程度越高。另一方面,有差别的产品之间又存在替代性,因而存在着竞争。产品差别在垄断竞争条件下是企业进行品质竞争的重要手段。

(3)**答:**折弯的需求曲线模型的基本假设条件是:如果行业中的一个寡头企业提高价格,其他企业都不会跟着提价,这便使得单独提价的企业的销售量大幅度减少;相反,如果行业中的一个寡头企业降低价格,其他的企业也将价格降到同一水平,这便使得首先单独降价的企业的销售量的增加幅度是有限的。换言之,在需求曲线的折点所对应的产量上,边际收益曲线是间断的,边际收益的值存在一个在上限与下限之间的波动范围。

(4)**答:**古诺模型的假定是市场上只有A、B两个企业生产和销售相同的产品,它们进行生产的边际成本为零;它们共同面临的市场需求曲线是线性的。A、B两个企业都准确了解市场的需求曲线,且企业都是在已知对方产量的情况下,各自确定能够给自己带来最大利润的产量,即每一个企业都是消极地以自己的产量去适应对方已确定的产量。经过多次动态博弈,最终A、B两个企业都实现了利润最大化的目标。

(5)**答:**需求的价格弹性较高,垄断竞争企业会通过降价的方式刺激需求增长,但是从长期来看,会导致企业之间为了竞争而不断通过降价的方式来保证市场销售份额,这种情况下,势必会影响到所有企业的利益,因此价格竞争不是长久之计。

需求价格弹性较高,垄断竞争企业只有通过研发制造新产品、提高商品性能等非价格竞争方式来提高商品的竞争力,才是长久发展之计,也能避免恶性竞争,吸引更多的消费者,在市场中站稳脚跟。

需求价格弹性较高是指价格的变化引起需求的变化加大。在垄断竞争市场上,有许多卖主,他们的产品在质量、性能、款式、包装、服务等方面都有差别,而且顾客对某些品牌有特殊爱好,不同的卖主以产品的差异性吸引顾客,开展竞争。在垄断竞争条件下,垄断竞争企业变动价格不会引起竞争对手的强烈反应。所以,若是一家企业因为变动价格而引起需求的变化,那么其他企业多半会加大对本企业的差异性宣传,比如改进产品质量、性能、款式、包装,改善服务等,以此来吸引顾客,而这些就是非价格竞争。

(6)**答:**①为了更大限度的获得消费者剩余(每个人对入场券的可支付的最高价格是不同的),显然外国游客与国内游客相比愿意为入场券支付的价格更高。②在可以明确区分消费群组,且区分的成本较小的情况下,这种差别价格政策可行。

(7)**答:**垄断企业在长期内可以调整全部生产要素的投入量即生产规模,从而实现最大的利润。垄断行业排除了其他企业加入的可能性，因此，与完全竞争企业不同，如果垄断企业在短期内获得利润，那么，它的利润在长期内不会因为新企业的加入而消失，即垄断企业在长期内是可以保持利润的。如果垄断企业在长期内只能获得正常利润或存在亏损，可以通过调整规模来获得超额利润或者消除亏损。

（8）**答：**实行价格歧视必须满足三个前提条件。第一，垄断。企业必须有一定的市场影响力，能够在某种程度上决定市场价格。第二，企业必须有容易区分的、对产品有不同需求弹性的顾客群。因为只有具备这一条件，企业才有可能在需求弹性较高的市场上制定较低的价格，在需求弹性较低的市场上制定较高的价格，通过价格歧视获得更多的消费者剩余。第三，企业必须有效制止消费者的套利行为，即企业能够成功地分割市场，防止低价购买商品的消费者再以高价卖出商品。

（9）**答：**①垄断竞争是一种主要的市场结构，在经济学中的概念为无限趋近于完全竞争的市场结构。②完全竞争又称纯粹竞争，是一种不受任何阻碍和干扰的市场结构，指那些不存在足以影响价格的企业或消费者的市场。

（10）**答：**垄断竞争的企业的产品具有异质性的特点，这保证了企业面临的需求曲线具有负的斜率，它意味着如果其提高价格，不会失去所有的购买者；如果增加产出，其价格必须相应降低，这种市场结构类似于垄断。但产品的异质性并没有排除替代的可能，产品之间存在的替代性使得企业彼此之间无法给对方造成明显的影响，新企业也可以自由进入该行业，垄断竞争类似于完全竞争市场。

（11）**答：**这样说是正确的，因为西方经济学家认为，产品差别造成了垄断，才能使垄断企业按不同的产品价格出售自己产品，如果产品没有差别，则价格就不能有差别，如果产品有差别，价格上也可以有差别，这样的价格差别并不会使企业丧失市场，因为有差别的产品才能满足人们的不同需要，产品差别越大，满足人们不同需要的程度也就越大，从而使产品价格的差别也就越大。

（12）**答：**简单而言，自然垄断的产生常常与规模经济有关。某种产品的不变成本相当之大，而可变成本及边际成本又相当之小，结果，随着产量的增加，平均成本不断下降，一直下降到充分大的产量上才能达到最低点。这里所谓充分大的产量是指在可获利的价格水平上能够完全满足市场的需要。在这种情况下，如果有不止一个企业生产该产品，则它们就都无法达到最低成本。于是，为了减少成本，每个企业都将努力增加各自的产量，并相应降低价格，这就是所谓的价格战，价格战的胜利者就成为市场的垄断者。

（13）**答：**不同的市场类型对效率具有极为不同的影响。简单来说，从成本、价格、产量、利润以及价格与长期边际成本的关系等方面来看，可以得出明确的结论，即完全竞争市场是有效率的，不完全竞争市场则缺乏效率，而且在不完全竞争市场中，垄断的程度越高就越缺乏效率。

（14）**答：**在短期生产中追求利润最大化的企业可能会面临五种情况。根据利润最大化的均衡条件，当价格（边际收益）与 *MC* 的交点高于 *AC* 的最低点时，企业获得利润。当价格（边际收益）曲线与 *AC* 的最低点相切时，企业处于收支均衡状态。当价格（边际收益）与 *MC* 的交点低于 *AC* 的最低点，但企业的 *AR* 大于 *AVC* 时，企业虽然亏损，但仍继续生产。当价格（边际收益）与 *MC* 的交点低于 *AC* 的最低点，且企业的 *AR* 曲线切于 *AVC* 曲线时，企业处于停止营业点。当价格（边际收益）与 *MC* 的交点低于 *AC* 的最低点，且企业的 *AR* 小于 *AVC* 时，企业将停止生产。

（15）**答：**和完全竞争企业或其他企业一样，在短期中，垄断企业在利润最大化产量上也可能会亏损。造成垄断企业在短期中可能亏损的原因主要有两个：第一，在给定的规模上成本过高；第二，市场的需求过低。在这两种情况下，在利润最大化产量上，垄断企业的平均成本就可能大于平均收益，从而垄断企业即使按照利润最大化原则进行生产，仍然会亏损。

（16）**答：**这种看法不对。实际上，进入障碍导致的是垄断超额利润而不是一般的超额利润或经济利润。西方经济学之所以把进入障碍看成长期超额利润或经济利润的必要条件，是因为它实际上假定了企业选择进入或退出的标准是零经济利润或零（经济）利润率。但是，如果假定存在所谓的平均利润率，且平均利润率还大于零，则经济利润的存在就并不一定会导致进入——特别是，如果经济利润低于平均水平，则它反而还会引起退出。此外，退出也不足以导致经济利润下降为零，而是导致它下降到平均水平。因此，在长期中，完全竞争企业和垄断竞争企业也可以得到超过正常利润的经济利润，即平均利润，而垄断企业和寡头企业则可以得到超过平均利润（不只是超过正常利润）的垄断利润。

（17）**答：**垄断企业是价格的制定者，并不意味着其对于自己给定的产量可以任意索取一个价格，垄断企业在确定其产出水平时，相对于市场需求曲线，其价格亦被确定。

（18）**答：**价格歧视指企业以不同的价格销售同一种产品，具体内容如下。

①一级价格歧视（又称完全价格歧视）。垄断企业对每一单位产品都按消费者所愿意支付的最高价格出售。如果企业已知消费者的需求曲线，即已知消费者对每一单位产品愿意并且能够支付的最高价格，就可以按此价格逐个制定商品价格。采取一级价格歧视的企业将所有消费者剩余榨光，转化成为生产者的垄断利润。

②二级价格歧视。垄断企业根据不同的消费者及其购买量确定价格。在二级价格歧视下，企业将一部分消费者剩余转化成了垄断利润。

③三级价格歧视。垄断企业对同一种产品在不同的市场上或对不同的消费者群体收取不同的价格。根据不同市场的需求状况制定不同的价格：在需求弹性较小的市场上制定较高价格；在需求弹性较大的市场上制定较低的价格。

（19）**答：**①由于垄断竞争市场上商品的差别性和替代性，每个企业都有两条斜率为负且相互交叉的需求曲线。

②如图 1 所示，假设有两条需求曲线。*dd* 为第一条需求曲线，表示当其他企业保持价格不变时，某企业的商品价格和销售量之间的关系。假定某垄断竞争企业开始时处于价格为 P_0 和产量为 Q_0 的 *A* 点上，其想通过降价来增加自己产品的销售量，因为该企业相信，降价后其他企业不会对这个行为做出反应。这样不仅能增加自己产品对原有买者的销售量，而且还能把其他买者从行业内的其他企业那里吸引过来，销售量会大幅度增加。因此，该代表性企业的需求曲线 *dd* 比较平坦。假定原来处于均衡状态时，价格为 P_0，产量为 Q_0。企业预计其他企业价格不变，自己降价则销售量会增加。图中表现为价格从 P_0 降到 P_1，销售量由 Q_0 增加到 Q_3；反之，若提高价格到 P_2，则销售量减少到 Q_2。

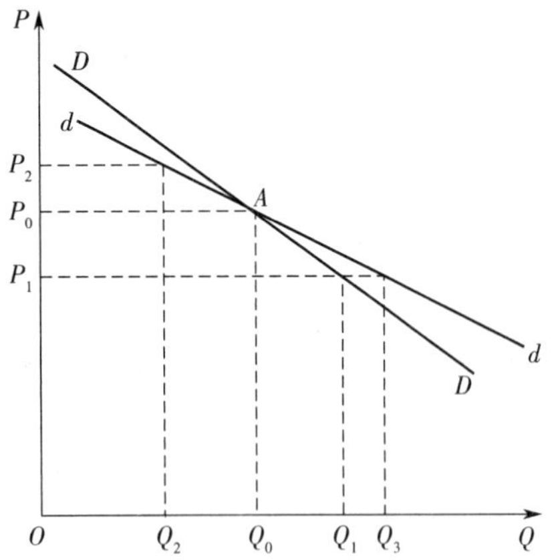

图 1

DD 为另一条需求曲线，表示代表性企业变动价格时，与其竞争的其他企业也对价格做出同样的变动，代表性企业的销售量变化和价格变化的关系，如图 1 所示，如果该企业价格从 P_0 降为 P_1，那么其他企业也跟着降价，导致企业的销售量提高得十分有限，该企业的销售量表现为上升到 Q_1，而不是 Q_3；同样道理，如果某企业提高价格，且其他企业同样提高价格，则该企业的销售量不会大幅度下降，即每个企业所占有的市场份额不会发生改变。因此，需求曲线 *DD* 也被称为实际市场份额需求曲线。如果行业内有 *n* 个垄断竞争企业，需求曲线 *DD* 总是表示每个企业的实际销售份额为市场总销售量的 1/*n*。因此，需求曲线 *dd* 和需求曲线 *DD* 相比，需求曲线 *dd* 上的价格变动引起的销售量变化的幅度，大于需求曲线 *DD* 上的价格变动引起

的销售量变化的幅度，需求曲线 DD 比需求曲线 dd 陡峭。

6. **计算题**

（1）**解**：①长期边际成本函数 $LMC(Q)=3Q^2-24Q+40$，由于完全竞争市场中 $MR=P=LMC$，即 $3Q^2-24Q+40=100$，则 $Q=10$ 或 -2（舍去），此时的产量为 10。平均成本 $LAC=Q^2-12Q+40=20$。利润为 $(P-LAC)Q=800$。

②该完全竞争的成本不变行业实现长期均衡时利润为 0，即此时平均成本等于长期边际成本等于产品价格，即 $LAC=LMC=P$，$3Q^2-24Q+40=Q^2-12Q+40$，则 $Q=6$ 或 0（舍去），此时单个企业产量为 6，长期均衡时价格为 4。

③长期均衡时价格为 4，市场需求则为 600，单个企业产量为 6，故该行业长期均衡时的企业数量为 100。

（2）**解**：①市场短期均衡时应满足 $D=SS$，即有：$6\,300-400P=3\,000+150P$，解得 $P=6$。将 $P=6$ 代入市场需求函数，解得均衡产量 $Q=6\,300-400\times 6=3\,900$。

②由于①中短期均衡时的价格 $P=6$ 和单个企业在 LAC 曲线最低点的价格相等，所以，该市场同时处于长期均衡状态。又已知单个企业产量为 50，行业的均衡产量为 3 900，所以行业内企业的数量为 $3\,900\div 50=78$ 家。

③根据市场短期均衡的条件 $D'=SS'$，有 $8\,000-400P=4\,700+150P$，解得 $P=6$。均衡产量：$Q=8\,000-400\times 6=5\,600$。

④由于价格仍为 6，所以，③中的市场也同时处于长期均衡状态。行业内企业的数量为 $5\,600\div 50=112$ 家。

⑤从①和③可以看出，市场需求及短期供给函数的变化仅仅引起行业长期均衡产量的变化，长期均衡价格没有变，所以，这个行业属于成本不变行业。

⑥在①的情况下求得企业的数量为 78 家，在③的情况下求得企业数量为 112 家，共增加了 $112-78=34$ 家。即要加入 34 家企业，才能提供由①到③所增加的行业总产量。

（3）**解**：垄断企业利润极大化的条件是 $MR=MC$，又已知 $TC(Q)=0.1Q^3-6Q^2+140Q+3\,000$，则 $MC(Q)=0.3Q^2-12Q+140$，又知 $TR=P\times Q=(150-3.25Q)Q$，所以 $MR=150-6.5Q$，$MR=MC$，即 $150-6.5Q=0.3Q^2-12Q+140$，解得 $Q=20$，$P=85$。该企业的短期均衡产量为 20，均衡价格为 85。

7. **分析题**

（1）**答**：市场失灵是指由于完全竞争市场以及其他一系列理想化假定条件在现实中并不存在，导致现实的市场机制在很多场合下不能实现资源的有效配置，不能达到帕累托最优状态的情形。导致市场失灵的主要原因是垄断、外部性、公共物品和不完全信息等。①垄断。垄断是经济中常有的一种现象，因为市场竞争的趋势是垄断。垄断的存在造成资源配置的低效率，使社会福利受到损害。垄断企业根据边际成本等于边际收益的利润最大化原则决定产量，并在需求曲线上确定价格。其结果是，这样确定的价格高于边际收益，从而高于边际成本。由于价格度量了社会福利，而企业的生产成本是社会边际成本的衡量标准，因而垄断市场缺乏效率。②外部性。外部性也是市场失灵的原因，是指经济当事人的行为所造成的部分成本或收益没有由经济行为人所承担或得到。外部性有正和负之分。无论是消费的外部性还是生产的外部性，无论是正的外部性还是负的外部性，它们产生的影响是，即使整个经济仍是完全竞争的，整个经济的资源配置也不可能达到帕累托最优状态。外部性之所以造成这样的严重后果，主要原因是外部性导致社会最优的边际收益和边际成本与私人最优的边际收益和边际成本不一致。③公共物品。公共物品是消费者需要而私人企业不愿意供给或供给不足的物品，这类物品具有非排他性。排他性是指只有按商品价格支付的人才有权支配或消费这种商品。然而，公共物品却没有这种特性。此外，公共物品具有非竞争性。竞争性是指社会增加一单位消费引起成本增加。但对天气预报等公共物品，增加一个人的消费似乎并不影响生产成本。其结果是，非排他性的存在使得经济当事人试图成为一个搭便车者，而非竞争性则意味着增加一单位物品的消费需要支付的边际成本为零。因此，私人部门很难供给或全部供给人们所需要的数量的公共物品，从而导致市场失灵。④不完全信息。不完全信息是导致市场交易缺乏效率的又一重要原因。在不完全信息的条件下，由于经济当事人只以平均水平判断交易对象的质量，因而交易的结果将使那些高质量的产品被排除在市场之外。

（2）**答**：经济效率是指利用经济资源的有效性，高的经济效率表示对资源的充分利用或能以最有效的生产方式进行生产；低的经济效率表示对资源的利用不充分或没有以最有效的方式进行生产，不同市场类型下的经济效率是不相同的，市场类型直接影响经济效率的高低，西方经济学是通过对不同市场条件下企业的长期均衡状态的分析而解释这一问题的，具体分析如下。

在完全竞争市场条件下，企业的需求曲线是一条水平线，所以，完全竞争企业实现长期均衡时，水平的需求曲线相切于 *LAC* 曲线的最低点；产品的均衡价格最低，且等于最低平均成本，产品的均衡产量最高。在不完全竞争市场条件下，企业的需求曲线是向右下方倾斜的，且垄断程度越高，需求曲线越陡峭；垄断程度越低，需求曲线越平坦。在垄断竞争市场上，企业的长期均衡利润为零，所以，在垄断竞争企业实现长期均衡时，向右下方倾斜的、相对比较平坦的需求曲线相切于 *LAC* 曲线最低点的左边，产品的均衡价格较低，且等于生产的平均成本，产品的均衡产量比较高，企业存在着多余的生产能力。在垄断市场上，企业在长期内获得利润，所以在垄断企业实现长期均衡时，向右下方倾斜的、相对比较陡峭的需求曲线与 *LAC* 曲线相交；产品的均衡价格最高，且大于生产的平均成本，产品的均衡数量最低，若垄断企业肯放弃一些利润，价格就可以下降一些，产量就可以增加一些。在寡头市场上，企业的需求曲线不太确定，一般认为，寡头市场是与垄断市场比较接近的市场组织，在达到长期均衡时，寡头企业的产品的均衡价格比较高，产品的均衡数量比较低。

由上，可得出结论：完全竞争市场的经济效率最高，垄断竞争市场的效率较高，寡头市场的效率较低，垄断市场的效率最低，可见，市场的竞争程度越高，则经济效率越高；反之，市场的垄断程度越高，则经济效率越低。

（3）**答**：分析得益：①工人偷懒，老板克扣：

工人　100-60=40

老板　80（产出）-40（实际支付）=40

②工人偷懒，老板不克扣：

工人　100

老板　80-100=-20

③工人不偷懒，老板克扣：

工人　100-（50+60）=-10

老板　150-（100-60）=110

④工人不偷懒，老板不克扣：

工人　100-50=50

老板　150-100=50

得益矩阵图表示如下：

单位：元

工人	老板	
	克扣工资	不克扣工资
偷懒	40,40	100,-20
不偷懒	-10,110	50,50

此博弈中的纳什均衡为（偷懒，克扣工资）。

（4）**答：**①决策方框图如下表所示：

单位：万美元

B公司	A公司	
	低价	高价
低价	20,20	50,10
高价	10,50	30,30

②此博弈中的纳什均衡为（低价，低价），两家航空公司都采取低价策略。

③如果两家航空公司勾结起来，联合采取高价策略，每家公司各自得到30万元的利润，这要比纳什均衡中两家公司各自得到20万元的利润要好，要想得到这一结局，需要双方协同一致行动，如果这样的话，消费者的利益将受到损害，意味着消费者将支付更多的货币乘坐飞机。

（5）**答：**①决策方框图如下所示：

单位：万美元

斯密	琼斯	
	10头牛	20头牛
10头牛	3,3	2,4
20头牛	4,2	2.4,2.4

②博弈的可能结局是（20头牛，20头牛），二人各自得到2.4万美元的收益；但如果两人相互协商，各自遵守协议，最好的结局是各自买10头牛，各自取得3万美元的收益。

（6）**答：**垄断尽管往往会带来规模经济，降低产品成本，促进科学研究和新技术的采用，从而有助于生产力提高，但同时又具有经济上的不合理性，生产效率不能最大限度得到发挥，资源不能得到充分利用，社会福利要受到损失，这可用图2说明。在图2中，横轴表示企业产量，纵轴表示价格，曲线D和MR分别表示企业需求曲线和边际收益曲线，再假定平均成本和边际成本相等且固定不变，由直线$AC=MC$表示。为了使利润极大，企业产量定在Q_2，价格为P_2，它高于边际成本，说明没有达到帕累托最优，因为这时消费者愿意为增加额外一单位所支付的数量（价格）超过生产该单位产量所引起的成本（边际成本）。显然，要达到帕累托最优，产量应增加到Q_1，价格应降到P_1，这时$P=MC$。然而，垄断决定的产量和价格只能是Q_2和P_2。如果产量和价格是完全竞争条件下的产量和价格，消费者剩余是$\triangle FP_1H$的面积，而当垄断者把价格提高到P_2时，消费着剩余只有$\triangle FP_2G$的面积，所减少的消费者剩余的一部分转化为垄断者的利润，另一部分（$\triangle GIH$所代表的面积）就是由垄断所引起的社会福利的纯损失，它代表由于垄断造成的低效率带来的损失。

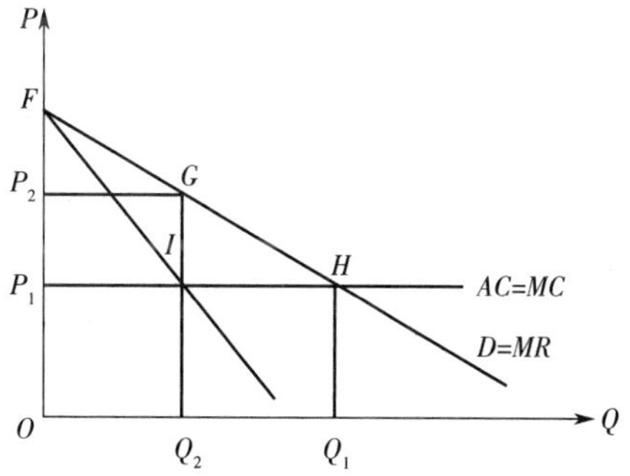

图2

（7）**答：**①两个企业没有上策（占优策略）。A企业和B企业的上策不存在。如果A企业生产中档组合音响，B 企业报酬最大是生产高档组合音响。如果 A 企业生产高档组合音响，B 企业报酬最大却是生产中档组合音响。因此 B 企业没有上策。同样地,A 企业也没有上策。

②有两个纳什均衡即 A、B 的策略为(高档,中档)或(中档,高档)。纳什均衡指在给定竞争者的行为以后,企业采取他能采取的最好的行为。由定义和矩阵可以看出:当确定 A 企业生产中档组合音响时，B 企业的最优选择是生产高档组合音响,即组合(100, 80)。当确定 A 企业生产高档组合音响时，B 企业的最优选择是生产中档组合音响,即组合(80,100)。反过来,当确定 B 企业生产中档组合音响时,A 企业的最优选择是生产高档组合音响,即组合(80, 100)。当确定 B 企业生产高档组合音响时，A 企业的最优选择是生产中档组合音响,即组合(100,80)。因此,该博弈有纳什均衡,是(80,100)和(100,80)。

课程思政案例

(1)①本题为开放性问题,言之有理即可。下面的分析只作为参考,不作为唯一标准答案。电影票的老年人折扣价格并不是一种慷慨之举,而是为了增加利润设计的定价策略的一部分。老年人对电影票愿意支付的价格往往比其他人低,因此电影院将消费者分为两个群体——老年人和其他人,并为老年人提供折扣。价格歧视通过向老年人提供折扣,增加了电影院的利润。

②而与电影票不同,爆米花可以很容易地被转卖。如果老年人可以以正常价格的一半购买到爆米花,那么很多年轻人就会请老年人替他们购买爆米花,这样以正常价格售出的爆米花的数量就会下降。从而,价格歧视就无利可图。

(2)①由于景区的自然资源拥有不可替代性和独特性的特点,从而使经营者垄断地位提高。现行的景区门票定价制度是按照经济学中的三级价格歧视的原则来制定的,即按照不同消费者制定不同的价格。

三级价格歧视即对于同一商品,完全垄断企业根据不同市场上的需求价格弹性不同,制定不同的价格。三级价格歧视中,企业对每个群体内部不同的消费者制定相同的价格,但对不同群体制定的价格不同。在每一个群体内部与统一定价相似,存在正的社会福利净损失,与完全竞争相比降低了社会总福利。

②定价策略的实施,还需要考虑边际收益等于边际成本,依照各类型人群的特点制定合理价格,其中现行较为广泛的有老年人、学生、军人、残障人士等减免或半票政策,这一政策的实施,体现了政府为低收入者和弱势群体提供福利的公平性原则。对于第二次或多次进入景区的游客,可以尝试采取门票半价或更低的价格政策,充分考虑消费者边际效用递减的规律,因为消费者对同一资源消费的满足感是降低的,如果采纳此策略,更易使消费者心里得到满足而带动周边经济发展。但是在价格歧视政策中,如对“雅安市六县三区居民,凭本人二代身份证,享受半价优惠，26 元 / 人”,对于本地和外地游客采取不同票价的政策有失公平,破坏了景区的形象和信用度。因此,政府部门应该规范制度,强化约束,严格把握差别定价,力求保证公平性。景区门票定价可按照日期特点或人群进行细分定价,比如,实行淡旺季定价,游客生日当天免票,设置家庭套票、妇女节女性优惠、旅游开放日等,给公众提供更多享用公共资源的机会。可以预见,如果价格歧视政策能合理实施,必然会带来更多的消费者剩余和生产者剩余。

(3)①保暖内衣产品从产品开发到市场化经历了从垄断到垄断竞争的市场结构变化过程。首先是行业的垄断利润使得其他企业有了进入该行业的动力,同时各企业为了有效地进入和占有应有的市场份额,除了采取价格战以外,还通过宣传各种保暖新概念来加强自己的品牌优势以确立市场竞争地位。

②中国保暖内衣市场形成过程经历了两个阶段。首先,各企业通过价格和非价格竞争来争取一个较大的市场份额和垄断利润;其次,垄断超额利润的存在使得新企业的进入成为可能,使得垄断利润逐渐消失。特别是当保暖技术不再成为行业进入的主要障碍时,大量差异化产品充斥市场,使得行业生产规模超出市场需求,对于单个企业来说就是市场的萎缩。

③产品差别是垄断竞争市场的本质特征,而这些差别有可能来自各个方面,因此,消费者在享受产品差别所带来的多样化的同时,不得不提防虚假差异甚至是伪劣产品所带来的侵害。这样,一个垄断竞争市场的形成必然需要一个严格的市场管理,要有一个严格的行业标准来规范市场,以防不法企业借制造假差异

来垄断市场,从而危害消费者利益。

第六章 生产要素市场和收入分配

1. 名词解释

(1)边际要素成本是指企业每增加一单位的要素投入所增加的成本。在完全竞争市场或产品卖方垄断条件下,边际要素成本即为要素价格;在要素买方垄断条件下,边际要素成本等于要素价格与使用 L 单位要素后带来的成本增加之和。

(2)要素需求曲线描述了企业要素需求量与要素价格之间的关系。一般情况下,要素价格越高,企业对要素的需求量越少;要素价格越低,企业对要素的需求量越多。

(3)行业调整要素需求曲线是指在完全竞争市场条件下,企业面临的要素需求曲线与其边际产品价值曲线并不相同。在要素价格变化时,其他企业的产量和产品价格会受到影响,进而反过来影响企业自身的边际产品价值曲线,而实际的要素需求曲线与边际产品价值曲线相比更陡峭。在产品卖方垄断条件下,其要素需求曲线即为自身的边际收益产品曲线,其他垄断企业几乎不会对其要素需求曲线产生影响;在要素买方垄断条件下,企业不存在要素需求曲线。

(4)自用资源是指消费者将已有的要素资源的一部分用于市场供给,而剩下的那部分要素资源。其中劳动要素的自用资源称为闲暇,土地要素的自用资源可以忽略不计,资本要素的自用资源可以用作当期消费。自用资源一般会直接增加消费者效用。

(5)需求替代效应是指一种商品价格上涨,导致消费者将减少对该商品的购买,而增加对另一种商品的购买。

(6)需求收入效应是指对于正常品,如果价格上涨,导致消费者对这种商品的货币购买力下降,即实际收入下降,进而减少对这种商品的购买;对于低档品,消费者会增加对它的购买。

(7)产品卖方垄断是指在产品市场上,企业作为产品卖方,是垄断者;在要素市场上,企业作为要素买方完全竞争者。

(8)要素买方垄断是指在产品市场上,企业作为产品卖方的完全竞争者;在要素市场上,企业作为要素买方,是垄断者。

(9)准租金是指对供给量暂时固定的生产要素的支付,即固定生产要素的收益。因此,准租金属于短期分析。在完全竞争市场上的企业的短期均衡分析中,准租金就是企业总收益减去可变成本的部分。

2. 单选题

(1)A (2)D (3)A (4)D (5)A (6)D (7)C (8)B (9)C (10)B (11)D (12)B
(13)A (14)B (15)C (16)A (17)C (18)A (19)B (20)D (21)D (22)B (23)C
(24)C (25)D (26)A (27)D (28)D (29)D

3. 多选题

(1)ABC (2)AB (3)ABCD (4)BCD (5)ABCD (6)ACD (7)ABC (8)ACD

4. 判断题

(1)× (2)× (3)× (4)× (5)× (6)× (7)× (8)√ (9)√ (10)√ (11)√
(12)× (13)√ (14)√ (15)√ (16)√ (17)√ (18)√ (19)× (20)×

5. **简答题**

(1)**答**:

企业类型	产品市场	要素市场	边际要素收益	边际要素成本	使用原则
完全竞争企业	完全竞争	完全竞争	$VMP=P\cdot MP$	$MFC=W$	$P\cdot MP=W$
卖方垄断企业	垄断	完全竞争	$MRP=MR\cdot MP$	$MFC=W$	$MR\cdot MP=W$
买方垄断企业	完全竞争	垄断	$VMP=P\cdot MP$	$MFC=W(L)+L\cdot dW(L)/d\cdot L$	$P\cdot MP=W(L)+L\cdot dW/d\cdot L$

(2)**答**:买方垄断条件下,企业在产品市场作为卖方是完全竞争者,在要素市场作为买方是垄断者。在产品市场,要素的边际收益为 $P\cdot MP$;在要素市场,要素的边际成本为成本对要素的导函数,即 $\mathrm{d}C(L)/\mathrm{d}L=\mathrm{d}(L\cdot W(L))/\mathrm{d}L=W(L)+L\cdot\mathrm{d}W(L)/\mathrm{d}L$。其中,$L$ 表示使用的要素数量,W 是对应的要素价格,它是关于要素数量 L 的函数。买方垄断使用要素的原则必须满足 $P\cdot MP=W(L)+L\cdot\mathrm{d}W(L)/\mathrm{d}L$。

(3)**答**:在买方垄断条件下,企业在要素市场作为买方是垄断者,此时要素边际成本为 $\Delta C/\Delta L$,其中 L 表示要素数量。当要素数量趋近无穷小时有

$$\frac{\mathrm{d}C}{\mathrm{d}L}=\mathrm{d}(W(L)\cdot L)=W(L)+\frac{L\cdot\mathrm{d}W(L)}{\mathrm{d}L}$$

等式右边提取 $W(L)$ 得到

$$\frac{\mathrm{d}C}{\mathrm{d}L}=W(L)\left(1+\frac{L}{W(L)}\frac{dW(L)}{dL}\right)=W(1+1/\eta)$$

获证。

(4)**答**:边际收益产品等于垄断企业产品的边际收益与要素的边际产量之乘积,而边际产品价值等于完全竞争企业产品价格与要素的边际产量之乘积。二者的区别在于固定的价格水平和随产出增加而减少的边际收益。由于要素使用增加不会影响完全竞争市场产品的价格水平,但会影响垄断企业的产出进而使边际收益曲线呈现递减趋势,故边际收益产品曲线要比边际产品价值曲线更加陡峭。

(5)**答**:从数量上看,资本与土地和劳动相比,资本是人们生产出来的要素,而后者是“自然给定”的。从使用过程看,土地和劳动要素直接投入生产,而资本需要先生产出来,再作为投入要素生产其他产品和服务。总之,资本是由经济制度生产出来并被用作投入要素以便进一步生产更多产品和服务的物品。

(6)**答**:假设存在两种资本 K_1 和 K_2,对应的利率分别为 r_1 和 r_2,其中 $r_1>r_2$。由于资本 K_1 具有更高的利率,人们会因此被高利率吸引而增加对它的购买,即对资本 K_1 的需求增加,资本 K_1 的价值被抬高,进而导致其利率 r_1 下降。同理可得,资本 K_2 利率低,需求较低,资本价值较低,故利率 r_2 上升,最终导致不同资本利率趋同。

6. **计算题**

(1)**解**:完全竞争企业为了使利润最大化,必须满足要素价格等于产品价格与要素的边际产量之积。根据题意,劳动要素价格 $W=20$,产品价格 $P=10$,于是得到 $MP=2$,当每增加一单位劳动力使得边际产出增加两个单位时,企业利润最大。从题表中可以看出,当企业雇佣 7 个劳动力时,其边际产出为 20−18=2,此时企业利润最大。

(2)**解**:①企业为实现利润最大化,必须满足要素价格等于产品价格与要素的边际产量之积。根据题意,产品价格为 10 美元,劳动要素的边际产量为 $MP(L)=12-2L$。设劳动要素的价格为 W,则有 $10(12-2L)=W$,于是企业的劳动需求曲线为 $W=120-20L$,其中 $L=0\sim6$。

②当工资率为 60 美元/天,即 $W=60$ 时,带入企业劳动需求曲线,得到 $L=3$,即企业将雇佣 3 个工人。

(3)**解**:①劳动均衡工资由劳动市场供给和需求共同决定。由题意可知,将劳动供给方程和劳动需求方

程联立，即$D_L = S_L$，$6\ 000 - 100\ W = 100\ W$，解得 W=30，即均衡工资为 30。

②联立方程$D_{L1} = S_L$，即$3\ 000 - 100\ W = 100\ W$，解得 W=15。

③联立方程$D_L = S_{L1}$，即$6\ 000 - 100\ W = 100\ W + 1\ 000$，解得 W=25。

④根据以上信息，当劳动供给不变时，劳动需求减少，则会导致工资率下降，反之上升；当劳动需求不变，劳动供给增加，工资率也会下降，反之上升。

（4）**解：方法一：**企业要实现利润最大化，在完全竞争市场条件下，必须满足要素价格等于产品价格与要素的边际产量之积。根据题意，小时工资为 4.8 美元，单位产品价格为 0.1 美元，劳动要素的边际产量为$MP(L) = -0.03L^2 + 2\ L + 36$。于是有 0.1（$-0.03L^2 + 2\ L + 36$）=4.8，解得 L=60 或 L=20/3。由于每天最多 24 小时，故企业需要雇佣约 6.7 个小时劳动力。

方法二：直接构造利润函数$\pi(L) = 0.1Q - 4.8\ L = 0.1(-0.01L^3 + L^2 + 36\ L) - 4.8\ L$。为使利润最大化，用利润函数对劳动要素求导得$\pi'(L) = 0$，即 0.1（$-0.03L^2 + 2\ L + 36$）−4.8=0，解得 L=60（舍）或 L=20/3。

（5）**解：**①当工资均衡时，劳动供给等于劳动需求，$D_L = S_L$，即$4000 - 50W = 50\ W$，解得均衡工资 W=40。

②假如政府对工人提供的每单位劳动征税 10 美元，则劳动供给曲线变为

$$S'_L = 50(W - 10) = 50W - 500$$

此时$S'_L = D_L$，即$50W - 500 = 4000 - 50W$，解得 W=45，即征税后的均衡工资为 45 美元。

③征税后，企业购买每单位劳动要支付的工资变为 45 美元，而不是征税前的 40 美元。两者之间的差额 5 美元即是企业为每单位劳动支付的税收额。工人提供每单位劳动得到 45 美元，但有 10 美元要作为税收交给政府，所以仅能留下 35 美元。工人实际得到的单位工资与征税前相比也少了 5 美元。这 5 美元就是他们提供单位劳动而实际支付的税款。因此，企业和工人分别支付 5 美元的税款，恰好平均承担了政府征收的 10 美元税款。

④征税后的均衡劳动雇佣量为

$$50(W - 10) = 50 \times (45 - 10) = 1\ 750$$

政府征收的总税收额为$10 \times 1\ 750 = 17\ 500$美元。

7. 分析题

（1）**答：**完全竞争企业要素需求曲线即为边际产品价值曲线，而完全竞争市场的要素需求曲线不是单个企业边际产品价值曲线的加总。

如果不考虑其他企业的调整，要素价格变化不会影响企业 i 的产品价格，只改变企业 i 的要素使用量以及产品数量，而企业 i 的边际产品价值曲线 $VMP_i = P \times MP_i$ 不发生变化。

如果考虑其他企业的调整，要素价格变化不仅会使企业 i 的要素需求量和使用量发生变化，还会使所有其他企业的要素需求量和使用量变动，进而使整个产品市场的价格和产量发生变动，而产品价格的变动又会反过来使每一个企业的边际产品价值曲线发生改变，故要素需求曲线不再与边际产品价值曲线重合。

图 1 中，横轴表示要素使用量，纵轴表示要素价格，初始要素价格为 W_0，产品价格为 P_0，从而边际产品价值曲线为 $P_0 \times MP$，其中 $A\ (W_0, L_0)$ 为要素需求曲线上一点。如果其他企业没有进行调整，则 $P_0 \times MP$ 即为企业要素需求曲线。现在让要素价格 W_0 下降到 W_1，此时产品价格也下降到 P_1，从而边际产品价值曲线向左下方移动到 $P_1 \times MP$，此时要素需求量变为 L_1 而不是 L_2，于是得到要素需求曲线上另外一点 $B(W_1, L_1)$。同理可得到与 A、B 两点性质相同的其他点。这些点的集合构成了企业 i 对要素的需求曲线 d_i，称 d_i 为行业调整需求曲线，因为它经过多个企业相互作用的调整。该曲线仍然右下方倾斜，但比边际产品价值曲线更加陡峭。

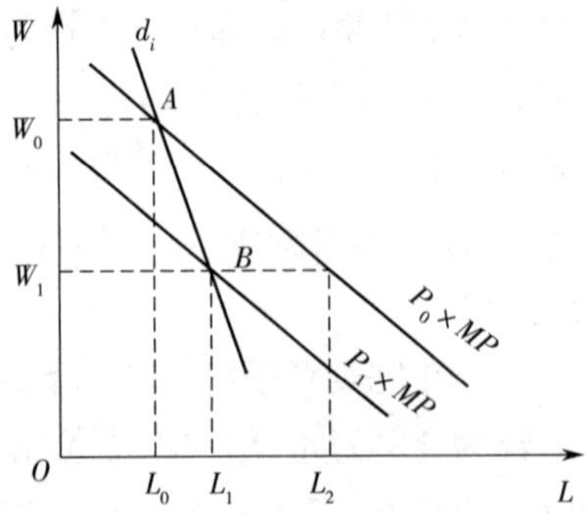

图 1

假定某个完全竞争要素市场包含 n 个企业，第 i 个完全竞争企业的行业调整曲线为 $d_i(i=1,2,\cdots,n)$，整个完全竞争市场的要素需求曲线 D 就是所有这些完全竞争企业的行业调整曲线的简单水平相加，即

$$D=\sum_{i=1}^{n}d_i$$

特别地，如果假定这 n 个完全竞争企业情况相同，则整个完全竞争市场的要素需求曲线为

$$D=\sum_{i=1}^{n}d_i=nd_i$$

其中 d_i 表示任何一个完全竞争企业的行业调整曲线，对应的市场要素曲线如图 2、图 3 所示。

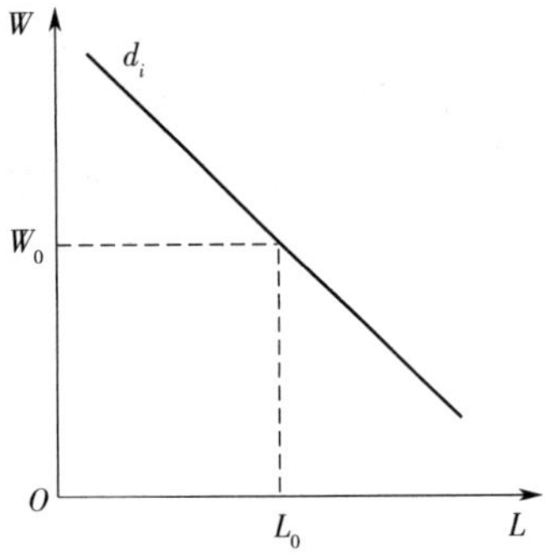

图 2

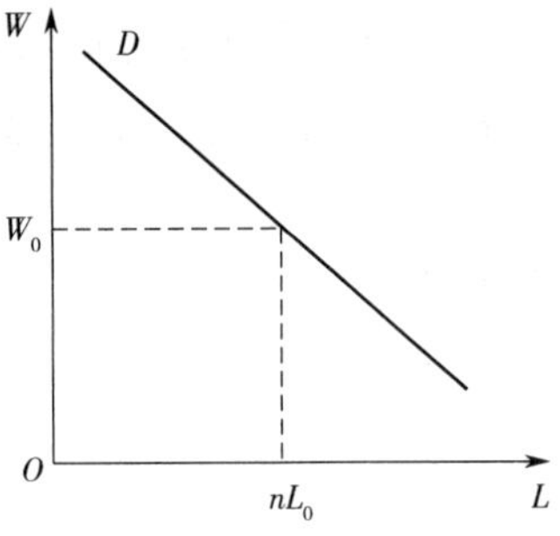

图 3

（2）**答：**一般情况下，工资水平越高，消费者越会提高其劳动供给量，但工资非常高时，又会进一步减少消费者的劳动供给量。下面使用几何方法进行阐述。

图 4 中，横轴表示劳动者闲暇 H，纵轴表示劳动者的消费 C，消费者的初始状态为 E 点，表示非劳动收入 $\bar{Y}$ 与时间资源总量 $\bar{L}$ 的组合。如果工资为 W_0，则最大可能的消费为 $C_0=W_0\bar{L}+\bar{Y}$，即将全部时间资源用于劳动，消费由劳动收入和非劳动收入构成。此时消费者预算约束线是初始点 E 和纵轴交点 C_0 的连线 EC_0。而 EC_0 与无差异曲线 U_0 的切点为 A，与之对应的最优闲暇时间为 H_0，于是最优劳动供给量为 $\bar{L}-H_0$，在劳动供给曲线中的坐标为 $A(W_0,\bar{L}-H_0)$。

现在让工资由 W_0 上升到 W_1 和 W_2，则消费者预算约束线由 EC_0 绕固定点 E 进行顺时针旋转到 EC_1, EC_2，其中 $C_1=W_1\bar{L}+\bar{Y}$、$C_2=W_2\bar{L}+\bar{Y}$。并于无差异曲线 U_1 和 U_2 相切与 B、C 两点。B、C 两点最优的闲暇时间为 H_1 和 H_2，对应的最优劳动供给为 $\bar{L}-H_1$、$\bar{L}-H_2$。在劳动供给曲线中的坐标分别为 $B(W_1,\bar{L}-H_0)$、$C(W_2,\bar{L}-H_2)$。

重复上述过程，得到类似于 A、B、C 的其他点，这些点构成了工资价格的扩展线 PEP，即为消费者的劳动供给曲线 S。从劳动供给曲线可以看出，劳动供给曲线并非总是向右上方倾斜的，还包括了向后弯曲的部分。具体来说，当工资较低时，随着工资提高，消费者被工资吸引而减少闲暇，劳动供给增加，此时劳动供给曲线向右上方倾斜；当工资较高时，劳动工资对劳动供给的促进作用有限，甚至会导致劳动供给减少，这意味着劳动供给曲线在较高的工资水平下可能向后弯曲。

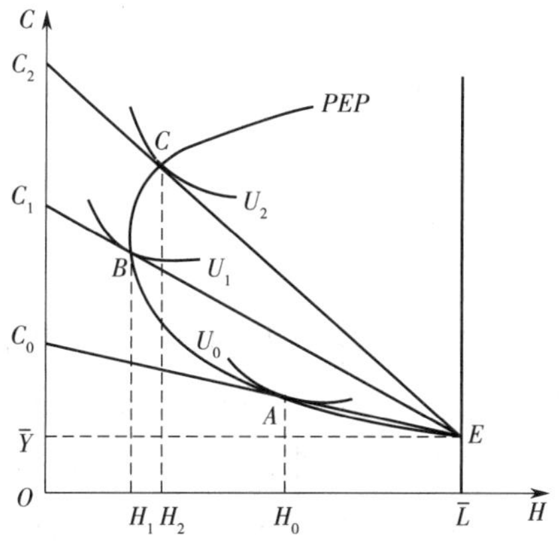

图 4

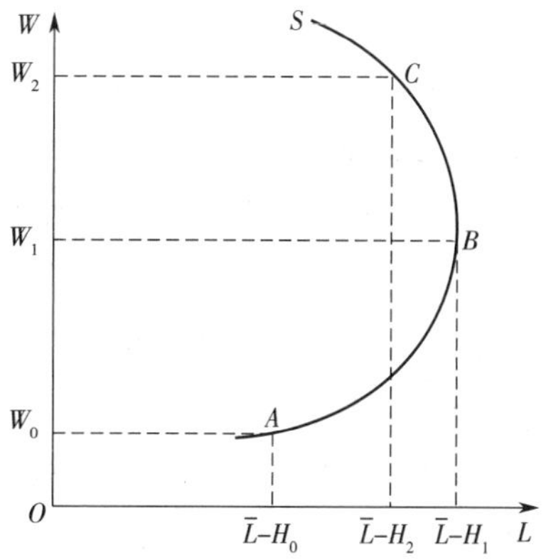

图 5

(3)**答:**劳动者将既定不变的劳动时间分为自用的闲暇时间和用于工作的劳动供给。劳动供给增加也就是闲暇时间减少,闲暇时间增加也就是劳动供给减少。劳动工资本质就是闲暇的价格,“购买”一单位的闲暇就会失去一单位劳动供给带来的收入。劳动随工资增加先增加后减少,等价于消费者闲暇随工资增加先减少,再增加。

对于正常品,替代效应意味着一件商品价格提高,人们会增加其他具有替代性的商品的消费,减少本商品的消费。收入效应意味着该商品价格提高,实际货币购买力下降,人们实际收入下降,消费者变得“穷”一些,将减少对本商品的购买。这意味着对于正常品,其需求量随着价格增加而减少。

现在将闲暇视为商品,其收入效应和替代效应不是同方向的。对于替代效应,随着工资价格提高,闲暇这个商品变得更加昂贵,消费者将减少对它的购买,即减少对闲暇的需求。因此,从替代效应看,工资上涨导致闲暇需求减少,也就是消费者劳动供给量随着工资提高而提高。对于收入效应,与正常品不同,工资上涨不会导致对闲暇需求的减少,反而可能增加对闲暇的需求,原因是消费者在享受闲暇的同时,还能使用与之前同样的劳动供给而获得更多收入,在消费过程中获得更多的间接效用。因此,从收入效应看,工资上涨导致闲暇需求增加,也就是消费者劳动供给量随着工资提高而减少。

因此,劳动供给量与工资水平的方向取决于收入效应和替代效应的强度。当替代效应大于收入效应时,消费者劳动供给随着工资价格上涨而增加;当替代效应小于收入效应时,消费者劳动供给随着工资价格上涨而减少。一般而言,当工资价格较低时,替代效应占主导作用;此时劳动供给曲线向右上方倾斜;当工资价格较高时,收入效应占主导作用,此时劳动供给曲线向右下方倾斜,即劳动供给曲线呈现向后弯曲的态势。

(4)**答:**消费者将资本划分为两部分,一部分用于当前消费,以增加自己的效用,另一部分保留下来进行储蓄,这增加了他的资本数量,即储蓄可以增加新的资本,也可以用于购买股票、债券等资本所有权,形成资本供给,从而得到所需资金去建立机器厂房。从本质来讲,就是消费者如何将自身拥有的资本,在消费和储蓄两方面进行决策,进而使自身效用最大化,或者说如何进行跨期消费决策,使自身效用最大化。

图 6 中,假定横轴表示当前消费 C_0, 纵轴表示未来消费 C_1。消费者初始消费决策为 $A(C_0^0, C_1^0)$,即当前消费为 C_0^0,未来消费为 C_1^0。消费者可以减少 1 单位当前消费,即储蓄 1 单位消费用于未来消费,此时未来消费增加 $1+r$ 单位的商品消费,其中 r 表示市场利率。如果消费者当前完全不消费,则未来最大消费为

$$W' = C_1^0 + C_0^0(1+r)$$

如果消费者将未来的消费全部用于当前消费,则他今年最大消费为

$$W = C_0^0 + \frac{C_1^0}{1+r}$$

连接横轴 W 和纵轴 W' 两点,直线 WW' 就是当前利率为 r 的消费者预算约束线。预算约束线的斜率为

$$-\frac{W'}{W}=-\frac{C_1^0+C_0^0(1+r)}{C_0^0+\dfrac{C_1^0}{1+r}}=-(1+r)$$

这表明预算约束线的斜率由利率 r 决定。无论利率如何变化，预算约束线都通过初始点 $A(C_0^0, C_1^0)$。随着利率提高，预算约束线越来越陡峭。

设消费者效用取决于当前消费 C_0^0 和未来消费 C_1^0，则效用函数为

$$U=U(C_0^0, C_1^0)$$

它与商品消费的无差异曲线的性质相同。在图 6 中，无差异曲线 U_1 与预算约束线 WW' 相切于 A^*，决定了最优当前消费 C_0^* 和最优明年消费 C_1^*。尽管消费者当前拥有的初始消费是 C_0^0，但只能消费其中一部分即 C_0^*，而将另一部分 $C_0^0-C_0^*$ 储蓄起来，并按照利率 r 借出去，从而使未来的消费由 C_1^0 提高到 C_1^*。

现在假设市场利率提高，预算约束线将围绕点 A 顺时针旋转，从而与另一条无差异曲线相切，得到另一个均衡点以及另一个最优储蓄量或贷出量，将不同利率水平和相应的最优储蓄量画出，即为消费者储蓄供给曲线，如图 7 所示。

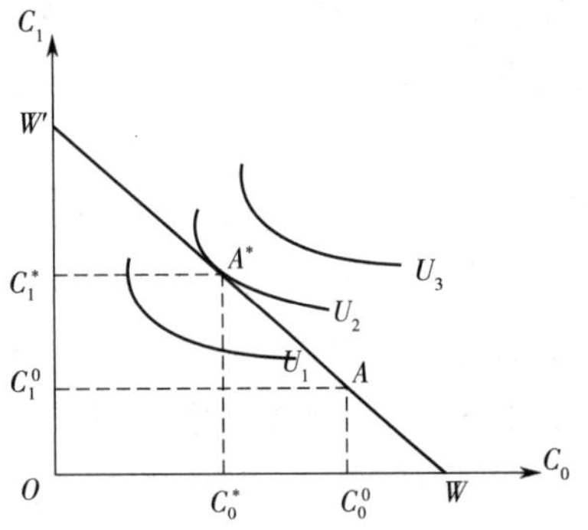

图 6

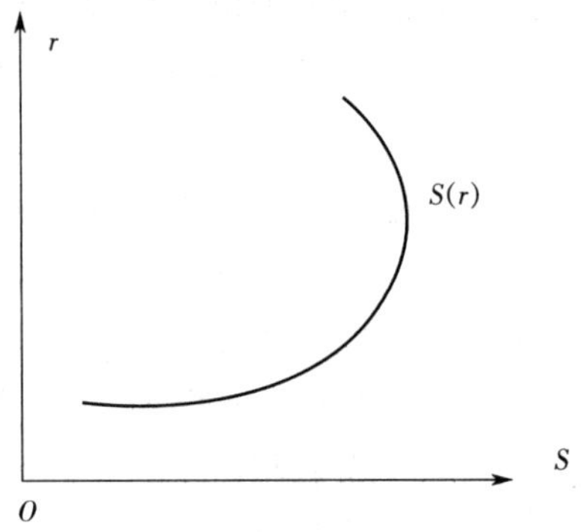

图 7

（5）**答：**储蓄是消费者的未来消费，论述消费者储蓄随着利率提高先增加再减少，等价于消费者当前消费随着利率提高先减少再增加。将当前消费视为一种商品，那么当前消费的价格就是利率 r，即“购买”一单位当前消费将会失去（$1+r$）单位的未来消费。

对于正常品而言，商品价格对需求的影响可以分解为替代效应和收入效应。从替代效应看，利率提高，将导致当前消费的价格变得昂贵，于是消费者将减少对当前消费的购买，从而增加对相对便宜的未来消费的购买，也就是随着利率提高，当前消费减少，储蓄增加。从收入效应看，利率提高使储蓄同样的资本能带来更多的收入，进而增加未来的消费，这使当前消费者没有较多的激励，减少当前消费，甚至减少未来消费或储蓄，通过提高当前消费来增加自身的效用。

一般而言，当利率水平较低时，随着利率提高，消费者会减少当前消费，增加储蓄；当利率较高时，随着利率进一步提高，消费者会增加当前消费，减少储蓄。或者当收入效应小于替代效应时，储蓄与利率呈正相关关系；当收入效应大于替代效应时，储蓄与利率呈负相关关系。

（6）**答：**在短期中，对于庞大的资本，储蓄的增加可能微不足道。假设储蓄在短期中不影响资本，则资本在短期中数量固定不变，此时资本与土地要素一样，其资本供给曲线是一条垂直于横轴的直线 S_1S_1。在图 8 中，横轴表示资本存量，纵轴为资本服务价格，即利率。假设短期内资本存量为 K_1，资本需求曲线是向右下方倾斜的曲线，即随着利率下降，资本需求量增加。短期资本均衡也就是短期资本供给曲线与资本需求曲线的交点 E_1，对应的利率 r_1 为短期资本均衡利率，K_1 既是短期资本均衡需求量，也是短期资本均衡供给量。

在长期中，随着储蓄不断积累，储蓄足以影响资本总量。此时资本市场均衡点不再是 E_1 点。在长期中，资本市场均衡要求资本的储蓄等于资本折旧，此时资本存量稳定，与资本需求曲线的交点即为长期资本市场均衡。

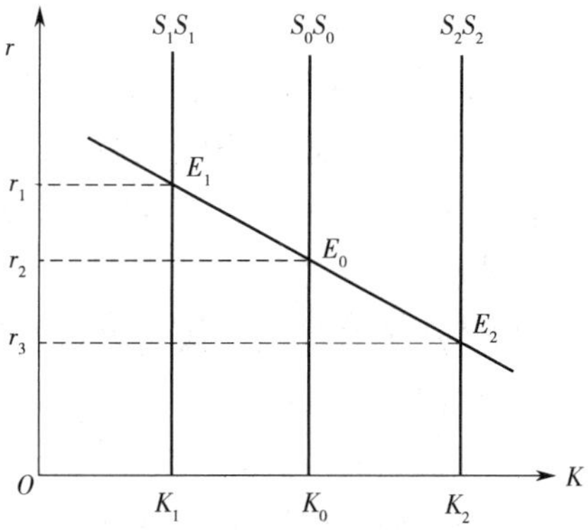

图 8

具体而言，当利率较高时，更高的储蓄和较小的资本折旧使投资保持为正，进而使资本总量向右移动到 S_0S_0 曲线，资本存量增加到 K_0，由于资本供给增加，资本需求不变，因此资本均衡利率下降。当利率较低时（如 r_3），更低的储蓄和相对较大的资本折旧使投资为负，进而使资本总量向左移动到 S_0S_0 曲线，资本存量由 K_2 减少到 K_0，由于资本供给减少，资本需求不变，因此资本均衡利率上升。从图 8 中来看，E_1 和 E_2 是资本市场短期均衡点，E_0 是资本市场长期均衡点。

（7）**答：**根据垄断企业要素使用原则，当垄断企业边际收益成本等于要素使用的边际成本，即 $MRP(L)=W$ 时，垄断企业利润最大。当要素使用边际成本 W 增加时，边际收益成本小于要素使用的边际成本，企业为实现利润最大化，需要减少对要素的需求，进而使边际产出 MP 和边际收益 MR 增加，进而维持边际收益产品与要素价格相等；当要素使用边际成本 W 减少时，边际收益成本大于要素使用的边际成本，企业为实现利润最大化，需要增加对要素的需求，进而使边际产出 MP 和边际收益 MR 下降，进而维持边际收益产品与要素价格的相等。由此可见，要素价格与垄断企业要素需求量呈负相关关系。

在上述情况下，要素需求曲线和边际收益产品曲线完全重合。如图 9 所示，当要素价格由 W_0 降到 W_1 时，垄断企业的要素需求量由 L_0 提高到 L_1。

此外，要素价格变化会影响所有企业的要素需求，进而影响整个产量，但不会改变垄断企业自身所面临的产品需求曲线，其他企业和卖方垄断企业的产品完全不同，故其产量不会改变卖方垄断企业面临的产品需求曲线。在不考虑较小的间接影响时，要素价格变化不会改变卖方垄断市场的产品需求曲线，也不会改变它的边际收益产品曲线。因此，卖方垄断市场的要素需求曲线就是所有卖方垄断企业的边际收益产品曲线水平加总——在该要素市场中，每一个企业都是各自产品的垄断者。假设要素市场包括 n 家企业，每个企业都是某个产品市场上的垄断者，则整个要素市场需求函数 D 可以记作 $D=\sum_{i=1}^{n}MRP_r$。

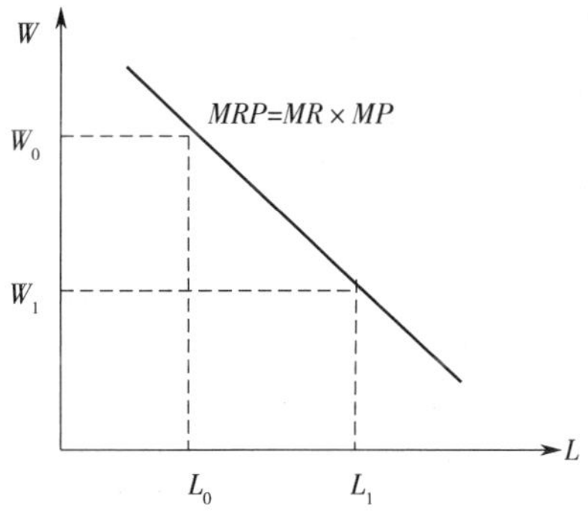

图 9

（8）**答：**按照西方经济学的要素理论，要素所有者是按照要素的贡献大小得到要素的价格的，即报酬。而他之所以得到该报酬，是因为他提供要素时遭受了等值的“负效用”的损失。这从根本上否定了在资本主义社会中存在着剥削。除此之外，西方经济学的要素理论还存在如下具体的缺陷。

①资本衡量问题。生产要素的边际生产率是根据生产函数求得的，而生产函数中所包括的变量又必须由实物单位加以表示。然而，资本却找不到一个大致适用的实物单位。既然资本缺乏一个共同的单位，那么生产函数中的资本（K）也就无法加以衡量，从而也就找不到资本的边际生产率。这样，边际生产率分配论赖以成立的“$MP_K=$利息”的说法就无从成立。

②资本家投资及多寡与“节欲”或“等待”关系问题。按照边际生产率分配论，资本家获得的利息是资本家由于“节欲”或“等待”而承受的“负效用”。事实证明，“节欲”或“等待”是什么东西也制造不出来的，资本家的投资或投资的多寡根本与“节欲”或“等待”无关。

③收入分配理论牵涉到对不同的社会人群或阶级的收入做出评价的问题，即以经济学的术语来解释各种人群的收入是否正当或公平合理的问题。因此，它含有强烈的意识形态的色彩。

④即使假定边际生产率分配论是正确的，它仍然是一个不完整的理论。因为，一个完整的分配论不但要像边际生产率分配论那样，能够解释在一定的社会条件下，各种人群或阶级得到不同收入的理由，而且还要说明一定的社会条件得以形成的原因。这是边际生产率分配论自身做不到的。因此，说西方经济学的要素分配理论是庸俗的分配论是有理由的。

（9）**答：**准租金是指对供给量暂时固定的生产要素的支付，即固定生产要素的收益。因此，准租金属于短期分析。在完全竞争市场中的企业的短期均衡分析中，准租金就是企业总收益减去可变成本的部分。图10展现的即为完全竞争企业短期均衡分析。企业为了实现利润最大化，最优产量和最优价格必须保证边际收益等于边际成本，即C点位于企业短期均衡点，此时对应的最优产量为Q_0，企业总收益面积为OP_0CQ_0，总可变成本为$OGBQ_0$，故企业固定要素（短期、暂时）的收益为$OP_0CQ_0-OGBQ_0$，即为企业准租金。

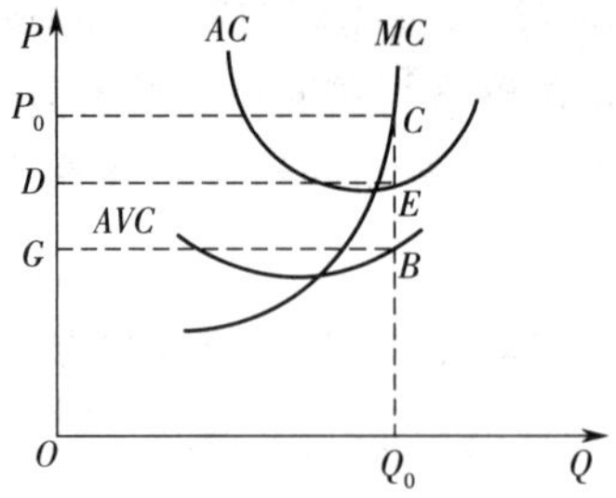

图10

（10）**答：**①经济的开放水平。经济的开放主要表现为国际商品流动和资本流动。而资本和商品的流动更多集中在城镇地区，对外开放水平越高，意味着贸易的发展越有利于提高城镇居民的收入，而农村居民收入增幅相对缓慢。同样地，国际直接投资（FDI）也主要集中在城镇地区，这进一步扩大了城乡收入差距。因此对外开放水平不利于城乡收入差距缩小，在提高对外开放水平的同时也要兼顾农村地区的收入增长。

②财政支出。政府在经济增长中扮演了重要作用。如果一个地方政府只注重经济增长，提高其政绩，则其极有可能采取偏向城镇的财政政策，因为城镇相对于农村分布有更多的工业和服务业，更有利于促进经济增长和政绩的提高。而对于那些非城镇地区，政府可能会支出较少一部分财政资金来支持农村地区发展。因此，如果政府以经济增长为首要目标，则财政支出不利于城乡收入差距缩小。如果政府以人民福利为首要目标，则有利于缩小城乡收入差距。

③教育普及程度。教育普及程度越高，城乡收入差距越小。教育普及程度越高，则会有更多高学历、高技术技能人才。按照西方经济学要素分配理论，如果劳动所有者仅能拥有劳动，与资本家相比，收入差距随着经济增长只会扩大。如果劳动者不仅是劳动所有者，还是技术所有者，他将会获得更高的收入报酬。此外，更多高学历人才在相同的专业领域的技术差异缩小，获得的收入报酬差异也会逐步减小。

④城镇化建设。城镇化是指人口从农村向城镇转移的过程，通常伴随着工业化和经济发展。城镇化对城乡收入差距的影响是复杂的，既有可能扩大差距，也有可能缩小差距。一方面，城镇化加大城乡收入差

距。首先,城镇化进程中,农村劳动力大量涌入城镇,从事低技能、低收入的工作,导致农村劳动力的流失和农业生产力的下降,从而加大了城乡收入差距。其次,城镇化进程中,城镇吸纳了大量的外来人口,使得城镇的人口密度增加,生活成本上升,这可能导致城镇居民的收入水平相对提高,但同时也加大了城乡之间的收入差距。最后,城镇化进程中,城镇的产业结构发生变化,服务业等高附加值产业的发展迅速,而农业等传统产业的增长速度较慢。这种产业结构的变化可能导致城镇居民的收入水平提高,而农村居民的收入水平的提高相对滞后。另一方面,城镇化可以缩小城乡收入差距。首先,城镇化进程中,农村劳动力通过转移就业,可以获得与城镇居民相当甚至更高的收入,这有助于缩小城乡收入差距。其次,城镇化进程中,政府加大对农村的投入,改善农村基础设施和公共服务水平,提高农民的收入水平和生活质量。这有助于缩小城乡收入差距。最后,城镇化进程中,随着农村劳动力向城市转移,农村劳动力的素质得到提高,农业生产效率得到提升。这有助于提高农民的收入水平,从而缩小城乡收入差距。

⑤产业结构。产业结构是影响城乡收入差距的重要因素之一。一般来说,以第二、三产业为主的城镇相对于以第一产业为主的农村,其收入水平要高一些。这是因为第二、三产业通常是指工业和建筑业、服务业与金融业等,这些行业的劳动力需求量大,而且技术含量较高,因此薪资水平较高。相反,第一产业通常是指农业,行业的劳动力需求量较小,而且技术含量较低,因此薪资水平相对较低。从传导机制来看,首先,产业结构对城乡收入差距的影响在就业机会上表现得尤为明显。由于第二、三产业的劳动力需求量大,因此吸引了大量农村劳动力前往城镇就业。然而,由于城镇的就业机会有限,这些农村劳动力往往只能从事低技能、低薪的工作。相比之下,城镇居民则更容易获得高薪工作。这就导致了城乡收入差距的扩大。其次,产业结构对城乡收入差距的影响还在于技能培训和教育机会上。由于第二、三产业的技术含量较高,因此只有具备一定的专业技能的人才能胜任相关工作。而农村地区的教育资源相对匮乏,农民很难得到与城镇居民同等水平的教育和培训。这就使得他们在就业市场上处于不利地位,难以获得高薪工作。最后,产业结构对城乡收入差距的影响还体现在税收政策上。政府通常会通过税收政策来调节产业结构,促进经济的平衡发展。例如,政府可能会给予第二、三产业企业一定的税收优惠,以鼓励其发展。这样一来,城镇的经济就会得到快速发展,从而带动了居民的收入水平上升。相反,对于农村地区来说,由于缺乏相应的政策支持和引导,其经济发展相对滞后,从而导致了城乡收入差距的扩大。

(11)**答:**城乡收入差距是指城镇居民和农村居民在经济收入方面的差距。这种差距不仅影响了社会的和谐稳定,也制约了经济的持续健康发展。因此,解决城乡收入差距问题,是当前我国经济社会发展的重要任务,以下是几种可行的解决方法。

①提高农村劳动力的技能水平和素质。通过教育和培训,提高农村劳动力的技能水平和素质,使他们能够适应现代化农业的发展需要,提高农业生产效率,从而提高他们的收入水平。

②发展农村产业。鼓励和支持农村发展多元化产业,如农产品深加工、农村旅游、农村电商等,增加农民的收入来源。

③完善农村社会保障体系。建立健全农村社会保障体系,包括农村养老保险、医疗保险、失业保险等,减轻农民的生活压力,提高他们的生活质量。

④优化城乡资源配置。通过政策引导和市场机制,优化城乡资源配置,使城乡之间的人力、物力、财力等资源得到合理配置,缩小城乡发展差距。

⑤推进新型城镇化。推进以人为核心的新型城镇化,使农民工能够更好地融入城镇生活,享受到城镇的公共服务,提高他们的收入水平。

⑥加强农村基础设施建设。加大农村基础设施建设投入,改善农村生产生活条件,提高农民的生活水平。

总之,解决城乡收入差距问题,需要从多方面入手,既要注重提高农村劳动力的技能水平和素质,也要发展农村产业,完善农村社会保障体系,优化城乡资源配置,推进新型城镇化,加强农村基础设施建设等。只有这样,才能真正实现城乡收入差距的缩小,促进社会公平正义,推动经济社会的全面发展。

(12)**答:**解决区域收入差距可以采取以下措施。

①优化产业结构,促进区域经济协调发展。产业结构是影响区域收入的重要因素。优化产业结构,提高产业附加值,有利于缩小区域收入差距。政府应加大对战略性新兴产业的扶持力度,引导资金、技术等要素向这些产业集中,提高产业集群的竞争力。同时,加强对传统产业的改造升级,提高产业附加值,增加就业岗位,提高劳动者收入水平。通过产业结构调整,促进区域经济协调发展,从根本上解决区域收入差距问题。

②完善税收制度,加大对低收入群体的支持力度。税收制度是调节收入分配的重要手段。完善税收制度,加大对低收入群体的支持力度,有助于缩小区域收入差距。首先,完善个人所得税制度,实行综合征税,对高收入者征收较高税率,对低收入者给予一定的减免。其次,加大对低收入群体的财政补贴力度,提高最低工资标准,保障低收入者的基本生活。此外,完善社会保障体系,提高对低收入者在医疗、养老、失业等方面的保障水平。通过税收制度改革,实现收入再分配,缩小区域收入差距。

③推进教育均衡发展,提高人力资本水平。教育是提高人们收入水平的关键因素。推进教育均衡发展,提高人力资本水平,有助于缩小区域收入差距。政府应加大对农村、贫困地区、民族地区的教育投入,提高这些地区的教育水平。同时,加强职业教育和培训,提高劳动者的技能水平,增加就业机会,提高收入水平。此外,加强教育公平,消除城乡、地区之间的教育差距,使每个人都能享受到公平的教育机会。通过提高人力资本水平,促进区域经济发展,从而缩小区域收入差距。

④深化户籍制度改革,促进人口流动。户籍制度是影响人口流动和收入分配的重要因素。深化户籍制度改革,促进人口流动,有助于缩小区域收入差距。政府应逐步放宽城镇落户限制,鼓励农村人口向城镇转移,促进劳动力合理流动。同时,完善城乡一体化政策,消除城乡居民之间的福利差距,使流动人口能够融入城镇生活。此外,加强对流动人口的服务和管理,保障其合法权益,为流动人口提供就业、住房、教育等方面的支持。通过人口流动,促进区域经济发展,从而缩小区域收入差距。

⑤加强社会保障体系建设,增进民生福祉。社会保障体系是增进民生福祉的重要手段。加强社会保障体系建设,增进民生福祉,有助于缩小区域收入差距。政府应加大对低收入群体的社会保障投入,完善养老、医疗、失业等保险制度,保障低收入者的基本生活。同时,加强对社会弱势群体的保护,消除社会不公现象。通过加强社会保障体系建设,增进民生福祉,缩小区域收入差距。

课程思政案例

(1)①美国政府没有厘清经济发展的效率和公平的关系。西方经济学要素分配方法从理论上看是有效率的,但一个高效的制度并不意味着具有社会公平性,甚至会拉大社会收入差距,或者说西方经济学要素分配理论虽然实现了帕累托改进,但不能保证国民收入分配的公平性。材料中的相关数据表明,美国贫富两极分化极为严重,在经济发展的同时,没有保障社会的公平性。

②美国经济政策更大程度上追求的是效率。新冠疫情使美国收入差距进一步拉大,同期美国为挽救疫情导致的经济衰退,超发大量货币,大规模提高财政支出,使股价和房价猛涨。这些措施将会导致如下社会分化:大量货币发行导致后续通货膨胀加剧,而通货膨胀加剧又会扭曲债务人和债权人的利益关系,穷人购买力进一步下降。而财政支出规模提高,尽管可以刺激美国股价和房价猛涨,但受益更多的是富人阶级,因为穷人初始资产较少,扩张性财政政策和货币政策很大程度上只能保证富人收入爆发式增长,这无疑进一步扩大了富人和穷人的收入差距。

③收入分配差距不仅在于要素价格,更在于要素使用量。西方经济学要素分配理论表明,不同要素在参与产品和服务生产过程中,其报酬不仅取决于要素自身的价格,还受到要素使用量的影响。

现实中资本家既是经济利润所得者,又是资本所有者。由于资本相对劳动更为稀缺,因此资本相对劳动更为昂贵。加之目前人工智能技术的进步,资本家更愿意使用资本代替劳动以提高生产效率,资本的大量使用和劳动使用的相对减少,使得资本要素报酬相对劳动更多。而劳动所有者很大程度上仅拥有劳动这一种要素，因此资本家和工人阶级收入差距随着经济的增长而不断扩大。由于美国收入分配不均已经非常严重，在新冠疫情期间采取具有“效率”的经济政策让美国社会收入差距雪上加霜。

④外部疫情冲击，工人阶级失业，进一步拉大收入差距。新冠疫情对经济的冲击巨大，停工停产使大量的工人无法就业，在此期间无法获得收入，而同期美国的经济政策促使股价和房价上涨，但对于无法就业的工人阶级而言不过杯水车薪。在此背景下，大批民众陷入贫困境地，社会收入差距再次扩大。

第七章　一般均衡与效率

1. 名词解释

（1）局部均衡是英国著名经济学家马歇尔提出的一种关于市场均衡的分析方法，又被称作孤立市场的分析方法。马歇尔认为，在市场经济中各种经济现象非常复杂，影响市场运作的因素很多，为使分析简化，应该采取“其他情况不变”的假设，孤立分析某种商品的市场价格和供求关系的变动，待所有的商品价格和供求问题分析完之后，再进行综合分析，便能够得出关于市场均衡的正确结论。

（2）如果存在着对原有资源配置的一个再配置，可以在不影响他人境况的条件下改善某些人的福利状况，则称该资源配置是对原有资源配置的帕累托改进。换言之，帕累托改进就是指在既定的资源配置状态下能够在其他人福利水平不下降的情况下，通过重新配置资源，使至少一个人的福利水平有所提高。

（3）生产契约线是指在埃奇沃斯盒式图中，不同生产者的等产量线切点的轨迹。生产契约线说明生产者如何通过对生产中使用的劳动与资本的配合比例的调整，实现其利润最大化，即实现生产的最优状态。当资源配置不在生产契约线上时，可以重新配置要素组合，即两个生产者之间交换要素，使之向生产契约线移动，这种移动使得在不减少一种产品产量的情况下，增加另外一种产品的产量，或者两种产品的产量都增加，这种调整也被称为帕累托改进。

（4）效用可能性边界即效用可能性曲线，是指在其他条件不变的情况下，消费者可能达到的最大满足程度，表示在产品或劳务产出量既定的前提下，社会所能满足的两个消费者的各种最大效用组合。交换契约线所表示的两个消费者效用之间的替代关系，实际上是以产品或劳务产出量既定为前提的，因而这种替代关系可以直接用效用可能性边界表示。效用可能性边界与生产可能性边界相对应，显示各在一轴上的两个（或两组）消费者的效用或满足的几何图。

（5）社会福利函数是福利经济学研究的一个重要内容，它试图指出社会所追求的目标应该是什么，应该考虑哪些因素：是某些人的利益或效用，还是所有人的利益或效用？当人们之间的利益或效用相冲突时，应该如何处理这些不同的利益或效用？纵观福利经济学的发展历史，社会福利函数的研究在经历了古典效用主义时期、转折时期之后，进入了困惑时期和古典效用主义复兴时期。需要知道在效用可能性边界上每一点所代表的社会福利的相对大小，或者更一般地说，需要知道效用可能性区域或整个效用空间中每一点所代表的社会福利的相对大小，这就是所谓的社会福利函数。

2. 单选题

（1）C　（2）A　（3）B　（4）D　（5）B　（6）A　（7）D　（8）C　（9）A　（10）D　（11）B　（12）C
（13）A　（14）C　（15）A　（16）B　（17）C　（18）A

3. 多选题

（1）ABD　（2）ABC　（3）BCD　（4）ABD　（5）ACD　（6）BCD　（7）ABC　（8）ABC　（9）ABD
（10）BCD　（11）ABD　（12）ABC

4. 判断题

(1)× (2)√ (3)√ (4)× (5)× (6)× (7)√ (8)× (9)× (10)√ (11)×
(12)× (13)√ (14)× (15)√ (16)× (17)× (18)√ (19)√ (20)× (21)√
(22)√ (23)× (24)√

5. 简答题

(1)**答:**分配公正过程论集中讨论了引起某种结果的过程或机制的公正,例如机会均等、不存在政治权力对分配的干预等。这种理论并不注意分配的结果本身,只要分配过程或机制是公正的,无论结果如何,都实现了分配公正。

(2)**答:**效用论认为,最公正的制度是社会效用总量达到最大化的制度。由于这种理论注意的是结果即总效用,所以属于分配公正结果状态论。

(3)**答:**交换的最优条件:对于任意两个消费者来说,任意两种商品的边际替代率相等。生产的最优条件:对于任意两个生产者来说,任意两种商品的边际技术替代率相等。交换和生产的最优条件:任意两种商品的边际替代率与边际转换率相等。

(4)**答:**第一,根据阿罗不可能性定理,在非独裁的情况下,不可能存在适用于所有个人偏好类型的社会福利函数。第二,阿罗不可能性定理意味着,不能从不同个人的偏好当中合理地形成所谓的社会偏好。总而言之,一般意义上的社会福利函数并不存在。这表明西方经济学没能彻底地解决资源配置问题。

(5)**答:**不是,交换的最优只是说明消费是最有效率的;生产的最优只是说明生产是最优效率的。两者的简单并列,只是说明消费和生产分开来看时,各自独立地达到了最优,但并不能说明,当交换和生产综合起来看时,也达到了最优。交换和生产的最优则要将交换和生产这两个方面综合起来,讨论交换和生产的帕累托最优条件。

(6)**答:**如果商品A的市场供给减少,根据局部均衡分析,其价格 P 上升和供应量 Q 减少。根据一般均衡的分析,由于商品A的价格上升,人们会增加对其替代品的需求,从而使替代品的价格上升和需求量上升,同时,人们会减少对商品A的互补品的需求,从而使互补品价格下降和需求量下降。

(7)**答:**商品市场的上述变化当然会影响到要素市场,显然,由于A商品的市场供给量减少,A商品价格的上升,人们减少了对A商品的需求,同时也减少了对A商品互补品的需求,因此A商品及其互补品的要素的需求降低,导致生产A商品及其互补品的生产要素的价格下降和数量下降。同时,导致的A商品替代品的需求上升,导致了生产A商品替代品的生产要素的需求上升,生产A商品替代品的生产要素的价格上升,数量增加。同时,对生产A商品、其互补品、其替代品的生产要素的替代品和互补品也产生影响。

(8)**答:**一般均衡论企图证明商品市场供求相等的均衡不但可以存在于单个市场,而且可同时存在于所有市场。这种理论的实际意义可能只在于说明商品世界里各种市场是相互联系的,但现实生活中真要达到一般均衡是不可能的,因为这一理论赖以成立的假设条件在实际生活中并不存在。一是完全竞争市场假设不存在。二是规模收益不变假设不存在。如果规模收益可变,则供求一般均衡情况就不会存在。三是“拍卖人”假设不存在。这一假设要求,在“拍卖人”最终喊出能使市场供求相等的价格以前,即其喊出能使供求趋向均衡的调节价格时,参与人只能报出他们愿购买和出售的数量,但不能据此进行实际交易,如果参与的交易人在非均衡价格下就交易的话,就不能保证一般均衡的实现。

6. 计算题

(1)**解:**经济福利最大是指在一定成本下取得的效用最大,或是在一定的效用下成本最低,因为电力公司的成本函数为

$$C=\left[\max(Q_1,Q_2)\right]^2$$

因此,只有在 $Q_1=Q_2=Q$ 时,成本才最小,电力公司的利润函数为

$\pi = Q_1P_1 + Q_2P_2 - C = (P_1 + P_2)Q - Q^2$

其定价要符合利润最大化的要求，即要满足以下条件：

$\frac{d\pi}{dQ} = 0$，即 $P_1 + P_2 - 2Q = 0$

将其带入白天和夜晚的需求函数，可得

$P_1 = 110, P_2 = 70, Q = 90$

（2）**解：**因为 $Z_2 = 2P_2^2 + 22P_2 - 13P_2P_3 - 64P_3 + 20P_3^2 + 48 = 0$ ①

$Z_3 = P_2 - 2P_3 + 2 = 0$ ②

代②入①，可得 $P_3^2 - 5P_3 + 6 = 0$

解得 $P_{31} = 3, P_{32} = 2; P_{21} = 4, P_{22} = 2$

因此，三种商品的均衡价格有两种情况，一种是 $P_1 = 1, P_2 = 4, P_3 = 3$；另一种是 $P_1 = 1, P_2 = 2, P_3 = 2$。

（3）**解：**①生产者利润函数为 $\pi=TR-TC=Pq-rx$

$=(100-4q)q-(2+2x)x$

$=(100-4q)q-(2+4q)2q$

$=96q-12q^2$

在利润最大化时，其利润函数的一阶导数为零，求导后可得 $96-24q=0$

解得 $q=4$，$x=8$，$P=84$，$r=18$。

②如果生产者满足帕累托最优条件，则有：$MP \times P=r$，$P=r/MP=MC$。

因为 $TC=rx=2rq$，所以：$MC=2r=2(2+2x)=4+8q$。

又因为 $P=MC$，则有 $4+8q=100-4q$，解得 $q=8$，$x=16$，$P=68$，$r=34$。

（4）①**解：**单位经营者的月净利润为

$\pi = R/x - 4\ 000 = 16\ 000 - 1\ 000x$

在净利润降到 0 之前，对于单个经营者而言，选择进入市场总是有利可图的。因此，自由进入时均衡的货车数量是使得净利润为 0 的数量，此时：

$16\ 000-1\ 000x=0$，得 $x=16$

所以，不存在障碍时，货车数量为 16 辆。

②总利润函数为：

$\pi = 20\ 000x - 1\ 000x^2 - 4\ 000x = 16\ 000x - 1\ 000x^2$

根据利润最大化的条件有 $16\ 000-2\ 000x-0$，得 $x-8$。

所以，总利润最大时，即社会的帕累托最优的数量为 8。

7. 分析题

（1）**解：**a. 一般均衡是指在一个经济体系中，所有市场的供给和需求同时达到均衡的状态。一般均衡分析从微观经济主体行为的角度出发，考察每一种产品和每一个要素的供给和需求同时达到均衡状态所需具备的条件和相应的均衡价格，以及均衡供求量应有的量值。根据一般均衡分析，某种商品的价格不仅取决于它本身的供给和需求状况，而且还受到其他商品的价格和供求状况的影响。因此，某种商品的价格和供求均衡，只有在所有商品的价格和供求都同时达到均衡时才能实现。

b. 在完全竞争的条件下，当买卖双方都是价格的接受者时，经济中出现一组价格（包括所有产品和生产要素的价格），能使所有的消费者和生产者都接受。这种状况需满足以下条件：①市场是完全竞争市场；②资源具有稀缺性；③每个消费者在既定收入下达到效用最大化；④每个企业在其生产函数决定的投入与产出组合下达到利润最大化；⑤所有市场出清，即各自供求相等；⑥每个企业的经济利润为零。

c. 一般均衡分析的核心结论即一般均衡的存在性问题。瓦尔拉斯最先认识到一般均衡问题的重要性，并证明了一般均衡的存在。瓦尔拉斯在其完全竞争市场的一般均衡理论体系中提出瓦尔拉斯定律，即在完全竞争的市场体系中，在任何价格水平下，市场上对所有商品超额需求的总和为零。由该定律可以推出，经济体系中存在 n 个商品市场，若其中 n-1 个商品市场处于均衡状态，那么，第 n 个市场也必然是均衡的。据此，瓦尔拉斯一般均衡理论断言，基于局部均衡分析的一般均衡价格存在。事实上，瓦尔拉斯关于一般均衡存在性的证明逻辑是错误的。后来的西方经济学家利用集合论、拓扑学等数学方法，在相当严格的假定条件下证明：一般均衡体系存在均衡解，而且，这种均衡可以处于稳定状态，并同时满足经济效率的要求。一般均衡体系只有在极其苛刻的假设条件下才存在均衡解，这些假设条件有：任何企业都不存在规模报酬递增；每一种商品的生产至少使用一种原始生产要素；任何消费者所提供的原始生产要素都不得大于它的初始存量；每个消费者都可以提供所有的原始生产要素；每个消费者的序数效用函数都是连续的；消费者的欲望是无限的；无差异曲线凸向原点，等等。总之，在一定的假设条件全部得到满足时，一般均衡体系才有均衡解存在，并且均衡的同时满足帕累托最优条件。

（2）**答：**收入分配差距的拉大是社会主义计划经济向市场经济转型的必然结果。这有利于提倡自由竞争，有利于鼓励人们勤劳致富，有利于提高全社会资源配置效率，有利于投资的增长，对经济的增长起到了促进作用。经济发展与收入分配之间的关系可以形象地用做蛋糕与分蛋糕来说明，经济发展越快，蛋糕做得越大，即使蛋糕分得不是很均匀，每个人得到的也可能会比蛋糕较小而分配得均匀时多。因此，评价一种经济制度的标准首先不是平等而是效率，不是蛋糕分得平均不平均，而是蛋糕有多大，或者说，应该提倡效率优先。回顾中国这些年走过的路，对这个道理会有更深的体会。改革开放前，我国的基尼系数在0.13~0.19之间，收入分配是较为平等的。但这种平等是以经济落后为代价的，所实现的只是共同贫穷。改革开放这些年来，收入的差距的确拉大了，但从总体上来看，我国人民生活水平的提高是有目共睹的事实。

收入分配差距拉大这种现象不仅出现在中国，也在世界各国出现过或正在发生。从世界历史经验看，经济发展中都有一个收入差距先拉大，以后又逐渐缩小的过程。经济发展到一定阶段之后，随着市场经济体制的完善和政府采取一些收入再分配政策，收入差距会缩小。现在发达国家比发展中国家收入分配更平等正是这个原因。收入分配与经济发展的关系说明了一个简单的道理：蛋糕小时只能先让干活的人多吃，他们吃得多，会把蛋糕做得更大，这时每个人分得的蛋糕也大了，如果蛋糕小时平均分配，谁还会努力做蛋糕呢？有人认为收入差距的拉大证明了社会的不公平程度在加剧。其实，对公平有几种理解：起点的平等、过程的平等和结果的平等。起点平等是指所有人对生产要素的占有都一样；过程平等是指经济游戏的规则对任何人都平等；结果平等是指所有人对社会产出的分享程度都相同。相对而言，起点平等和结果平等是很难做到的。因此，强调收入分配公平时应该更多地侧重于过程的平等，即保证人人都有平等竞争的机会。

由于收入分配差距过大会带来种种社会问题，因此必须采取措施缩小收入分配的差距。如加大税收征管力度，强化国家税收对收入分配的调节职能，完善个人所得税法，开征遗产税；保护合法收入，整顿不合理收入，调节过高收入，取缔非法收入；同时，健全法律法规，加强民主监督和制度监管，减少和杜绝贪污腐败现象；提高农民收入，缩小城乡收入差距；加快西部开发，缩小地区收入差距。

（3）**答：**阿罗不可能性定理是指在一般情况下，要从已知的各种个人偏好顺序中推导出统一的社会偏好顺序是不可能的。阿罗不可能性定理的意思是，只要给出几个选择者都必然会接受的前提条件，在这些前提条件的规定下，人们在一般或普遍意义上不可能找到一套在个人选择顺序基础上推导出来的规则（或程序）。由此进一步推出，在一般或普遍意义上，无法找到能保证所有选择者福利只会增加不会受损的社会状态。阿罗所说的几个选择者必然接受的条件如下。①广泛性。至少有三个或三个以上的被选方案，以供选择者选择。②一致性。即一定的社会选择顺序以一定的个人选择为基础，但必须符合公众的一致偏好。③独立性，不相关的方案具有独立性。④独立主权原则。对备选方案的选择和确定，应由公民完全依据个人的喜好而定，不能由社会强加。⑤非独裁性。不能让每一个人的喜好决定整个社会对备选方案的排序顺序，应坚持自由和民主的原则。阿罗认为上述五个相互独立的条件每一个都是必要的，但是要构造能同时满足这些条件的社会福利函数是不可能的。不可能的原因在于五个条件之间相互存在矛盾，因此不可能达到完全一致。他从中得出了一个似乎不可思议的结论:没有任何解决办法能够摆脱“投票悖论”的阴影,在从个人偏好过渡到社会偏好时,能使社会偏好得到满足,又能代表广泛的个人偏好的这样一种排序方法,只有强制与独裁。这样寻找合理的社会选择机制的努力就几乎陷入了困境。

阿罗不可能性定理打破了一些被人们认为是真理的观点,也让人们对公共选择和民主制度有了新的认识。人们所推崇的“少数服从多数”的社会选择方式不能满足阿罗的五个条件,如市场存在着失灵一样,公共选择原则也会导致民主的失效,因此多数票原则的合理性是有限度的。

(4)**答:**①列昂惕夫运用矩阵研究社会经济各生产要素之间的比例关系,一种产出X会成为另外一个生产Y的投入,而Y的产出又成为Z的投入。列昂惕夫据此创造了投入产出经济学,并用它分析了美国生产飞机所需要的各行各业的资源投入数量,同时这个现实事例大大推动了投入产出经济学的发展。显然,这里面包含着一般均衡概念的思想,只是一般均衡是借助于市场机制来研究各个市场是如何相互影响而最终达到均衡的,投入产出经济学则是对各个市场的影响进行定量的分析。

②美国生产飞机的事例表明,经济中所有的经济变量都是相互影响的,各个市场是相互依存的,一旦某个市场发生变动,会通过投入产出关系层层影响到其他市场。因此,体现了一般均衡理论的知识。

课程思政案例

材料1加材料2均探讨了推进中国式现代化建设需处理好效率与公平的关系,统筹兼顾效率与公平。结合我国的国情和经济环境,我国在发展过程中应从以下三方面来处理好效率和公平的关系。

第一,摒弃共同富裕是零和博弈的错误观念。

首先应该明确,共同富裕不是零和博弈。所谓零和博弈,就是把经济蛋糕的大小看作不变的,因此关键在于分蛋糕。在分蛋糕思路下,谁拥有优先分配权,谁就可能分到更多的蛋糕,谁就认为得到了“公平”的对待。一些人带着民粹主义的眼光简单粗暴地理解共同富裕,认为共同富裕就是把高收入阶层的财产转移给中低收入群体。但是,如果蛋糕大小不变,一些人分到得越多,必然意味着另一些人分到得越少,这样就总是会产生不公平的感受。而且,当很多人都去竞争分配蛋糕的权力时,就容易产生权力寻租和腐败行为,这进一步侵蚀了公平。进一步来看,如果一个社会中高收入群体相对于中低收入群体更有可能影响蛋糕的分配,那么分蛋糕思维其实对中低收入群体更为不利。因此,一个专注于分蛋糕的社会,不可能是一个公平的社会。零和博弈观念不仅无法实现真正的公平,而且忽视了同样重要的效率。在一个社会中,不管是高收入群体还是中低收入群体,都是社会财富的创造者。效率就意味着通过更少的投入实现更多的产出。有了更多的产出,才能更好地实现分配。当产出不断增加时,一个社会中的每个群体、每个人都可以得到比过去更高的收入,这就实现了一种“纵向公平”。与此同时,如果那些对产出贡献更多的人,相应地得到了更多的分配,那么这就实现了“横向公平”。当人们觉得分配公平时,必然会更积极地进一步提高效率和创造更多产出。可见,效率与公平是相辅相成的。效率是公平的前提,公平是效率的保障。

共同富裕应该是一种帕累托改进,即一部分的收入分配状况改善了,同时没有导致其他人的收入分配状况恶化。帕累托改进下的共同富裕,实现了效率和公平的统一。而将共同富裕理解为一种零和博弈的观念,人为地割裂了效率与公平的关系,并且既损失了效率,又破坏了公平。因此,要正确处理好效率与公平的关系,首先就必须摒弃这种错误观念。

第二,必须在发展中平衡效率与公平。

强调共同富裕既要效率,又要公平,并不意味着一个社会在每时每刻每处都能保证效率与公平的完美统一。在现实中,社会是不断发展变化的,因此应该追求在发展中实现效率与公平的动态平衡。所谓动态平衡,是指政府要根据一个社会所处的发展阶段和国际国内环境,动态调整效率与公平的权重。在理论上,从来不存在最优的效率与公平比例,只能在实践中不断摸索,这种摸索过程本身也是中国式现代化的应有之义。中国式现代化是一项前无古人的事业,注定充满艰辛和探索。

我国的基本国情之一是中国仍然是一个发展中国家。因此,发展始终是第一要务。过去,不管是面对国企改革问题还是经济开放问题,我们始终坚持在发展中规范的思路,实践证明这是完全正确的。所谓在发展中平衡效率与公平,就是对效率与公平的权衡,最终还是要看是否促进了经济发展,是否提高了生产力,是否提高了综合国力。

在经济下行压力较大时,低收入群体的民生保障尤其突出,此时低收入群体和中高收入群体的收入差距不宜过大,公平问题更加重要,否则会引起社会矛盾。而在经济上行时,有了不断增长的正向预期,效率与公平的关系会相对缓和,那么效率问题就更加重要,这样才能抓住全面增长的战略窗口期。

要在发展中实现效率与公平的动态平衡,还必须打破分配过程中的各种藩篱,包括既得利益者的阻扰。美国经济学家阿西莫格鲁认为,资本主义社会的固有顽疾之一是再分配太多,而破除再分配过程中的既得利益者阻挠正是社会主义社会的主要优势之一。因此,我们有理由相信,中国更有条件实现效率与公平的动态平衡,从而在这方面体现社会主义制度的优越性。

第三,处理效率与公平关系需要新经济、新理念。

正确处理好效率与公平的关系,不能刻舟求剑、故步自封,而要敢于创新。一方面,中国式现代化是前无古人的伟大事业,需要不断探索新规律、总结新理论;另一方面,时代在不断变迁,新经济形态和新理念层出不穷,都可以源源不断地转化为我们处理效率与公平关系的推动力。

新经济形态有助于处理好效率与公平的关系。当前,以互联网、人工智能、区块链、云计算和大数据为代表的数字技术催生了一种新的经济形态,即数字经济。可以说,数字经济正成为当前全球最重要的经济现象。经济学研究表明,贫富差距扩大的直接原因是,资本收益率的增长超过了劳动收益率的增长,而这又是因为技术进步通常都是资本偏向型的。因此,在传统经济形态下,既要追求技术进步,又要缩小收入差距,实际上是一个无解的难题。然而,数字经济时代有望为上述难题提供一个解决方案。因为数字技术不再只是资本所有者的生产工具和管理手段,它也可以为广大普通劳动者赋能。我们的研究表明,企业的数字化转型既提高了企业的营业总收入,又缩小了管理层和普通劳动者之间的收入差距,既能做大蛋糕,又有利于分好蛋糕。

新理念有助于处理好效率与公平的关系。在过去的十几年中,全球越来越多的企业认识到,必须高度关注 ESG(即环境、社会和公司治理),践行 ESG 理念(该理念强调企业要注重生态环境保护、履行社会责任、提高治理水平)。作为一种新的经营理念, ESG 的本质是企业应该追求社会价值最大化,让所有利益相关者实现共赢。事实上,中国古代商人很早就树立的义利观,其实际上体现了当代 ESG 的精髓。而不管是古代的义利观,还是当代的 ESG,本质上都是通过一次分配和三次分配,让发展成果惠及更多群体,这就是推进共同富裕,也是追求效率与公平的统一。因此,鼓励企业在经营中贯彻义利观和 ESG,有利于更好地处理效率与公平的关系。

第八章　市场失灵和微观经济政策

1. 名词解释

(1)购买垄断型寻租是指搜寻可以用低于垄断企业的经济利润的价格购买垄断的权利的活动,也就是寻求获得现有的垄断权利的活动。

(2)正外部性是指一个经济行为主体的经济活动导致其他经济主体获得额外的经济利益,而受益者无须付出相关代价。换言之,就是经济行为主体的生产消费行为给他人带来利益,又未获得补偿。

(3)负外部性也称消极的外部性,指的是经济行为主体的生产消费行为给他人带来损失,又未支付抵偿损失的成本。

(4)消费的外部性是指经济行为主体的消费行为引起其他消费者利益的增加或者减少,换言之,就是个人或家庭的消费行为会影响他人或社会,但个人或家庭并未因此而给予相应补偿或取得相应报酬。

(5)竞争性是指一个人在享用某种物品时,会排斥、妨碍其他人同时享用该物品,也会因此而减少其他人享用该种物品的数量或质量。换言之,增加一个消费者会因此减少任何一个消费者对该种物品的消费量,或者说,增加一个消费者,其边际成本大于零。

(6)排他性是指其他消费者个人可以被排除在消费某种物品的利益之外,当某种物品为消费者所付费购买之后,他人就不能享用此种物品所带来的利益。

(7)私人物品是指具有高度的排他性和高度的竞争性的一类物品。例如,一件衣服既具有排他性又具有竞争性。具有排他性是指一个人拥有了这件衣服,就可以阻止其他人再拥有这件衣服;具有竞争性是指一个人将这件衣服穿在身上,其他人就不能同时穿这件衣服。经济生活中,大多数物品都是像衣服这样的私人物品。除非消费者花钱购买,否则就得不到物品,而且一旦消费者得到这一物品,该消费者就是唯一的获益人。

(8)俱乐部物品主要是指具备非竞争性而不具备非排他性的公共物品。这类物品边际成本为零,但可以通过某种手段,按照某种标准,阻止某些人对该物品的消费和使用。例如收费公路、机场码头、收费公园、有线电视、图书馆、游泳馆等,即属于俱乐部物品。与公共资源相反,俱乐部物品可以将不付费者排除在该物品的消费之外。在俱乐部达到拥挤点之前,在俱乐部内增加一个使用者的边际成本为零;在达到拥挤点以后,增加一个使用者的边际成本大于零。

(9)公共资源主要是指具备非排他性而不具备非竞争性的公共物品。这类物品不能排除任何人的消费和使用,但增加的消费和使用会带来额外的成本,即边际成本大于零。江河湖海、森林、空气、野生动物等都是公共资源的典型例子。

(10)道德风险是由事后的信息不对称引起的,是指在合同签订后一方做出另一方不可观察的行为,从而对居于信息相对劣势的一方带来不利影响。

2. 单选题

(1)B (2)C (3)B (4)B (5)B (6)A (7)C (8)A (9)D (10)D (11)C (12)C
(13)D (14)C (15)C (16)B (17)C (18)A (19)D (20)B

3. 多选题

(1)ABC (2)ABC (3)AC (4)ABC (5)AB (6)CD (7)ABC (8)ABC (9)BC (10)ABC

4. 判断题

(1)× (2)× (3)× (4)√ (5)√ (6)× (7)√ (8)× (9)× (10)× (11)×
(12)× (13)× (14)× (15)×

5. 简答题

(1)**答:**市场失灵是指由于市场机制不能充分地发挥作用而导致的资源配置缺乏效率或资源配置失当的情况。市场失灵的表现有以下几种:垄断、外部性、公共物品和公共资源、信息不完全和不对称、收入分配中的不平等以及宏观经济波动等。

(2)**答:**道德风险是指参与合同的一方所面临的对方可能改变行为而损害到本方利益的风险。道德风险可以从信号传递、效率工资、风险共担三个角度来减少。首先,信号传递是减少道德风险的重要手段之一。在商业交易中,双方需要通过交流和沟通来传递信息,以便更好地了解对方的意图和行为。例如,在招聘过程中,雇主可以通过面试和背景调查等方式来了解求职者的能力和品德,从而减少因为信息不对称而导致的道德风险。此外,政府也可以通过监管和执法来传递信号,例如加强对食品安全的监管,提高违法成本,从而减少企业的道德风险。其次,效率工资也是减少道德风险的有效手段之一。在商业交易中,如果一方因为另一方的行为而获得不当的利益,那么另一方可能会感到不公平,从而导致道德风险的出现。为了避免这种情况的发生,可以采用效率工资的方式来激发员工的积极性和责任感。例如,在销售行业中,公司可以根据员工的销售业绩来给予其不同的奖金或提成,这样员工就会更加努力地工作,减少道德风险的发生。最后,风险共担也是减少道德风险的重要手段之一。在商业交易中,双方应该共同承担风险,而不是将风险全部转嫁给另一方。例如,在保险行业中,保险公司会根据客户的风险情况来制定相应的保险费率,并且承担一定的风险责任。这样客户就会更加信任保险公司,减少了道德风险的发生。综上所述,从信号传递、效率工资、风险共担三个角度可以减少道德风险的发生。

(3)**答:**由于卖方比买方拥有更多的关于产品质量的信息,导致买方无法识别商品质量的优劣,最终促使了劣质产品的成交,从而导致了逆向选择现象。可以通过建立第三方认证市场或者提供保修进行信号传递,减轻市场失灵的程度,防止逆向选择。

(4)**答:**公共物品是指既不具有排他性也不具有竞争性的物品。公共物品不能靠市场来提供,一个重要的原因在于市场本身提供的公共物品通常将低于最优数量,即市场机制分配给公共物品生产的资源常常会不足。由于公共物品不具备消费的竞争性,任何一个消费者消费一单位公共物品的机会成本为零。这意味着,没有任何消费者要为他所消费的公共物品去与其他任何人竞争。因此,市场不再是竞争的。如果消费者认识到他自己消费的机会成本为零,他就会尽量少支付给生产者货币以换取消费公共物品的权利。如果所有消费者均这样行事,则消费者们支付的数量将不足以弥补公共物品的生产成本。结果便是低于最优数量的产出,甚至是零产出。从社会整体角度而言,公共物品由市场来提供,会造成社会整体帕累托低效率,不利于整个社会资源的配置。公共物品的生产和消费问题不能由市场上的个人决策来解决。因此,必须由政府来承担起提供公共物品的任务。

(5)**答:**针对外部性的政策措施包括如下几个。①命令和控制。政府可以通过规定或禁止某些行为来解决外部性问题。例如,政府可以通过管制工厂排污,要求工厂必须把排污量减少到多少吨;或者政府可以通过对有负外部性的物品征税和给予有正外部性的物品补贴来使外部性内在化。然而,命令和控制政策也存在一些问题。例如,政府并不是很了解每一个企业的减少排污的技术;而且,如果政府对某个行业的管制过于严格,可能会影响该行业的发展。②征税(庇古税)。在面对负外部性时,政府可以通过征税来将外部成本转嫁到企业身上,使其承担相应的经济责任。具体来说,政府可以对造成负外部性的行业征收排污费或环保税等费用。这些费用将成为企业的经营成本,促使其采取减少污染的措施来降低环境损害。这样,企业就不得不考虑其生产行为对社会和环境的影响,从而降低负外部性的影响。③补贴。当一个经济活动产生的正外部性对其他人或社会产生了额外的利益时,政府可以给予该经济活动一定的经济支持,以鼓励其继续产生正外部性。例如,一些企业采用环保技术生产产品,虽然这些技术本身具有正外部性,但由于成本较高,企业在没有政府补贴的情况下可能无法承担。政府可以通过提供补贴或者税收优惠等措施来鼓励企业采用环保技术,从而降低其生产成本,减轻其环境负担。这样一来,既实现了环境保护的目标,又提高了企业的竞争力。④科斯定理。在某些条件下,经济的外部性或者说非效率可以通过当事人的谈判而得到纠正,从而达到社会效益最大化。在交易费用或交易成本为零的条件下,只要产权明确,不论产权如何分配,在存在外部性的场合,通过私人自愿交易,也会产生有效率的自愿配置和产出组合。⑤成本内部化。将产生外部性的成本转化为私人成本,从而达到社会资源的最优配置。

(6)**答:**正外部性是指一个经济活动对其他人或社会产生了额外的利益,而这种利益没有被市场价格所反映。举例来说。①教育和培训。教育和培训是一种可以提高个人能力和技能水平的活动,但这种活动的价值通常没有被市场价格所反映。例如,当一个人接受高质量的教育和培训时,他可以提高自己的工作能力和竞争力,从而获得更高的收入和更好的生活条件。这种正外部性可以通过政府提供免费的教育和培训来实现。②环境保护。环境保护是指保护自然环境和生态系统的活动,但这种活动的价值通常没有被市场价格所反映。例如,当一个人采取了环保措施来减少污染和浪费时,其他人也能够享受到更清洁的空气和水资源。这种正外部性可以通过政府制定环保法规和政策来实现。③建设一栋造型美观的建筑,让这个地区的所有人都可以欣赏到这一道风景线,也是一种正外部性。正外部性是某个经济行为个体的活动使他人或社会受益，而受益者无须付出代价。

（7）负外部性主要治理方式如下。①政府管制。或称公共管制，即对生产消费行为做出某些限制，主要适合对负外部性的矫正。限制的形式可根据具体情况来确定。比如，为了控制污染，政府可将污染物排放限制在一个可接受的水平，或直接禁止有污染物排放的生产，等等。②法律手段。对于因权利界定不明确而造成的外部性问题，可通过立法来解决。根据科斯定理，如果交易成本为零，在产权明确界定的情况下，相关交易方之间既定的权利自由交换将是有效率的，政府仅通过设定初始权利归属就可以使外部性内在化。这其实是通过法律确定产权归属，借助市场机制的作用来矫正外部性。③实行一体化。实行一体化意味着对经济主体边界的扩展，从而将之前不曾考虑的外部收益或成本纳入决策考量范围。比如，养蜂人和果园可互为对方带来外部效益，如果果园的主人同时经营养蜂生意，外部收益就得到内在化。④政府征税。政府征税主要是用来矫正负外部性。矫正性税收着眼于私人边际成本的调整。

6. 计算题

（1）**解：**①当边际成本等于边际收益时，垄断企业收益达到最大。不难求出，边际成本为 $MC=6Q+100$，总收益为 $TR=PQ=900Q-Q^2$，边际收益 $MR=900-2Q$。于是 $6Q+100=900-2Q$，解得 $Q=100$，$P=800$。

②社会成本函数为 $SC=9Q^2-900Q+10\,000$，边际社会成本为 $MC=18Q-900$。令 $MR=MC$，即 $18Q-900=900-2Q$，解得 $Q=90$，$P=810$。

（2）**解：**由于公共物品存在非竞争性，因此社会总需求曲线可进行垂直加总。其中甲的需求函数为 $P_1=90-0.5Q$，乙的需求函数为 $P_2=180-0.5Q$。社会需求函数为 $P=270-Q$。总收益为 $TR=PQ=270Q-Q^2$，社会边际收益为 $MR=270-2Q$。当边际成本为 200 元时，于是 $270-2Q=200$，解得 $Q=35$。

（3）**解：**①两企业的利润各自为 $\pi_A=TR_A-C_A=1\,000x-5x^2$，$\pi_B=TR_B-C_B=800y-y^2-2xy$。企业为实现利润最大化，必须满足如下条件：$1\,000-10x=0$，$800-2y-2x=0$，解得 $x=100, y=300$。

②两企业对外部性问题进行交涉，两企业追求总和利润最大化：$\pi_A+\pi_B=1\,000x-5x^2+800y-y^2-2xy$。总和利润最大化时，满足如下条件：$1\,000-10x-2y=0$，$800-2y-2x=0$，解得 $x=25, y=375$。

（4）**解：**①如果他进行灌溉，收益为 1 600−300=1 300 元。

如果他不进行灌溉，预期收益为 $0.5\times1\,600+0.5\times800=1\,200$ 元，因此，他会进行灌溉。

②如果他不买天气预报，他会进行灌溉，得到利润 1 300 元，如果购买天气预报信息并支付了 Y 元，他得知会下雨，可获得利润 $R_1=1\,600-Y$，如果得知不会下雨，就会进行灌溉，可获得利润 $R_2=1\,300-Y$。购买信息的预期利润 $E(R)=0.5(R_1+R_2)=1\,450-Y$，令 $E(R)=1\,450-Y=1\,300$（不购买天气预报的利润），得 $Y=150$ 元。

（5）**解：**①该产品由垄断企业生产时，市场的需求函数即为该企业的需求函数。于是，由 $Q=500-5P$ 可得 $P=100-0.2Q$，则该企业的利润函数为 $\pi=PQ-C=(100-0.2Q)Q-20Q=-Q^2/5+80Q$

利润最大化时 $\mathrm{d}\pi/\mathrm{d}Q=0.4Q-80=0$，解得 $Q=200$。此时价格为 $P=100-0.2\times200=60, \pi=8\,000$。垄断企业利润最大化时的产量为 200，价格为 60，企业能得到的利润为 8 000。

②要达到帕累托最优，则需要有 $P=MC$。由已知得 $MC=20$，所以应满足 $100-0.2Q=20$，解得 $Q=400$，此时 $P=20, \pi=0$。即达到帕累托最优时的产量为 400，价格为 20，企业能得到的利润为 0。

③当 $P=60, Q=200$ 时，消费者剩余为：

$$CS=\int_0^{200}(100-0.2Q)\mathrm{d}Q-PQ=(100Q-0.1Q^2)\Big|_0^{200}-60\times200=4\ 000$$

当 $P=20, Q=400$ 时，消费者剩余为：

$$CS=\int_0^{400}(100-0.2Q)\mathrm{d}Q-PQ=(100Q-0.1Q^2)\Big|_0^{400}-20\times400=16\ 000$$

所以，社会净福利损失为：16 000−4 000−8 000=4 000。这里，16 000−4 000=12 000 是垄断造成的消费者剩余的减少量。其中，8 000 转化为垄断者利润。因此，社会福利纯损失为 4 000。

7. 分析题

(1)**答:**①公共物品是指具有非排他性和非竞争性特征的物品。在公共物品的例子中,一个人不需要付出代价就可以使用这种物品,也不会因为其他人的使用而使自己享受的数量减少、质量降低。典型的公共物品包括公园、街道、空气等。例如当一个人去公园散步时,他享受的是公园的美景和空气,而这是不受他人的行为影响的。即使有更多的人进入公园,其体验仍然是相同的,所以公园是一个典型的公共物品。

②公共资源是指具有非排他性和竞争性特征的资源。在公共资源的例子中,一个人不需要付出代价就可以使用这种物品,但会因为其他人的使用而使自己享受的数量减少、质量降低。典型的公共资源包括水、土地、能源等。例如:对于野生池塘,消费者不需要付费即可钓鱼,但其他消费者如果也来这个野生池塘钓鱼,则会使池塘中鱼的数量减少,与其他消费者产生效用竞争。

③俱乐部物品是指具有排他性和非竞争性特征的资源。在俱乐部物品的例子中,一个人需要付出代价才可以使用这种物品,但不会因为其他人的使用而使自己享受的数量减少、质量降低。这类物品或服务的特点是满足了俱乐部成员的共同需求和兴趣。典型的俱乐部物品包括高尔夫球场、游艇俱乐部、音乐会等。一个人加入了一个高尔夫俱乐部,那么他在该俱乐部购买的所有用品和服务都将被其他会员共享。这意味着每个会员都有权使用这些设施和服务,而不需要担心其他人会占用这些资源。因此,高尔夫俱乐部提供的高尔夫球场、球具和其他设施都属于典型的俱乐部物品。

④私人物品是指具有排他性和竞争性特征的资源。在私人物品的例子中,一个人需要付出代价才可以使用这种物品,也会因为其他人的使用而使自己享受的数量减少、质量降低。典型的私人物品包括汽车、电视、书籍等。例如,对于私人汽车必须消费才能获得这辆汽车,但他人使用这辆汽车后,会减少这辆汽车为自己带来的享受。

(2)**答:**一般认为科斯定理可表述为:只要财产权是明确的,并且其交易成本为零或很小,则无论在开始时将财产权赋予谁,市场均衡的最终结果都是有效率的。一些学者根据科斯定理认为,外部影响之所以导致资源配置失当是由于产权不明确。如果产权明确,且得到充分保障,有些外部影响就不会发生。就是说,在解决外部影响问题上不一定要政府干预,只要产权明确,市场会自动解决外部性问题。而在此之前的传统经济学认为,解决外部性问题需要政府的干预。因此,科斯定理是对传统经济学的修正。财产权的明确和可转让之所以具有这样大的作用,其原因在于,明确的财产权及其转让可以使得私人成本(或利益)与社会成本(或利益)趋于一致。

但是,运用科斯定理解决外部影响问题在实际中并不一定真的有效,主要有以下几个难题。第一,科斯定理要求资产的财产权明确,但是,财产权并不总是能够明确地加以界定的。有的资源,例如空气,在历史上就是大家均可使用的共同财产,很难将其财产权具体分派给谁;有的资源的财产权即使在原则上可以明确,但由于不公平问题、法律程序的成本问题等等也变得实际上不可行。第二,科斯定理要求财产权可以转让。但是,由于信息不充分以及买卖双方不能达成一致意见等,财产权并不一定总是能够顺利转让。第三,即使财产权是明确的、可转让的,也不一定总能实现资源的最优配置。显然,在这个过程中完全有可能得到这样的结果:它与原来的状态相比有所改善,但并不一定恰好为最优配置。此外,还应该指出,分配财产权会影响收入分配,而收入分配的变动可能造成社会不公平,引起社会动乱。在社会动乱的情况下,就谈不上解决外部影响的问题了。资本主义社会和社会主义社会都可以用科斯定理来解决一部分外部性问题,以期达到资源的有效配置。

(3)**答:**不会,因为他们知道,卖方愿意以 15 万元卖出这辆车,表明这肯定是一辆坏车,对买方只值 12 万元,因为拥有好车的卖主不会接受任何低于 20 万元的价格。因此,买方不能出平均价,最多只愿意出价 12 万元。这样,坏车可以成交,但好车没有办法成交。由于信息不对称,坏车把好车挤出了这个市场。这就是逆向选择,类似所谓的"劣币驱逐良币"。

(4)**答:**因为垄断具有如下危害:①垄断导致没有竞争,因而没有不断创新、提高产品技术水平、节约成本的动力,不利于社会和科技的进步;②垄断使消费者没有其他选择,往往要花费高昂的费用来购买产品,对消费者不公平；③潜在的竞争对手没有机会进入行业，对从业者和投资者不公平；④国家对垄断者的监督成本过高，而垄断者却往往凭借着对资源的绝对控制，与消费者的市场信息不对称等，来追逐利润最大化。颁布《中华人民共和国反垄断法》的目的：①制止垄断；②维护竞争；③保护利益。

（5）**答：**①市场机制使资源配置最优的一个重要前提条件是经济当事人的生产或消费行为不会对他人的福利造成影响，即社会边际效益和私人边际效益相等，社会边际成本和私人边际成本相等，在这一前提条件下，实现的帕累托有效率的资源配置最优。在生产时，产生的社会边际效益和个人边际效益不一致，社会边际效益与个人边际效益的差额就是正外部性；社会边际成本和个人边际成本不一致时产生的差额是负外部性。②科斯定理是指在某些条件下，经济的外部性或者说非效率可以通过当事人的谈判而得到纠正，从而达到社会效益最大化。如果养猪场拥有使用河流的权利，则河流下游的鱼塘会主动向养猪场支付排污成本（提高了污染的机会成本），使得养猪场的排污量减少到社会最优排污量。如果鱼塘拥有使用河流的产权，则养猪场会主动向鱼塘支付费用“购买”一定的河流排污权，使得养猪场的排污量符合社会最优排污量要求。因此，无论产权归谁所有，最后养猪场的排污量都是社会最优排污量。

②市场失灵是指完全竞争的市场机制在很多场合下不能做到资源的有效配置，无法达到帕累托有效率。比如在二手车市场，处于信息劣势的消费者不能只从光鲜的汽车外表来判断二手车的好坏，不知道车辆是否出过事故，是否经历过大修，哪个部位出现过什么问题，但这些信息卖方企业都知道，可卖方企业为了将汽车推销出去，也许会故意隐瞒二手车的真实信息，这种信息不对称让消费者最终选择以低于平均价格的价格来进行交易，而卖方企业不会将最好的车卖给你，这样就产生了逆向选择，低质量的二手车把高质量的二手车逐出市场，使市场失灵。

课程思政案例

（1）①根据微观经济政策，之所以要反垄断是因为：第一，垄断缺乏效率，不能让资源配置达到有效率的配置状态；第二，垄断也造成了生产者和消费者之间的不公平，将消费者的一部分利润转化为了垄断利润。反垄断的关键是对垄断行为的认定。在互联网兴起之前，人们对垄断的认定已基本形成共识，在反垄断法规中有充分的体现，基本从不公平价格行为、低于成本销售、拒绝交易、限定交易、搭售或者附加不合理交易条件、差别待遇等方面去认定。在操作层面上做到了针对具体企业的具体情况进行具体分析。

随着互联网的兴起，平台经济发展迅速。互联网平台常通过垄断损害供应商和消费者的合法权益，其主要表现形式为数据垄断、价格滥用、排他性交易等。

一是数据垄断。互联网平台为用户提供服务时，看似是免费的，其实是以用户贡献出数据为代价的。互联网平台以极低的成本获得了用户的数据，并对用户数据进行跟踪、分析，刻画出用户的行为，有针对性地为用户提供服务，增强客户黏性，实现数据垄断。二是价格滥用。互联网平台的价格滥用主要表现为掠夺性定价和价格歧视。掠夺性定价是指平台发展初期，采取大量补贴的方式获得客户，用低于成本价的方式驱逐竞争者的定价方式。但是，随着平台企业的发展，其市场势力越来越大，不仅可能取消补贴，还可能对平台服务商进行较高额的抽成。平台企业常使用的定价模式是价格歧视。平台企业利用数据优势，基于大数据算法对用户的数据进行分析，对相同的商品和服务针对不同的用户采取不同的价格，以期达到利润最大化，“大数据杀熟”就是最为常见的价格歧视表现形式，严重损害了消费者的合法权益，扰乱了市场竞争秩序。三是排他性交易。排他性交易是要求交易相对人无条件地选择与其进行交易或者购买其选定的商品。如平台企业要求供应商“二选一”，禁止使用支付宝付款等行为。平台企业涉嫌“二选一”遭起诉的事件屡有发生。事实上，平台企业要求用户“二选一”已经构成了排他性交易。这不是以平台企业的创新、产品和服务质量等为基础的，而是带有明显的强迫性质，通过强迫“站队”打击竞争对手，严重损害了用户的合法权益，阻碍了平台企业的创新，阻碍了市场的公平竞争。

②垄断企业的长期均衡状况如图 1 所示。垄断企业的利润最大化原则是边际收益 MR 等于边际成本 MC，因此，垄断企业的利润最大化产量是 Q_2，此时价格 P_2 大于边际成本 MC，表明消费者愿意为增加额外

一单位产量所支付的价格超过了生产该单位产量所增加的成本，存在帕累托改进的余地，垄断企业获得垄断利润 P_1P_2BI。

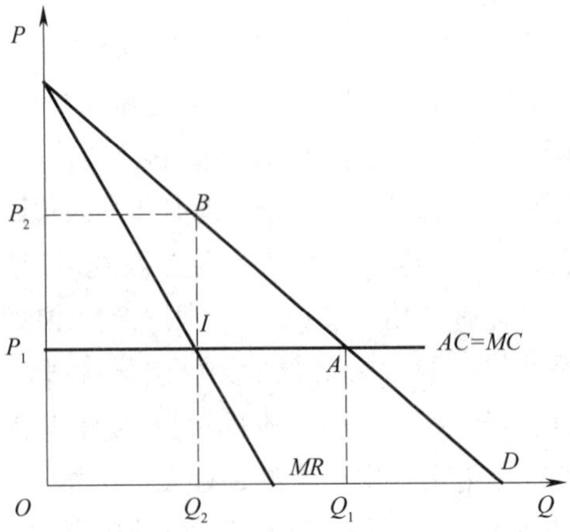

图 1

（2）①治理环境污染不能只依靠市场，通常需要政府加以干预，这是因为环境污染属于外部性问题，外部性使得私人成本和社会成本之间，或者私人收益和社会收益之间不一致，因此造成市场失灵，而市场失灵的出现导致资源配置效率的低下，所以需要政府加以干预。环境污染问题的解决涉及公共资源的合理配置。市场机制往往强调的是效率和利润最大化，而环境保护需要大量的资金投入，如果完全依赖市场机制，可能会导致环保投入不足，从而影响环境治理的效果。环境污染问题的解决涉及社会公平问题。一些企业为了追求利润，可能会选择在环保成本较低的地区进行生产，导致环境污染问题加剧。而政府可以通过制定和执行环保法规，保证所有企业都能承担起环保责任，从而实现环境治理的公平性。环境污染问题的解决涉及长期效应的问题。环境治理往往需要长期的投入和努力，而市场机制往往关注短期效益，可能会导致环境治理的短视行为。政府可以通过制定和执行长期的环保政策，保证环境治理的持久性和有效性。市场机制在解决环境污染问题上有一定的作用，但是不能完全依赖市场机制，需要政府的参与和干预，以实现环境治理的公平性、持久性和有效性。

②关闭造成污染的企业虽然可以从根本上消除污染，但由此造成的社会产量的损失可能远大于治理污染的成本，所以是不可取的。排污许可制规定了排污单位允许排放的污染物种类、允许排放的污染物量和允许排放的污染物方向，可以根据不同区域的不同环境质量要求，确定不同的污染源，减少不同的污染物的排放，有利于节约治理资金，实现环境治理目标。

（3）①道德风险可定义为从事经济活动的人在最大限度地增加自身效用时做出不利于他人的行动。道德风险存在于下列情况：由于不确定性和不完全，或者限制的合同使负有责任的经济行为者不能承担全部损失（或利益），因而他们不承受他们的行动的全部后果，同样地，也不享有行动的所有好处。显而易见，这个定义包括许多不同的外部因素，可能导致不存在处于均衡状态的结果，或者均衡状态即使存在，也是没有效率的。这是合同的不完全性的一种特殊形式，它引起从事经济活动的人与他人之间的效用冲突。换言之，道德风险是在信息不对称条件下，不确定或不完全合同使得负有责任的经济行为主体不承担其行动的全部后果，在最大化自身效用的同时，做出不利于他人行动的现象。比如说，当某人获得某保险公司的保险，由于此时某人行为的成本由保险公司部分或全部承担，此时保险公司面临着道德风险。如果此人违约造成了损失，他自己并不承担全部责任，而保险公司往往需要承担大部分后果。此时某人缺少不违约的激励，所以只能靠他的道德自律。他随时可以改变行为造成保险公司的损失，而保险公司要面临承担损失的风险。

保险中的道德风险指的是被保险人或受益人因知道有保险合同上规定的赔偿或给付利益可图，而故意违反道德规范，甚至故意犯罪，而引发扩大或漠视保险事故的行为所引起的风险。材料中，经济人的自利性决定了当事人各方在求利过程中，为了自身利益最大化而损害他人和社会利益，引发了经济学意义上道德风险。

②生活中除了保险市场存在道德风险外，还有很多道德风险的例子，例如员工偷懒是工作中最明显的道德风险的例子。员工对自己的工作能力及工作努力程度掌握的信息多，雇主掌握的信息相对少，双方便存在信息不对称。经济学上把这种关系称为委托-代理关系。拥有隐蔽行为（即拥有私人信息）的一方称为代理人，不拥有信息的那一方称为委托人。在道德风险下，不拥有信息的一方可以通过设计合同（契约）来给予拥有私人信息的一方适当的激励。信息不完全和不对称带来了许多问题，需要通过微观政策予以解决，归纳起来有如下一些解决办法：一是信号传递；二是效率工资；三是风险共担；四是政府在信息方面进行干预和调控。

（4）①材料探讨了公地悲剧的解决对策，即在出现市场失灵时，政府可以通过行政手段来提高资源的配置效率。长江生态环境和渔业资源都是公共资源，即公地，所有人都能利用：渔民可以捕鱼，企业可以排污、采矿等；所有的渔民都能捕捞，而没人需要支付养鱼的成本，企业排污、采矿也不需要支付任何成本，因而都按照自身利润最大化的原则来确定捕捞量、排污量和采矿量，造成对资源的过度利用，带来的后果是环境的破坏和渔民收入的锐减。这些事实都表明，正是由于长江渔业具有非排他性和竞争性，私人支付的成本低于社会成本，渔民的捕捞总量会远远高于长江的最优捕捞量，因此由私人市场确定捕鱼作业是没有效率的，必然会出现公地悲剧。政府介入后实行禁渔政策，渔业资源受到保护，鱼的数量和种类都增加了，渔民的捕捞量和收入明显增加。事实证明，在出现市场失灵的情况下，政府的干预能纠正市场失灵的结果，使资源配置更加有效率。

②解决公地悲剧通常有如下几类办法。

一是管制。管制就是对公共资源使用按照集体决策规定最优使用数量。例如在过度放牧的问题中，可以规定每个人放牧羊群的最大数量，只要规定的放牧数量总量恰好等于最优数量，并且能够以有力的措施保证这些规定得到切实的贯彻执行，该问题就能够解决。

二是征收庇古税。征收庇古税就是对每一个使用公共资源的个体按照产出的数量征收一定的比例税。因为公共资源的过度使用本质上是负外部性，是每一个体增加自己产出数量对其他个体产出的单位价值带来的负外部性，所以通过征收庇古税能内化这种负外部性，减少个体产出，减少个体对公共资源的使用数量，使个体对公共资源的使用数量总和等于公共资源的最优使用数量。执行庇古税首先要计算边际外部成本，即计算每一个体增加一单位产出数量对其他个体产出的单位价值的影响；其次征收等于该边际外部成本大小的税收，以使产量减少到公共资源使用的社会最优水平。

三是界定产权。界定产权就是将公共资源的各类权利明确界定给各个主体，比如把公地分给各个家庭，每个家庭可以把自己的一块地用栅栏圈起来，用这种办法把公地变为私地，并且没有剥夺任何人对土地的使用权，将公共资源的负外部性内部化；或者把公地承包给某个体，这种公地通过一定的政治程序被承包给个人，将使用权界定给个人也可以解决公共资源使用中的外部性问题。

（5）公共资源主要是指具备非排他性而不具备非竞争性的公共物品。这类物品不能排除任何人的消费和使用，但增加的消费和使用会带来额外的成本，即边际成本大于零。江河湖海、森林、空气、野生动物等都是公共资源的典型例子。而俱乐部物品主要是指具备非竞争性而不具备非排他性的公共物品。这类物品边际成本为零，但可以通过某种手段，按照某种标准，阻止某些人对该物品的消费和使用。例如收费公路、机场码头、收费公园、有线电视、图书馆、游泳馆等，即属于俱乐部物品。与公共资源相反，俱乐部物品可以将不付费者排除在该物品的消费之外。在俱乐部达到拥挤点之前，在俱乐部内增加一个使用者的边际成本为零；在达到拥挤点以后，增加一个使用者的边际成本大于零。

免费开放之前，收费公园属于俱乐部物品，它在一定范围内具有消费上的非竞争性，同时又具有排他性，可以将部分游览者阻止在门外。这样的物品运营是可以按照市场化的方式来操作的，就如同经营俱乐部一样。很早以前，几乎所有城市的主要公园都是要门票的，此时的公园与游泳池、体育馆、有线电视等没什么两样，具有俱乐部的性质。材料中上海市持续推进实施公园免费开放，此时的公园就变成了公共资源。当很多人入园时，会产生拥挤，从而形成负外部性；而且每一个游客都会过度使用公园，如野餐等。在负外部性的条件下，由于入园赏景人数过多给他人带来不便，因此游园的私人收益要高于社会收益。但是，是否入园只根据私人收益和私人成本的比较来决策，免费开放的公园对市民而言入园享受的成本非常低，几乎为零，这样就吸引了大量的人进来休闲，这些人也会过多地使用公园。免费公园的结果必然是人满为患加过度使用。要指出的是，公园免费开放不是因为它是公共物品，而是政府出于公益的考虑，购买了公园提供的服务，并免费向民众供给。这样本来可以交由市场运营的公园被政府接管，其效率必然是低下的。

(6)收入分配是社会经济生活中的一个重要问题，它关系到社会的稳定和公平正义。在我国，随着经济的发展和社会的进步，收入分配问题日益突出，成为影响社会和谐稳定的重要因素。因此，完善收入分配机制，实现收入分配的公平和合理，对于推动我国经济社会的健康发展，实现共同富裕具有重要的意义。

从我国收入分配现状来看，首先，收入分配差距过大。我国的收入分配差距持续扩大，贫富差距明显。根据国家统计局的数据，我国的基尼系数在近年来一直处于高位，表明收入分配差距较大。其次，收入分配不公。我国的城乡居民收入差距、地区间收入差距、行业间收入差距等问题依然存在，这些都是收入分配不公的表现。再次，收入分配机制不完善。我国的税收制度、社会保障制度、教育制度等都存在一定的问题，这些问题在一定程度上影响了收入分配的公平和合理。

完善收入分配机制对我国实现共同富裕有重要意义。首先，有利于促进社会公平正义。完善收入分配机制，可以有效缩小收入差距，提高低收入群体的收入水平，使更多的人民群众分享到经济发展的成果，从而实现社会公平正义。其次，有利于提高消费能力。当居民的收入水平提高，他们的消费能力也会随之提高。这对于扩大内需，推动经济发展具有重要作用。再次，有利于促进社会稳定。过大的收入差距会引发社会的不满和冲突。通过完善收入分配机制，可以有效缓解社会矛盾，维护社会稳定。最后，有利于推动经济发展。合理的收入分配机制可以激发人们的生产积极性，促进经济的持续健康发展。

我国可以从如下方面完善收入分配制度。首先，完善税收制度。通过调整税收政策，加大对高收入者的税收征收力度，减轻低收入者的税收负担，实现收入的再分配。其次，改革社会保障制度。建立更加公平、公正的社会保障制度，保障所有公民的基本生活。再次，优化教育资源分配。通过改革教育制度，实现教育资源的公平分配，提高全民的教育水平。最后，推动产业结构调整。通过产业政策的调整，推动产业结构的优化升级，提高劳动生产率，从而提高劳动者的收入水平。

完善收入分配机制，实现收入分配的公平和合理，对于推动我国经济社会的健康发展，实现共同富裕具有重要的意义，应从完善税收制度、改革社会保障制度、优化教育资源分配、推动产业结构调整等方面入手，努力构建公平、公正、合理的收入分配机制。

(7)绿色金融能实现碳排放负外部性和降低绿色溢价的原因主要有两点。首先，通过绿色金融工具，如绿色债券和绿色贷款，可以提高排碳成本，使企业和家庭在使用化石能源时支付更高的费用，从而激励他们减少碳排放。其次，通过市场化激励机制，如碳税或购买排碳指标，可以逐步降低绿色能源的成本，使其价格更具竞争力，从而降低绿色溢价。此外，绿色金融还可以通过环境信息披露和气候风险压力测试等手段，提高社会对碳减排行为的监督和认知，进一步推动碳排放的内部化。

微观经济学期末模拟题(一)答案

一、单选题

(1)A (2)B (3)C (4)A (5)D (6)C (7)D (8)C (9)D (10)D (11)B (12)A
(13)B (14)B (15)A

二、多选题

（1）ABC （2）BC （3）ABCD （4）AD （5）BCD

三、判断题

（1）× （2）× （3）× （4）× （5）× （6）× （7）× （8）√ （9）× （10）×

四、名词解释题

（1）边际效用递减规律是指在一定时期内，随着消费者不断增加某种商品或服务的消费量，在其他商品或服务消费量不变的条件下，消费者从每增加一单位该商品或服务的消费中所获得的效用增加量是逐渐递减的。

（2）边际报酬递减是指在其他要素投入量不变的条件下，随着劳动投入量的不断增加，总产量通常会逐渐增加，但增加的速度却并非保持不变的，甚至有可能逐渐降低。

（3）纳什均衡指的是参与人的这样一种策略组合，在该策略组合上，任何参与人单独改变策略都不会得到好处。也可以说，纳什均衡是一个策略组合，每一个策略都是对博弈对手策略的最优反应。纳什均衡里的策略互为最优反应。

（4）如果不可能在不影响他人境况的条件下来改善某个人的福利状况，则称该状态为帕累托最优状态。换言之，当资源配置处于帕累托最优状态时，如果不使一些人的境况恶化，就不可能使另外一些人的境况改善，在这种情况下已完全没有帕累托改进的余地了。

五、计算题

（1）**解：**①消费者效用函数为 $U=x^{\alpha}y^{\beta}$，预算约束方程为 $p_{x}x+p_{y}y=I$，为实现效用最大化，构建拉格朗日函数：

$$L(x,y,\lambda)=x^{\alpha}y^{\beta}+(I-p_{x}x-p_{y}y)$$

求偏导得

$$L'_{x}=\alpha x^{\alpha-1}y^{\beta}-p_{x}=0$$

$$L'_{y}=\beta x^{\alpha}y^{\beta-1}-p_{y}=0$$

于是有

$$p_{x}=\alpha x^{\alpha-1}y^{\beta}$$

$$p_{y}=\beta x^{\alpha}y^{\beta-1}$$

两式相比得

$$\frac{p_{x}}{p_{y}}=\frac{\alpha y}{\beta x}$$

即

$$y=\frac{\beta x p_{x}}{\alpha p_{y}}$$

带入预算约束方程，解得商品 x 的需求函数为

$$x=\frac{\alpha}{\alpha+\beta}\frac{I}{p_{x}}=\frac{\alpha I}{p_{x}}$$

商品 y 的需求函数为

$$y=\frac{\beta}{\alpha+\beta}\frac{I}{p_{y}}=\frac{\beta I}{p_{y}}\text{（5 分）}$$

②由①的需求函数可解得

$$\alpha=\frac{xp_x}{I},\beta=\frac{yp_y}{I}$$

其中 xp_x 表示商品 x 的消费，yp_y 表示商品 y 的消费，I 表示收入，故 α 表示消费者消费 x 的支出占消费者收入的份额，β 表示消费者消费 y 的支出占消费者收入的份额。（5 分）

（2）**解**：①企业的利润函数为：

$$\pi=TR-TC=Q(10-0.4Q)-(0.6Q^2+3Q+4)=-Q^2+7Q-4$$

利润最大化时，其一阶条件为

$$\frac{\mathrm{d}\pi}{\mathrm{d}Q}=-2Q+7=0$$

解得 $Q=3.5$。带入利润函数得 $\pi=8.25$，价格 $P=8.6$，收益 $TR=30.1$。

②总收益函数为

$$TR=PQ=(10-0.4Q)Q=10Q-0.4Q^2$$

收益最大化的一阶条件为

$$10-0.8Q=0$$

解得 $Q=12.5$。收益 $TR=62.5$，价格 $P=5$，利润 $\pi=TR-TC=62.5-135.25=-72.75$。

③根据①和②比较，①中的总收益低于②，但①的利润却高于②。显然，理性的垄断企业总是以利润最大化作为生产目标的，而不是将收益最大化作为生产目标的。追求利润最大化的垄断企业总是以较高的垄断价格和较低的产量，来获得最大的利润。

六、问答题

（1）**答**：①完全竞争企业的短期供给曲线是由位于 *AVC* 曲线以上的那部分 *MC* 曲线表示的。企业供给曲线表达的是，在不同的销售价格水平上企业愿意生产和销售的商品量。根据 $P=MC$ 的原则，供给曲线在此表达的其实也就是在不同的边际成本水平上企业愿意生产并出售的商品量。由于 *AVC* 曲线以上的那段 *MC* 曲线是向右上方倾斜的，因此完全竞争企业的短期供给曲线是一条向右上方倾斜的曲线。行业供给曲线是由行业内各个企业的供给曲线水平加总得到的，故也是一条向右上方倾斜的曲线。（4 分）

②完全竞争行业的长期供给曲线不一定是向右上方倾斜的曲线，根据成本不变、递增、递减的不同，完全竞争行业的长期供给曲线可以为水平、向右上方倾斜和向右下方倾斜三种不同的形状。（2 分）

（2）**答**：劳动者将既定不变的劳动时间分为自用的闲暇时间和用于工作的劳动供给。劳动供给增加也就是闲暇时间减少，闲暇时间增加也就是劳动供给减少。劳动工资本质上就是闲暇的价格，“购买”一单位的闲暇就会失去一单位劳动供给带来的收入。劳动随工资增加先增加后减少，等价于消费者闲暇随工资增加先减少再增加（1 分）。

现在将闲暇视为商品，其收入效应和替代效应不是同方向的。对于替代效应，随着工资价格提高，闲暇这个商品变得更加昂贵，消费者将减少对它的购买，即减少对闲暇的需求。因此，从替代效应看，工资上涨导致闲暇需求减少，也就是消费者劳动供给量随着工资提高而提高。对于收入效应，与正常品不同，工资上涨不会导致对闲暇需求的减少，反而可能增加对闲暇的需求，原因是消费者在享受闲暇的同时，还能使用与之前同样的劳动供给而获得更多收入，在消费过程中获得更多的间接效用。因此，从收入效应看，工资上涨导致闲暇需求增加，也就是消费者劳动供给量随着工资提高而减少（4 分）。

因此，劳动供给量与工资水平的方向取决于收入效应和替代效应的强度。当替代效应大于收入效应时，消费者劳动供给随着工资价格上涨而增加；当替代效应小于收入效应时，消费者劳动供给随着工资价格上涨而减少。一般而言，当工资价格较低时，替代效应占主导作用，此时劳动供给曲线向右上方倾斜；当工资价格较高时，收入效应占主导作用，此时劳动供给曲线右下方倾斜，即劳动供给曲线呈现向后弯曲的形状

（2 分）。

微观经济学期末模拟题(二)答案

一、单选题

(1)B (2)B (3)B (4)D (5)A (6)C (7)A (8)D (9)C (10)D (11)C (12)B (13)A (14)C (15)C

二、多选题

(1)ABCD (2)BCD (3)ABCD (4)BC (5)AC

三、判断题

(1)× (2)√ (3)× (4)× (5)× (6)× (7)√ (8)× (9)× (10)√

四、名词解释题

(1)微观经济学是研究社会中单个经济单位的经济行为以及相应的经济变量的单项数值如何决定的经济学说。

(2)消费者剩余又称为消费者的净收益，指的是消费者消费一定数量的某种商品愿意支付的最高价格与这些商品的实际市场价格之间的差额。消费者剩余可以用等式表示为消费者剩余 = 买者愿意支付的最高价格 − 买者的实际支付价格。

(3)市场失灵是指由于完全竞争市场以及其他一系列理想化假定条件在现实中并不存在，导致现实的市场机制在很多场合下不能实现资源的有效配置，不能达到帕累托最优状态的情形。

(4)生产可能性边界表示经济社会在既定资源和技术条件下所能生产的各种商品的最大数量的组合。

五、计算题

(1)**解：**①达到均衡时，供给量等于需求量，即：$Q^d=Q^s$，也就是 $14-3P=2+6P$，解得 $P_E=4/3$，$Q_E=10$。（4 分）

②需求价格弹性为 $E_P^d=-(dQ^d/dP)\times(P/Q^d)=-(-3)\times(P/Q^d)$所以，达到均衡时的需求价格弹性为 $E_P^d=-(-3)\times[(4/3)/10]=2/5$。（3 分）

③供给价格弹性为 $E_p^s=(dQ^s/dP)\times(P/Q^s)=6\times(P/Q^s)$，所以，达到均衡时的供给价格弹性为 $E_p^s=6\times[(4/3)/10]=4/5$。（3 分）

(2)**解：**①劳动的总产量函数 $TPL=10L-0.5L^2-32$，劳动的平均产量函数 $APL=TPL/L=10-0.5L-32/L$。（2 分）

劳动的边际产量函数 $MPL=dTPL/dL=10-L$（2 分）

②当 $MPL=0$ 时，TPL 达到最大，带入公式 $MPL=10-L$，可得 $L=10$。（2 分）

当 $MPL=APL$ 时，APL 达到最大，带入公式 $10-L=10-0.5L-32/L$，可得 $L=8$。（2 分）

当 $L=0$ 时，MPL 达到最大。（2 分）

六、问答题

(1)**答：**利润等于收益与成本之差，而收益和成本对产量的一阶导数是边际收益和边际成本，故函数取得最大值的必要条件是它的一阶导数等于零，即利润最大化条件为边际收益等于边际成本。利润最大化的原则为 $MR=MC$。（2 分）它可以用来指导企业的产量决策，因为若 $MR>MC$，则增加产量，利润增加；若

$MR<MC$，则减少产量会增加利润。（4分）

（2）答：①该消费者的处境会变化。（1分）

②该消费者的处境改善了。（1分）

③因为该消费者得到60元补贴后，可以通过多消费电来代替煤气的消费，因为电价未变，这样消费者的处境就得到了改善。或者，煤气涨价后，消费者变得更节约了，从而将减少煤气消费节省下来的开支用于自己所需要的其他商品或服务的消费，这样消费者的满足水平也会提高。（5分）

微观经济学期末模拟题（三）答案

一、单选题

（1）A （2）B （3）B （4）C （5）C （6）C （7）B （8）A （9）C （10）D （11）B （12）B （13）C （14）D （15）D （16）B

二、多选题

（1）ABCD （2）ABCD （3）ABD （4）AD （5）ABC （6）ABC （7）ABCD

三、判断题

（1）× （2）× （3）× （4）× （5）√ （6）√ （7）× （8）√ （9）× （10）×

四、计算题

（1）解：①横轴截距表示消费者的收入全部购买商品1的数量为60单位，且已知 $P_1=2$ 元，所以，消费者的收入 $I=2\times60=120$ 元。（3分）

②图中纵轴截距表示消费者的收入全部购买商品2的数量为40单位，且由①已知收入 $I=120$ 元，所以，商品2的价格 $P_2=I/40=120/40=3$ 元。（3分）

③由于预算约束线方程的一般形式为 $P_1X_1+P_2X_2=I$，所以本题预算约束线方程具体写为 $2X_1+3X_2=120$。（3分）

④将③中的预算约束线方程进一步整理为 $X_2=-2/3X_1+40$。所以，预算约束线的斜率为 $-2/3$。（3分）

⑤在消费者效用最大化的均衡点 E 上，有 $MRS_{12}=-\dfrac{\Delta X_2}{\Delta X_1}=\dfrac{P_1}{P_2}$

即无差异曲线斜率的绝对值即 MRS 等于预算约束线斜率的绝对值 P_1/P_2。因此，$MRS_{12}=P_1/P_2=2/3$。（3分）

（2）解：①由完全竞争企业利润最大化的条件 $MR=P=MC$ 可得 $66=3Q^2-12Q+30$，解得 $Q=6$。此时，代入求得利润 $\pi=176$ 元。（6分）

②又根据 $P=MC$，得 $Q=4$。此时，代入求得利润 $\pi=-8$，所以企业是亏损的。（4分）

五、问答题

（1）答：边际报酬递减规律又称边际收益递减规律，是指在其他技术水平不变的条件下（1分），连续等量地把一种可变要素增加到其他一种或几种数量不变的生产要素上去的过程中（1分），当这种可变生产要素的投入量小于某一特定的值时，增加该要素投入所带来的边际产量是递增的（1分）；当这种可变要素的投入量连续增加并超过这个特定值时，增加该要素投入所带来的边际产量是递减的（2分）。

（2）答："薄利多销"是指通过降低价格来提高销售收入的策略。在销售市场有可能扩大的情况下，通过降低单位商品的利润来降低商品的价格，虽然会使企业从单位商品中获得的利润量减少，但由于销售数量的增加，企业所获利润总额可以增加（1分）。只有需求富有弹性的商品才能“薄利多销”（1分）。实行“薄利多销”的商品，必须满足商品需求价格弹性大于1，此时需求富有弹性（1分）。因为对于需求富有弹性的商品来说，当该商品的价格下降时，需求量（从而销售量）增加的幅度大于价格下降的幅度，所以总收益增加（2分）。

（3）**答**：根据市场上企业的数目、企业提供的产品的差别程度、单个企业对市场价格的控制程度、企业进入或退出市场的难易程度（2分），可将市场划分为完全竞争市场、垄断市场、寡头市场和垄断竞争市场（3分）。

（4）**答**：市场失灵是指市场机制不能有效发挥作用，难以实现帕累托效率的状态（1分）。市场失灵会导致市场无法有效率地分配商品和劳务（1分）。一般认为，导致市场失灵的原因包括垄断、外部性、公共物品、不完全信息和信息不对称等因素（3分）。

微观经济学期末模拟题（四）答案

一、单选题

（1）A （2）C （3）D （4）B （5）A （6）C （7）D （8）B （9）C （10）D （11）D （12）D （13）C （14）B （15）B

二、多选题

（1）AC （2）BC （3）AC （4）BC （5）ABD

三、判断题

（1）× （2）× （3）× （4）× （5）× （6）√ （7）× （8）× （9）× （10）×

四、计算题（本大题共2小题，每小题10分，共20分）

（1）**解**：①显性成本：10 000+1 000+800×2+800=13 400元。（2分）

隐性成本：3 000+4 000=7 000元。（2分）

②会计利润：20 000−13 400=6 600元。（2分）

经济利润：20 000−13 400−7 000=−400元。（2分）

③根据出租时利润为正，而开小面馆经济利润为−400元可得出租更合算。若开餐馆，至少要经济利润为0，所以至少营业额为20 000+400=20 400才不赔钱。（2分）

（2）**解**：① $AC=TC/Q=20/Q+240-20Q+Q^2$（1分）

$AVC=240-20Q+Q^2$（1分）

$AFC=20/Q$（1分）

$MC=240-40Q+3Q^2$（2分）

② $MR=MC=P$（2分）

即 $640=240-40Q+3Q^2$（1分）

$Q=20$（1分）

$P=640$（1分）

五、问答题

(1)**答：**均衡价格是指一种商品的需求量与供给量相等时的价格。在市场上，由于供给和需求力量的相互作用，市场价格趋向于均衡价格。

如图1所示，如果市场价格(P_1)高于均衡价格，则市场上出现超额供给($Q_2 > Q_1$)，超额供给使市场价格趋于下降；反之，如果市场价格(P_2)低于均衡价格，则市场上出现超额需求($Q_4 > Q_3$)，超额需求使市场价格趋于上升直至均衡价格。因此，市场竞争使市场价格稳定于均衡价格。在均衡价格水平下相等的供求数量被称为均衡数量。从几何意义上说，一种商品市场的均衡出现在该商品的市场需求曲线和市场供给曲线相交的点上，该交点被称为均衡点。(作图5分，回答10分)

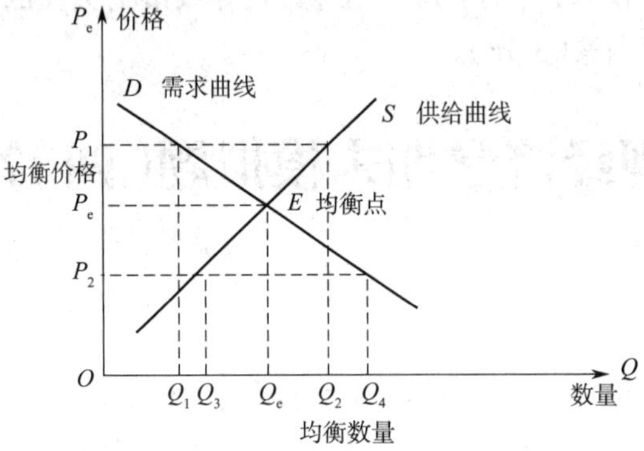

图1

(2)**答：**与产品市场一样，完全竞争市场上有众多的企业和众多的要素供给者，其都按照既定的要素价格选择最优的要素使用量和供给量。在产品市场上，企业也是完全竞争者，即产品的市场价格是企业决策的依据。

就企业而言，企业选择要素使用量的原则是利润最大化，即要素的边际收益和边际成本必须相等。在完全竞争市场上，企业使用要素的边际收益为该要素的边际产品价值，即边际产量与价格的乘积，这是因为，产量以不变的产品价格出售，即 $VMP=P \times MP$。(5分)

从要素的边际成本考察，由于企业面对的要素价格由市场供求决定，不随企业使用要素数量的多少改变，因此增加一单位的要素所增加的成本也等于该要素的价格。由此可知，企业使用要素的利润最大化原则表现为 $VMP=P \times MP=r$。

对应于由市场所决定的要素价格 r，企业选择利润最大化的要素使用量，因此要素的边际产品价值构成了企业对该要素的需求曲线。由于要素的边际产量 MP 服从递减规律，在完全竞争市场上的产品价格保持不变，因为要素的边际产品价值 VMP 也随着要素使用量的增加而递减，即完全竞争企业对生产要素的需求曲线向右下方倾斜。(5分)

微观经济学期末模拟题(五)答案

一、单选题

(1)B (2)B (3)D (4)C (5)B (6)D (7)B (8)D (9)C (10)D (11)A (12)C (13)D (14)B (15)D

二、判断题

(1)× (2)× (3)× (4)√ (5)√ (6)× (7)√ (8)√ (9)√ (10)×

三、计算题

（1）**解**：①联立需求函数 $Q^d=16-2P$ 和供给函数 $Q^s=-5+P$，

计算可得均衡价格与均衡数量为

$P_E=7$；$Q_E=2$

②均衡点上的需求价格弹性为

$E_P=-dQ/dP\cdot P/Q=-(-2)\cdot 7/2=7$

均衡点上的供给价格弹性为：

$E_S=dQ^s/dP\cdot P/Q^s=1\cdot 7/2=3.5$

（2）**解**：由该企业短期生产的边际成本函数 $MC(Q)=0.6Q^2-10Q+10$，对其进行积分，可得该企业的总成本函数为 $TC=0.2Q^3-5Q^2+10Q+TFC$。又知当产量 Q=10 时的总成本 $TC=100$，带入得到：

$0.2\times 10^3-5\times 10^2+10\times 10+TFC=100$

计算得到 $TFC=300$。因此有：

①该企业的短期总成本函数 $TC(Q)=0.2Q^3-5Q^2+10Q+300$。

②该企业的平均成本函数为 $AC(Q)=0.2Q^2-5Q+10+300/Q$。

③该企业的平均可变成本函数为 $AVC(Q)=0.2Q^2-5Q+10$。

四、名词解释题

（1）恩格尔定律是指家庭的食物支出在总支出中所占的比重随家庭收入的增加而减少。恩格尔定律意味着，随着家庭收入的增加，食物支出的增长速度不及收入增长快，因而食物支出关于收入的弹性系数小于 1。

（2）消费者剩余是指消费者为得到一定数量的某种商品愿意支付的数额与实际必须支付的数额之间的差。

（3）边际技术替代率指在产出水平保持不变的条件下，增加一单位一种要素的投入量可以代替的另外一种生产要素的投入量，用 *MRS* 表示。

（4）机会成本指某项资源用于一种特定用途而不得不放弃掉的其他机会所带来的成本，通常以这项资源在其他用途中所能得到的最高收入衡量。

（5）市场失灵是指市场机制不能有效发挥作用，资源配置不能达到最优，难以实现帕累托有效率的状态，存在帕累托改进余地。

五、问答题

（1）**答**：边际效用递减规律是指在一定时期内，随着消费者不断增加某种商品或服务的消费量，在其他商品或服务消费量不变的条件下，消费者从每增加一单位该商品或服务的消费中所获得的效用增加量是逐渐递减的。（6 分）

（2）**答**：无差异曲线具有四个重要特征。第一，无差异曲线是一条向右下方倾斜的曲线，其斜率为负值。（1.5 分）第二，在同一坐标轴上可以有无数条无差异曲线。（1.5 分）第三，在同一坐标轴上，任意两条无差异曲线不能相交。（1.5 分）第四，无差异曲线是一条凸向原点的线。（1.5 分）

（3）**答**：所谓价格歧视，就是将相同成本的一种产品以不同的价格来出售。价格歧视有三种类型：①一级价格歧视是指垄断企业对每一单位的产品都按照消费者愿意接受的最高价格来出售；（2 分）②二级价格歧视是把全部的产品分成若干“堆”，对每一“堆”产品按消费者的边际支付意愿来定价；（2 分）③三级价格歧视针对具有不同需求价格弹性的消费群体收取不同价格。（2 分）

（4）**答**：①自然垄断：每个企业都努力增加各自的产量，并相应降低价格，价格战的胜者就会成为市场的垄断者。(2分)②自然垄断产生的原因是规模经济。某种生产的不变成本相当之大,而可变成本及边际成本又相当之小,结果,随着产量的增加,平均成本不断下降,一直下降到充分大的产量上才达到最低点。在这种情况下,如果有不止一个企业生产该产品,则它们就都无法达到最低的成本。于是,为了降低成本,每个企业都将努力增加各自的产量,并相应降低价格,规模经济就出现了。最终,价格战的胜利者就成为市场的垄断者。(4分)

(5)**答:**市场失灵是指市场机制不能充分地发挥作用,难以实现帕累托有效率的状态。市场失灵主要分为四种类型:一是垄断,当生产者或要素的供给者出现垄断时,会产生无效率;(1.5分)二是外部性,外部性是造成社会估价与社会成本出现差异的另一个重要原因;(1.5分)三是公共产品,所谓的公共物品,是指具有非竞争性和非排他性物品;(1.5分)四是信息不对称,卖方与买方信息不对称会导致"劣币驱逐良币",市场体系不能有效率地运作,从而导致市场失灵。(1.5分)

附录 “微观经济学”一流课程(课程思政)案例示例

见证重庆山火救援,探索公共产品供给机制

一、案例介绍

“教育不是灌输,而是点燃火焰”,本案例以“马工程”教材《西方经济学》(第二版)上册第八章第三节《公共物品和公共资源》为示范,运用“三主体、四循环”的对话框架(Conversational Framework)模式,以重庆山火救援这一发生在学生身边的事件为导引,从公共物品和公共资源的特性出发,围绕“公地悲剧”,反思西方经济学理性经济人假定,并从国内外灾害救援实践对比中探讨公共物品供给机制的选择。

本案例通过“课前慕课(B站)描绘思维导图——课中案例设计主题研讨——课后实践拓展知行反思”的逻辑,实现以问题为驱动、过程为基础、学生为中心、实践为提升的混合教学目标,和学生一起理解现实世界运行规则和趋势,形成“经济自然主义者”的思维方式,找到推动社会走向完善的方法,以期讲好中国故事,立德树人,点燃学生民胞物与、经世济民的火焰。

二、案例详述

(一)课程内容与资源建设及应用

1. 教材及拓展材料

(1)教材:《西方经济学》编写组. 西方经济学上册 [M].2 版. 北京:高等教育出版社,2019.

(2)拓展材料:张维迎. 经济学原理 [M]. 西安:西北大学出版社,2015;

弗兰克. 微观经济学 [M]. 北京:中国财政经济出版社.2005;

林毅夫,付才辉. 新结构经济学导论 [M]. 北京:高等教育出版社.2019.

2. 课程内容

本课程教学内容如图 1 所示:

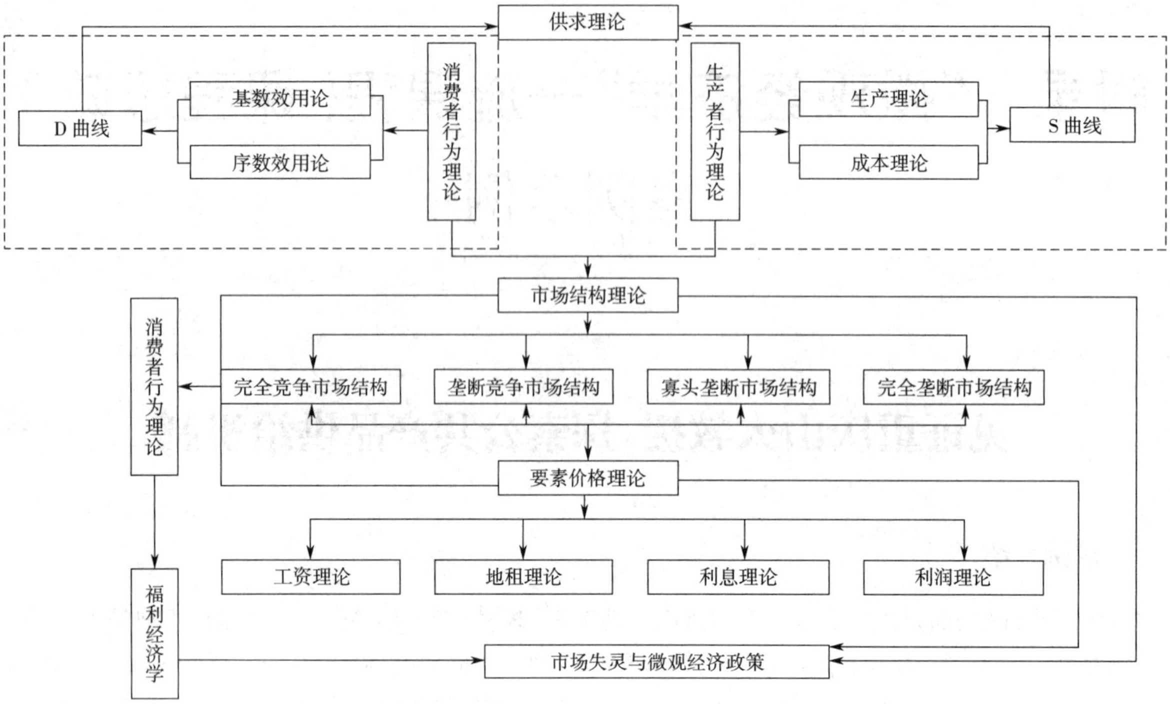

图 1 《微观经济学》课程教学内容

3. 课程资源建设及应用

团队选取中国大学 MOOC 网中中国农业大学臧日宏教授的微观经济学慕课资源，结合超星泛雅学习平台的优秀课程示范包，以协同建课备课的形式构建了自己的课程资源以支撑混合式教学，如图 2 所示。

图 2 中国大学 MOOC 资源

考虑到学生的上网习惯，还备选了臧日宏老师在 B 站（哔哩哔哩）上的视频。

（二）线上线下混合式教学设计创新

本课程教学采取以问题为驱动、过程为基础、学生为中心、实践为提升的混合教学，通过课前线上深度式预习、课中线下讲解与认知、课后线上线下拓展性领会,将知识内容和教学目标细化为点,闯关式逐层递进,全面激发学生的学习热情,同时,教学团队深度挖掘思政元素,将思政元素贯穿于各环节,着力提升学生专业素质与综合素质。教学设计如图 3 所示。

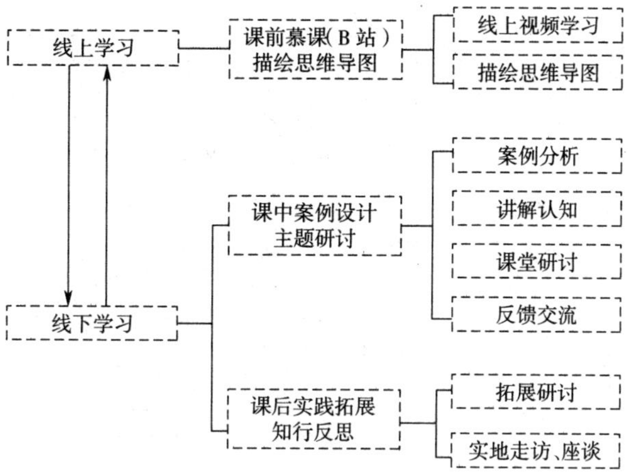

图 3 线上线下混合式教学设计

(三)课程教学内容及组织实施

教学内容以公共物品和公共资源为例,具体展示课程教学与组织实施。

1. 课程知识点

课程知识点包括:公共物品与公共资源、公共物品供给的微观政策、公共资源的过度使用及其政策等,具体内容如图 4 所示。

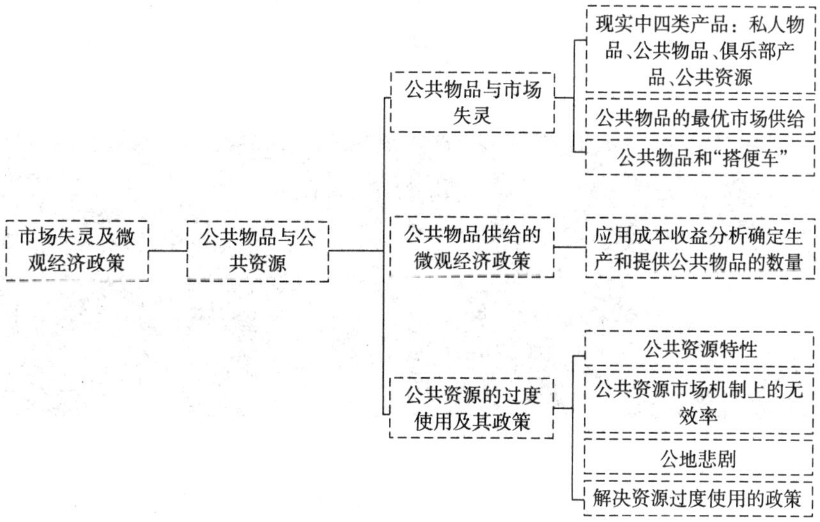

图 4 公共物品与公共资源知识点

2. 课程组织实施

本课程的实施以“课前慕课(B 站)描绘思维导图——课中案例设计主题研讨——课后实践拓展知行反思”为实施逻辑,构建实施流程图,具体如图 5 所示。

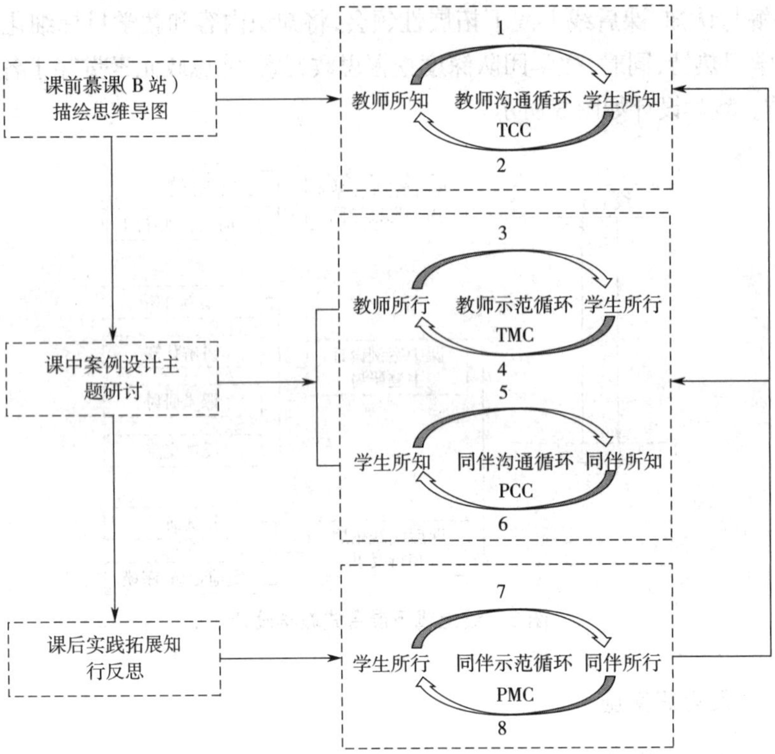

图 5 课程组织实施流程图

(1)课前慕课(B 站)描绘思维导图(TCC)。在讲解知识点之前,教师引导学生在慕课资源上进行课程预习,并提前完成本章节知识点思维导图绘制。

(2)课中案例设计主题研讨(TMC—PCC)。

➢ 导入新课:引入案例一,重庆山火救援情况(图 6)。通过图片和视频展示自 2022 年 8 月 17 日因持续高温重庆市多地发生山火及救援情况。围绕公共物品和公共资源基础理论,探讨公地悲剧,反思“理性经济人”基本假定。

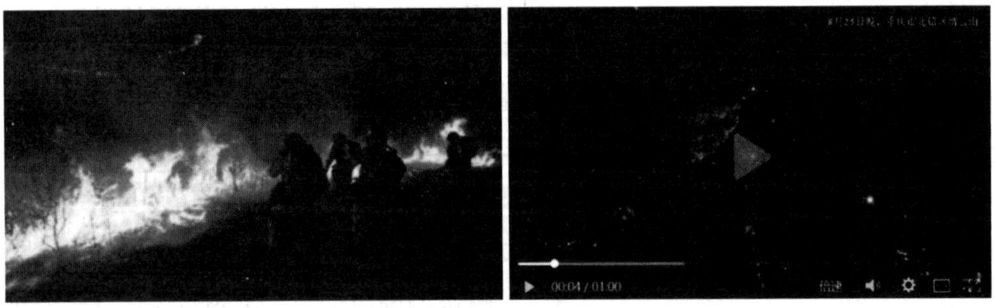

图 6 重庆山火救援情况

引入案例二,国外森林大火救援情况。播放央视新闻视频——燃烧的澳大利亚山火为何持续了四个月(图 7)?

结合上述两个实际案例,引导学生思考:什么是公共物品?澳大利亚山火案例中政府为何救火组织乏力?探讨公共物品供给机制的选择。

➢ 讲授新课:在学生思考上述问题的同时,教师结合学生预习线上资料及导图绘画情况针对本节知识点逐一进行讲解。并根据图 5 中的知识点结合上述案例进行对比,通过线上线下讨论和辩论学习各知识点中的重点和难点。

图 7 国外森林大火救援情况

首先,根据知识点在学习通和课堂上发起以下问题的讨论。

问题一:市场能否供给公共产品?

问题二:参与山火救援的行为是否有悖于“理性经济人假设”?

其次,在学习通平台随机将班级学生分成正反两方开展辩论赛,正方议题:市场能够提供公共产品,反方议题:市场无法提供公共产品。正反两方充分思考并进行辩论,辩论后教师对两方观点梳理并进行综述,以辩促思、以辩促学。

➢ 讨论及辩论点拨:根据学生讨论和辩论情况,教师结合案例讲解传统经济学中“理性经济人假设”是趋利避害的,是利己的。但在重庆山火救援案例中,救援人员及志愿者不眠不休竭力参与山火救援却是无偿的,进一步引出美国公共选择学派创始人之一埃莉诺·奥斯特罗姆夫妇的观点——人不仅是追求利益最大化的“理性经济人”,同时也会追求损失最小化,引导学生辩证地思考经济学的关于人性的基本假定,回归经济学的本元理解。

➢ 课程思政:知识点讲解完毕后,再次回到案例中,从思政的角度再次深入剖析重庆山火救援案例背后所体现的不怕苦、不畏难、坚定信仰、不惧牺牲的可贵英雄精神和人民力量,增强当代大学生的社会责任感,牢固树立人类命运共同体意识。

(3)课后实践拓展知行反思(PMC)。

结合案例在学习通中发布课后调研及讨论任务。

任务一:通过案例分析讨论如何构建引导民间力量参与公共物品供给机制。

任务二:到案例发生地实地走访,采访事件人物、与事件参与单位进行座谈等,实地了解案例发现情况及案例人物行为选择的原因,并在线上提交走访、采访及座谈的图片和视频,并提交调研心得。

任务三:利用所学理论知识估算重庆山火带来的经济损失,并对比救援和不救援两种举措下损失收益、救援成本的差别,探讨政府的作用,厘清政府和市场的边界,形成案例分析报告。

(四)成绩评定考核

本课程的总评成绩采取百分制,成绩由两部分组成:过程性评价(50%)+ 结果性评价(50%),如图 8 所示。

过程评价包括线上自主学习与交流互动、线下案例分析与报告讨论等模块。结果评价包括课程报告、案例分析报告等。考核机制以过程性为基础,构建与产出导向相匹配的“课前 + 课中 + 课后”的全过程多元评价机制,强调自我评价与团队评价相结合、学习态度与学习成果相结合,从而提升学习的深度和广度。

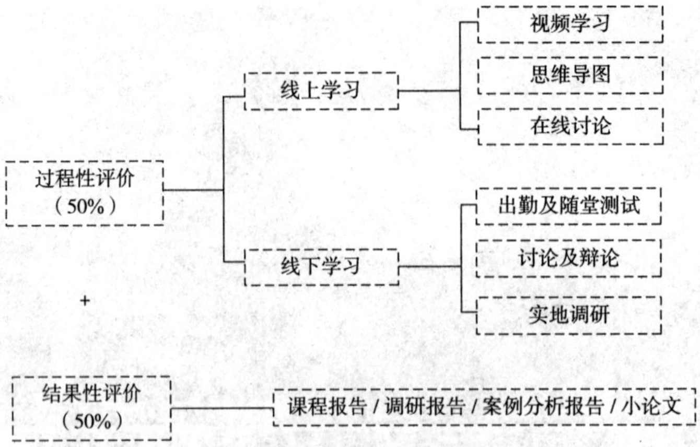

图8　成绩评定考核结构图

三、案例成效

（一）本案例的特色及创新点

1. 始终以问题驱动，以学生为中心，注重学生批判性思维的培养

通过思维导图、课堂辩论等形式，培养学生具备“参照系”和“观察视角”的专业素养内核。

2. 用价值塑造引领课堂教学

合理融入课程思政元素，选取贴近学生生活的案例贯穿教学全程，促进学生树立正确的“三观”，通过国内外对比以及深层的专业分析，激发他们强烈的民族自豪感和为中华民族伟大复兴而奋斗的决心。

3. 升级传统案例分析模式

相较于传统案例分析模式，新案例分析模式因选择的是学生身边发生的事件，有很好的调研基础，能够深入到案例中，感知事件人物的心理活动和行为选择，再回归理论，用批判性思维对原有传统理论做出经济分析，从而得出更有现实价值的结论。新旧分析模式对比如图9所示：

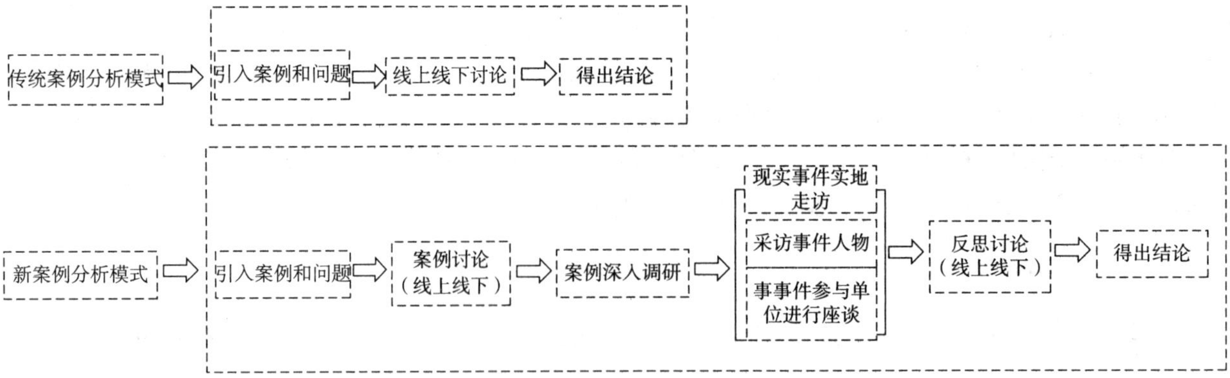

图9　新旧案例分析模式比较

（二）教学改革成效及解决的重难点问题

1. 教学改革成效

（1）将课程思政元素融入经济理论教学目标和过程中，帮助学生树立正确的“三观”。

（2）运用“三主体、四循环”的对话框架模式解决线上线下“两张皮”的问题，激发学生的学习主动性。

（3）以理论及理论质疑为支撑，进行案例实地调研和采访，用鲜活的教学方式来提升教学的多方互动性。

2. 解决的重难点问题

（1）改变学生全盘接受书本知识的教学困境，为学生打开学术质疑的思维和路径，培养学生理论批判思维。

（2）避免学生认为经济学是精致利己主义学，使学生能够回归经济学是进行资源有效配置和有效利用的本元理解。

（3）解决学生在学习经济学理论时理论联系实际的困难。

（三）取得的主要成果

（1）提升课程思政在教学过程中的深化，是重庆市级“新商科课程思政虚拟教研室项目”和重庆市“‘微观经济学’课程思政示范项目”建设成果。

（2）提升了教师队伍多元教学能力和课程案例开发能力，是重庆市高等教育教学改革研究项目“5G+高等教育融合与‘教与学’场景应用的研究”实践成果。

（3）致力于培养学生的经济直觉，使学生逐渐形成“经济自然主义者”思考方式，能较好地运用生活语言、经济语言和数学语言，尤其是生活和经济语言，培养学生的兴趣，将学生从理论填鸭的桎梏中解放出来，使学生愿意学以致用，追求经世济民的理想。经济学中的“三种语言”如图10所示。

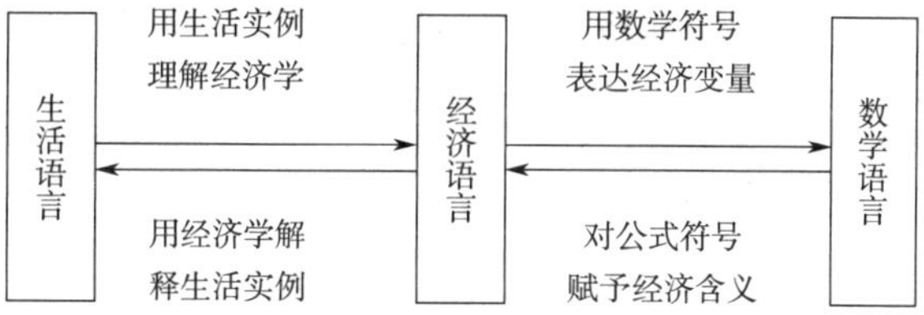

图10 经济学教学中的“三种语言”

四、启示

本案例在实践中，我们获得的启示包括以下几点。

（1）将我国的实例与西方经济理论相结合、相对比的学习设计，有利于深化课程思政，辩证地看待西方经济学的局限性，树立符合我国人民利益和经济发展的价值观。

（2）经济学的学习需要实践的支撑和辩证才能让学生从纸上谈兵，死记硬背理论知识中解放出来，真正开始思考和探索经济理论的正确性和适用性。

（3）通过学习与学生学习、生活环境相关的案例，也有利于提升教师队伍在教学中理论联系实际的教学能力，同时也有利于加强课程组教师团队协作，整体提升教师队伍的教学、教研能力。

（4）以本案例分析和实施模式为模板，注重选择学生身边的案例分析经济学理论，可选择的主题有：疫情志愿者的效用最大化分析、数字经济下的生产者理论分析等。

参考文献

[1] 《西方经济学》编写组. 西方经济学上册 [M].2 版. 北京:高等教育出版社,人民出版社,2019.
[2] 吴汉洪.《西方经济学(第二版)》习题与解答 [M]. 北京:高等教育出版社,2020.
[3] 高鸿业. 西方经济学(微观部分)[M].8 版. 北京:中国人民大学出版社,2021.
[4] 王海滨. 高鸿业《西方经济学》(微观部分·第八版)习题册 [M]. 北京:中国人民大学出版社,2022.
[5] 尹伯成. 现代西方经济学习题指南:微观经济学 [M]. 10 版. 上海:复旦大学出版社,2021.
[6] 赵英军. 西方经济学习题集 [M].5 版. 北京:机械工业出版社,2019.
[7] 张顺. 宏观经济学习题集 [M].3 版. 北京:中国人民大学出版社,2021.
[8] 臧日宏,王广斌. 西方经济学习题与案例 [M]. 北京:中国农业大学出版社,2005.
[9] 马斯 - 克莱尔,温斯顿,格林. 微观经济理论 [M]. 北京:中国人民大学出版社,2024.
[10] 平新乔. 微观经济学十八讲 [M]. 北京:北京大学出版社,2001.
[11] 曼昆.《经济学原理:微观经济学分册》习题解答 [M]. 北京:北京大学出版社,2022.
[12] 弗兰克. 微观经济学 [M]. 北京:中国财政经济出版社,2005.
[13] 常艳花. 微观经济学课程思政教学设计与案例 [M]. 大连:东北财经大学出版社,2022.
[14] 李政军. 微观经济学十讲 [M]. 北京:中国人民大学出版社,2020.
[15] 汉密尔顿,萨斯洛.《微观经济学》(第九版)学习指导 [M]. 北京:中国人民大学出版社,2020.
[16] 耿强. 经济学原理与中国案例解读 [M]. 南京:南京大学出版社,2022.